质性研究方法

（第三版）

QUALITATIVE
RESEARCH
METHODS
3RD EDITION

范明林　吴军　马丹丹　编著

格致出版社 上海人民出版社

前　言

　　2023年3月,中共中央办公厅印发了《关于在全党大兴调查研究的工作方案》,做出部署:为深入学习贯彻习近平新时代中国特色社会主义思想,全面贯彻落实党的二十大精神,党中央决定,在全党大兴调查研究,作为在全党开展的主题教育的重要内容,推动全面建设社会主义现代化国家开好局起好步。

　　党的十八大以来,以习近平同志为核心的党中央高度重视调查研究工作,习近平总书记强调指出,调查研究是谋事之基、成事之道,没有调查就没有发言权,没有调查就没有决策权;正确的决策离不开调查研究,正确的贯彻落实同样也离不开调查研究;调查研究是获得真知灼见的源头活水,是做好工作的基本功;要在全党大兴调查研究之风。习总书记还强调:"调查研究是做好工作的基本功。一定要学会调查研究,在调查研究中提高工作本领。"因此,调查研究本身就是向群众学习、向实践学习的过程,是提高认识能力、判断能力和工作履职本领的过程,是加强党性锻炼、强化理想信念宗旨的过程。

　　而开展科学的调查研究,除了坚定正确的政治方向和政治立场外,掌握科学、正确的研究方法也是十分重要的环节。如果方法不科学、不准确、不合理,势必会影响研究过程、研究论证和研究结论的科学性、可信度与说服力。

　　在社会科学研究领域,量化研究方法和质性研究方法一直是两种主要的研究方法。长期以来,它们背后存有不同的本体论、知识论和方法论,这些本体论、知识论和方法论基本上针锋相对,因此,在其指导下的两种研究方法也长期处于斗争、冲突的状态。受17世纪以来科学、理性思潮的深入而广泛的影响,实证主义方法论指导下的量化研究在社会科学研究领域中一直占据统治地位,但是,质性研究方法也在与量化研究方法的斗争中不断获得成长与发展。截至目前,在世界范围内,质性研究方法在社会科学领域中越来越受重视并被大量运用,这已经是不争的事实。因此,为了能够更好地反映质性研究方法的全貌,充分展示这种研究方法的鲜活生命力与无限魅力,以及及时介绍国内外的最新研究成果,本书在第二版的基础上进行了内容修订与增添。

　　本书实际上分成三大部分。第一部分的核心内容为质性研究方法论和各种理论取向的质性研究,重点阐述质性研究的哲学基础、不同理论取向的质性研究,以及质性研究和量化研究的区别。其中,第1章"质性研究方法论"由范明林撰写,吴军和马丹丹在初稿的基础上做修改和增添内容;第2章"各种理论取向的质性研究"由范明林撰写;第3章"质性研究设计与计划撰写"由马丹丹撰写,范明林修改。

第二部分的主要内容为具体的质性研究方法介绍,包括行动研究、扎根理论研究法、访谈法、口述史法、批判民族志、个案研究等,重点阐述各种具体的质性研究方法的基本理念或理论基础、操作方法、实践反思,等等。其中,第4章"行动研究"由范明林、马丹丹共同撰写;第5章"批判民族志"由范明林撰写;第6章"扎根理论研究法"由吴军、马丹丹共同撰写;第7章"口述史法"由吴军撰写,马丹丹、范明林修改;第8章"参与观察法"由吴军撰写,范明林修改和增添内容;第9章"访谈法"由范明林撰写,马丹丹修改和增添内容;第10章"焦点小组法"由吴军撰写,范明林修改和增添内容;第11章"个案研究"由范明林撰写。

第三部分的主要内容为质性资料分析、表述和研究报告撰写。其中,第12章"质性研究的资料分析和电脑软件运用"由吴军撰写;第13章"质性研究报告撰写"由吴军和马丹丹共同撰写。

第三版的修订涉及多处和多项内容,篇幅也增加了许多,使之更加完整、全面。最后,由范明林对全书进行了统稿和修改。

本书的修订出版,首先需要衷心感谢出版社的责任编辑张苗凤老师,因为她的勤奋工作和负责任的态度,使本书得以高效而又优质地完成。

由于作者才疏学浅,书中必然存在诸多疏漏甚至谬误之处,还请同道和读者诸君不吝赐教。

范明林

2023 年于上海大学

目　　录

第 1 章
质性研究方法论

在当今世界社会科学领域中,虽然量化研究方法仍然占据统治地位,但是随着事物或研究对象的多元化和复杂化,以及人们对这种态势和变化的认识之逐渐深化,质性研究方法越来越崭露头角。在有些学科中,质性研究方法大有与量化研究方法分庭抗礼的趋势。

1.1 质性研究的发展脉络

质性研究是在强大的实证主义方法论长期一统天下的缝隙中产生和顽强求得生存的,所以,它的发展非常艰难和崎岖,经历了一个曲折的发展过程。不过,在对质性研究的渊源和脉络进行梳理之前,首先要对质性研究做一个概念界定。

1.1.1 质性研究的界定

虽然质性研究作为一种与量化研究相对应的方法,在社会科学学界里被越来越多的人所认识,也开始被更多的人所认同和接受,但是,要给予质性研究一个明晰和确切的定义却是一件不太容易的事情。迄今为止,不同的质性研究学者基于不同的立场和角度对质性研究予以不同解说。

1. 国外学者的定义

对质性研究含义的探讨一定会涉及其背后所依持的信仰、价值理念等基本要素,因为这些要素与质性研究的本质密切相关,这一点从国外许多质性研究代表人物的论述中可以清晰地看出。

西方学者伯格(Berg)等人曾对质性研究做了相当深入和丰富的诠释。伯格(Berg, 1998)指出,所谓"质"是指一件事物是什么(what)、如何(how)、何时(when)和何地(where)等意义,其本质是非常暧昧不清的。

邓津与林肯(Denzin & Lincoln, 1998)也点出"质的"一词,隐含着"过程"与"意义"双重意涵。他们主张,在进行质性研究的过程中,研究者对现象的敏锐度是非常重要的。通常,研究者是在一种极为自然的情境中,运用一种或多种资料收集方式,对研究现象进行资料收集。研究者在对所收集的资料进行诠释的过程中,必须是以被研究对象的立场与观点为出发点,融入当事人研究情境之中,充分了解被研究者主观的感受、知觉与想法,进而理解这些研究现象或行为外显的或蕴含的意义。他们还从方法与策略层次来界定质性研究,认为质性研究所重视的是研究者在自然的情境下,通过个案研究、个人生活史、历史回溯、访谈、观察、互动或视觉等资料,来进行完整且丰富的资料收集过程,进而深入了解研究对象如何诠释其社会行为之意义(Denzin & Lincoln, 1998)。

另一位学者斯特劳斯(Strauss)指出,质性研究的目的不在验证或推论,而是在探索深奥、抽象的经验世界之意义,所以研究过程非常重视研究对象的参与及观点之融入;同时,质性研究对于研究结果不重视数学与统计的分析程序,而是强调借由各种资料收集方式,完整且全面地收集相关资料,并对研究结果做深入的诠释(Strauss & Corbin, 1998)。

显然,从上述所引用的定义中可以看到,质性研究应该隐含有意义、概念、定义、特质、隐喻、象征和对事物的描述等含义,并且在操作的层面上,质性研究一定有如下基本特质(Bogdan & Biklen, 1982):

(1) 研究中所收集的资料,是属于人、地和会谈等所谓软性资料的丰富描述。

(2) 研究问题并不是根据操作定义的变量来界定的,而是在复杂的情境中逐渐形成的。

(3) 整个研究的焦点可以在资料收集过程中逐渐形成和清晰,而不是在研究开始时就设定等待研究者回答的问题或等待研究结果验证的假设。

(4) 任何对研究现象或行为的理解,必须深入了解被研究者的内在观点,而外在可见的因素往往只是次要的。

(5) 资料收集过程比较注重在被研究者的日常生活情境中,与被研究者做持久的接触与互动,从这些互动经验中来全面收集资料。

2. 中国学者的定义

近年来,中国学者在社会研究的方法论和方法方面积极汲取国外的研究成果,并且在本土的情境中提出了自己关于质性研究的定义,台湾学者在这方面的见解颇为深入。

台湾学者简春安曾经指出,质性研究是通过自然研究作真实世界的观察,当进入一个很不熟悉的社会系统、在一个不具控制和正式权威的情境中、在低度的观念概化和学说建构的背景中、需要研究对象的主观理念、定义一个新概念和形成新的假设时,是使用质性研究的适合时机(简春安,1998)。简春安和邹平仪还从方法论的角度来讨论质性研究对社会世界假设与研究立场的关系:质性研究者必须了解现实社会世界是一个非常复杂、不断变动的现象,社会科学研究者所探究的现象就是由环境与情境共同互动的结果,所以,研究者必须试图运用不同研究方法,深入现象,了解现象中各种社会行为的意义。从上述定义中,我们可以清楚感受到质性研究具有"动态"与"意义"的内涵(简春安、邹平仪,1998)。

陈伯璋(2000)认为质性研究是一种着眼于研究者和研究对象在日常生活世界中的意义的描述及诠释。在日常生活世界中,无论是客观的描述还是主观的诠释,都牵涉语言的问题,因此日常语言分析及语意诠释提供了了解客观世界或主观价值体系的媒介。同时,在研究过程中,研究者与被研究者间的互动关系以及意义的分析与理解,本身就是一种复杂的符号互动过程。

另一位台湾学者潘淑满(2005)对质性研究提出了一个比较明确和比较完整的定义,即,质性研究有别于实证主义的科学研究取向,主张社会世界是由不断变动的社会现象组成的,这些现象往往会因为不同时空、不同文化与社会背景而有不同的意义。因此,质性研究者在整个研究过程中,必须充分理解社会现象是一种不确定的事实。通常,质性研究者必须在自然的情境中,通过与研究对象密切的互动过程,通过一种或多种资料收集方法,对所研究的社会现象或行为进行全面的、深入的理解。对于研究过程所收集数据的诠释,研究者不可以用数字或统计分析的化约方式,将资料简化为数字与数字的伪关联,或对研究所获得的结果做进一步的推论;相反,在整个研究过程中,研究者必须融入被研究者的经验世界中,深入体会被研究者的感受与知觉,并从被研究者的立场与观点出发,诠释这些经验与现象的意义。简言之,质性研究就是一种建基于整体观点之上,对社会现象进行全方位图像的建构和深度的了解的过程;反对将研究现象切割为单一或多重的变量并运用统计或数字作为数据诠释的依据。

陈向明(2000)是大陆质性研究代表人物。她认为,质的研究是以研究者本人为研究工具,在自然情境下采用多种资料收集方法对社会现象进行整体性探究,使用归纳法分析资料和形成理论,通过与研究对象互动,对其行为和意义建构获得解释性理解的一种活动。陈向明进一步指出,上述定义包含如下几层含义:

（1）研究环境：在自然环境而非人工控制环境中进行研究。

（2）研究者的角色：研究者本人是研究的工具，通过长期深入实地体验生活从事研究，研究者本人的素质对研究的实施十分重要。

（3）收集资料的方法：采用多种方法，如开放式访谈、参与型和非参与型观察、实物分析等收集资料，一般不使用量表或其他测量工具。

（4）结论/理论的形成方式：归纳法，自下而上地在资料的基础上提取分析类别和理论假设。

（5）理解的视角：主体间性的角度，通过研究者与被研究对象之间的互动，理解后者的行为及其意义解释。

（6）研究者与研究对象之间的关系：互动的关系，在研究中要考虑研究者个人及其与被研究者的关系对研究的影响，要反思有关的伦理道德问题和权力关系。

1.1.2　质性研究的发展脉络

社会研究方法论是伴随着人类对自身的研究而发展起来的。在这个过程中，质性研究也在不断孕育和演进。纵观历史，社会研究方法论及对质性研究的影响经历了如下发展轨迹。

1. 社会研究方法论的演变

首先是孔德的实证主义和马克思的唯物史观。当孔德提出"观察优于想象"的命题，当马克思把认识的来源置于经验世界之上时，那种依赖思辨与玄想、依赖古代圣贤语录的社会哲学的研究方式便告终结，孔德的实证思想和马克思的研究实践把社会研究引入了现代科学阶段。但是，孔德倡导的后来经斯宾塞、涂尔干等经典社会学家补充与完善的实证体系有其自身的弱点，它把社会现象等用于自然现象，把自然规律视为社会规律，并把人当作一个社会的原子或分子，完全忽视人的主体性、人在社会活动中的主观意识以及人的价值取向的作用。在这种社会研究方法论的支配下，其具体的研究方法自然具有强烈的自然科学的化约论、还原论和机械论的色彩，甚至这种唯科学主义研究方法在社会研究领域一度被视为判断一门学科是不是科学的唯一标准。

尽管在社会研究领域中，实证主义方法论及方法始终占据着统治地位，但是非实证主义方法论及方法从一开始就没有停止过对实证主义的批判和抵抗。最先在理论上提出挑战的是德国生命哲学家和社会学家威廉·狄尔泰。他对实证主义方法论做出了如下批判:(1)社会现象和自然现象具有本质区别;(2)社会现象具有独特性且没有规律;(3)应该用诠释学的方法来指导研究历史事件、社会现象和个人。

德国社会学家马克斯·韦伯也是非实证主义方法论的主要倡导者之一。他提出:(1)社会现象不仅取决于社会规律,而且也是人的有意识行动的结果。但人有自由意志这一事实并不意味着他们的行为是偶然的和完全不可测的;相反,自由意志以理性的形式出现,人的行动可以通过人的理性行动来加以预测。(2)自然科学方法在社会科学研究中发挥了作用但绝非唯一的作用。因为人类活动既有主观性又有客观性,行动的客观方面是可以被观察和体验的,因此可以用自然科学方法获得这方面的经验。但是行动的主观方面,即行动的意义和动机是不能直觉观察到的,必须联系具体的历史环境,建立一种概念工具,加以解释和理解。只有把直觉经验结合到由理解而产生的因果说明的理论结论中去,经验知识才能变成有效的知识。(3)在经验面前,事物是一种客观存在,而不是"应当如何"的价值判断,所以"价值中立"是科学研究的规范原则,但这种"价值中立"是以"价值关联"为前提的。所谓价值关联首先是指任何一种人类行为都由一定的价值所支配;其次,研究者对什么问题感兴趣以及他(她)要得到什么样的说明,都取决于个人的价值判断。

波普尔对经验实证主义的修正是从"知识起源说"开始的,他提出,科学知识并非起源于经验观察和归纳,而是从各种"问题"开始的。问题引起人们思索、探究,促使人们作出各种假设式的回答,然后通过事实证伪而形成知识。这里,波普尔强调自由想象是科学创造中不可或缺的非理性因素,他以"自由想象优于经验观察"的命题否定了孔德关于"观察优于想象"的命题。波普尔这一思想同后来米尔斯在其名著《社会学的想象力》一书中所阐述的主题思想相呼应。然而只有自由想象尚不足以构成科学理论,于是,波普尔提出科学研究的"试错法"或假设检验法并在社会研究领域中得到发挥。"试错法"或假设检验法可用公式概括如下:

$$P1 \rightarrow TT \rightarrow EE \rightarrow P2 \rightarrow \cdots$$

上述公式中,P 为问题,TT 为试验性理论,EE 为排除错误。科学家遇到问题(P1)后提出判断假设,然后通过证伪检验来排除假设中的错误(EE),形成理论后又会出现新的问题(P2)……科学理论的发展便按照这个公式循环往复地进行。波普尔这个方法的提出对 20 世纪的自然科学和社会科学的研究逻辑产生了深远影响。

继波普尔之后,库恩、拉卡托斯、费耶尔阿本德等人都对科学方法的发展做出了重大贡献,尤其是库恩的"范式"概念和"科学发展阶段论"对于社会研究方法论和方法的演进具有很大的推进作用。

在库恩之前,传统的科学方法论都接受逻辑实证主义的假设,即不仅现实世界是统一的,并依据严整的因果规律运行,而且科学研究的方法与规则也是统一的,是像数学法则一样永恒不变的。库恩在对波普尔的假设检验法进行考察时发现,在研究的最初阶段,即在"自由想象"或"大胆假设"时,不同的研究者可能会有不同的"想象"或"假设",这是由于研究者的知识结构、社会背景和历史背景等都不相同。例如,研究社会不平等问题,有的人会想到剥削,有的人会想到遗传,还有的人会想到命运。库恩使用"范式"这一概念来表示这类现象。范式是指研究问题、观察问题时的角度、视野和参照框架。它是由一整套概念和假定组成的,它反映了科学家看待世界、解答问题的基本方式。在不同的历史时期,不同的科学家集团都有不同的研究范式,因此科学研究的方法论规则并非统一、规范的,而是因人而异、随历史发展而变化的。库恩用"范式"的概念分析了科学的历史发展过程,他发现,各门学科的发展都要经历下列阶段:

前科学阶段 → 常规科学阶段 → 科学革命阶段 → 新的常规科学阶段 → ……

在前科学阶段,存在着各种研究范式的相互竞争与相互批判。到了常规科学阶段,一门科学开始成熟了,其标志是各个科学家集团统一在一种研究范式中。他们有共同的概念体系、共同的假定和方法论原则。当这门学科遇到无法解答的新问题,且原有的研究范式不适用时,就进入科学革命阶段。这时,科学家又分为不同的集团,他们求助于哲学思辨和理论创新,直到有重大的理论或方法的突破,才能使科学家们重新统一在新的范式中,进入新的常规科学阶段。

库恩方法论思想的启示作用在于:(1)他把社会历史观和非理性因素引入科学和科学研究过程,打破了"科学万能论",完善了波普尔的科学发展观。既然科学家的"自由想象"是受其思维模式的局限,就如同用有色眼镜看世界一样,科学研究所发现的只能说是相对真理。他指出,不仅科学理论是通过不断否证发展的,科学研究的模式或方法论规则也同样是通过实践检验而发展的。(2)他的"科学发展阶段论"说明:存在多种方法论或研究范式。一种"范式"只有当它能有效地解决某一学科领域的所有新问题时,才能为大多数科学家所接受。库恩的观点明白地指出,社会研究方法论是不断发展的,是多范式的,不存在任何凌驾于科学实践之上的、"放之四海而皆准"的指导思想或方法论原则。

社会学的批判方法论对当代质性研究方法的发展起到很大的促进作用。批判理论或批判方法论以法兰克福学派的理论及其不同时期的流变为代表。它一出场就具有鲜明的价值色彩,它批判实证主义把社会知识的工具作用绝对化,宣称社会理论不可能是中立的,而应该是解放的,因为任何理论在研究社会的时候,都存在着一种不言自明的假设:社会秩序怎样表现为"它应该是"的样子。实证主义方法论思想由于自然科学方法的科学中立性要求,导致理论构造体系也要求无主观因素的掺和,把社会看作一种抽象的、均衡的类物理实体。所以,批判理论的出发点便是提出与实证主义均衡论势不两立的"冲突论"的概念,并且具有强烈的意识形态的批判性色彩。为了避免在导入主观价值反省和意识批判的方法的研究过程中重归哲学——形而上学的思辨窠臼,确认上述方法也是既能批判又能操作、既能分析又能描述的知识体系的一部分,批判理论的最杰出代表人物尤尔根·哈贝马斯将人类全部知识划分为三种类型(参见表1.1)。

表 1.1　哈贝马斯的知识分类表

	经验的或分析的知识	诠释的或历史的知识	批判理论
功能需要	物质生存和社会再生产	社会关系的持续	理想境界实现的理想
基本旨趣	对环境的技术控制("技术上"的旨趣)	经由他人主观状态的解释达到实际理解("实践上"的旨趣)	使自由得以发展和完善("解放"的旨趣)
重要目的	旨在了解物质世界的规律性的本质	致力于理解的意义	致力于揭示人类所遭受的压迫和条件

资料来源:尤尔根·哈贝马斯,1999。

哈贝马斯对知识的分类最终是为了给批判理论确立这样一个事实:科学只不过是一种知识类型,其存在只是为了满足人类利益的一个方面的旨趣。这里,哈贝马斯为批判社会学人文主义方法论思想体系的科学性作了关键一步的辩护,其隐含的意义是:虽然存在着客观现实(不过,在哈贝马斯的眼里,所谓的"现实"是历史的产物,是在历史发展的过程中被社会、政治、文化、经济、种族和性别等因素塑造而成的,而并非实证主义意义的"纯"客观现实),但是就研究的方法而言,实证主义方法论指导下的科学研究方法只是众多的接近客观现实真相的研究方法之一,此外还有诠释的历史的研究方法,以及批判理论指导下的研究方法,并且,这些研究方法的目的或功能也各有侧重,批判理论下的研究不仅仅是为了揭示客观现实,而且还强调"批判"和"解放"的功能。

2. 质性研究的演变阶段

质性研究就是在非实证主义方法论的发展中逐渐壮大起来的,根据西方学者邓津和林肯的论述,质性研究的发展大致可以划分成几个时期:传统期、黄金期、模糊期、危机期、后现代期、叙事代替理论时期、后实验写作时期和质性研究地位确立时期。

(1) 传统期。

时间大致从 20 世纪初起至第二次世界大战。质性研究仍然以对"殖民社会"的田野经验进行所谓实证主义范式的"客观描述"为理念。研究者是外来专家,研究对象为那些远方奇特的异民族或异文化的社会。例如马林诺夫斯基(Malinowski)研究新几内亚一些岛屿的异民族时,便努力尝试从一大堆混乱的事实中理出一个定型的规则,以科学的语言解释和推论。这类(古典)民族志研究的传统所建构的"客观"学问目前已经受到质疑和挑战。

(2) 黄金期。

时间为 20 世纪 50 年代直至 70 年代初期。此时传统时期的影响,如自然主义、社会实体论等仍然存在,但是在方法的运用方面则比较具体且不仅限于殖民社会研究。不少人类学者及社会学者开始采用"参与观察法"研究社会的各种重要过程,包括偏差行为、社会控制等,多元方法及开放式问卷并配合参与观察法;资料的收集与分析也经过"标准化"的设计。常人方法论、现象学、批判理论、女性主义论等理论和视角被不断引入和采纳,这些理论引领着新的一代研究者,以质性方法让低下阶层者发出他们自己的声音。"后实证主义论"成为有力的知识论范式。研究者也努力尝试在内部效度、外部效度之间及研究的建构论与互动模式之论述中,找出符合自己的路线。更多学者从 20 世纪 20 年代的社会学及 30 年代著名的芝加哥派的质性研究中找寻启示,扎根理论也在这个时期产生。总之,这个时期可以说是学术上和政治上的质性研究高潮期。

(3) 领域模糊期。

时间大致从 1970 年起至 1986 年。该时期因文化人类学者格尔茨(Geertz, 1973)提出社会科学与人文科学的领域界线不应该明显区分,因而产生领域模糊论。不同领域学者开始跨领域寻找理论、模式、方法,例如语意学、诠释学,等等。此外,新的视角度开始崭露头角,如后结构论、新马克思主义论、解构论、常人方法论等理论,此时已经与趋于成熟的现象学、后实证主义、符号互动论、女性主义论等并驾齐驱。社会科学的黄金期已过,人文领域的视界开始引进,文本分析、叙说分析、语意方法等带着文化批判等理论进入质性方法的空间。

（4）表达的危机期。

时间大致在 1986 年至 1990 年。在 20 世纪 80 年代中期出现了表达的危机,当时许多论述,包括马库斯和费舍尔(Marcus & Fischer, 1986)的观点,都认为"研究"和"著作书写"本身即是性别、社会阶层、种族之投射,因而需要对此有所警觉和省思。批判性及女性主义的知识论也开始在此期间凸显,以往将规范、仪式、社会生活定义为"客观现象"的学术传统被反思、批判,并被视为种族、阶层、性别的结构力量。有关质性研究的书写者更开始自我意识到研究者自身的道德权威与科学权威处境和国家、资本社会知识权力制造的危机(Clough, 1992)。因此,研究写作本身是一种自我反映的探索。这种自我批判在后结构主义和后现代主义论中更为明显,使得质性研究能捕捉生活经验。此刻,传统研究的标准(如信度、效度、推论性等)不断受到挑战和批判。

（5）叙事代替理论时期。

在整个 20 世纪 90 年代,随着传统质性研究及书写的危机,以及对其范式的存疑,新的理论视角和认识论开始呈现,所谓"理论"也被视作叙事来解释。而方法上,研究者不再被视作松散的无关行动的旁观者,正如社会研究的"社会批判性"所呈现出来的一样重要,更多行动研究及运动取向的研究也正在展开和深入,而传统习惯上宏大的研究理论也开始转向区域性的小型理论,以说明更加具体的情境下的社会问题。质性研究的重点转向那些限于特定范围的、本土的和历史性的情况与问题的理论及叙事,宏大叙事模式开始被逐渐放弃。

（6）后实验写作时期。

（7）质性研究地位确立时期。

自 2000 年以来,西方学术界,尤其是在美国,各种形式的质性研究期刊纷纷出版,大量的质性研究成果在学术界传播和交流,标志着质性研究的学术地位得以确立。

上述对西方质性研究发展历史的描述可以在下表中看得更加清楚。不过,它们的发展在德国和美国还是具有一定的差异(详见表 1.2)。

表 1.2　质性研究历史中的阶段

德　　国	美　　国
● 早期阶段(19 世纪末/20 世纪初) ● 进口阶段(20 世纪 70 年代初期) ● 独立讨论的开始(20 世纪 70 年代后期) ● 独立方法的发展(20 世纪 70—80 年代) ● 巩固和方法问题(20 世纪 80—90 年代) ● 研究实践(自 1980 年以来) ● 质性研究地位的确立(20 世纪 90 年代以来的期刊、丛书和专业研究机构)	● 传统研究(1900—1945 年) ● 现代主义阶段(1945 年到 20 世纪 70 年代) ● 模糊的领域(20 世纪 70 年代到 80 年代中期) ● 表述危机(从 20 世纪 80 年代中期开始) ● 第五阶段(20 世纪 90 年代) ● 第六阶段(后实验写作至 20 世纪 90 年代,21 世纪初期) ● 第七阶段(通过成功出版杂志确立质性研究地位至 2000—2004 年) ● 第八阶段(未来及新的挑战至 2005 年起)

资料来源:摘自伍威·弗里克,2011。

　　以上对质性研究的演变历程的检视,其实也十分清晰地指出了这样一个事实:质性研究本身并非静态的、一致共识的学问,而是人类对社会知识和知识建构的一系列"革命"。传统学术的"原旨"和现今学术"批判"之间,意义上的差别虽非南辕北辙,但内在的差异已经非常巨大,所以,迫切需要对各种研究取向的"知识论""本体论"和"方法论"背景与历史定位的歧异性有一个比较清醒的认识和把握。

1.2　质性研究的基础

　　质性研究被称为"自然式"的研究方法,即讲求把研究对象放置在自然情境中,去探讨问题的根源或事件发展的全过程,通过多种方式来了解研究对象生活意义的建构方式,并在归纳分析之后根据理论进行诠释。本节分析了质性研究的理论基础、特点、研究伦理及其涉及的相关问题,并结合量化研究做了深入的比较说明。

1.2.1　本体论、知识论和方法论

　　从本质上说,质性研究与量化研究的差异在根本上就是方法背后的本体论、知识论和方法论的区别。那么,何为本体论、知识论和方法论呢?

　　1. 本体论

　　本体论所关心的是:人类的日常生活世界中各种现象或行为,是否存在着一

种普适的规律性；是否存在着一种真实的、永恒不变的本质；如果有，那么这种真实的、永恒不变的本质是什么。就科学研究而言，在不同的范式下，对日常生活世界中的真实的假定，则有明显不同的主张，而研究者就是根据这种价值、信念，为其试图探究的社会现象与行为提供解答。

大体上质性研究认为人类日常生活中所有的社会现象与行为都是一种有意义的活动，这种有意义的活动必然是社会取向的，人类不仅要通过自我来追求意义，同时也必须通过他人赋予世界意义。

2. 知识论

又称认识论。它所关心的主题是：研究者应该运用什么样的立场与态度，与探究的社会现象之间产生互动关系，才能发现和了解现象的真实本质？而这些本质是否永恒存在，则需视不同科学研究范式对本体论的假定而决定。

基本上，质性研究强调知识的形成和发展并不只是受知识内在法则的限制或是由理性推论而得，反而是受到日常生活世界中意识的作用，不断与别人或所接触的事物产生互动，建立可供沟通的知识。在互动沟通过程中，研究者为避免错误意识的介入导致知识暴力，就必须凭借不断的反省和批判，来避免知识沦为一种僵化的意识形态。

3. 方法论

方法论所关心的是：应该通过何种方法与策略去发现或验证人类日常生活的社会世界中各种现象与行动的真实本质。就科学研究而言，在整个研究过程中，研究者必须思考应该通过何种研究方法或资料收集的策略，才能找出这些社会现象或行动的真实本质。

一般而言，质性研究重视"价值理性"的原则，反对量化研究"工具理性"的传统，认为研究者无法运用工具理性的原则来理解人的自由、解放以及理性社会，唯有在价值理性的引导下才能够超越与实现。

1.2.2　质性研究的本体论、知识论和方法论

质性研究是社会科学领域中一种研究范式的总称，它至少包括以下两种研究取向：建构主义取向的质性研究和批判理论取向的质性研究。

1. 建构主义取向的质性研究

建构主义取向的质性研究融合了胡塞尔的现象学、海德格尔和伽达默尔的诠释论以及符号互动论等哲学观点，或者说，建构主义取向的质性研究又可细分

为以现象学为基础的质性研究、以诠释理论为基础的质性研究,以及以符号互动理论为基础的质性研究。虽然取向各异,理论基础不同,但是它们都强调研究者必须在自然情境中深入了解人类日常生活世界中各种现象与行动的意义(Guba,1998;劳伦斯·纽曼,2000;陈向明,2000)。

(1)本体论。

建构主义取向的质性研究主张相对实在论,认为人类生活世界的意义是由多重主体经验共同建构的结果。由于日常生活经验和行动受到人类意识价值观的影响,所以研究者主观的兴趣、情绪和价值,无可避免地会与研究对象产生互动关系,进而影响对经验与行动的诠释与理解(高敬文,1996)。

(2)知识论。

建构主义取向的质性研究认为社会现象真实的本质仅相对存在于不同情境之中,所以研究者的任务不是去建构一个独立于个人价值信念之外的客观世界,而是应用对话与辩证的方式,与被研究的行动主体产生对话关系,最后通过归纳、比较与对照过程获得一致性。因此,在研究过程中,研究者必须与被研究的行动主体保持密切的互动关系,直到经验与价值信念融入。所以这是一种主观经验的再现(潘淑满,2003)。

(3)方法论。

建构主义取向的质性研究重视研究者对日常生活经验的研究,认为必须建立在自然的情境脉络中,才能完全捕捉行动背后所隐含的意义。在整个研究过程中,研究者本身就是最好的研究工具,理论的概念也是在研究过程中逐渐酝酿而成的。由于建构理论重视对人类日常生活经验与行动意义的诠释,所以研究者对于研究方法的选择与运用,必须考虑研究方法与策略本身重视对现象的诠释和辩证。

2. 批判理论取向的质性研究

批判理论取向质性研究是社会科学研究范式的另类思考,为质性研究开启了一扇宏观之窗。对建构理论取向的质性研究者而言,研究过程是一种验证的再现,但是,对批判理论取向的质性研究者而言,研究不只是一种生活经验的再现,同时也是社会主流意识的展现,所以这种取向的研究又被称为"意识形态导向的研究"。

批判理论取向的质性研究秉承着三个重要的理念。

(1)意识形态的批判。

批判理论取向的质性研究认为客观知识必须经由理性批判的作用以及在理

性沟通的情境下才能达成共识。不过需要保持清醒的是,共识的形成往往又隐含着缺乏对某些理所当然的信念的反省与批判,所以,人类要追求公平的社会生活,就需要不断检验和批判那些理所当然的意识形态。

(2) 理论与实践的关系。

批判理论取向的质性研究认为,人类社会的日常生活世界虽然在理想的沟通情境下会产生共通的经验或共识,这是理论的基础,然而,在实际情境中这种共通的生活经验是不稳定的,因而使人类所拥有的知识也是相对的。这种理论与实践产生的关系,主要是建立在沟通情境中并由此逐渐形成。因此,批判理论取向的质性研究强调在研究过程中,研究者应该对沟通的情境进行分析,并在宏观的社会脉络下,对社会结构进行反思和批判,并通过集体行动的努力使理论具有实践的行动力。

(3) 意义与结构的辩证关系。

批判理论取向的质性研究认为要对意义及其内涵有所了解,才能进一步诠释生活经验和行动的意义,但意识形态往往又与社会结构交互影响,因此,研究者为了避免个人主观的论断,必须将意识放在历史情境脉络中,这样才能使知识形成共识或达到沟通的可能。这是一个辩证的过程,研究者在其中必须具有高度敏感性,能敏锐地觉察权力被污染和知识被扭曲的可能性与现实。同时,研究也要高举知识的良心,揭露权力对知识的干预。

具体而言,批判理论取向的质性研究在本体论、知识论和方法论方面有如下看法:

(1) 本体论。

批判理论取向的质性研究主张批判实在论,认为人类世界中各种社会现象是处在一种不稳定的状态,社会实相往往随着时空背景不同而有不同的本质。

(2) 知识论。

批判理论取向的质性研究强调主观论,认为社会现象的探究过程其实是一种主观经验与价值的反射过程,研究者在探讨任何社会现象之前,必然已经有了清楚的价值轮廓,且应该采取鲜明的立场进入研究历程。

(3) 方法论。

批判理论取向的质性研究重视研究者与被研究对象的对话,通过主动对话过程达到意识觉醒,最后作为社会改革的源泉。研究者只有通过研究过程与研究对象产生对话,才能扭转被研究者在历史文化社会脉络下所产生的错误认知,进而从被压抑的思想与被压迫的经验中获得解放，最终达到社会改革或社会变迁的目标。

1.2.3 质性研究的特点

质性研究与量化研究不同。选择开展质性研究，就意味着要抛开自己以往对"研究"一词的全部认识和理解，开放自己去运用不同的思维来建构不同样式的研究历程。质性研究方法彼此之间存在很多差异性，但无论它们怎样随着研究实践发生变化，都能彰显出质性研究的特质。虽然并非所有的质性研究方法都能同时全部表现出来，但仍可以在一定程度上有所体现，具体如下。

1. 处于自然情境下

质性研究者认为，个人的思想和行为与其生存的社会文化情境是分不开的，因此以人为主要研究对象开展研究时，必须在实际场域中进行。即，要了解和理解个人，必须把他们放置到丰富、复杂、流动的自然情境下进行考察，且研究者必须与研究对象有直接的接触，在当时当地面对面与其交往（陈向明，2000）。质性研究中，研究者本人作为研究工具，需要亲自进入研究对象所在的家庭、社区、学校、社会组织以及其他相关的场所，维持一段时间的整体性的观察，目的在于了解研究对象的生活状态和当地的社会环境是怎样影响其思想和行为的。

另外，除了关注研究对象个人特质外，质性研究中还要理解特定社会情境下的社会事件。当质性研究者要走向研究的特定场域，需要把研究问题与研究对象的经验世界相连接，在了解这些事件对研究对象造成的影响的基础上，不断挖掘事件发生和发展的背景脉络，即去寻找这些事件是怎么产生的、是在什么样的情况下产生的、它的产生与当时的社会背景有什么关系等内容。另外，质性研究还要求研究者做到掌握事件发生背景的整体性和关联性，对于研究要做到细致而全面。

2. 全面地进行描述

与量化研究相比，质性研究是描述性的，其研究资料通常是以文字或者图像的形式呈现，包括札记、照片、录影带、个人文件、备忘录、笔记等，而不是一系列的数字。质性研究者为了寻求理解和意义建构，不会把收集到的资料化成数字的符号，而是尽可能不加任何价值注入地记录和呈现事实原本的形态，提升资料的丰富程度。在研究过程中，文字书写不仅是在记录资料，也是一种发现的过程，同时还是为了更深入地挖掘资料、更好地对研究对象的个人故事和社会生活的意义作出解释。

　　通常,研究者会在自我营造的固化的世界中产生思维定向,根据自己的知识框架和认知体系做好研究预设和在研究过程中轻易地产生偏见,自动屏蔽一些内容,并有意把研究对象的回答往自己想法上"引",从而错过了研究对象真实的思想、情感和知觉,不能注意到周围环境的细节。然而,质性研究主张在检视这个世界时,要假定没有任何事物是琐碎的,没有任何事情被视为是理所当然的,任何事物都有可能发展成线索。当一个个细节都被考虑后,研究资料也自动全面生成。也因此,许多质性研究者不把自己的研究报告或者文章当作真理,而认为是对特定事物的描写或对扎根在经验世界的万象的诠释。

　　3. 重视研究历程

　　在自然情境下,各种力量相互作用使得事物产生,并随着情境的改变不断变化发展。要对其进行诠释,必须理解产生它们的根源和催化因素,因此质性研究不仅对多重现实进行描述,还会对其展开解释和探索。研究对象随着研究过程的推进,不断对研究者提出的问题进行思考,借助新的认识重新审视自己的经历和周围环境。同时,研究者通过对事物的理解和探索,在与实地环境的磨合过程中,建构着新的研究思路和方法,并根据实际情况不断调整资料收集和分析的方法,改变对资料的解释和理论建构的方式。

　　质性研究中,我们经常去探究活动或者事件发展的历程如何,例如研究者在研究"学校中的融合和整合"时,首先会去观察教师对于特定儿童的态度,然后研究这些态度是如何表现在教师和学生的互动中的,接着研究这些日常的互动又是如何具体化那些被视为理所当然的态度的(Rist,1980)。此外还包括某一行为是如何形成意义的、特定的词语是如何拿来使用的、特定观念是如何变成常识的,等等,把研究问题与研究对象紧密结合在一起。

　　4. 使用归纳推理

　　质性研究者习惯于用归纳的方法来分析资料和建构理论。他们不会在研究前设计假设,因此也不会通过寻求证据来证实或证伪之前所持的假设,而是将收集的资料集合起来提出主要的研究观点。由此逐渐发展出来的理论和得出的研究结果是自下而上的。研究者没有固定的预设,可以识别一些事先预料不到的现象和影响因素,再将许多碎片连接起来,形成一个紧密相关的整体,并沿着某个具体和特定的方向进行逐渐分类压缩。关于归纳的过程可以包含如下步骤(Moustakis,1990):

　　(1) 研究者将自己投入实地发生的各种事情之中,注意了解各方面的情况;

(2) 寻找当地人使用的本土概念,理解当地的文化习俗,孕育自己的研究问题;

(3) 扩大自己对研究问题的理解,在研究思路上获得灵感和顿悟;

(4) 对有关的事和人进行描述和解释;

(5) 创造性将当地人的生活经历和意义解释为一个完整的故事。

有学者很形象地把质性研究的本质表达为"质性研究者并不是在拼一幅早已知晓的画像,而是在建构一幅画像"。研究的结果需要通过相关检验等方法证伪,其效度来自资料的真实情况和研究者的研究能力,并与特定的情境密切相关。

5. 紧贴研究对象的观点

质性研究有着各种各样的方法,但在某种程度上共有一个目标,即从研究对象的观点来理解对象。运用质性取向的研究者对于不同类型研究对象的生活经历相当感兴趣。研究者通常把目光聚焦在如下问题:研究对象经历了哪些事情?在经历这些事情的时候,他们是怎样处理的? 他们是怎样与别人进行互动的?他们积累了哪些生活经验? 他们对发生在自己身上的事情有什么样的看法? 他们如何建构自己所生活的环境? 他们对于社会大环境有怎样的认识? 等等。

值得考量的是,质性研究者是否能正确掌握研究对象的观点。研究对象的观点常常并不局限于研究对象的陈述,也需要研究者在进行研究时的"研究的建构"。但研究者与研究对象的经历不同、知识体系不同,因此理解过程中不免出现研究者的自我建构。在条件允许的情况下,研究者可以邀请研究对象一起来检查他们对问题的诠释。遗憾的是,研究者在诠释资料时,面对的仅是翻录过的文稿。因此,研究者想要清晰地确认研究对象的观点,在前期进行访谈时,要及时地根据研究对象的表述反复地确认和澄清,并利用研究者以往的经验尽力保证资料不被扭曲,在从收集的资料中总结和提炼研究对象的观点时,要谨慎小心,时刻提醒自己。

1.2.4 质性研究的功能

质性研究究竟能够起到怎样的作用? 对此,国内外已有不少精辟的论述,其中,台湾学者齐力认为,质性研究至少可以处理一些计量方法难以处理的议题,包括探索性研究、意义诠释和发掘总体或深层社会文化结构等三个用途。第一,在探索性研究方面,研究的主要目的在于获得对研究对象较为完整的了解和把握,研究者需要将所收集的资料就研究的主题范围尽可能地整合成关于研究对象的完整图像,并期望这个图像没有明显的内在矛盾。对于探索性研究,研究者经常需要不断观察、记录并不断分析。比如根据扎根理论的程序,研究者可以随时提出新概念、新理论,然后随时予以修正和改善。第二,在意义诠释层面,质性研究通过收集被研究者的叙述或提供的文本,可以理解甚至掌握行动者的行为倾向以及他们对行动所赋予的主观意义。第三,在发掘总体或深层社会文化结构上,由于深层社会文化结构涉及意识形态或行动者主观的意识等因素的探索,对此难以使用量化方法和量化资料加以处理或分析,而质性研究恰恰可以对总体结构性质做出较为完整的描述(齐力、林本炫,2006)。

西方学者里奇和刘易斯(Ritchie & Lewis,2008)则从背景、解释、评估及知识生产等四个维度来阐述质性研究的重要功能。

1. 通过阐述背景来描述存在内容的形式或本质

质性研究经常会对问题或现象提出这样的发问:为什么会有这些议题产生?它们产生的背景、特色是什么? 等等。此时,质性研究的功能则在于阐明和描述社会现象内在的因素、层面或事物发生的背后原因,并展现现象的概貌或特点,或描述人们赋予经历、事件、情形或其他现象的意义,进而找出定义类型。因此,质性研究的功能之一在于描述或探讨,其目标指向行动者或参与者对社会现象的理解和诠释。

2. 通过赋予解释来检视存在内容的原因或其中的关联

质性研究经常也会对问题或现象提出这样的发问:研究对象隐藏在某一态度、信念或知觉下的影响因素是什么? 导致行动者采取决定、行动的动机是什么? 事件或经验的起源或形成的过程如何? 某一现象发生的背景之间是怎样的相互关系? 等等。因为质性研究具有深度审视对象的能力,所以提供了一项独特的工具去研究隐藏在决定、态度、行为或其他现象之下的内涵和意义。质性研究方法在寻求及提供解释方面的作用得到了广泛的认可,在探寻重要影响及产生解释假说这两个方面承担重要的职责。

3. 通过进行评估来考量存在内容的有效性

质性研究经常还会对问题或现象提出这样的发问:一项政策或行动为什么会产生不同的效果或结果? 一个方案或介入行动的实施成功或失败的促发因素是什么? 这些因素或影响是如何发生的? 等等。质性研究方法擅长检视事物或行动运作的动态变化,善于探讨介入行动所在的背景及该背景对有效性的影响。

4. 通过协助理论、策略或行动的发展来生产知识

由于质性研究没有太多的预设涵盖范围,并注重寻求捕捉萌芽的概念,所

以,它在原创思想或提议方面具有很大的潜力。质性研究使想法来自真实的环境并完善于自然的情形之中,因此,质性研究能够发展出有关社会现象的新概念、新理解,为存在已久的社会问题提供新的解决方式,甚至促成方案、政策和服务采取更加有效的必要行动。

1.2.5 质性研究涉及的相关问题

质性研究作为一种研究范式,在发生和发展过程中一直面对着质疑和挑战。在不同的情境中,面对不同的社会现实,质性研究方法灵活多变。研究者想要熟练掌握和运用,就需要对质性研究有清晰的认识。

1. 研究的目标是什么?

质性研究方法是非常丰富多元的,表现在研究对象是独特的,研究的领域是多种多样的,研究目的也是各不相同的。有些研究者试图通过大量资料的收集,归纳出新的理论或者修正理论,提炼出新的概念;有的研究者对某一社会现象或多面向的社会事实进行详细描述,反映社会现状,并以此社会事实为基础,提出政策或建议;有的研究者试图通过某种理论对某一社会现象或社会问题进行解释,提升人们对这一现象的认识和关注;等等。质性研究目的不一,虽然不同研究取向的质性研究之间有差异,但也有一些共通之处。量化研究者将自身的功能视为收集人类行为的"事实",质性研究者则不然。他们认为人们的行为是受多方面控制的,对于原因与预测的寻求,反而会给研究过程和研究对象的发展造成干扰,且过于僵化人们的思想以至于难以获取对人们行为和经验的理解和诠释。

质性研究中,通常研究者的目的是希望对人类行为和经验进行深入理解,描述人们建构生活意义的过程,并明确这些意义是什么,试图从人们行为的具体事件产生对人类状况更清楚的思考。同时,他们较为关注边缘化的弱势人群,同时希望能为其获得更多增权的机会,赢得社会力量的关注,进而促进社会进步。

2. 研究的发现是否具有普适性?

"普适性"一词通常指的是一个特定研究的发现可以应用到特定研究对象之外,或者称为"放之四海而皆准",也有学者称其为"可类推性"。那些追求普适性的研究者希望实现资料可以提供给更多的人使用或者自己可以引用别人的资料等共享的局面,以期证明自己研究的问题或现象不是个例,可以推及其他,并在相同的场域推出共同性的描述或在不同场域中推演出一般性的普遍描述,降低研究成本。

但并不是所有的质性研究者都关注研究结果的普适性。质性研究的特性就是擅长对特殊现象进行探讨。它适用于在微小层面对个别事物进行细致、动态的描述和分析，或是在时间的流动中追踪事件的变化过程，以求发现问题和提出新问题的视角。很多质性研究者习惯聚焦于单一研究对象进行剖析，通过研究者与研究对象之间的互动来解释研究对象的行为及其意义解释，这样能够全面而又彻底地展现资料。有学者表示，他们锁定一个既定的场域和一群对象进行资料收集时，即使出现有偏差的发现，也是有价值的，一方面因为各种理论都必须能够对所有的类型提出说明，另一方面，研究者不能解释的案例可以由其他研究者去解释和拓展研究，留给他人来验证可以不断推动研究向前发展。

3. 研究者是否会影响研究资料的客观性？

研究者作为研究的工具，经常会带着自己的背景进入研究中，通常包括某一特定领域的训练，对研究课题的知识，某个特定的立足点、秉持的理论取向以及生活经历。这些自先拥有的知识框架太容易对资料的搜集和归纳产生影响。在资料搜集之前，研究者可能就会有一定的理论预设，以防止自己的研究脱离掌控；在资料搜集的过程中，研究者会记录下他想要看到的、听到的，忽视和屏蔽那些他不赞同的；在资料整理归纳的过程中，研究者又会不自觉地把自己想要的研究结论引入报告中。另外，有经验的研究者会自觉地克制自己的主观性来保证研究的客观性，在研究过程中，会不停地进行反思。

质性研究要求抛开研究偏见，保持价值中立。不能说研究者一开始就能完全摒除自我价值判断对于研究的影响，但是可以使用一定的方法有意识性地减少影响。有学者表示，质性研究是搜集全面、深入的资料，质性研究者应该试图描绘许多面向、拓宽研究范畴、丰富研究内容、修正和完善现有的理论模式。研究者不是从在一个场域的快速访问或是跟少数人的会话之后，就直接写出研究报告的，而是要花费很长的一段时间，很用心地去收集资料，在一遍遍的整理中，不断地面对自己的偏见，并自觉地加以摒除。此外，研究者在与研究团队的交流中，也可以通过对方来加以指出，收集来的资料是研究报告中有力的佐证，有时候并不需要加工处理，研究者只需要实事求是地呈现即可。

4. 研究者是否会影响研究对象真实的表达？

特别是在态度类的问卷调查中，研究对象通常会美化自己，给予的答复会竭力符合大众的审美和期待，特别是当研究者作为最大的影响者在身边时。我们不能否认和避免"观察者效应"对于研究者对象造成的影响。况且与问卷调查不同,质性研究中,研究者在访谈的时候,不是调查者与被调查者之间的问答,而是通过双方的互动,引导研究对象对其生活、经验和特定情境进行思考。

研究需要研究者有控制地、谨慎地开展。因此,为减低这一影响,研究者最理想的情况是让自己在情境中成为一名"隐身者",让研究对象忽略其存在,使得研究对象表现出他们原本的行为状态;或成为一个"内部人",完全融入情境中,即使研究者在场,也能让研究对象的行动不会有所差别。理想和现实毕竟会有很大的区别,想要拉近两者之间的距离,需要研究者深入了解自我,并时刻对自己作出反思。此外,研究者可以通过增加对研究对象所在地方的熟悉度来觉察自身的不同意识,并对研究对象周围的生活环境做全面的洞察,在观察的过程中,多与研究对象进行互动,来减低"观察者效应"。或者借助研究对象了解周围人的看法,通过引导研究对象陈述别人对这一事件的回应来掌握和解读研究对象的资料,也许研究者在阐述别人的看法时也会在一定程度上折射出自己的看法。

另外,部分人士认为,询问一个人的意见就是创造意见的过程。研究者根本无法消除他本身对研究对象造成的"观察者效应",即使在他们想要研究的"理想情境"或实际研究的"自然情境"中,也无法排除自身带来的干扰。研究作为研究对象生活中额外的事情附加而来,以各种各样的研究方式获取与其相关的资料,肯定会对研究者有所触动,建构新的知识。研究对象会"奔向"研究者希望的结果。此外,不同专业背景的人有着自己领域特定的理论和观点,这肯定会对研究对象有所影响。根据后现代观点,知识本就是建构的,新的知识和能力就是在建构过程中被批评反思性地滋养起来的。

5. 质性研究需要衡量资料的信度和效度吗?

量化研究中对于资料信度的考量,是指在一些特定的研究取向中,由不同研究者或是不同时间段的同一研究者所进行的观察,试图得出相同的资料和一致性的结果。相比量化研究,质性研究者则关心他们的资料的正确性和可理解性,他们所倾向的信度是指收集到的资料与实际的研究场域两者之间的符合度,而不只是观察结果的一致性。

研究者生活经历、专业背景、学术训练会影响其看问题的视角。研究视角不同,即使研究者在同一时间对相同场域的同一对象进行研究,也会得出不同的资料和研究结果。况且,"时间""问题""研究对象"都在不停变化着,即使是针对同一研究问题对同一对象进行的资料验证,也处于不同的时间段,并且由于存在过去的研究基础,研究对象已无法摆脱过去研究所产生的影响。因此,研究者与研究对象之间的再次互动,会产生新的建构,即使是同一研究者,重复研究也很难产生同样的结果。赫拉克利特说过,人不可能两次踏入同一条河流,我们也不可能让一件事情以同样的方式发生两次(Fernandez,1994:136)。在质性研究中,即使重复研究也可能是为了弥补欠缺的材料,而不是期待得出一致的结果。

有学者认为,与其争论研究结果的一致性,还不如努力提升研究工具的准确性。如果研究工具有问题,那么这个工具无论去研究什么,都不会得出准确的答案。即使在量化研究中,也不能保证每次研究都能得出一样的结果,研究者往往也不会一直期待得出一样的研究资料。质性研究中,检验资料的最好方式即研究者作为重要的研究工具,严格记录下自己的研究手段和步骤,保存好研究资料,以保证资料获取的全面性和资料分析的准确性。

6. 质性研究是科学的研究范式吗?

量化研究一直被尊崇为科学的研究范式,它从特定的假设出发,将社会现象数量化,并计算出相关变量之间的逻辑关系,借此得出的是"科学的""客观的"研究结果。以往研究者们把科学等同于计量,且任何偏离这种模式的都是不科学的。诺贝尔物理学奖得主 P. W. 布里奇曼(P. W. Bridgeman)曾表示没有所谓的科学方法,科学研究中最为紧要的特性,就是全心全意去做,而不是自我封闭。科学的态度一部分就需要对方法和证据保持心胸开放。许多著名的物理学家、化学家和数学家也都质疑,是否存在所有探究者能够或应该遵守的可再制的方法。我们常常可以在他们的研究中,看到他们采取不同的,且经常是不可确定的步骤来发现和解决问题。

质性研究则强调研究者深入到研究对象所在的自然情境中,通过与研究对象互动,了解其思维方式,并在收集资料的基础上进行客观解释。它有自己的理论基础、资料收集和分析的办法等一套研究的规则,因此是一种有严密逻辑、选择多样、可实际操作的研究范式,且是科学的、合理的研究范式。

7. 质性研究和量化研究可以一起使用吗?

质性研究者通过对一个或者几个典型的研究对象进行研究,以期获取有深度的研究资料,而量化研究通过从总体中抽取部分具有代表性的样本进行研究,以期获取对总体的认识。因此,有学者认为质性研究和量化研究结合在一起使用,才能使资料呈现比较全面而深入。具体有两种方式:第一种,在研究前,先使用质性研究方法,通过开放式访谈寻找研究视角,聚焦研究对象,明确研究问题,之后再用量化研究来确定研究范围,选取抽样框,选择具有代表性的研究对象;

第二种,在进行量化研究之后,用质性研究进入深度访谈,对某个样本或者总体加以补充、解释和再诠释。有学者表示还有第三种方式,即同时使用质性研究和量化研究,描述性的统计和质性发现是一起呈现的(伍威·弗里克,2011)。

两种方法是可以结合使用的,但是由于这两种取向是基于不同的假定,这对研究者的能力要求很高。此外,在质性研究深度访谈中结合复杂的量化研究是极其困难的,尽管两者优势互补。如果两种方法处理不当,会使得研究不伦不类。因此,有学者不赞同两者交互使用,认为这两种方法的基础是两种完全不同的范式,不能囫囵吞枣,一概而论。

8. 质性研究和量化研究取向哪个更好?

部分学者认为两种立场是完全对立的,选择了两者中的一个,就要否定另一个,且将两种方法一决高下,在研究实践中根本不存在两者互为补充、可以交互使用的情况,研究者只能根据自己的研究内容选择其一。例如,研究者想要知晓社区中全体居民对于一个特定问题的认识,那么最好的办法是选择量化研究,有计划地选择样本,运用问卷调查等方式进行资料收集;如果想要了解社区居民对于社区服务的态度改变过程,选择质性研究可能会更好。有学者认为,质性研究和量化研究最明显的区别在于研究者与研究对象之间的关系,前者的研究关系是持续发展的,随着时间的发展不断向前推进,而后者的研究关系是有限的、短暂的,更加凸显契约性。

无论是质性研究还是量化研究,最好的选择是与研究主题的性质保持一致,当然对于一些主题和问题,两种取向的研究范式都不适合或者两者都适合。研究者不能成"井底之蛙",选择其中一种立场,对另一种取向的研究范式不加以了解就严加排斥和打压,而要掌握两种研究范式,以实用为本,针对自己从事的研究来选择合适的方法。但由于两种方法背后的研究范式不同,因此在研究中,最好是选择其一而行。

除上述探讨的与质性研究相关的问题外,还会有很多存疑的地方,比如质性研究与量化研究的区别、怎样做好质性研究、质性研究理论基础和具体的研究方法、质性研究的关键概念和相关词汇、质性研究资料的处理等,这些问题都会在后续章节中加以介绍。

1.2.6　质性研究的伦理

"伦理"一词充满着道德和行为约束的内涵,有学者表示伦理让人联想到"最高权威和绝对的意象"。研究中的伦理是指一个特定团体在一个特定时间内接受正确和错误的原则。而这些原则和规范引导着成员在面对两难情境或道德议题时从容面对,既是维护研究对象的利益,又是对研究者的一种保护,使其免受质疑和攻击。质性研究中,最基本的伦理是研究对象的"知情权"和"受保护"的权利,这意味着要使研究者自愿作为研究对象,且研究者不能把研究对象置身于风险之中。研究者要在研究之前告知研究对象其个人信息、研究目的、研究内容及存在的风险等,并最好以文字的形式订立契约,作为研究对象知情同意的证据。

1. 伦理困境

质性研究中,研究者经常会面临一些伦理困境,使其难以抉择。现行的研究伦理尚不明确,质性研究者通常以自我研究的准则进行研究,即每个人都有每个人的方式,也使得遵守研究既有的程序和对研究对象的保护在某种程度上成为了一种形式,因此部分研究者为了自己的研究目标不惜抛弃"业界良心"。研究者必须能够识别自己的价值观念和信念,并熟悉其他研究者做出这类决定所依据的原则,也必须知道如何界定自身对其他人的责任,以及接触到研究对象的痛苦时的责任是什么。对于研究者而言,伦理的问题并不是狭隘地指如何在这个领域有所作为的问题。相对地,伦理被用来认识研究者对那些在研究过程中所接触到的人的终身的义务。具体困境如下(林淑馨,2013):

(1) 特殊问题下该如何抉择?

虽然我们熟知伦理要求,但在实际研究中,这些伦理规则在许多个案中似乎显得无关紧要,甚至不可取。例如,当研究者被放置在一个位置,扮演着一种角色,而这种角色所需要履行的责任和义务却与他需要扮演的另一种角色相冲突,利益主体不同时,如何做到平衡,令各方满意;研究者发现研究的内容公布出来会伤害到研究对象,且违反现有的公共政策和公共态度,但是不公布又会违背研究者自身的意愿和初衷;当研究者认为自己是对那些落后地区的穷人家庭成员之间的暴力事件做出同情的描述时,反而会让人觉得研究者是在证明一种偏见和刻板印象;等等。这些会让研究者陷入两难情境,停滞不前。这些问题的解决只能紧密着眼于研究情境,并经多方讨论协商,来最大化保护研究对象的利益。

(2) 研究对象能否从研究中受益?

研究对象事实上一直处于被动的位置。在研究中,人们所关心的是如何从研究对象那里得到东西,而较少给予研究对象。有争议观点认为,研究者通过研究可使自己获得职业生涯的发展和社会地位的提升,而研究对象从研究设计中获得了什么,则是不清楚的。有人对此回应道,研究对象获得的利益虽是少了些,但是长远地看,研究对象最终会从他们接收到的研究中受益,研究对象通过研究,获得更多的社会关注,且在研究过程中可在研究者的帮助下解决自身的现实问题。此外,研究对象可能看起来并没有直接获得什么,研究对象配合收集研究资料也是为社会做奉献,由研究带来的理解能够改善外面更大的世界。因此,在一定程度上可以说,开展研究,可使多方受益。

(3) 研究对象如何参与研究?

有些人认为研究对象在研究中是被利用的。研究对象说出自己的故事、吐露自己的想法和对生活事件的认知等作为研究资料,但却不能参与到研究者对于他们资料的解释和撰写过程中。由于研究者理解的偏差,不能完全正确地提取研究对象的意见,从而会出现扭曲。

另外,研究者与研究对象在研究中,是主次的关系、平等的研究伙伴的关系,还是"专家"与"平民"的不对等关系,会对研究产生很大影响。如果研究者尽力尊重研究对象的意见,但研究对象可能由于自身认知的局限性,会对社会问题或生活事件有一些不恰当的理解和表述。如果以研究者为主,研究者原有的知识框架、生活经历和科研经验会带入新的研究情境,从而产生刻板印象。如果两者合作进行研究,就难以取得平衡。但现实中,更多的还是由研究者来掌控全局,研究对象在研究者的引领下参与研究。

2. 伦理原则

虽然目前质性研究没有发展出一套完整的伦理规范,但成为一名合格的研究者,还是要有自己的职业坚守。一些质性研究专家指出,在实地工作中必须建立伦理惯例,引导研究者开展研究(伍威·弗里克,2011;潘淑满,2003;林淑馨,2013)。

(1) 自愿。

在研究中要尊重研究对象并寻求他们的合作,且合作要建立在研究对象自愿的基础上,即在研究对象同意的情况下进行。首先,研究者要非常敏锐和用心地介绍自己,取得研究对象的信任;其次,研究者不能以任何方式强迫研究对象做出选择;再次,研究者可以和研究对象订立契约,并承诺遵守这份约定。

(2) 真实。

研究者梳理研究报告时,要说"真话"。虽然研究者可能由于意识形态的原因不认可所得出的结论,或者其他人可能对研究者施压,要求其附加资料中没有的内容或者查看收集好的资料,研究者一定要有原则,要深深认识到捏造或者扭曲资料不是一个研究人员应有的行为。

（3）知情。

道格拉斯(Douglas，1976)认为社会科学家对社会负有追求真理、发展科学、增强了解的责任，因此研究者可以使用任何方法来取得所需要的信息，包括撒谎、隐瞒自己的身份、设计人为的研究情境等。甘斯(Gans，1962)也认为研究者为了获得真实的资料必须不真实。持这些观点的学者主张在研究者不知情的情况下进行研究。这是研究对象出于对研究者的信任，自愿暴露相关的信息，但因为毫无防备，说出一些不该说的话，或者随意批判别人，可能最后给其自身造成麻烦。最后，研究者也会面临欺瞒的道德压力。

因此在研究前，应该清晰地告诉研究对象研究目的、需要研究对象何种支持等，让研究对象了解研究的基本情况。当研究对象在可能被贴上负面标签时，例如教育层次低、缺乏自理能力、心智不健全等，要尽量知会研究对象。在研究过程中，研究者若使用其他研究工具，例如录音、摄像等，不应欺瞒研究对象。但值得注意的是，知情原则在有些质性研究方法中是需要保留的，并不是全部适用，例如非参与性观察法。

（4）保密。

在研究开始之时，研究者就应该向研究对象解释研究中的保密原则，告知研究对象一切与其相关的敏感信息都会隐藏，除非当事人同意，否则必定保密，这样收集的资料才不会使研究者陷入窘迫困境，或是以其他方式伤害到研究对象。另外，匿名不只是写作上，还延伸到研究者在汇报交流时的资料使用上。研究者不该将关于研究对象的信息透露给他人，且与在研究现场中的人分享信息时要特别小心。

当然，我们还有可能遇到有些研究很难隐藏研究对象的身份，部分研究对象可能并不会在意他们的身份被公开，或者说坚持要公开，这时保密原则就要重新斟酌和协商。但当遇到例如知晓研究对象涉及人身安全、正酝酿严重的社会冲突和越轨行为时，研究者一定要有自己的立场和做法，依靠自己的道德判断，采取合理科学的行动。

（5）不批判。

研究者不能歧视研究对象的文化、生活方式、种族、态度、认知等，要尊重研究对象；即使研究对象对问题的回答有明显偏颇，也不予以嘲笑；不对研究者的生活指手画脚，干预研究对象的行为；对研究对象不符合常规的行为表现，并不加以批驳和排斥;不以自己的意见为标准,尽力去理解其行为背后的理由和原因。

(6) 适当回报。

在使用质性研究搜集资料的过程中,研究对象的付出并不比研究者少,为了防止给研究对象带来一种被剥夺感,可以适当的形式给研究对象进行回报。研究者可以根据研究对象付出的时间和精力给予适当的劳务费用,也可以换成等价的礼品进行慰问,甚至可以在研究间歇时,帮助研究对象做劳动、清洁庭院、销售农产品、辅导孩子功课以及开展心理辅导、政策咨询等,切实为他们服务,让研究对象感受到研究者的用心。

但是在给予物质条件的同时,要适当有度,避免培养出研究对象不停索取的习惯,对不合理的索求,要及时制止。因为出现这种情况的时候,收集到的研究资料可能已经变质。

西方学者墨菲和丁沃尔(Murphy & Dingwall,2001)提出了一个"伦理理论",包括四个主题:无伤害性、有益性、自主与自决、公正性。社会科学研究专家劳伦斯·纽曼(Lawrence Neuman)也指出,在研究的执行阶段,被研究者可能因为参与研究而受到伤害以及面临其他可能的风险,这里的伤害并非只是生理上的伤害,还包括心理伤害、法律伤害、个人生涯伤害、人际关系或者收入上的伤害(劳伦斯·纽曼,2000)。

质性研究伦理问题极其复杂,我们又处于一个人情社会,研究者如何与研究对象建立、发展和结束关系,标准是什么,至今没有统一的答案。陈向明(2000)曾表示,这一块领域就像一块沼泽地,没有人能够为其画出一副清晰的地图,但每个质性研究者必须在这里找到出路。在实际研究中,研究者要做到随机应变,需要对可能出现的伦理道德问题保持高度的敏感。社会也可以设立一些法律、法规来约束研究者和研究对象的行为,保证研究的顺利进行。

1.3 量化研究和质性研究

由于不同的认识论、本体论和方法论,量化研究和质性研究具有许多不同之处,包括研究步骤、研究过程及依据的理论、资料和结论的检验方法,等等。

1.3.1 量化研究和质性研究的研究步骤

研究设计及其研究步骤实施的差异,最先体现在不同的研究方法上。选择一种研究设计,研究者往往依循其学术范式及训练背景,而根本上是受到研究范式背后的知识论、本体论与方法论的影响甚至支配。哈贝马斯(Habermas,1968)曾经提出了三种研究设计模式,分别是量化研究模式、循环式建构主义研究模式和批判式宏观研究模式。

1. 量化研究模式

这是大部分"实证主义"和"生物医学"的研究模式,研究者相信"进步"和"单一真相"。在此思想指导下,研究方法也就有了一个固定的阶梯式步骤,做研究便是顺着这些步骤:第一步,定义研究问题;第二步,文献整理;第三步,形成假设;第四步,抽样与研究工具设计;第五步,收集资料;第六步,数据分析;第七步,得出结论(详见图1.1)。

图 1.1 量化研究模式

2.循环式建构主义研究模式

第二种研究模式是质性研究的"循环式建构主义研究"。以此模式从事研究的研究者主要是探究人们的符号、解释和意义的建构，故必须进入他们的演出。他们认为没有所谓"绝对真理"，而所有的知识都是与情境脉络联结的，扎根在情境中。因此，这个模式的研究步骤，是不断地循环在"经验"→"介入设计"→"发现/资料收集"→"解释/分析"→"形成理论解释"→"回到经验"的循环体系中（图1.2）。

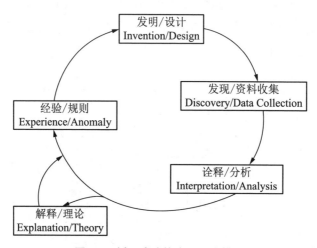

图1.2 循环式建构主义研究模式

3.批判式宏观研究模式

第三种模式是批判式宏观研究模式。这种宏观是批判地检视前两种模式的系统效果，希望能经由历史考察及两种模式的互相对照，除去虚假意识，达到解放弱势者与赋权的效果。这种研究模式常常运用在政治介入及系统研究中（详见图1.3）。

1.3.2 量化研究和质性研究的基本过程

除了研究设计和研究步骤有差异外，量化研究和质性研究还存在着许多不同。对此，西方学者罗瑟里（Rothery）、格林内尔（Grinnell）以及波格丹（Bogdan）、拜克伦（Biklen）和中国台湾学者有比较深入的讨论。

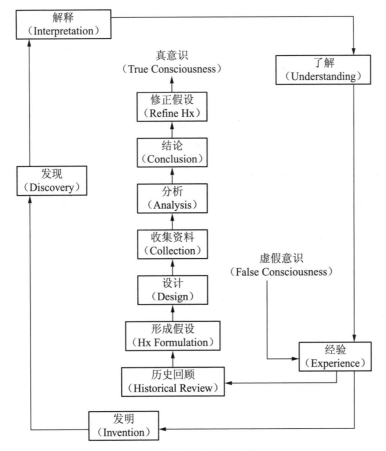

图 1.3　批判式宏观研究模式

1. 罗瑟里和格林内尔的讨论

西方学者罗瑟里与格林内尔(Rothery & Grinnell，1996)根据观察，提出六项评估指标作为对质性与量化研究进行比较分析的基准。这六项评估指标如下图所示(参见表 1.3)。

表 1.3　质性研究与量化研究之评估指标

评估指标	质性研究	量化研究
客观性	否定绝对客观事实的存在	相信客观事实必然存在
推论	研究结果不可推论到其他个案	研究结果可以推论到其他个案
化约主义	强调开放和分享	强调将研究对象依据理论简化为变量假设，并通过标准化过程进行假设真伪之检验

评估指标	质性研究	量化研究
理论运用	理论是经由研究过程与结构建构出来的	在开始进行研究之前,就要对理论有清楚的了解
数字或文字的运用	研究结果运用文字描述来呈现	研究结果以数字表示
弹性	整个研究过程采取开放、弹性的立场	整个研究过程重视步骤间环环相扣的关系

需要对上述指标略加以阐述,以便更加清楚地了解量化研究和质性研究之间的区别。

(1) 客观性。

无论是量化研究还是质性研究,研究者往往都宣称自己所观察的现象或事物是客观的事实,并以此来反驳对方的论点与立场。为此,台湾学者潘淑满(2003)举例指出,社会普遍认为那些长期遭受婚姻暴力的妇女,被相关单位安置在庇护中心之后,仍旧会选择回到暴力的婚姻关系中,因为这些妇女有被虐待的倾向。通常,量化研究会先接受这种假设,然后通过研究过程验证它的真伪,但是质性研究者则认为研究者不该预设立场,真正的客观应该是研究者运用更开放的胸襟,倾听这些受虐妇女的感受、知觉、看法与意见,这样才有助于了解社会事实的真相。

(2) 推论。

量化研究主要的研究目的是对研究现象做推论,可是,质性研究却认为每个研究对象都是独立的个体,根本无法推论到其他对象。例如:量化研究者会期待通过大样本的研究过程,将婚暴研究结果推论到具有相同背景的妇女;质性研究者却只会针对少数受虐妇女,运用不同的方法深入了解受虐妇女的婚姻生活与经验。

(3) 化约主义。

化约主义是指研究者将复杂的概念简化为变量测量的过程,并以数字及统计的显著度来呈现变量的关系。例如:研究者会将遭受婚姻暴力的妇女在远离家庭之后选择重回暴力的婚姻关系,简化为几个变量之间的关系,并且由变量关系组成简单问题或命题假设。质性研究者却不主张运用标准化的测量工具,以免限制研究对象的反应,而是用比较开放、分享的态度,了解受虐妇女的经验及这些经验对受虐妇女的意义。

（4）理论运用。

量化研究主要是运用已存在的理论,从这些理论观点中发展出命题假设,并通过验证过程来证明或否证理论的真实性;而质性研究却不需要对研究的问题或假设有严谨的界定,研究者通常是通过研究资料的收集过程,逐渐建构理论概念。

（5）数字与文字的运用。

量化研究主要是运用数字来描述研究结果,而质性研究却是用文字来描述研究的结果。例如:量化研究者会说,约有 75% 的受虐妇女选择再回到暴力的婚姻关系中,或非经济自主比经济自主的受虐妇女更容易选择再回到暴力的婚姻关系中;质性研究却会通过研究过程,综合说明担心孩子、害怕一个人过日子、亲友反应、再度就业的困难,都是阻碍受虐妇女积极追求远离婚姻暴力的原因。

（6）弹性。

就整个研究过程而言,量化研究对于抽样、研究设计、测量和资料分析等过程,都有严格明确的规定;质性研究则是采用比较弹性、开放的立场来对待研究的每一个环节。

2. 波格丹和拜克伦的观点

西方学者波格丹和拜克伦（Bogdan & Biklen,1982）从质性研究与量化研究的特质,进一步详细地说明了质性和量化研究之间存在的差异（参见表 1.4）。

表 1.4　质性研究与量化研究的比较分析

项　　目	质性研究	量化研究
主要概念	意义、常识的了解、情境定义、日常生活、了解、过程、规则经商议而形成、实际的研究目的、社会建构	变量、操作定义、信度、假设、效度、统计的显著性、复制验证
有关理论	符号互动论、民俗方法学、现象学、文化、观念论	结构功能论、实在论、行为主义、逻辑实证论、系统理论
研究目标	发展敏感度高的概念、叙述多层面的世界、扎根理论、发展理解	检验学说、建立事实、统计描述、显示变量的关系、预测
研究设计	开展的、弹性的、一般的、设计基于直觉,指出可能进行的程序	结构化的、预定的、正式的、特定的、设计是操作程序的计划
研究计划	简要的、前瞻的、建议可能相关的领域、常常在获得部分资料后才开始撰写、实质文献的非广泛检视、研究取向的一般性描述	详细的、研究焦点与程序特殊而详尽、文献探讨彻底、在资料搜集前撰写、明白叙述研究假说

续表

项　目	质性研究	量化研究
研究资料	叙述的、个人文件、田野记录、照片、个人言谈、正式文件与其他资料	量化的、可量化的编码、计数、测量、操作型变量、统计的
样　本	小型的、不作代表性抽样、"理论抽样"、滚雪球抽样	大型的、分层抽样、有控制组、精确的、随机取样、控制外在变量
研究技术或方法	观察、各种文献之概览、参与观察、开放性的访谈	实验、调查、结构化的访问与观察、资料以分组方式提问
与研究对象的关系	同理、强调信任、平等、深入接触、视对象为朋友	有界限的、短期关系、保持距离、不介入
研究工具	录音机、转录机、研究者本身常是唯一工具	测量汇编、问卷、索引、计算机、量表、测验分数
资料分析	持续进行的、模式、主题、概念、分析的归纳、持续比较法	演绎的、资料搜集完成才分析、统计的
使用文本取向的问题	耗时、归纳资料的困难、信度、未标准化的程序、研究大团体有困难	控制干扰变量、物化、研究者介入所造成的干扰、效度

在上表所列的许多比较项目中，有一些项目需要再作一点详细的阐述，以便有更准确的把握。

（1）概念。质性研究比较重视意义的理解及理论的建构，而量化研究则比较注重理论假设的验证。

（2）理论。质性研究偏重于文化与现象学理论，而量化研究则较重视系统、功能与行为主义等理论。

（3）研究目标。质性研究比较偏重于敏感性议题的探讨，多重了解研究现象的意义，但是量化研究强调对变量的测量，并对社会现象进行某种程度的控制，且对研究结果进行推论。

（4）研究设计。质性研究主张研究者在研究过程应采取开放、弹性的态度，并通过回递式来收集资料，而量化研究则是运用演绎方式来进行相关资料的收集与检验。

（5）研究计划。质性研究的计划比较着重于对探究现象的描述，而量化研究的计划必须对相关文献报告有充分的阅读与理解。

（6）研究资料。质性研究所收集的资料比较偏重于叙述、文件、记录与图片等，而量化研究则较重视可被测量或可转化为数字的资料。

（7）样本与抽样。质性研究主要运用立意抽样,对少数研究对象进行完整、深入且丰富的资料收集工作,而量化研究则是强调运用随机抽样方式,对大量样本进行抽样及资料收集工作。

（8）研究方法。质性研究收集资料的方法,包括访谈、观察与文献等,而量化研究则着重于实验、类实验或调查。

（9）与研究对象之关系。质性研究强调研究者与被研究者是建立在平等、信任的基础之上,在整个研究过程,研究者必须和研究对象有深入密切的互动,而量化研究是建立在不介入的立场,研究者在研究过程中尽量和研究对象保持一定距离,以避免个人价值涉入研究历程。

（10）研究工具。质性研究除了运用录音机、录像机或转译机来协助收集与分析资料外,研究者本身其实就是最好的研究工具,而量化研究主要的研究工具则是问卷、量表与计算机等,研究者本身应尽可能降低对研究现象的影响。

（11）资料分析。质性研究主要是运用归纳与比较方式,由文本中逐渐萃取出主题、概念与模式,而量化研究则是通过统计软件包进行数据分析。

（12）使用文本的问题。质性研究的资料分析相当耗时,且很难运用在大样本的分析过程中,而量化研究由于主要是运用统计软件包,所以比较能控制研究者介入可能产生的困扰。

1.3.3　量化研究和质性研究的信度与效度

1. 对信度与效度的看法

量化研究和质性研究从不同的认识论和本体论出发,对于研究的信度和效度也有不同的看法,产生了比较严重的分歧。社会科学领域中不少主流学者都在这一点上对质性研究进行批评,而量化研究者对此更是严加指责,从表 1.5 中可以看出这些学者对质性研究的基本看法（Halfpenny, 1979）。

表 1.5　质性研究和量化研究的比较

质性研究	量化研究	质性研究	量化研究
不严谨的 有弹性的 主观的	严谨的 固定的 客观的	个案研究的 哲学思考的 扎根的	社会调查的 假设检定的 抽象的

显然,上述对于质性研究的大部分评价,从科学研究的角度而言基本上是负面

的,而且许多评价指标都涉及研究的信度和效度问题。对此,不少从事质性研究的学者予以强烈的回应,大多数认为,信度与效度的概念主要源自实证论量化研究的传统,由于量化研究的目的是找出社会现象或社会行为的共同法则,因此,测量工具本身的客观与可信性就成为相当重要的评估指标,如果要从量化的观点来评论质性研究的可信度及推论程度,对质性研究而言有失公允(胡幼慧、姚美华,1996)。

其实上述争论涉及这样一个问题:因为性质不同,所以是否需要转变话语来重新考量和订定质性研究的有效性和可信赖程度?美国学者古帕认为,社会科学研究评估指标所关心的,是研究过程对研究测量与研究结果的真实性、应用性、一致性与中立性等考量。为此,古帕(Guba,1990)根据这四个对研究"信赖程度"的评估指标,发展出对量化与质性研究的比较基础(参见图1.4)。

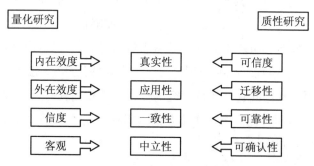

图 1.4 质性研究和量化研究信赖程度的比较

对于上图,古帕进一步指出,这四个评估的指标转化为量化研究的语言时,关注的就是内在效度、外在效度、信度与客观;但是指标转化为质性研究的语言时,关注点就成为可信性、迁移性、可靠性与可确认性。并且,信赖程度对量化与质性研究者而言,究竟指涉何物或包括何种含义也各有自己的解释(参见表1.6)。

表 1.6 质性研究与量化研究对"信赖程度"的评估依据研究取向

研究取向 评估指标	质性研究	量化研究
真实性	可信性:指研究者收集之资料的真实程度	内在效度:控制不相关变量可能对研究结果产生影响
应用性	迁移性:研究所收集的资料,研究对象的感受与经验可以有效地转换成文字陈述	外在效度:研究结果可以推论到外在现实世界的可能性

续表

研究取向 评估指标	质性研究	量化研究
一致性	可靠性:研究者如何运用有效的资料和搜集策略收集到可靠的资料	信度:测量工具测量的结果可以不断地被重复测量,且具有一致性,稳定度相当高
中立性	可确认性:研究的重心在于对研究伦理的重建,在研究过程中获得值得信赖的资料	客观:研究过程对于研究资料的收集,不会因研究者个人主观价值评判而扭曲社会事实的真相

2. 信度

在量化研究者看来,信度是指测量工具的可重复性及测量结果的一致性。量化研究者对于信度的评估,往往运用下列几种形式进行(参见图 1.5)(劳伦斯·纽曼,2007;托马斯·赫尔佐格,1996)。

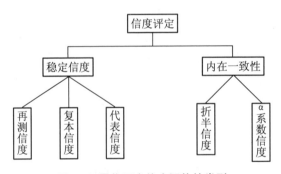

图 1.5　量化研究信度评估的类型

(1) 稳定信度。

稳定信度(stability reliability)是指研究者运用同一种测量工具,针对相同对象进行测量,以便了解这两者之间测量结果的相关性,所以它是一种偏重测量工具稳定性的评估方式(托马斯·赫尔佐格,1996),主要包括三种方式:

第一,再测信度(test-retest reliability),是指研究者运用测量工具,针对同一个研究对象,在两个不同时间点进行评估,再观察这两个评估的关联。

第二,复本信度(equivalence reliability),是指研究者运用两种不同却相等的方法来测量同一个变量,再观察两个测量结果的相关程度。

第三,代表信度(representative reliability),是指将同一个测量工具,运用到不同研究的人口族群,以便观察测量工具是否可以测量出相同的结果。通常,研究者只要将不同人口群测量的结果进行交互比较分析即可。

(2)内部一致性信度。

内部一致性信度(internal-consistency reliability)是指研究者在同一时间点使用复本来测量变量,再将同一个变量的各个问题分成几个量表分数,最后计算这些量表分数的相关系数。它包括两种方式(托马斯·赫尔佐格,1996):

第一,折半信度(split-half reliability)。所谓折半信度,就是研究者将测量同一个变量的量表对半区分,然后再计算两者的相关系数。通常,研究者可以采用前后半、奇偶数或随机对半进行。

第二,α系数信度(coefficient alpha reliability)。这种信度评估方式着重于计算所有个别的或是可以配对的问题之相关值的平均数。

质性研究对实证论量化研究者有关信度的批判主要来自扎根理论研究者。对量化研究而言,信度是指研究结果可以被复制的程度或测量程序的可重复性,但从质性研究的立场而言,信度隐含着双重意涵:外在信度和内在信度(Bauer & Gaskell, 2000)。"外在信度"(external reliability)是指,研究者在研究过程中,如何通过对研究者地位的澄清、报导人的选择、社会情境的深入分析、概念与前提的澄清与确认以及收集与分析数据的方法等,进行妥善的处理,以提高研究的信度。"内在信度"(internal reliability)则是指,当研究者在研究过程中同时运用数位观察员,对同一现象或行为进行观察,然后从观察结果的一致程度,说明研究值得信赖的程度(高敬文,1996)。

质性研究者认为可以通过三种质性研究测量方式来了解研究的信赖程度(胡幼慧、姚美华,1996):

第一,狂想信度(quixotic reliability):对不同研究对象,持续采取同一种方式来响应,避免不同响应影响研究结果。

第二,历史信度(diachronic reliability):在不同时间点所测得的结果之间的相似性。

第三,同步信度(synchronic reliability):同一时间内产生相似的研究结果。

对于质性研究的信度,古帕(Guba, 1990)有独到的见解,他认为量化研究所主张的测量一致性的要求,并不是用严谨控制、固定不变的方法来达成的,而是除了要维持研究的稳定性之外,同时也应该注意可追踪的变化,并通过翔实的记载与陈述以及提供合理的解释,提高研究的可靠性(参见图1.6)。在此所谓的可靠性,其实就是量化研究者所关心的内在信度。关于研究者如何在研究过程中取得可靠的资料,质性研究者必须清楚地加以说明,作为判断资料可靠性的依据。

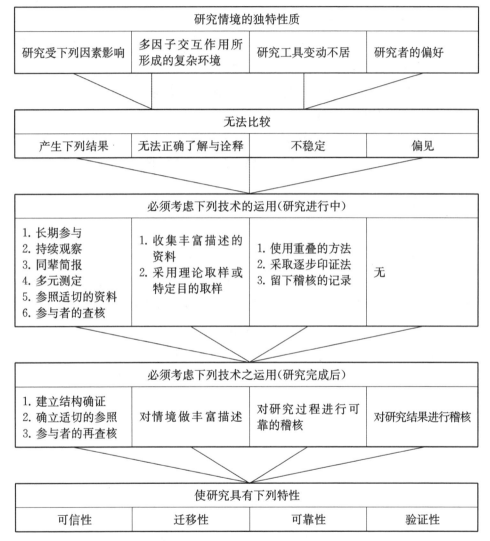

图 1.6　质性研究提高信度的策略

美国学者罗伯特·K.殷(2004)主张采用两种策略来确保个案研究的信度,即采用研究草案和建立研究数据库。由于个案研究是质性研究方法中的一种重要形式,所以对个案研究的这一论述同样适用于整个质性研究。殷指出,一般来

说,个案研究草案应包括如下内容:

第一,对个案研究项目进行审查、评估(研究项目的目的及其前景、需要研究的问题、有关研究问题的相关研究成果等);

第二,实地调查的程序(调查时需要出示的介绍信、接近访谈对象的方法、证据的主要来源渠道、应遵守的程序);

第三,需要研究的问题(研究者在收集证据过程中必须牢记的特定问题、资料的呈现形式、能够回答特定问题的证据的来源渠道);

第四,指导撰写个案研究报告(个案研究报告的大纲、证据及资料呈现形式、其他记录材料的使用和呈现、研究者的简介,等等)。

殷进一步强调,建立研究数据库也是保证质性研究信度的一个重要手段,而建立数据库的最新方法至少有四种:记录、文献、图表材料、描述(罗伯特·K.殷,2004)。

3. 量化研究和质性研究的效度

(1) 量化研究的观点。

对量化研究而言,效度主要是关心测量到的变量是否为研究者想要测量的内容(托马斯·赫尔佐格,1996)。进一步说,效度是指研究工具可以测量到正确答案的程度,或是测量工具本身是否可以正确反映研究者所要探讨的概念的真实意义(胡幼慧、姚美华,1996)。从上述定义中可以知道,效度所重视的是"真实"与"正确"两个特质。

效度的测量主要是评估研究内涵的建构和测量指标相互吻合程度,当测量的内容与测量指标相互吻合的程度愈高,测量工具的效度就愈高。量化研究对于研究效度之评估主要有两大类型(详见图1.7)(劳伦斯·纽曼,2007;托马斯·赫尔佐格,1996;李美华,1998)。

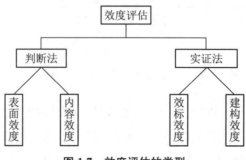

图 1.7　效度评估的类型

在图 1.7 中,经常被运用于资料判断的效度的方式有两种:表面效度和内容效度。

第一,表面效度。

在量化研究评定效度的方法中,表面效度可以说是最基本的形式。表面效度的判定是研究者从测量工具的表面观之,如果认为这项测量工具看起来是研究者想要的建构内容,那么该项测量工具就具有表面效度。不过,表面效度测量的结果并不一定与研究的概念一致,所以研究者在运用表面效度时,通常以具有共识的概念为主。

第二,内容效度。

内容效度可以说是表面效度的另类形式,它关心的是测量工具的内涵是否完全依照研究理念架构设计、研究理念是否完全呈现在测量工具中。在实际操作过程中,内容效度往往会涉及三个步骤:第一,研究者必须说明概念建构之意义;第二,研究者必须将所有研究的定义领域都囊括在内容建构中;第三,研究者必须根据内容建构发展出足以包含所有定义的指标。

同样,根据实证资料证据的收集来判定建构效度的方式中,通常被运用于研究过程的方法也有两个:效标效度和建构效度。

第一,效标效度。

效标效度是研究者运用既存的且标准化的测量工具,又称效标,作为研究者在建构测量工具内容时的参考基准。研究通过对照式的比较过程,经由验证研究测量工具所测量的内容与效标的关联,来了解测量工具的效标效度之高低程度。

第二,建构效度。

对许多量化研究而言,最基本的是建构效度,而"建构"就是科学理论中的一个概念。当研究者运用不同的测量指标对测量工具进行评估时,这些测量指标所测量的结果一致性愈高,那么研究的建构效度就愈高。换句话说,建构效度是指研究的任何发现,关系到研究测量工具的结果是否如同理论对该建构所做的预测一样。

(2)扎根理论和诠释理论的观点。

什么是效度?对质性研究而言,效度就是指研究者通过研究过程获得正确答案的程度(胡幼慧、姚美华,1996)。那么何为正确的答案呢?在质性研究看来,正确的答案就是指研究者所设想、提炼或测试的命题能够吻合日常生活的情境(高敬文,1996)。林肯和古帕(Lincoln & Guba,1985)指出,质性研究的效度其实就是指可靠性、稳定性、一致性、可预测性与正确性。

根据扎根理论的观点，"效度"包含了两个意涵：内在效度与外在效度。"内在效度"是指质性研究者在研究过程中所收集到的资料之真实程度及研究者真正观察到所希望观察的。"外在效度"则是指研究者可以有效地描述研究对象所表达的感受与经验，并转译成文本资料，通过深描与诠释过程，将被研究对象的感受与经验，通过文字、图表与意义的交互运用达到再现的目标。台湾学者胡幼慧等人(1996)及徐宗国(1996)将前者称为质性研究的"确实性"，将后者称为"可转换性"。

胡幼慧等人根据西方学者的论述，将质性研究的效度测量划分为三种类型(胡幼慧、姚美华，1996)，即明显效度、工具效度和理论效度。

第一，明显效度。研究的测量工具与观察的现象常常吻合，并能够提供有效的资料。

第二，工具效度。运用研究测量工具所获得的资料，与某一项被证实有效的工具所测量的结果相似。

第三，理论效度。研究所收集的资料能与研究所运用的理论架构相互呼应。

但是，诠释理论对实证论的效度概念有许多批判。诠释论质性研究者认为，知识与真理都是社会建构的产物，所以知识建构的过程本身就隐含着许多的价值与权力的运作，因此对于研究者宣称正确地测量了事实，我们应该保留批判的态度。针对质性研究的效度问题，坎贝尔(Campbell，1988)和帕特南(Putnam，1990)指出，我们需要的是将这些研究结论与日常生活现象相比较，利用这些现象证明自己错误的可能有多少。通常，效度的关键概念就是效度的威胁，所以效度经常都是由许多用来排除威胁的策略所组成(约瑟夫·马克斯威尔，2001)。在研究过程中，哪些因素可能会对质性研究的效度产生威胁呢？马克斯威尔(2001)认为，任何一种质性研究的类型对质性研究都会潜藏以下一些威胁。

第一，针对描述性的质性研究。

资料本身是错误的或不完整的，这是描述性研究效度的主要威胁。因此，研究者需要在研究过程中辅以录音、录像等影视设备，协助研究者收集较完整的资料，并通过文本逐字转译的过程，来帮助研究者处理这种对描述性研究效度的潜在威胁。

第二，针对阐释性的质性研究。

研究者在整个资料收集的过程中，并未深入理解被研究对象的观点与感受，将研究者本身的意识形态与观点强加在资料的分析与阐释中，这是对阐释性质性研究效度的主要威胁。因此，研究者要避免这种研究阐释对研究效度造成的威胁,就必须以严谨、系统化的方式理解被研究对象对事件本身的感受与看法,而不是用研究者熟悉的语言或个人观点框住被研究对象的语言与行为的反应。

第三,针对理论性的研究。

研究者本身因忽略未收集的相互矛盾的资料与研究对象,导致研究对资料的诠释完全忽略了其他可能的解释或原因,这是对理论性研究效度的威胁(托马斯·马克斯威尔,2001)。

马克斯威尔(2001)进一步指出,质性研究结论面临的效度威胁,其实是难以计算的。其中,最常被提到的两种威胁是研究者的偏见和对情境或个人的反应。所谓研究者的偏见,是指研究者本身的观点可能对研究结论的效度产生威胁。这种对研究结论的效度威胁主要有两种:第一,研究者对于研究的诠释所选用的资料,以研究者本身已经知道的或先入为主的想法为基础;第二,研究者对于研究结果的诠释,会刻意选择一些特别突出的资料,作为诠释的基础。

对于质性研究而言,要消除研究者的偏见并不容易,要想建立标准化的思想模式更是不可能。因此,解决这种潜在威胁的策略,就是研究者必须时刻反思个人主观观点如何影响了研究过程及对研究结果的诠释(托马斯·马克斯威尔,2001)。

所谓研究者对情境或个人的反应则是指研究者在资料收集过程中,对研究场域或被研究对象的反应影响了研究的效度。马克斯威尔(Maxwell, 1992)并不认为质性研究的目的是要去消除这种对场域或研究对象反应的影响,而是研究者必须深入了解这些反应如何影响研究对象和研究结论(托马斯·马克斯威尔,2001)。

正因为有上述影响研究效度的威胁因素,所以在质性研究的实施过程中,需要运用保证效度的一些策略。虽然策略的运用并不一定能保证研究者都能达成研究的效度,但是研究者仍可以通过对研究的检查过程,扫除或减少对研究效度的威胁,并提高研究结论的可信度。有关质性研究效度的检查,主要有下述方法(详见图 1.8)。限于篇幅,这里只对其中的部分予以介绍。

第一,寻找矛盾的证据及负面案例。

寻找矛盾证据与负面案例,是判别结论有无错误的主要方法,某些无法解释的,可能就有重要的缺失。这一策略就是研究者必须严格检查是否有矛盾性的资料,用以评估这些资料对修改或保留结论是否有所帮助。

第二,多元验证或证据三角形/三角测量。

运用多种研究对象、资料来源、方法与理论观点来收集相关的资料,可以减少因为使用单一研究方法所产生的系统化偏差和错误。

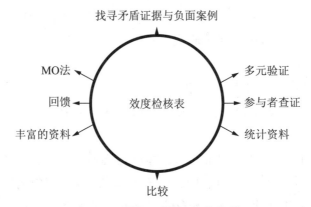

图 1.8　质性研究效度检核方法

巴顿(Patton，1990)讨论了四种类型的证据三角形：不同证据来源(资料三角形)、不同的评估员(研究者三角形)、同一资料集合的不同维度(理论三角形)，以及各种不同方法(方法论的三角形)。其中，资料三角形指的是从多种渠道收集资料，并力求验证同一个事实或现象。图 1.9 对两种情况进行了对比：真正形成了稳定的资料三角形(上半部分)；在同一个研究中使用多种类型的证据，但这些证据侧重论证不同的事实(下半部分)。如果真正形成了证据三角形，个案研究的事件、事实就可以相互印证(Sieber，1973)。如果使用了多种来源的资料，但并未真正形成稳定的证据三角形，就只能算是孤立地分析了每一种证据，但各类证据之间并没有相互印证。

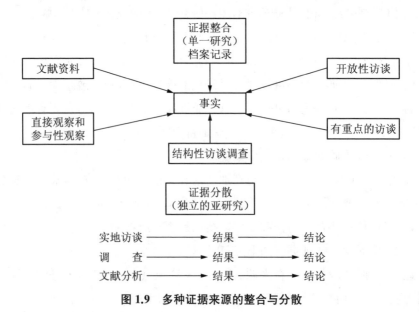

图 1.9　多种证据来源的整合与分散

第三,回馈或同辈陈述。

请教对研究对象或场域很熟悉的人或完全陌生的人,并相信他们所提供的意见会很有价值,此种方法对于辨识研究者本身的偏见或预设立场是非常有效的。

第四,参与者查证。

系统地向研究参与者征求有关资料与结论的意见,这就是所谓的参与者查证。不过,参与者查证只能被视为一种用来确认效度的证据。

第五,丰富的资料。

这是指对于资料的细节详尽的呈现,而不只是重点式的记录,可用来测试研究者所发展的理论是不是支持研究者自身的观点。

第六,比较。

所谓比较法是研究者运用多重场域的研究,对研究的结论进行比较分析。

因为质性研究对于效度有不同于量化研究的话语意义和表述,所以,美国学者殷提出了一套保证个案研究效度的基本方法,对从事质性研究具有相同的借鉴意义。这套方法如表 1.7 所示。

表 1.7　适用于四种检验的各种研究策略

效度类型	个案研究策略
建构效度	1. 采用多元的证据来源 2. 形成证据链 3. 要求证据的主要提供者对个案研究报告草案进行检查、核实
内在效度	1. 进行模式匹配 2. 尝试进行某种解释 3. 分析与之相对立的竞争性解释 4. 使用逻辑模型
外在效度	1. 用理论指导单个案研究 2. 通过重复、复制的方法进行多个案研究

总之,质性研究有不同于量化研究关于信度和效度的理解与表述,并通过其自身定义的信度和效度来保证研究的严谨性、可信性,同时拥有一套比较严格的程序。因此,质性研究在社会科学研究中应该占有一席之地。

本 章 小 结

国外学者认为,质性研究是研究者在一种极为自然的情境中,运用一种或多种资料收集方式进行资料收集。研究者在对所收集的资料进行诠释的过程中，必须是以研究对象的立场与观点为出发点，融入当事人的研究情境之中，充分了解研究对象的感受、知觉和想法，进而理解这些研究现象或行为的外显或蕴含的意义。这些意义的理解可以通过个案研究、个人生活史、历史回溯、访谈、观察、互动或视觉等资料来达成。

质性研究一般有如下特质：(1)研究中收集的资料，是属于人、地和会谈等所谓软性资料的丰富描述。(2)研究问题并不是根据操作定义的变量来界定的，相反，是在复杂的情境中逐渐形成的。(3)整个研究的焦点可以在资料收集过程中逐渐形成和清晰化，而不是在研究开始时就设定等待研究者回答的问题或等待研究结果验证的假说。(4)要理解任何研究现象或行为，必须深入了解研究对象的内在观点，外在可见的因素往往是次要的。(5)资料收集过程比较注重在研究对象的日常生活情境中，与研究对象做持久的接触与互动，从这些互动经验中全面收集资料。

潘淑满(2003)对质性研究提出了一个比较明确和完整的定义：质性研究有别于实证主义的科学研究取向，主张社会世界是由不断变动的社会现象所组成的，这些现象往往会因不同时空、不同文化与社会背景而有不同的意义。因此，在整个研究过程中，质性研究者必须充分理解社会现象是一种不确定的事实。通常，质性研究者必须在自然的情境中，通过与研究对象密切的互动过程，运用一种或多种的资料收集方法，对所研究的社会现象或行为，进行全面、深入的理解。研究者对于研究过程所收集数据的诠释，不可以用数字或统计分析的化约方式，将资料简化为数字与数字的关联，或对研究获得的结果做进一步的推论；相反，在整个研究过程中，研究者必须融入研究对象的经验世界中，深入体会研究对象的感受与知觉，并从研究对象的立场与观点出发，诠释这些经验与现象的意义。

质性研究就是在非实证主义方法论与实证主义方法论的论战中逐渐发展壮大起来的。根据邓津和林肯的论述，质性研究的发展大致可以划分成几个时期：传统期、黄金期、模糊期、危机期、叙事代替理论时期、后实验写作时期和质性研究地位确立时期。

建构主义取向的质性研究和批判理论取向的质性研究是质性研究方法中两个重要的组成部分。在方法论上，建构主义取向的质性研究重视研究者对日常生活经验的研究，认为质性研究必须建立在自然的情境脉络中，才能完全捕捉行动背后所隐含的意义。在整个研究过程中,研究者本身就是最好的研究工具,理论的概念也是在研究过程中逐渐酝酿而成的。由于建构理论重视对人类日常生活经验与行动意义的诠释,所以研究者对于研究方法的选择与运用必须考虑研究方法与策略本身,重视对现象的诠释和辩证。而批判理论取向的质性研究则重视研究者与研究对象的对话,通过主动对话过程达到意识觉醒,最后作为社会改革的源泉。研究者只有通过研究过程与研究对象产生对话,才能扭转研究对象在历史文化社会脉络下产生的错误认知,进而从被压抑的思想与被压迫的经验中获得解放,最终达到社会变革或社会变迁的目标。

基于不同的认识论、本体论和方法论,量化研究和质性研究具有很多不同之处,包括研究步骤、研究过程及依据的理论、资料和结论的检验方法。

推荐阅读文献

1. 伊冯娜·S.林肯、伊贡·G.古帕:《范式间的争论、矛盾及正在出现的融合》,载诺曼·K.邓津、伊冯娜·S.林肯主编:《定性研究(第 1 卷):方法论基础》,风笑天等译,重庆:重庆大学出版社 2007 年版。

本文比较深入地讨论了实证主义、后实证主义、批判理论和建构论等不同研究范式的基本信仰、关键议题及其分歧,并指出了它们之间未来融合的可能性。

2. 诺曼·K.邓津、伊冯娜·S.林肯:《导论:定性研究的学科与实践》,载诺曼·K.邓津、伊冯娜·S.林肯主编:《定性研究(第 1 卷):方法论基础》,风笑天等译,重庆:重庆大学出版社 2007 年版。

本文非常精辟地讨论了质性研究的基本含义以及质性研究跨越的七个发展阶段。

第2章
各种理论取向的质性研究

质性研究虽然已经成为与"量化研究"相对应的另外一种极其重要的研究范式,但是质性研究本身却包含着多种科学哲学基础和方法论。换言之,不同理论取向的质性研究有着不同的方法步骤。因此,了解质性研究方法背后的不同理论背景及其指导下的质性研究,对于深入开展质性研究无疑具有极大的帮助。

2.1 建构主义理论取向的质性研究

以建构主义理论为指导的质性研究融合了胡塞尔现象学、海德格尔和伽达默尔的诠释学,以及符号互动论等哲学观点。

2.1.1 建构主义理论和质性研究

在伊贡·古帕(Egon Guba)及伊冯娜·林肯(Yvonna Lincoln)两人的大力倡导和推动下,建构论范式的质性研究逐渐普遍地为社会科学界所接受。古帕及林肯早期讨论质性研究的方法论时,习惯以"自然的探究"一词指称;到了1989年前后,就开始以建构理论一词取而代之。古帕和林肯所主张的建构理论,并不涉及特定的哲学理论,而是一种综合自然论、解释论与诠释论三者的理论。他们提出建构理论质性研究范式主要的意图是取代传统强调客观、理性及经验主义的实证科学研究范式。

建构理论质性研究范式强调没有一种知识是永恒的真理,知识是需要被质疑、被反驳的,而真理也只是局限于对特定对象或在特定文化脉络中才有其意义(Lincoln,1990)。建构理论主张人类日常生活之现象是个人主观意念建构的产物,对于经验意义的建构,完全取决于行动主体的主观经验与知觉,因此,社会现象的本质绝对不是一如实证论所主张的,只是一种真实世界的"再现经验",意义的建构过程已经隐含着多重建构的结果(转引自朱柔若,2000),这种观点被称为"相对实在论"(朱柔若,2000)。

　　对建构理论研究范式而言,研究者主要的目的不是找出日常生活中各种现象或行动的真实本质,而是说明与诠释这些经验与行动是如何被建构的。这种意义的建构过程主要是建立在研究者与研究对象通过不断的对话与辩证来达成。根据建构理论的观点,每个人对世界的理解以及对自我的理解,都是在符号以及诠释中进行的(张鼎国,1997)。诠释对建构理论研究范式而言,一如研究者是通过符号的呈现或对现象进行深描,从中勾勒出人类日常生活世界的图像,并将行动转化为读者能够理解的形式。

　　施瓦特(Schwandt, 1998)曾经对建构理论研究范式的"建构"之特质进行了如下概括:

　　(1) 建构是尝试对生活经验加以诠释或理解。

　　(2) 建构的本质取决于建构者本身所获得的讯息。

　　(3) 建构是一种广泛分享并达到共识的经验。

　　(4) 建构必须有其意义,但这些意义可能是简单且不完整的。

　　(5) 建构内涵的适当性,只有对此一特定范式才有意义,无法由其他范式加以衡量。

　　(6) 建构经常会面临挑战与修正。当建构者觉察到新讯息与旧有建构有明显冲突时,建构者就会修正原来的建构架构。

　　如上所述,建构理论研究范式融合了现象学、诠释学与符号互动论等三种理论观点,不过诠释学与现象学对于人类日常生活之经验与行动的诠释立场,却有很大差异。诠释学认为日常生活世界在每个个体出生之前就已经存在,在个体死后亦会继续存在,所以每个人都是根据与他人的互动经验所创造出来的意义体系来诠释或理解目前的现象或行动的意义(朱柔若,2000)。诠释论认为人类无法通过直接方式来认识日常生活世界,必须要通过已知的生活或意义架构来赋予目前的生活经验或行动的意义。此种诠释行动或经验的方法又称为"类比分析"(麦克·怀特、大卫·艾普斯顿,2001),是指对研究现象已存在的现象进行对照、分类与比较分析,用既有的知识架构或常识来理解新的社会现象与行动,并赋予一定意义。更具体而言,为了创造现象的意义,必须将事件经验的时间依顺序排列,逐渐建立自己和周围世界的关联,将过去、现在和未来发生事件的经验串连,建立一个故事脉络(Gergen & Gergen, 1984)。相反,现象学却主张研究者在研究过程中应放弃既有的知识架构或常识,直接从社会互动脉络所创造的行动的意义中,来诠释日常生活现象的行动之意义(Schwandt, 1998)。

由于存在着不同的观点,所以具体到诠释论、符号互动论指导下的质性研究方法就有所差异了。

2.1.2 诠释学取向的质性研究

1. 诠释学的起源和基本观点

诠释学发端于宗教改革时期路德教派的神学家对宗教典籍的释义,当时有人主张应该以圣经的文字本身来理解圣经,也即通过语言的分析与解释,揭示蕴藏在圣经中的神的旨意。这样的观念已经隐含了现代诠释学理论的一个基本原则,即文本应依其自身而非外来的独断教义来理解,因此理解需要的不是教条而是对于诠释规则的系统性运用(Warnke,1987)。"诠释的循环"是最主要的一个规则,也即对于"部分"的理解为"整体"的意义所引导,而对于整体的理解又有赖于对部分的理解。

德国哲学家和社会学家狄尔泰继承了上述神学家打算寻求一个普遍的诠释方法学的志业,尝试拓宽诠释方法的领域,将其应用至心智生活的不同面向与生活形式的各种表达。他认为理解的一个目的是要寻回在自然科学中所失去的历史意识。他进一步指出,历史学家可以在诠释的过程中借由"神入"(empathy)去理解另一个时代的体验,也即将自己从历史的沉浸中拔出,转换自己以进入他人的情境之中。

狄尔泰期望人文科学与自然科学具有相同的有效性,但这种努力由胡塞尔完成。胡塞尔超越狄尔泰,追溯自然科学的源头至其所建基的生活世界(life world)。客观的科学必须以主观的生活经验为基础,其目的是帮助实现人们的计划。对于胡塞尔而言,科学世界和宗教世界、艺术世界、情感世界一样,只是人的诸多世界中的一个,科学世界并不是不同世界最后的评判标准。胡塞尔指出生活世界是科学的基础,但是生活世界并不是唯一的,而是有许多不同的生活世界。胡赛尔认为不同的生活世界只是一个更基础的普同结构的转化而已。现象学研究可以穿透不同的生活世界,指出一个原初的、非历史性的意义建构,也即超越主体。

海德格尔虽然受胡塞尔现象学的影响,但是他的哲学始于对历史性的坚持。他将历史性置于客观科学之上,科学客观性不再是一般合法知识的准则,而只是适合生活世界中某些计划的方法准则。他不再寻找生活世界之后的终极认知基础,而以"在世存有"取代了胡赛尔的超越自我。在海德格尔那儿,诠释学得到了转化。存有的问题不再是客观世界如何在意识中构成,而是人是什么、人的生活如何就是理解的过程与结果。在"存有与时间"中,问题不再是存有如何能够理解,而是"理解就是存有"如何可能。海德格尔举出人被抛掷于世,因此已经具有某种理解方式。它就构成了我们的存有本身。这种先前理解是使我们理解事物成为可能的基本条件。但是在理解的过程中,我们在重构历史,先前理解也随之转变,这就指出了诠释循环的意义。

伽达默尔(Gadamer,1989)认为,诠释者总是受到他的一套"成见"的指引。但成见并不是一件坏事,而是了解新事物所必需的先前理解。理解的行动总是涉及克服理解对象的陌生性,并将之转化成为熟悉的事物。文本与诠释者有其传统与视域,视域是从一特定的角度所看见的整个视野。视域是有限的,但也是开放的,需要凭借视域融合来理解他人的视域,在诠释者与文本的互动过程中使视域得到融合与转化,从而变得更为丰富。此外,成见既然是历史理解的必要条件,那么成见应该成为诠释反省的对象,理解因而也是批判的。在理解中,诠释者的先前理解不断地遭到质疑与检验,所有人的理解都是植基于特定的历史与文化之中的。

2. 诠释学取向的质性研究方法

以诠释学理论为指导的质性研究方法现在被广泛地运用于社会科学各个领域,但其中尤以诠释学理论为指导的访谈方法最具有典型性。

在实证主义者看来,访谈是一个行为,而不是交谈行动。显然这种访谈是以行为主义与实验研究方法为范式的,也即将访谈视为一个刺激-反应的过程(Mishler,1986),访谈的目的在对于研究对象作一个正确的统计描述。因此,唯有在确保每一位受访者都受到相同的刺激时,才能够对受访者的反应加以比较,唯有访谈的标准化才能保证测量的一致性(Fowler & Mangione,1990)。在此,访谈被视为一个机械式的搜集资料的过程,是一个人问问题,另一个人回答问题。访员视受访者为提供数据的机器,而研究者又视访员为搜集资料的机器。所以受访者与访员在访谈的过程中,都是没有个性的参与者。但访谈总是有误差的,包括抽样的误差、访谈的用字遣词与问题的先后次序、访谈的地点、不同访员的差异等,但这些都是技术性的问题,可以利用访员的训练、访谈手册的编订以及更复杂的统计分析来解决。所谓"真实"的答案就等于误差加上实际得到的答案,而"事实"是先于且外在于研究者而存在的。通过标准化的访谈过程,研究者可以逼近真实。更具体而言,实证主义范式下的访谈是一个机械式的搜集资料的过程,是一个人提问,另一个人回答问题。访员视受访者为提供数据的机器,而研究者又视访员为搜集资料的机器。所以受访者与访员在访谈的过程中,都是没有个性的参与者。这种将访谈的问题看成纯粹技术性的问题并企图寻求技术性的解决方法的观点,受到了许多质性研究者的批评。

学者米什勒(Mishler,1986)认为访谈是一种交谈行动,是受访者与访谈者共同建构意义的过程。受访者并不是将已经存在脑中的记忆如实地呈现,而是用一种他认为访员可以理解的、叙说故事的方式,去重构他的经验和历史。受访者与访员的先前理解在叙说与问答的过程中得到沟通与反省,以共同创建一个彼此都能够理解的资料。所以访谈是一个互动的过程,它不是将在访谈之前就已经存在的客观事实挖掘出来,而是不断在互动过程中创造新的意义。而访谈的分析,更应该理解访谈的情境以及现象的社会文化脉络。

另一位学者维尔斯马(Wiersma)以一项具体的研究探讨诠释学理论指导下的访谈(毕恒达,2001)。维尔斯马曾对18位妇女做为期三年的深入访谈,以了解她们从长期的家庭主妇身份到外出工作的心路历程。这些受访者竟然给出了千篇一律的答案,即,她们外出工作是这一生中最美好的事情,让她们从毫无意义甚至痛苦的经验中逃脱。如今她们觉得自己独立、坚强、长大、有责任感。但是她们同时又表示这个人生的转变只是源自偶然的机会,并非出自她们的计划。如何解释此种共通而又看似矛盾的资料呢?实证论的解释,或者接受其表面的意义,或者认为这些受访者"说谎"。然而,维尔斯马认为,在诠释学的观点下,这些故事有了不同的意义。维尔斯马发现受访者追求成长的经验得不到社会的许可与支持。她们的丈夫也认为她们外出工作或读书,是没有将丈夫及家庭放在优先的地位的表现,没有尽到妇女应尽的责任。而她们必须不断向其他人强调,她们仍然会是一个好母亲,仍然会好好照顾她们的家。这种生涯转变的痛苦,不只是个人内心的,也是人际、社会及文化的。受访者将此转变归因为偶然的因素。"新的自我"对于这个脱轨的计划一无所知,就不必对此改变负责,也就没有人会责怪她们打破社会的禁忌。

显然,这些妇女的回答不是实验的"误差",也不是"错误"的答案。如果从这些受访者特有的脉络来理解,这些空泛的回答其实充满了意义。诠释学的传统告诉我们,现实的叙说建构关乎意义,而非"事实"的再现,而且"事实"本身就是一个建构,它从解释的情境脉络中得到意义;它是说者与听者协商或折冲的结果。我们找不到一个单一的现实作为最后真理的判准,因此每一份资料具有多重的意义。意义的建构必须放在共享的文化意义系统中进行,让说者与听者的经验得以沟通。因此,诠释的过程使我们对于个人的故事与文化的情境都有进一步的理解。

2.1.3　符号互动理论和质性研究

1. 符号互动理论的起源和基本观点

符号互动理论的学术思想源流可以追溯至早期思想家如休谟、詹姆斯及米德,而布鲁默则以"符号互动理论"一词来命名此理论。在探索人与社会的本质时,这些思想家观察到人类社会群居特质,认为人既然无法脱离其他人而存在,那么对人类社会的思考就应该正视这个社会现实,将人与人的互动沟通视为构成人的存在及人类社会的要素。而个人之所以会产生自我及对社会的概念,也是由于社会互动的结果,同时所有事情所具有的意义也是在各种社会活动过程中萌生出来的。

符号互动理论的创始人米德(Mead)进一步指出,互动是传送与接收姿态的过程,而以人类的互动来说,就是传递具有共通意义的文化象征(J.特纳,1986)。另一位符号互动理论大师布鲁默(Blumer,1969)认为互动理论基于以下三大基本前提。

(1)人们对事物的感受、举止、行为表现等,是根据这些事物对他们所具有的意义而行动的。此处所涉及的事物可以是指他人、团体、机构,或者是生活上各种事件、情境,也可以是指社会规范、文化习俗、思想、信念,等等。这个前提指出,意义在人的行动、思想、情感上的关键性角色,因此如何了解事物对人的意义,应该是了解人类社会的重要方向。换言之,对人的了解及探讨应该将意义视为研究重心直接加以探索,而不只是宣称认同意义的重要性。

(2)意义的产生是经由社会互动过程而来的。符号互动理论既不视意义为事物所具有的本质之一,存在于事情内,等着人们去发现,也不认为意义是由个人心理历程运作的结果。它认为意义是一个社会性产物,在人与人之间的互动过程中产生。因此,意义具有动态的特性,是行动者在互动过程中互相协商出来的。

(3)当个人要根据事物的意义来行动时,经历了一个诠释过程。换句话说,人在使用意义时,并不是将一个所谓建立起来的意义拿来派上用场的机械式过程,而是必须经过一个与自我互动的诠释过程。布鲁默指出,我们经常忽略了意义的使用本身即是一个诠释过程。在这一过程中,行动者必须对自己指出他(她)是在针对哪一些事物有所行动,也就是说,指出对自己具有意义的事情。这个过程可视为内化式的社会过程——行动者与自身的一种互动,即行动者与自己展开一个沟通过程。而行动者在进行诠释时,就是将意义进行重组、检验、修改等,从而符合行动者眼前的情境,以作为行动者的指导原则。

概括地说,符号互动理论认为,人类行为的特点在于人类行为是有意义的行为。但这些意义的来源不是静态地在事物本身或行动者的内在心理结构里,而是动态地在人与人互动之间衍生。此外,演绎的过程也不是一个单一而单向的过程,相反,它是一个循环不绝的过程,包含了"处境-行动者-演绎-事物(包括他人)-意义-行动-新处境"这一连串互动步骤。毫无疑问,互动理论在强调人类的交往是理解和定义的过程,以及在强调互动是能动的与可变的过程的同时,也关注了人类互动产生于个人所处的情境及处境中。

2. 符号互动理论视角下的社会研究

布鲁默指出,实证科学最终的验证场域是实际的社会世界,而日常生活经验世界就是实际的社会世界。当一个研究者想研究某些社会现象时,往往研究者是个外来者的角色位置,他(她)本身很少有一手数据,必须由研究对象来提供。以符号互动论的观点来看,在这种状况下,主流社会科学典范强调的客观性,在实际研究过程中,绝大多数只是反映了一个外来的观察者在与研究场域保持一段距离的情形下,对所看到的现象赋予的诠释。

强调客观性的研究范式毋庸置疑可以累积许多有用知识,然而这种类型的知识反映的则是研究者本身对事情的诠释及看法。研究结果的真实性或可靠性的评断标准也是从研究者角度来设定的。但是,为什么我们要进行研究呢? 最重要的目的,当然是了解其他人的行为及别人对事情的看法、感受等。因此,如何在研究过程中尽可能地以研究对象的角度来看事情,便成为研究者必须正视的关键性议题。

从符号互动论的角度而言,人们的行动是建基于他们自身对事物所赋予的意义而非建基于事物对研究者的意义,因此,社会研究必须把"视研究为主体"这个核心概念在研究过程中加以实践,如此研究所积累的知识,才有可能使我们对人类社会各种现象具有比较全面的了解。

3. 符号互动理论和社会研究的语言使用

如果观察人的互动,不难发现语言作为一种符号系统在互动过程中的重要性。人们借着语言来赋予事情所具有的意义,并经由建立起具有共同意义的语言符码,使得人与人的互动得以持续进行。借着语言的运用,人与人之间的互动不断产生丰富的意义。因此探究语言的社会意涵就成为社会研究不可缺少的环节。

互动论观点认为,实证主义研究方法将语言定位为沟通的工具,其实忽略了语言在社会生活上的本质。语言最重要的特质并不是传递讯息,而是行动。当人们在使用语言沟通时,会受到很多社会人际情境影响,而语言的使用也具有社会层面的效应。语言事实上是一种社会实践的形式,语言本身即社会互动过程的一部分。人们是根据事情对他们的意义来行动的,而语言的使用是建构意义的过程。因此语言不只是在描述及沟通人与人之间的思考及想法,它本身就是一种社会行动。在这一行动中,参与社会互动过程的成员相互建构及协商出彼此间社会关系所具有的意义。而意义的形成及改变就显现在语言的使用上。所以,了解语言中的社会意义便成为了解人们行为的重要途径。

更具体而言,当研究者想了解人们对某事件的看法时,研究者必须与人们互动,说明该事件的意涵,而对方则诠释研究者的讯息,赋予自己的意义。由于互动性质的多变性,研究者在访谈中所获得的资料,只是反映研究者与研究对象在某一特定场域中对事情所赋予的意义的过程。此处所强调的是,并没有所谓的真理或真实的存在,任何一个存在的实体,都具有社会建构的本质。因此,对语言的探讨不在于关切语言表达是否符合"真实",而在于了解如何使用语言来建构意义。

语言作为一种社会行动,它具有多层面的社会意义,但权力关系或权力运作以及社会距离是其中最突出的两个方面。

西方许多学者比较深入地探讨了在语言的使用中所蕴含的权力关系及其运作(Jaworski, 1993)。他们认为言语对话不仅反映参与互动者彼此的权力位阶关系,同时也是一个权力角力的互动空间。参与者以言谈互动的同时,也正是互相再建构及协商彼此的权力地位关系的时刻。因此,在进行社会研究时,如果能敏感地察觉研究场域中的言谈在这一层面上的社会意涵,将有助于社会情境的分析。众所周知,当研究者打算对人与社会现象进行探索而与研究对象互动时,这种研究者-研究对象关系往往是不对等的权力关系。在科学主义范式强调客观性要求下,研究者掌握优势权威来界定研究关系,研究对象是弱势的一方。事实上,社会科学研究所使用的学术语言,即反映了此种权力关系。例如,以"被试者"来称呼研究对象,乃至于探讨人的认知能力、情绪感受、态度、性格特质等量表,也经常惯以"测验"或"评量"等字眼,隐含这些特质在研究者心目中有优劣或对错的差别。这些语言都具有将研究对象予以物化和将研究对象置于权力弱势的效果,而这种效果有助于复制并继续维持研究者在研究关系上的主宰地位。这种状况显现在大多数科学研究中,知识累积往往来自所谓"没有自由"的样本,如学生、病人、罪犯、行为偏差者或社会上弱势群体(残障人士、老年人等)。如果我们的研究目的在于对社会现象有全面深入的了解。那么,如何察觉研究过程中与研究对象互动的权力关系的变化,并将这些变化纳入研究资料的解析架构中,以及积极营造出一个以研究对象为主体的研究关系,则是研究者必须重视的话题。另外,我们必须意识到在研究过程中所使用的语言,究竟反映出我们对所探索的现象界抱持何种价值判断?而这些社会价值观又塑造出什么性质的研究资料?同样,我们也可借由分析研究对象所使用的语言,来了解研究对象如何组织他们的生活世界。

从符号互动理论的视角出发,人们通过语言对话过程反映并呈现出双方在互动中的社会关系。而这种社会关系除了上述权力层面外,还有社会距离这一层面,即互动双方认为彼此背景、生活习惯、社会经验等的相似程度,以及愿意开放共同分享彼此的想法及感受的程度。由于语言使用也具有制造社会距离的作用,因此作为一个知识阶层,研究者在进行研究时应特别留意互动中语言所隐含的社会距离,需要通过语言的使用来设法缩小与研究对象间的社会距离。例如,当受访者表示"我们是乡下人,也没念过书,不会讲"时,往往意味着他(她)正在试图界定与研究者互动的社会距离。

2.2 批判理论取向的质性研究

批判理论研究范式为质性研究开启了宏观之窗。对建构主义研究者而言,研究过程是一种自我验证的再现,但是对批判理论研究者而言,研究不仅仅是一种日常生活经验的再现,同时也是社会主流意识的展现。所以,批判理论研究范式又被称为"意识形态导向的研究"。

2.2.1 批判理论研究范式的流派和观点

什么是"批判"?科学哲学所指涉的"批判"蕴含着两层意义:一是指对科学

哲学方法的内在批制,二是指对社会现象本质的逻辑思维的怀疑。就研究的观点而言,批判意味着研究者必须将研究话题导向社会中不正义的社会事实,并通过研究过程,解放压迫意识与达到改革的途径,这其实就是一种赋权的过程。

批判理论研究范式是由许多理论观点所建构的研究范式,这些理论包括新马克思主义、女性主义、赋权理论等。

1. 新马克思主义

新马克思主义重视资本主义中被压迫的社会成员的生活经验,研究者希望凭借研究过程,唤醒弱势群体的意识;其最后诉求的目标是,由意识觉醒发展出集体的行动,以改善不利的社会处境或挑战既有的权力、制度结构等。关于新马克思主义的相关论述,在第 5 章有展开探讨,在此不做赘述。

2. 女性主义

哈丁(Harding,1986)在女性主义与科学两者关系的论述过程中,将女性主义研究取向区分为三种:女性主义实证论、以女性主义立场为主的知识论,以及后现代女性主义(转引自潘淑满,2005)。

女性主义实证论反对科学研究以男性观点为主导的偏误,不过它主张研究仍然应该遵循实证主义所强调的客观与中立。以女性主义知识论为主的研究取向,则反对实证主义强调的理性客观之理念,认为理论主义不过是打着客观、中立的幌子,实则行使以男性为主,打压女性主义科学的事实。因此,女性主义应该放弃这种中立、客观的知识,从女性立场出发去探讨女性生活经验,并以解放取代传统的价值意识形态。对后现代女性主义而言,扬弃所有的立场与观点,才能真正还原女性主体的生命经验。

学者舒拉米特·莱因哈兹(Shulamit Reinharz)曾经提出女性主义研究的十项特质(转引自胡幼慧,1996),它们是:

(1) 女性主义是一种"视角",不是一种方法。由于女性主义的定义具有多元性,因此,它存有多种视角。

(2) 女性主义采用多种研究方法。由于没有所谓单一的女性主义研究方法,因而女性主义强调利用"创新的""多元的"方法来进行社会研究。

(3) 女性主义的批判性,不只是针对社会现象中两性的不平等,也对父权运作提出质疑,揭露社会知识建构本身的父权偏差和扭曲。

(4) 女性主义研究的基础必须将女性主义的观点纳入原有科学的相关理论中,作为研究设计的基础。

(5) 女性主义研究努力找出差异性,从女性都无差别的"同质假设"转而趋向去凸显女性当中的"异"质性,如种族、年龄、居住地点,等等。

(6) 女性主义研究具跨学科性,注意多角度的资料收集(包括历史、社会文化、政治、经济等领域的研究发现),而不以传统男性主导的领域区隔,通过"相互关联的求知"进行跨领域的合作。

(7) 女性主义研究意图创造改变。女性主义在研究过程中所关切的是"如何改变现状"以及"如何提升女性意识"的问题,而它们也成为许多女性主义研究者的研究任务。

(8) 女性主义者注重研究者的个人参与议题,强调研究者个人经验的重要性,并讨论研究者经验与其他女性经验的异同。

(9) 女性主义注重"被研究者"的参与,注重研究者与被研究者的互动和彼此之间的关系。

(10) 女性主义注重对读者的重视。女性主义者关注读者群以及研究者与读者的关系,确定研究者能了解女性主义者的研究意图与发现,并尝试读者也能认同被研究的妇女群体。

3. 赋权理论

对于"赋权"这一名词或概念,学界普遍认为是出自著名学者所罗门于1976年出版的一本著作。至今发展出来的赋权的操作性定义是:第一,赋权是一种理论和实践,处理权力、无权和压迫以及它们如何造成个人、家庭或社区问题与影响助人关系的议题;第二,赋权的目标是增加个人、人际或政治权力,以便个人、家庭或社区可以采取行动改善他们的处境;第三,赋权是一个过程,可以发生在个人、人际和社区等介入层面,其针对的改变也包括多个层面;第四,赋权通过诸如建立信任关系、提升意识、构筑支持网络、传授技巧、社会倡导等多种介入方法发生;第五,有效实践的目标并不仅仅是适应,而是研究对象或社区实际权力的增长,以便他们可以采取行动防止问题的发生或改变其所面临的困境(陈树强,2003)。

赋权理论论述包括赋权实践、过程和介入表现等不同的层面。有学者认为,它至少涉及以下三个层面:

(1) 个人层面。强调提高自我形象,重获对自己生命控制的信念。

(2) 人与人之间的层面。强调人与人之间的平等,建立起与别人共处团结的能力。

(3) 政治层面。强调学习去争取社会资源的平均分配,以及强调社会行动和社会改变的目标。

另外一些学者则认为,赋权涉及个人、组织和社区三个层面(Perkins & Zimmerman,1995)。在个人层面,赋权包括参与行为、施加控制的动机、效能和控制感;组织层面上的赋权包括共同领导、发展技巧的机会、扩展有效的社区影响;社区层面的赋权则包括公民参与社区决策的机会、容许在冲突期间公正地考虑多种观点,等等。

古铁雷斯、帕森斯等人认为赋权是一个过程,而这个过程通常由四个重要的构成要素:第一,态度、价值观和信念;第二,通过集体的经验加以确认;第三,批判性思考和行动的知识与技巧;第四,行动(见表 2.1)。

表 2.1　赋权过程

态度、价值观及信念 ↓	促进为自己行动的自我感、自我价值的信念和控制感,以及自我效能的信念
集体经验分享	了解增权的经验不是单属个人而是集体共享的
批判性思考 ↓	通过增权过程,个人可以掌握批判性思考的技能,懂得所面对的问题的内在及外在因素,而无需自认是问题的制造者
行动 ↓	发展行动策略以影响内在及外在的结构

资料来源:转引自陈树强,2003。

2.2.2　批判理论研究范式下的质性研究

由于批判理论主张社会事实是社会建构的结果,因此任何研究范式的形成势必反映了人类的价值,研究者对于研究范式的选择也会进一步影响社会科学研究过程、研究者对研究主题的选择、研究工具的运用、资料分析模式的运用、诠释和结论的获得(Guba,1990)。

批判理论取向的质性研究并不是指研究者运用某一个固定理论来进行研究,而是研究者尝试让自己成为社会或文化的批判主义者,通过研究的路径来达到社会改造的目标。

以批判理论为取向的质性研究,基本上在整个研究过程中会坚持以下主要假设(潘淑满,2005):

(1) 人类所有的思想与意识都是一种权力关系的展现,而权力关系都是社

会与文化共同建构的产物;

(2) 社会事实永远摆脱不了社会主流价值与意识形态的作用,所以,权力关系是一种不稳定、不确定的现象;

(3) 语言可以说是个人意识等主体的核心;

(4) 在当代社会中往往存在一些优势团体,这些优势团体往往会对其他团体产生压迫和剥削;

(5) 主流研究取向往往复制了这种优势压迫弱势的观念。

在上述假设的指导下,批判理论取向的质性研究主张研究的目的是帮助被压迫的群体达到意识觉醒,最后通过集体行动来达到改变社会的目的。

批判理论取向的质性研究对主观、客观有完全不同的观点。所谓"主观",则是指人们的内在心理世界,由这些内在心理世界可以了解日常生活。所谓"客观",并非指外在、独立的事实,而是指社会历史发展过程中一种动态和变迁的事实,它们深深地影响人类日常生活。因此,批判理论取向的质性研究重视研究者与研究对象的对话,通过主动对话过程达到意识觉醒,最后作为社会改革的源泉。研究者唯有通过研究过程与研究对象产生对话,才能扭转被研究者在历史文化社会脉络下产生的错误认知,进而从被压抑的思想与被压迫的经验中获得解放,最终达至社会改革或社会变迁的目标。

在研究过程中,如何区分哪些是有效的研究,哪些是无效的研究?以批判诠释理论为取向的质性研究认为,重视历史的理论和能够自我反省的理论,就是好的和有效的理论;反之,则是无效的理论。

2.3 实践取向的质性研究

实践取向的研究范式最早由西方学者拉瑟(P. Lather)于 1986 年提出,他将"行动研究"方法和"批判民族志"方法视为这一研究范式的两种主要形式。

2.3.1 实践取向的质性研究的基本假设和知识观

1. 实践取向的质性研究的基本假设

就研究方法而言,在拉瑟看来,实践就是指理论与实际操作之间进行来回修正的辩证张力。正因为对实践张力的确认,拉瑟认为研究过程应是"探究的民主化过程",它包括三个特征:协商、互动、赋权。更明确地说,拉瑟所认定的实践取向的研究路线建立在下面两个假设之上（夏林清、郑村棋，1996）。

（1）人类科学已由实证主义时期向后实证主义时期发展；在后实证主义时期中，我们企图寻找一种"解放的社会科学"，它可以协助我们去了解社会权力与资源是如何分配的，同时也能协助人们为了创造一更为公平的世界而改变那些不公正的分配。

（2）研究者及他的研究行动，明确地指向建立一个更公正的社会，因而他毫不避讳对既存社会现况的批判以及致力于建立一个公正社会的立场，而且还抱持一种投入承诺的姿态。因此，在拉瑟的界定下，"实践取向"一词澄清了此研究范式所持有的批判及赋权的基本路线，它对现况批判审视的目的是想推进社会朝更正义的方向变革。如果承认任何研究工作都是研究者在其特定的社会位置上，采取了特定的立场所从事的一种社会活动的看法的话，那么"实践取向"就是指那些企图对抗宰制，朝向发展自主组织以推动社会变革的研究活动（Benson，1983）。

从以上研究假设中势必会引出实证主义式发问：实践取向研究如何能够生产出"科学的知识"？对此，需要进一步考察实践取向的质性研究对知识性质的界定。

2. 实践取向的质性研究的知识观

实践取向的质性研究认为，知识绝对是具有特定的社会建构及历史意义的。因此，实践取向的研究者企图通过一系列研究过程，去发现或建立这样一种知识，它是要能增加人们：

（1）对生活中隐含矛盾经验的觉察。

（2）认识社会既定的现况是怎样在维持着它的运作机制而不易改变的。

（3）去发现在目前的社会过程中，转化发生的"可能性"，以及"如何发生"的社会转化过程。拉瑟称这种由实践研究所建立的知识为"解放的知识"，而"解放探究"与"批判探究"则是一个可以互相替代用来指称实践取向质性研究过程的概念。

3. 实践取向的质性研究的研究程序

在上述研究假设和知识观的指引下，实践取向的质性研究提出了自己颇具特色的研究程序（Lather，1986）。

（1）要以一种互动、对话的态度进行访谈，实践取向研究和传统研究访谈规范不同的是，前者在访谈过程中，研究者的自我开放是被要求的，后者则禁止研究者暴露自己的生活资料;研究者自我开放的目的在于和研究对象协同地寻求更深刻的相互了解。

(2) 为了催化协同了解的关系以及对研究话题的深入探测,进行多次系列的个别与小团体的访谈是十分必要的。

(3) 对研究资料及现象所指涉之意义的协商。最起码的要求是研究者要能将自己的描述与发现做成结论向研究对象报告,并与他们讨论感受与了解。更进一步的做法,则是研究对象和研究者一起参与理论建构。

(4) 深入对"虚假意识"在人们生活中的作用与如何转化的讨论。按照马克思的理论,"意识"是由人们在社会生产关系中的地位决定的;在资本主义社会中,宰制阶级主控了文化、教育的思想主导权,为了维持他们既得的政治利益,宰制阶级通过文化与教育的机制传播并教导特定的意识形态,使中下阶级在心理意识上接受这一套观念的作用而认命或意识不到生活中的矛盾经验。

针对虚假意识的问题,拉瑟主张我们要去发现需要哪些条件,人们才能较自由地对意识形态进行批判讨论。实践取向的研究者相信,人们会固守着某些意识形态,是因为它们提供了生活的方向与意义(虽然它可能是一种心理上的幻象),因此,在实践取向的研究过程中,研究对象是在和研究者对话的关系中,通过对生活中自己过去习而不察与视为当然的信念以及对权威象征的质疑,获得了对自我更深一层的认识。

2.3.2　实践取向的质性研究的基本方法

1. 实践取向的质性研究的方法分类

拉瑟曾经将实践取向的质性研究分成两支力量:批判民族志与行动研究(Lather, 1986)。具体的分类可见表2.2。

表 2.2　实践取向的质性研究的方法分类

行动科学	批判民族志中三股相互影响的传统
● 行动科学	● 新马克思批判民俗学 ● 弗雷里赋加权力的参与研究 ● 女性主义研究

(1) 弗雷里的批判意识。

弗雷里(P. Freire)是批判对话教育理论与方法的创始者与推动者,他的理论与方法起源于 1940—1970 年间他在巴西与智利开办夜校和扫除文盲的工作经验,1940—1970 年间开始对美国及欧洲发生影响。他的教育方法着重于养成被压迫人民的"批判意识"。批判意识代表着人是"以一种批判的方式与世界产生关系的。他们通过反省,了解社会现象中的资料,同时在批判性知觉的行动中,人发现自己的时间性,以革命的精神,通过创造、再创造和决定,人参与了历史的纪元"(王秋绒,1992)。

(2) 女性主义研究。

女性主义基本上认为女性是受压迫的,并且有着既定的、制度化的社会结构让这个现象代代相传。由于人类社会普遍由女性担任照顾者的角色,这使得两性的人格发展、自我认同的形成及他人的关系乃至道德的内涵都极为不同。而女性主义的理论试图以女性为行动主体,重新定义及诠释女性承载的有别于男性的特质,以及女性在既有的各种社会关系中的位置。在研究分析上以两性的劳动分工作为切入,试图了解两性的分工如何形成对女性的压迫,并且,通过切入女性日常生活中各种具体的活动与行动,帮助我们了解女性如何参与到压迫女性的各种社会关系中,继而复制这些社会关系来压迫自己。

在女性主义理论指导下,女性主义研究者与研究对象互动、合作,将专业和生活融为一体,试图去分享经验和了解对象的感受,发展一种合作的研究关系,并以行动为取向,倡导女性主义的研究价值。

2. 批判民族志研究

批判民族志是批判社会理论和民族志方法的结合。它的研究焦点集中在以下两个方面:(1)社会结构性限制和行动者之间的辩证关系;(2)个体和集体行动者在上述辩证关系中所具有的相对自主性。这两个研究焦点的最终目标是试图将个体从专制的社会机制中解放出来。

至今为止在教育研究的领域中,已有不少批判民族志研究,由批判民族志的观点对学校生活的日常经验进行重新解读,例如对教师的抗拒,以及对学校组织中意义是如何建构的研究。学者安德森(Anderson)指出,目前批判民族志研究已经开始涉足以下三个研究方向。

(1) 从财务、政治、历史、组织动力以及体制组织之间关系研究社会转化和社会运动等主题。

(2) 为研究对象赋权。目前批判民族志研究者发展和运用了三种研究策略,来为研究对象赋权(Anderson,1989)。

第一,口述历史法。生命史或口述历史的研究策略,一方面对抗了精英主义将平常百姓的生活世界搬上学术殿堂,另一方面也提供了一种研究者与研究对象间相互转化的社会关系的模式,它是一种"诠释对话"的关系。在研究者访谈研究对象的过程中,研究对象对自我的了解也因研究者的访谈与回馈而增加。

第二,应用研究对象或当事人的口述故事,则是另一种企图增加研究对象力量感的做法。例如在有关受虐妇女的一些社会介入行动计划中,研究者在了解受害者经历的同时,鼓励受害妇女为她们自己的遭遇发出声音并采取行动。正是经过了研究者了解受害者的过程(这一过程都是受害者口述亲身遭遇的故事)后,受害妇女开始能从她们受害的故事中走出来面对社会,为了自己的生存利益而采取行动。在这些研究中,这种口述故事的经验和社会行动之间的联系具有巨大的重要性。

第三,协同研究。这个研究策略承接了弗雷里为研究对象赋权的教育行动取向,其研究目标是使研究对象不再只是"沉默文化"的人群。许多实践取向的女性主义质性研究都采用这个研究方法。通过研究和教育,让女性重新定义及诠释她们身上承载的有别于男性的女性特质及在既有的各种社会关系中女性的位置,进而发展出自我权力感和争取权利的行动。

(3) 对意识形态进行批判。

由于语言与文字的经验是一个与权力和社会变革过程关系密切的社会现象,所以,批判民族志加强了对意识形态进行分析与批判的工作,也加强了与结构性改变有关的政策研究。

3. 行动科学

行动科学与批判民族志研究都认同实践取向的知识与方法,但它也有三个重要方面与后者相异:第一,行动研究着重"实践"的特性受社会心理学家库尔特·勒温(Kurt Lewin)和教育学家约翰·杜威(John Dewey)影响巨大,而批判民族志则承接了新马克思主义的脉络;第二,行动科学以个人、团体及组织为理论建构与研究设计实施的场域,并且已发展出研究者如何与研究对象"共同参与"研究过程的方法,而批判民族志研究则在操作方法上尚未能成熟地铺陈出一套做法;第三,行动科学的应用操作特性使得它不像批判民族志研究那样,能由更广阔的视野来审视研究策略的社会意义,它也不像批判民族志研究那样,站在一个为被压迫人群服务的位置。

美国学者克里斯·阿吉里斯(Chris Argyris)和唐纳德·舍恩(Donald

Schön)以他们共同发展的行动理论为基础,建立了一套与研究对象协同探究的方法,总称为"行动科学"(转引自夏林清等,1996)。他们明确地指出,行动科学是为了介入既存社会现况以推动社会正义的实现。行动科学最大的特色在于它的行动理论以及协同探究的考察方法。

其中行动理论的主要概念是:人是自己行动的设计者,当我们从行动的层面来看人类行为时,这些行为乃是由当事人的意义及意图建构形成的,当事人设计行动以达成他所意图的结果,并对自己进行审视,以查看他们的行动是否有效。人们会对自己行动所达成的结果建构意义,并依此意义来理解外在环境,这些意义的建构又是当事人对环境的理解。他们是借由对该环境所赋予的意义建构,回过头来导引自己的行动。当前述行动历程发生时,人们一边检视自己行为的有效性,一边检视自己对环境的意义建构是否恰当(夏林清、郑村棋,1996)。

本 章 小 结

质性研究范式涵盖了建构主义、批判理论和实践三大取向。其中,建构理论研究范式融合了现象学、诠释学与符号互动论三种理论观点,强调没有一种知识是永恒的真理,知识是需要被质疑、被反驳的,而真理也是局限于对特定对象或在特定文化脉络中才有意义。建构理论主张人类日常生活之现象是个人主观意念建构的产物,对于经验意义的建构完全取决于行动主体的主观经验和知觉,因此,社会现象的本质绝对不是一如实证论所主张的只是一种真实世界的"再现经验",意义的建构过程已经隐含着多重建构的结果。

对建构理论研究范式而言,研究者主要的目的不是找出日常生活中各种现象或行动的真实本质,而是说明与诠释这些经验与行动是如何被建构的。这种意义的建构过程,主要是研究者与研究对象通过不断对话和辩证来达成的。根据建构理论的观点,每个人对世界的理解以及对自我的理解都是在符号以及诠释中进行的。诠释对建构理论研究范式而言,一如研究者是通过符号的呈现或对现象进行深描,从中勾勒出人类日常生活世界的图像,并将行动转化为读者能够理解的形式。

批判理论研究范式也有许多观点所建构的研究范式,包括新马克思主义、女性主义、赋权理论,等等。批判理论取向的质性研究主张研究的目的是帮助受压迫的全体达到意识觉醒,最后通过集体行动改变社会。

实践取向的研究范式包括了两种主要形式:"行动研究"方法和"批判民族志"方法。"实践取向"一词澄清了这个研究范式所持有的批判和赋权的基本路线,它对现状进行批判审视的目的是试图推进社会朝着更正义的方向变革。如果承认任何研究工作都是研究者在其特定的社会位置上,采取特定的立场所从事的一种社会活动的话,那么"实践取向"就是指那些试图对抗宰制、发展自主组织以推动社会变革的研究活动。

推荐阅读文献

1. 托马斯·A.施瓦特:《定性研究的三种认识取向:解释主义、诠释学和社会建构论》,载诺曼·K.邓津,伊冯娜·S.林肯编:《定性研究(第1卷):方法论基础》,风笑天等译,重庆:重庆大学出版社2007年版。

本文从哲学层面详细论述了解释主义、诠释学和社会建构论这三种认识论取向的质性研究的思想和主张。

2. 乔·L.金奇洛、彼特·麦克拉伦:《批判理论和定性研究的再思考》,载诺曼·K.邓津,伊冯娜·S.林肯编:《定性研究(第1卷):方法论基础》,风笑天等译,重庆:重庆大学出版社2007年版。

本文追溯了批判理论的源起,并聚焦于批判诠释学和批判民族志对质性研究的贡献。

3. 邹川雄:《生活世界与默会知识:诠释学观点的质性研究》,载齐力、林本炫编:《质性研究方法与资料分析》,嘉义:南华大学教社所2003年版。

本文从诠释学的观点讨论了质性研究以及与生活世界和默会知识的关系。

第 3 章
质性研究设计与计划撰写

越来越多的研究表明,质性研究方法与量化研究方法相比,自有其特质和特殊功能,同样可以对社会现象和人类行为、关系与规则等进行深入的描述、分析、解释并建构相应的理论。不过,需要认清的是,质性研究方法自有它适用的领域和场景。

3.1 质性研究适用情境和问题

质性研究究竟适用于何种研究情境以及到底适合研究哪类问题,学界并无严格的统一标准。然而,学者在多年的研究实践中,对此也已形成一些基本共识。

3.1.1 质性研究适用情境

根据国外学者的归纳,从较为宏观或抽象的层次到较为具体或微观的层次进行排列,质性研究比较适用于以下十大类情境或主题(潘淑满,2003)。

(1) 社会世界研究。

从动态的社会世界中来思考质性研究主题,如流动家庭的生活世界、外来农民工来城市择业动机因素分析、外来人员子弟就学需求和行为对当地教育结构的影响,等等。

(2) 生活形态或次文化研究。

从人类生活调适过程或不同群体的次文化中思考质性研究主题,如社区"隐蔽"青少年"宅"文化的意义、"同妻"婚姻形态和互动关系、"上访专业户"群体的行为及衍生的社会问题,等等。

(3) 居住地区研究。

从小型的居住区或社区着手思考质性研究主题,如"城中村"居民的社会交往和互动行为、城市化背景下"留守老人"的照料、"租客"社区的社会治理、儿童友好型社区建设标准和建设路径,等等。

(4) 关系研究。

从各种社会角色关系来思考质性研究主题,如教育改革中学校管理者、教师、学生及其家长关系和角色、新婚姻法下夫妻关系地位变动、社会急剧转型背景下传统农村家庭关系的维系与变迁,等等。

(5) 互动研究。

从人与人的互动关系来思考质性研究主题,包括两人或两人以上的社会互动关系,如政府与非政府组织合作关系研究、民营企业中资方、员工和工会三方的互动方式与互动途径探讨,等等。

(6) 组织研究。

从各种小型的、正式或非正式的社会组织来思考质性研究主题,如社会企业运作成效评估、社区营造和社区社会组织发展、企业社会责任研究,等等。

(7) 团体研究。

从各种正式或非正式的社会团体来思考质性研究主题,如慈善基金会对公益服务发展的影响、公益团体募集资金策略研究、志愿者团体服务管理分析、负向小团体与青少年越轨行为研究,等等。

(8) 角色研究。

从各种社会角色的转换扮演来思考质性研究主题,如大学新生学习和角色适应研究、城市化背景下从村民到市民的心路历程、从健康人士到癌症患者角色转换的经验与感受、新手妈妈社会化过程研究,等等。

(9) 事件研究。

从特殊社会事件来思考适合质性研究主题,如从南京困境儿童事件探讨困境儿童预防和保护、5·12汶川地震和社区重建、突发公共卫生事件与政府和民间防疫抗灾能力研究,等等。

(10) 实务研究。

从实务层面来考虑质性研究主题,包括各种不同类型的社会行为,如校园霸凌和社会工作介入策略、白血病儿童照顾者社会支持网络建设探讨、临终关怀社会工作服务成效评估、新型毒品成瘾和认知行为治疗,等等。

也有学者认为以下五种情境比较适合开展质性研究(简春安、邹平仪,2002)。

(1) 研究的概念或理论仍然处于初始建立时期。

当研究的议题或主题仍然模糊不清时,为了对这一个或一类社会现象或者社会行为进行深入的探索,以便比较清晰地了解现象的来龙去脉、掌握行为的表现特征及影响因素、探究事物转变和发展的契机等,采用质性研究比量化研究更为合适。

(2)界定新概念或形成新假设。

当研究者所进行的研究是开创性的时候,其研究概念、假设或研究问题都属首创且无从借鉴,为了明确地界定概念、建立科学的假设或提出合理且具有较强逻辑性的研究问题,此时采用质性研究则比量化研究更为合适。

(3)进入一个不熟悉的社会情境。

当研究者打算研究一个鲜为人知的主题或者计划探讨一个虽然被人提及但讨论的内涵、范围等要素均不甚明了的议题时,如果想要深入地触及被研究者的内心世界或行为的来龙去脉,则适宜采用质性研究的方法进行深入的探究。

(4)研究情境比较不具有控制性。

当研究者希望通过被研究者的观点来诠释社会现象、社会问题或社会行为时,需要通过细微和敏锐的观察来收集资料,即希望研究的场景不被限制、不被干扰,此时即可以考虑采用质性研究。

(5)强调被研究者的观点对研究结果诠释的重要性。

当研究者打算通过研究者的观点来探究社会现象和社会行为的意义时,则采用质性研究方法较为合宜。

3.1.2 质性研究适用问题

基于上述讨论和具体研究展开的思考,一些质性研究专家则进一步把适合运用质性研究的情境细化为以下适宜采用质性研究方法探究或讨论的问题(高淑清,2008;陈向明,2000)。

(1)研究问题关注"个别化和特殊性"的经验与结果而非"概括性"问题。

在社会科学领域中,"特殊性问题"是指一个不同于一般的个案而是具有较大或较为明显特性的个案所呈现的问题,研究只是对该个案本身进行探讨,尤其是个案表现出来的个别化的身心状态、经验及其深层意涵与结果,而并不关注研究发现是否可以类推到其他个案,或者考察研究结论是否具有普适性或规律性。而"概括性"问题则是一个指向某一特定人群的、对他们具有一定普遍意义的问题,其抽样方法是从这个特定人群中抽取一些具有"代表性"的样本进行调查。比如,类似"家庭核心化是影响中国居家养老的一个重要因素"就是一个"概括性"的问题,而类似"罹患乳腺癌女性的心路历程、治疗经验和如何看待自己的形象"等,则是一个"个别化"或"特殊性"问题。

（2）焦点是"互动和过程"的问题。

"互动和过程性"的问题,注重研究情境对研究对象的影响,考察现象或行为在具体情境下的互动状态,所以,研究者在收集质性资料时,常常通过在具体或真实的场域中(如工作间、餐厅、弹子房、宿舍、居住地的篮球场等)与研究对象接触,持续地与研究对象互动并记录这个过程中的人、事物,从而了解事件或行为的发生、发展、演化和转变的脉络。与此相反,质性研究较少研究"差异性"的问题,这类问题探讨的是事件的异同,研究的重点放置在相同点和不同点以及它们之间的相互关系上。故此,质性研究中"互动和过程性"的问题往往会提出"推行素质教育后教师与学生有何互动经验? 其意义如何?"之类的研究问题。

（3）性质是"探索性和发现性"的问题。

研究中有时会遇到两种情形,一是研究的事物和现象鲜为人知,二是研究的事物和现象被人视为理所当然。在熟视无睹的现象中探寻新的问题,在鲜为人知的现象中摸索问题的存在和表现,这时候研究者的发问一般都属探索性或发现性的问题。例如,在同性恋者的形式婚姻中,对于"同妻"的相关研究资料极其匮乏,研究者希望初步探讨"同妻"的生活经验、行为和态度,意欲从中发现一些不为世人所知的经验意义,为后续的深入研究创造条件和积累认识,这时研究问题就可以聚焦在"'同妻'如何看待自己的身份与角色?""她们在这样的婚姻关系中有怎样的经验?"等一类问题。

（4）对描述性资料有待深入探讨的问题。

当研究者怀着开放的心态面对许多描述性资料,希望从中发掘更有价值、更加深入的研究议题时,就需要研究者重返研究现场或者进一步分析资料,不断提出与研究议题相关的问题,以便修正、重塑、完善原来的研究资料、观点和思想,最终希望能够将资料和研究结果从"浅层描述"变为"深层描述"和"深层诠释"并完整地呈现出来。

（5）对于尚不明确但又最为重要的有关互动历程或变量的问题。

当研究者在没有任何研究计划或研究问题指引,或者没有进行文献探讨或评析而直接进入研究现场倾听并观察研究对象的言谈举止时,这种不具有结构性设计的研究或访谈,就十分强调研究者要以开放和弹性的态度提出开放性和探索性的问题,去触动研究对象自发性的表露和主动、持续的回应,从而探寻研究现象或行为的互动历程,探索和了解其影响变量或因素。

3.2　质性研究设计基本要素

虽然一项具体的质性研究在实施过程中会不断发展和变化,但是只要在事先计划好的研究方案的框架内,根据研究的真实情境的变化而变化,那么,一般就能够比较顺利地推动研究开展和完成研究任务。所以,设计一个优良、完整、科学、合理的研究计划,是质性研究正式开始之前一项极其重要的工作。

3.2.1　质性研究设计要素

关于质性研究设计需要包括哪些基本要素,学界并无统一标准,西方学者凯瑟琳·马歇尔(Catherine Marshal)和格雷琴·B.罗斯曼(Gretchen B. Rossman)在《设计质性研究:有效研究计划的全程指导(第 5 版)》一书中罗列了一些重要要素(详见表 3.1)。

表 3.1　质性研究计划的组成部分

栏　　目	主要内容
引论/导言	1. 纵览概述 2. 研究主题与研究目的 3. 潜在的重要性 4. 概念架构与研究问题 5. 研究限制
相关文献回顾	1. 理论传统 2. 专家论述 3. 相关研究
研究设计与方法论	1. 整体的研究路径和逻辑思路 2. 研究场地或对象的选择 3. 资料收集的方法 4. 资料分析的程序 5. 可信度 6. 伦理与政治因素的考量
附录	

资料来源:摘自凯瑟琳·马歇尔、格雷琴·B.罗斯曼,2014。

在一项质性研究设计中,基本要素包括理论背景、研究问题、情境、参与者、资料收集方法、资料分析程序以及预期的研究结果。

1. 质性研究设计的"理论背景"要素

(1)质性研究的两种理论形态。

在进行质性研究设计时,通常需要关注两种理论或理论形式,即方法论和实质理论。

研究设计中对方法论的阐述和说明是为了将正要开展的研究归入某一研究范式,并澄清要计划实施的是哪一类型的研究。同时,"理论背景"要素的存在还具有另外两个重要的目的:第一,它是对本体论问题和认识论问题的一种正式回答;第二,它会促使研究者更加深入地审视自己关于世界是如何组织的以及我们如何认知世界的假设,从而为研究打下基础并在此之上进行研究设计。

表明了研究的方法论倾向之后,就需要确定自己在所描述的范式下从事何种类型的研究,如在建构主义范式下的访谈研究、女性主义的叙事研究,或者建立在后实证主义原则基础上的扎根理论研究,等等,这个部分并不需要展示或论证研究的具体细节,而是要阐述研究者的形而上学假设,并为自己的方法论选择提供理性的说明。

实质理论是指用来描述和解释研究现象的理论。为了把研究放置在一个能为学术共同体所认可和理解的理论框架之中,所有的研究者都应该提供一个相关的概念框架,其中包含对实质理论的说明。它可能包含对一种支配性理论或几种相关理论的引用,但是,最重要的还是需要说明该研究与已经产生的相关领域理论之间的关系。

因此,研读文献和其他人的相关研究成果以及有关理论,并且把研读、思考的过程呈现出来,不仅能帮助研究者厘清自己所要做的工作,而且也能在研究和写作的过程中,比较清楚地向别人解释你所从事的工作。

(2)理论与研究的关系。

需要进一步重申的是,坚实的研究设计、清晰完善的研究计划书,是建立于前后一致、符合逻辑的基础之上。如果方法论和实质理论、实质理论和研究方法,或者方法论与研究方法,以及方法论、实质理论、研究方法和研究问题能够相互融合、互相呼应,则研究的逻辑就会一目了然,也会大大促进研究的顺利开展;反之,研究的逻辑将会分崩离析。因此,在研究设计的第一步投入时间,澄清研究的方法论和实质理论基础,无疑是质性研究不可忽视的重要环节。

　　更明确地说,研究者在从事研究时,若不采用理论或无法清楚明确地说出理论,则有可能把时间浪费在收集无用的资料上,很容易陷入思考逻辑错误与概念不精确的陷阱之中。理论界定了研究者如何看待和思考某个主题与范围,为研究者提供分析概念或基本假定,引导研究者去关切重要的议题,并且给予了解资料意义的方法或思路。

　　理论与研究是一个统一完整的过程,研究中的所有决策和行为都受到理论的指导,理论与研究的所有部分紧密相连。如在理论与原始资料之间就存在着一个相辅相成的关系,资料为理论的获得提供依据,理论赋予资料以意义,使资料具有系统性和深刻性。通过资料与理论之间的相互结合,理论变得更加充实,资料所表现的内容也变得更加具有条理性。

　　台湾学者张绍勋指出,研究与理论两者呈现螺旋形发展的关系,详见图 3.1。

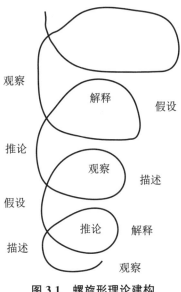

图 3.1　螺旋形理论建构

　　图 3.1 表明,理论的建构(从无到有)是一个螺旋形的过程(而非直线形的),包括"观察个案→描述其模态→推论到母群→理论化的解释→以理论化推出新假设→实验→理论→再观察实际资料→……",如此不断循环(张绍勋,2000)。

　　2. 质性研究设计的"研究问题"要素

　　确定研究问题同样是质性研究设计的关键步骤。如果没有明晰的研究问题,一项研究极有可能就无法进行下去。

（1）研究问题的重要性。

研究问题的重要性主要体现在以下几个方面:第一,明确的研究问题会指导研究方向;第二,明确的研究问题能限定研究范围,尤其是资料收集的范围;第三,明确的研究问题能够评估研究的进度和满意度;第四,研究问题对研究设计至关重要,还因为它是唯一与其他所有设计要素直接关联的要件。

就一个具体的质性研究过程而言,研究问题的重要意义还在于:第一,确立了清晰的研究问题,可以使研究者心中有数,知道在研究中需要特别关注哪些现象;第二,明确的研究问题,有助于非常庞杂的质性资料在问题的指引下逐渐变得井井有条;第三,研究问题是否已经获得回答,这是判断研究是否充分的一个标准。

（2）研究问题的来源和类型。

相关研究表明,研究问题的来源有三个方面:一是众人关心但又悬而未决的问题。这类问题为社会大众所关注,属于重要问题,如能独出心裁设计研究,所得的研究结果可能就有重要价值。二是已有理论而待验证的问题。这类问题最具学术价值。研究者如果能够从某一理论经演绎推论设计出验证理论的方法,所得结果必然会受到重视。三是平常事象中隐含的问题。比如有些社会现象虽广为人知,但为什么会有如此结果却未有定论,因此,研究者如果能够充分思考寻找原因,此类问题依然具有探讨的价值。

学者陈向明(2002)认为,质性研究的目的在于对研究的现象进行解释性的理解,因此,应该选择对研究者与被研究者双方都有意义的研究问题来加以研究。归纳起来,适合开展质性研究的有如下七大种问题类型。

特殊性问题:一个特殊的个案所呈现的问题,研究只对这个个案本身进行深入探讨。

过程性问题:注重研究的情境对研究现象的影响,考察研究现象在具体情境下的动态变化过程。

意义类问题:重点探讨的是研究对象对于有关事情或事物的意义解释。

情境类问题:探讨的是在某一类特定情境下发生的社会现象。

描述性问题:主要是对社会现象进行描绘。

解释性问题:从研究对象的角度来对特定的社会现象进行解释。

比较性问题:从一个或一类以上的人或事物来进行比较研究。这一类研究难度较大,且可能会忽略一些没有可比性但却十分重要的资料。

（3）研究问题的形成过程和问题提出。

基于质性研究范式，在较多的情境中，初期的疑问通常由直接经验所触发，随后研究者设法将疑问及相伴随的事物或现象转化成可资研究的问题形态，这个过程犹如漏斗过滤物体一样，在漏斗开口大端含纳的是一般性问题，这些经验观察所得的思考、资料等会成为未来研究探讨的来源；漏斗开口小端则是研究计划所提出的特定化的问题焦点，这种情形可以用图 3.2 表示。

一般观察体验：留意社会运动的一般现象

关注聚焦：投入参与社会改革与促成赋权增能的个人

问题意识聚焦：促成个人成为终身积极投入社会运动的形塑经验

图 3.2　问题意识发展的漏斗模式

图 3.2 所示模式产生于本博（Benbow，1994）的一项研究，该研究的主题是关于人们如何投入社会运动，以及他们在当中经历哪些演变过程。漏斗开口大端泛泛地留意一般性的事物或现象，如社会运动的议题，以及社会运动在减轻压迫环境中的角色，等等。漏斗中段以下，开口收窄，意味着关注的焦点缩小到若干积极投入各项社会运动的个人，也可以将关注的焦点集中于若干特定的社会运动现象。最后，在漏斗开口小端，关注的焦点基本上收止于某个聚焦点上，几乎就是可以着手进行研究的问题，例如，哪些个人的生活经验促成或形塑个人，使其成为终身投入社会运动的积极人士。

通常情况下，研究问题的提出和提法与研究目的具有密切关系或者相互配合的关系。质性研究的方法论学者列出了三种主要的研究目的：探索、解释和描述。除此之外，另有一类研究常常涉及批判、行动、倡导、赋权、解放等研究主题或目的。由此，出于不同的研究目的，往往会提出不同的研究问题（详见表 3.2）。

表 3.2　相互配合的研究问题与研究目的

研究目的	常见的研究问题
探索型的研究目的 调查鲜为人知的现象 确认或发掘各种重要的意义范畴 形成假设,以供未来进一步研究	在该社会方案中,有什么事情发生? 对于参与者而言,有哪些突出的主题、模式或意义范畴? 这些模式之间,彼此有何关联?
解释型的研究目的 解释问题现象的各种相关模式 确认形塑该现象的各种可能关系	该现象是由哪些事件、信念、态度或政策等因素塑造成形的? 这些因素的作用力如何相互发生和影响,以至于形成这种现象?
描述型的研究目的 记录和描述研究兴趣所在的现象	在此现象中,发生了哪些突出的行动、事件、态度,以及社会结构和历程?
解放型的研究目的 创造机会并激发意志,积极投入 参与社会改革行动	参与者如何对本身周围处境产生问题意识,进而采取积极的社会行动?

资料来源:摘自凯瑟琳·马歇尔、格雷琴·B.罗斯曼,2014。

　　从具体操作层面来说,在质性研究中,研究问题提出的形式通常是一个支撑性的研究问题加几个子问题的模式。虽然支撑性问题和子问题都是一般性的,但是前者应该是概括性和统领性的问题,而后者更加趋向于具体、细化的问题。对此,试举一例予以扼要说明。

　　在一个专门以打架、偷盗、滥交等越轨行为学生为主的特殊学校(国内有些城市称之为"工读学校"),校方为那些经常在学校里违规的学生强制开设暑期规范训练课程。研究者想了解,对那些受到不参加课程及不通过考试不得放假和不予准时毕业警告的工读学生而言,这究竟意味着什么。研究者的支撑性问题是:"在一个强制开设的暑期项目中,规范训练课程的本质是什么?"这个问题表明了该研究的基本意图,建立了研究边界。而且,无论是基于符号互动理论视角的访谈设计,还是基于建构主义的参与式观察设计,这个问题均具有可回答性。

　　研究者的子问题是:"对那些被认为有越轨行为的学生,学校和教师做了什么?""教师给这些学生提供了什么样的活动和经历?"显然,子问题是开放式的,浅显易懂而且聚焦在研究的核心问题上。

　　3. 质性研究设计的"参与者"要素

　　在质性研究中,大多数情况下"参与者"即"研究对象"。当然,如果采用行动研究方法开展研究,则"参与者"除了研究对象外,还包括相关的合作研究人员。在质性研究计划中,对于"参与者"要素的设计,最主要涉及两个重要方面:一是参与者的选择标准,二是参与者的选择数量。

参与者的选择标准取决于研究的范式和类型。在后实证主义研究中,研究者兴趣的焦点指向发现参与者/研究对象用以关照世界的理解模式。研究者要求参与者愿意让研究者观察他们在自然环境中的行动,甚至与研究者讨论自己的行为和意图。后实证主义把自己看作收集资料的工具,所以,研究者需要与参与者建立密切的关系,从而获取重要的信息或得到有用的帮助。比如,提供一些关于研究情境的看法,或者疏通关系以便让研究者能够接触到他们自己无法触及的人物、事件或资料。分析则一般需要研究者自己独立完成,并使用严格的方法,以确保研究发现得到资料的经验支持。

建构主义者则把参与者视为研究所产生的知识的共同建构者,因此,他们与参与者的关系更像是合作关系。在建构主义范式的研究中,参与者通常帮助决定如何修改研究问题、资料收集应该丰富到何种程度、资料分析的框架应该如何,以及参与者应该参与什么事情,等等。在这种类型或范式中,参与者常常对最后的研究结果发表看法,或者参与资料分析,或者有机会在定稿之前阅读研究结果并提供反馈意见。

而在批判理论和女性主义理论范式下,研究者关注的核心是被研究者的意识并改变他们的生活。基于此,研究者和参与者全力合作,揭露社会的不公。他们研究的重要目标包括帮助参与者认识并挑战其生活中的压迫性条件,因此,在这种立场下,选择能够理解批判理论或女性主义研究的革新意图的参与者就显得至关重要。

参与者人选的确定具体还与研究情境以及研究所选取的分析单元具有密切联系,比如说对同性恋俱乐部进行个案研究,那么参与者很有可能就是研究情境中的所有行动者。如果研究的是民办培训学校教师对业绩工资的看法,并采取焦点小组研究法,那么,参与者的选择就取决于包含多少所学校、包含什么样的民办培训学校、包含多少个焦点小组、邀请什么样的教师(涉及经验、学科、职称、工作时间等因素)等这些问题。

在所有的研究范式中,都会涉及选择参与者人数的问题。到底要挑选多少人作为参与者(或者作为研究对象)?这是质性研究新手经常提出的问题。事实上,对此不可能有一个绝对或标准的答案。一个简单的规则是在研究的深度和广度之间达成平衡。当扎根理论研究、叙事研究、现象学研究或其他类型的研究被提出来时,就要考虑"访问多少人"和"访谈多深入"之间的平衡。借用专家的话是:选取多少研究对象"要视情况而定"(J.Amos Hatch,2007)。研究经验表明,当多增加一个参与者并不见得能够增加新观点和新资料时,则意味着参与者数量达到了"理论饱和"状态。总之,参与者人数的确定取决于研究的目的、研究的类型、研究所要解决的问题。

4. 质性研究设计的"资料收集方法"要素

资料收集的问题贯穿整个研究设计过程,一旦研究者把握了自己关于实体与方法的假设,确认了研究问题,他们就应该开始在一个概念框架中思考,此时,关于资料收集方法的决定已经开始做出。严格地说,在质性研究设计时,如果我们把所有的要素都通盘考虑,那么研究的逻辑就会严密。反之,如果在研究的中途才开始完整地考虑研究的所有要素,或者研究问题尚未明确,或者使用一些特殊的资料收集方法,都可能加重研究逻辑论证的困难程度。

在质性研究设计阶段,研究者必须详细说明收集何种资料、如何以及何时收集资料、为什么收集资料,等等。假如一位在后实证主义范式下从事研究的研究者,试图对一个教育改革中的重点中学开展的素质教育进行常人方法学的研究,就应该包含对课堂互动的参与式观察记录。假如想对20世纪50年代中国农村"大跃进"事件进行历史学研究,那么文献资料在逻辑上就应该包括公共记录、新闻报道、私人日记,与农村"大跃进"有关的个人访谈资料也无疑应该包含在内。

概括而言,如果研究使用的是参与式观察的方法,那么,初始计划的方案应该包括观察的次数、每次观察持续的时间、观察的场所等。如果计划使用的是访谈或焦点小组访谈,预期人数和持续时间也应该具体说明。经验表明,长时间的投入、丰富的资料才可能有深入厚重的描述,这是质性研究与传统研究的重要区别。具体的质性研究资料收集方法主要包括口述史法、访谈法、观察法、个案研究、焦点小组法、行动研究及扎根理论研究法,等等。本书之后的章节会对这些方法予以比较详细的阐述,在此不一一赘述。

5. 质性研究设计的"资料分析程序"要素

资料分析是质性研究最重要、最困难和最神秘的环节,所以在研究设计部分,研究者需要仔细思考采用哪些资料分析的方法以及如何实施等问题。

资料分析方法因研究范式、研究类型、研究问题的不同而不同,即便如此,在研究设计中写明资料分析的方法仍然重要而且必需,因为它能够解释研究,而且使研究者胸有成竹,全盘把握研究的脉络。经验指出,所有的资料分析方法应该围绕对研究问题的回答来组织,而且需要遵循质性研究设计逻辑以及对资料的阅读和重新阅读。所有的方法都提供了可遵循的程序,并详细说明了一些处理反证和误差的方法。对此,质性研究专家J.阿莫斯·哈奇(J. Amos Hatch)在分析访谈资料时发展出一套可以适用于大多数使用访谈作为资料收集方法的资料分析方法,它可以为我们在研究设计过程中考虑资料分析部分应该包括什么样的信息时提供参考。这一套分析方法包含以下步骤(J. Amos Hatch,2007):

(1)确认要分析的主题;

(2)阅读资料并对与主题相关的资料进行登录;

(3)通过主题来阅读所登录的资料,并把登录中的主要观念记录在摘要表上;

(4)在主题领域中模式、范畴和关系;

(5)阅读资料,根据确认的模式对登录内容进行编码(对登录内容所对应的元素进行记录);

(6)寻找模式的反例——决定你的模式是否得到资料的支持;

(7)用一句话概括你的模式;

(8)挑选一些能够支持你的概括的资料节录。

除了上述资料分析的程序,资料分析的时机一般也需要简略说明。资料分析通常在所需资料收集完毕之后进行,但也可以是递归式的,即在收集到第一批资料后进行。另外,资料分析还可以在研究过程中的某个固定阶段进行。总之,什么时候进行资料分析以及用哪种方法从事资料分析,一般都取决于研究的类型。

通过长期的探索,在国内外质性研究领域中已经形成了一些比较成熟的质性资料分析模式,它们是"类型分析""归纳分析""解释性分析"和"多话语分析"。

所谓类型分析是指在聚焦于整个研究现象的情况下,遵照一些规定,对所有观察到的事情进行分组或分类。由此而言,分析资料首先要在预先分类的基础上把所有的资料归类或分组。而分类取决于理论、常识、研究目的以及最初在类型分组中对资料的处理。

归纳的过程是从具体到一般,是通过对具体要素进行分析并发现其中的联系,从而获得理解。归纳论证就是以特定的证据开始,然后把它们组合成一个意义整体。所谓归纳分析是指在资料中寻找意义的模式,从而获得对研究对象的一般陈述的研究过程。

所谓解释性分析就是赋予资料以意义,它是在社会情境中提出对事物的解释,从而理解情境,这是一个进行推理、提出见解、赋予意义、升华理解、得出结论及推断寓意的过程。解释是有研究者建构的,研究者承担积极的角色,推动解释这个提出事件、物体、经历或文本多重意义的生产性过程。解释性模式提供了一种连接解释和资料的工具。解释性分析最适合建构主义范式的研究。此外,多数以叙事、教育批判主义和解释现象学范式从事的研究均属此类。任何超出描述和分析模式的研究都需要某种方法来指导。

所谓多话语分析是一种基于资料的分析,是为适应后结构主义范式假设的分析类型而被提出的。这种资料分析重在提出而非介绍,诸如此类的问题常常被提出:为了完成这样一种分析,我们需要考虑什么? 多话语文本用多种声音说话,讲述多种故事,由此意味着在分析资料时必须设法关注与倾听资料中的多种声音。它背后隐藏的意义是:这种方法提供一种框架,允许多种声音表达多种真理,以反对一种断言真理的权威声音。

3.2.2 质性研究设计评估标准

研究计划对指引和推动开展一项研究的重要性不言而喻。那么,如何才算是一个好的研究计划? 对此,质性研究专家哈奇(J. Amos Hatch,2007)尝试制定了以下几条评判的标准。

第一,研究者对研究的方法论与实质理论的清楚描述。

在这个标准下,研究者需要思考和回答以下问题:作为研究理论框架的质性研究范式有否已明确说明? 对研究的类型是否已确认并给予论证? 在现有的知识基础上,有否运用某一个理论或几个理论为研究的实质提供了基础? 等等。

第二,研究者对一组研究问题的清楚阐述。

在这个标准下,研究者需要思考和回答以下问题:基于方法论和实质理论的前提,研究者设定的研究问题是否有意义? 根据所采用的质性研究方法,研究问题是否可以获得回答? 研究问题是否开放、阐述清晰且研究问题之间具有严密的逻辑性? 等等。

第三,研究者对研究情境的明确确认和对进入情境的解释。

在这个标准下,研究者需要思考和回答以下问题:是否清楚明白开展研究的地点和选择该研究情境的基本理由? 研究是否可行? 研究问题在该研究情境中能否得到回答？是否需要有一个研究协议？等等。

第四，研究者对参与者的选择及与参与者建立工作关系程序的清楚描述。

在这个标准下，研究者需要思考和回答以下问题：挑选参与者的标准是否已明确说明？参与者的人数规模是否已明确说明？研究者与参与者理想关系的建立和维系的计划是否妥当？等等。

第五，研究者对研究所使用的资料收集方法与程序的清楚确认和说明。

在这个标准下，研究者需要思考和回答以下问题：研究所预期的资料有无明确描述？在哪里收集资料和什么时候收集资料是否明确？研究的范式假设与方法论取向对资料收集计划是否有意义？所收集和确认的资料能否回答研究问题？等等。

第六，研究者对研究资料分析程序的清楚描述。

在这个标准下，研究者需要思考和回答以下问题：研究资料分析程序有无清楚阐述？是否清楚如何和何时分析资料？是否清楚说明对于偏差数据和反证的处理程序？

第七，研究者对自己预期研究发现的本质的清楚描述。

在这个标准下，研究者需要思考和回答以下问题：是否描述了预期发现所采用的形式？预期发现的成果是否合乎逻辑地建立在研究设计各个元素基础之上？预期发现的成果是否能够回答最初提出的研究问题？等等（J. Amos Hatch，2007）。

本 章 小 结

本章主要介绍了哪些研究情境、待研究的问题适合用质性研究方法进行研究以及研究设计与撰写包括哪些内容。当研究者试图对社会世界、生活形态、居住地、互动方式、关系、组织、团体、事件、角色、实务等情境进行研究，或者研究问题重点关注"个性化和特殊性"的经验与结果而非"概括性"问题，研究的焦点是研究对象的"互动和过程"，注重对研究过程的"探索型和发现性"，并期望对描述资料有待深入探讨等时，可以选择质性研究方法来进行研究。

在质性研究设计中，涉及研究的理论背景、研究问题的界定、研究对象的选择、资料的收集方法的确定、资料的分析、研究报告的撰写等。研究设计是我们开展一项研究的指引和推动研究开展的重要保证。想要整理出一份质量高的研究计划,还需要知晓质性研究设计质量的评估标准,以便根据这些标准指导我们改进和优化。

推荐阅读文献

凯瑟琳·马歇尔、格雷琴·B.罗斯曼:《设计质性研究:有效研究计划的全程指导(第5版)》,何江穗译,重庆:重庆大学出版社2014年版。

本书从质性研究的类型、质性研究的内涵、质性研究的途径、质性资料收集的方法、资料记录、管理和分析等几个方面介绍了质性研究的设计及研究计划的写作。

第 4 章

行动研究

在量化研究的范式下,研究者和被研究者是截然两分的,研究对象理所当然地被视为收集资料或数据的工具。而在某些质性研究方法中,研究又成为学术群体独享的专利。那么,实务工作者能否通过自我反省,发展出具有实践行动意涵的研究,或者研究者和实务工作者在研究中能否互为主体,共同建构理论?对此,质性研究方法中既具有理论批判,又具有行动实践的方法——行动研究,给予了很好的答复。

4.1 行动研究的内涵及历史和发展

自 20 世纪 30 年代末 40 年代初"行动研究"一词被提出以来,迄今已有 60 余年的研究。目前在国内社会科学界里,"行动研究"应该已不是一个生疏的概念和陌生的研究方法,它在社会科学许多研究领域中,尤其是教育科学研究领域中被广泛地运用。

4.1.1 行动研究的含义

关于行动研究的定义,在社会科学界中有不同的看法。西方学者哈特和邦德(Hart & Bond,1995)指出,行动研究的基本概念是一方面整合理论与实证研究,另一方面直接运用研究发现;也就是将行动研究视为一种理性的社会管理,同时结合社会科学的实验方法与社会行动,以反映主要的社会问题;理性的社会管理包括一连串的规划、行动、行动结果的事实发现,是一个螺旋的循环过程。

胡森(Husen)认为,行动研究是由社会情境(教育情境)的参与者为提高所从事的社会或教育实践的理性认识、为加深实践活动及其依赖的背景的理解所进行的反思研究(转引自陈向明,1999)。

吕俊甫指出,行动研究是一种由下往上的研究方式,它强调从实务工作者的需求与立场出发,对实务工作者本身所处的工作情境与内涵进行反省与批判,并结合研究的过程与步骤,找出解决或改变实务工作的困境及问题的解决方案或行动策略。换句话说,行动研究不只是要对研究的现象与行为进行诠释,同时也要达到改变或改革研究对象的目标,所以它结合了理论与实践行动(吕俊甫,1991)。

台湾学者成虹飞对行动研究的定义是:把"研究"作为一种知识生产方式和把"行动"作为一种生活实践的方式相结合的活动过程。行动研究包含双重目的:一是"了解"(作为研究的目的),二是"改变"(作为实践的目的)。只要是一种为了追求了解和改变而开展的持续探究努力,再将这种努力的经验加以分析、统整,赋予深刻的意义并能与他人分享,这个过程即行动研究(转引自谢卧龙,2004)。

本书基本上赞同潘淑满的意见。她认为,行动研究根源于实务工作者本身,后者对自身的工作情境或工作效益有所不满,希望通过研究,为改善现况或解决问题找出实际行动的方式,并期望缩短在理论知识生产过程中由于缺乏实务工作者的参与而导致理论与运用之间的落差之事实。在行动研究过程中,实务工作者可能是主要的研究人员,也可能是参与研究的成员之一;无论是研究的主要关键人或部分成员,在整个研究过程中都基于平等参与的原则,积极参与整个研究工作的规划与行动。通常,研究者主要是扮演"触媒"的角色,通过各种策略与方法来帮助所有成员,不仅明确界定问题,同时也能对问题进行反省式的思考。

图 4.1 行动研究的循环过程

对实务工作者而言,行动研究一词隐含着"意识觉醒"和"赋权"两种作用。因此,潘淑满对"行动研究"的概括的界定是实务工作者对自身工作的反省与通过研究过程来找出较适当的解决策略。就实践行动层次而言,行动研究其实是包含了规划、行动与行动结果的事实发现等环节的过程(参考图 4.1)(潘淑满,2005)。

4.1.2 行动研究的基本特性

从以上关于行动研究的界定中,不少学者概括出了行动研究所具有的基本特征。霍尔特和施瓦特-巴科特(Holter & Schwartz-Barcott, 1993)认为行动研究有四个特性:研究者与参与者的合作、实际问题的解决方法、改变实际状况、发展理论。

台湾学者潘淑满根据其他学者的论述,对行动研究进一步归纳出下列九项特质。

第一,重视实务工作者的参与。

行动研究主张任何理论知识的生产必须与实践行动结合才有意义。为此,实务工作者必须参与整个研究过程,成为研究的主体,才能确保知识生产与行动实践的彻底结合。

第二,开展研究与运用研究为同一人。

行动研究打破了传统研究方法将知识生产与实务行动加以区隔的互动模式,认为知识生产必须与日常生活的行动紧密结合。换言之,实务工作者是参与研究的成员,而参与研究的成员,也必然会将研究成果运用实务工作过程。这种方法弥补了知识生产与实务运用两者之间相互脱节的缺陷。

第三,以实际问题为导向。

行动研究主要是为了促进实务工作者对于自身工作的反省,所以,行动研究必须是实务工作者为了寻求实际问题的解决或找出较有效的工作方法时所采用的一种研究方式。

第四,强调民主参与的精神。

按照拉波波特的阐述,行动研究的整个过程开展于相互接受的伦理框架之中(Rapoport,1970)。行动研究主张研究者与研究对象在没有层级、剥削的状况下共同参与、产生改变、缩短理论与实务间的差距(Webb,1990)。莱因哈兹也认为,凭借这种参与式、合作式研究,可以消除研究者与研究对象的区别,达到一种平等的关系,特别是打破研究者与被研究者因为权力的不同而产生的隔阂乃至紧张关系(Reinharz,1992)。行动研究的出现可视为社会科学中民主精神的表现。

行动研究发展至今,越来越强调"增加觉醒"与"赋权",找出研究者与参与者合作的方式,让参与者变成行动研究者,从而达到改善和促进社会变迁的目的。

第五,实务工作的场景就是研究的场域。

行动研究是实务工作者对工作现况的省思和批判,并希望通过研究行动策略的运用,找到有效解决的思路、方法和途径。因此,行动研究必须是在实务工作的具体和真实的场景中进行,从行动中学习和探索,从研究中反思与批判。

第六,强调立即解决问题的功能。

行动研究最主要的价值在于它根基于务实领域,主要是针对实践过程中出现的问题采取一系列改善的思考和行动。因此,行动研究本身的实践行动力量,就使研究结果能够帮助实务工作者及时解决实务状况。

第七,具有批判与建构双重功能。

行动研究是针对实务领域中的不足或问题而展开的,所以,它鼓励实务工作者不断在实务工作中发现问题,并通过对现况的反省与批判过程,寻找出有效的问题解决策略与方法。由此,它同时也具有提升实务工作质量与效能的功能。

第八,研究结果不具有普适性。

行动研究往往是根据特定对象的特定问题发展出研究策略,所以研究结果通常只能适用于该情境,一般无法进一步推论到其他情境。

第九,研究过程具有弹性。

由于行动研究根基于实务领域,又具有解决问题的要求,所以研究计划的发展就必须根据研究者的反省与思考,以及实务领域中问题的发生和进一步发展,随时修正研究计划的内容、步骤或方法,从而确保研究结果的质量符合实务的需要。

4.1.3 行动研究的历史发展

1.行动研究的起源

有学者指出,行动研究这种质性研究方法有两个起源(陈向明,1999)。一是在1933—1945年期间,科勒(J. Coller)等人在有关如何改善印第安人与非印第安人之间关系的人类学研究中首次运用行动研究方式,在保证少数民族地区民主的前提下,采取印第安人参与、专家非指导性咨询等方式,强调行动由社区需要引起,社区从研究中直接获益。他们认为,研究的结果应该为实践者服务,研究者应该鼓励实践者参与研究,在行动中解决自身的问题。二是20世纪40年代美国社会心理学家勒温和他的学生在对不同人种之间的人际关系进行研究时提出了这个方法。他们当时与犹太人和黑人合作进行了研究,这些实践者以研究者的姿态参与研究,积极反思自己的境遇,力图改变现状。1946年,勒温把这种结合了实践者智慧和能力的研究称为"行动研究",并在自己的文章《行动研究与少数民族问题》中描绘了自己的研究过程。勒温在有生之年致力于行动研究的研究和方法的构建,他建构的行动研究理论使行动研究成为可接受、可操作的研究方式。他认为行动研究具有这样几个特点:(1)实践者的参与;(2)研究过程的民主化;(3)研究发现可以对社会知识及社会变化作出贡献。他将行动研究描述成一个螺旋状逐步行进的过程,其中包括计划、发现事实、监察、实施、评价等步骤,这些步骤以后被其他学者明确地解释为计划—行动—观察—反思—计划的循环(陈向明,1999)。

2.行动研究的发展

20世纪50年代,在科里(S. Corry)等人的倡导下,行动研究进入了美国教育研究领域,教师、学生、辅导人员、行政人员、家长以及社区内支持教育的人都参与到了对学校教育的研究之中。到 50 年代后期,由于"量化研究"的兴起,研究人员越来越注重严格的实验与统计检验,"行动"与"研究"产生了分离,行动研究开始降温。

20 世纪 60 年代后的英国基于中学生普遍厌学的背景,在英国"学校理事会"(the schools council)的大力支持下,英国中小学掀起了由教师所发动的旨在解决课堂和学校实际问题、重新认识和重组中学人文课程的革新及校本课程的开发的教育改革运动,即"教师即研究者"(Teacher as Researcher)运动。斯腾豪斯(L. Stenhouse)是这场以课程为重点的教育改革运动的主要代表人物,他组织实施的长达五年(1967—1972 年)的"人文课程计划",为行动研究运动的深入进行提供了可资借鉴的范例。斯腾豪斯把教师的角色定位为"教育过程的经营者而不单纯是知识的源泉",倡导教师与学术界之间的合作或行动研究。该人文课程计划中的另一位核心人物埃利奥特(J. Elliott)也于 1972—1975 年设计并指导实施了"福特教学计划",这两个计划现被公认为对国际行动研究运动的发展产生了重大影响。埃利奥特还于 1976 年创建了国际课堂行动研究网(CARN),旨在促进教师、研究人员和合作者之间的思想交流,该组织每年召开一次年会并定期出版简报。

自 20 世纪 70 年代起,行动研究运动在欧、美、澳、日教育界形成了一股热潮,在实践不断推广、深化的同时,产生了一批理论阐述者或代言人,除埃利奥特外,还有凯米斯(S. Kemmis)、卡尔(W. Carr)等。行动研究最初是由教师、教育实际工作者自发组织进行的,近年来已出现逐步为政府教育部门和国际组织所接受并推广的迹象。如西班牙政府的课程改革政策对基于实践者系统探究的变革的意义予以充分肯定,奥地利政府也对全日制课程改革中的一些重要问题组织教师研究小组进行行动研究,欧洲经济合作与发展组织对以行动研究进行环境教育表现出极大的兴趣,聘请埃利奥特为顾问并专门负责该项工作。

至 20 世纪 80 年代末,西方学者麦克南(J. Mckernan)在文章中正式使用"课程行动研究"一词,并于 1991 年出版了专著《课程行动研究》。在书中,他探讨了行动研究运动的历史与哲学基础,教师作为研究者和专业人才的伦理规则的标准,实施行动研究中处理观察、叙述、自我研究报告技术、谈话分析方法和教与学的情境中教学问题解决技术,用于教学问题解决的策略(头脑风暴、小组讨论),批判反思和评价技术分析行动研究资料的各种程序与技术,建立行动研究的网状组织与社团,以及行动研究的案例研究。

在西方行动研究的发展进程中,不得不提及两个重要人物:阿吉里斯和舍恩。在20世纪七八十年代期间,阿吉里斯和舍恩两人经过观察、访谈与自我反映,发展了描述行动策略与学习路径的理论,并且把它们运用于个人、团体及组织层面的分析,这就是著名的"行动的理论"(转引自夏林清,1996)。20世纪80年代中期以后,阿吉里斯和舍恩的行动研究理论建构分别发展出不同的路径。阿吉里斯强调协助实务工作者发现无效的行动策略,并通过反复练习来学习有效的行动策略,这就是所谓的"协同研究"的对话方法,而舍恩却偏重于建构反映思考的理论与方法。

进入20世纪90年代以来,由于人们越来越意识到实证研究已经不能解决社会问题,理论与实践的分离已经成为社会科学领域的一个重大危机,而行动研究可以提供一些可行的变革社会的途径,因此这种研究主张及其方法日益受到人们的重视。

4.2 行动研究的理论基础

行动研究虽然以联结理论与实务的紧密关系以及以解决实际问题为己任,但其背后仍然有坚实的理论作为基础,并且不同形式的行动研究具有不同理论背景。

4.2.1 批判理论和批判的行动研究

1. 批判理论

批判理论源自德国法兰克福学派,其发展主要源于一些学者意识到社会科学理论所存在的偏误。在长期受制于权威与迷信之后,学者们通过努力,建立了科学的方法来突破限制,在自然科学的领域中取得了一定的成就。科学方法在自然科学中取得成功之后,人们认为世间唯有科学方法才是人类知识唯一的可靠来源。这套科学方法较适用于探究自然界,但用来研究人文社会方面的问题就不那么理想,其中用于处理无生命的物质世界的方法,无法用来处理有生命的人,无法把活生生的人完全进行物化,人类特有的推理判断以及人性的尊严与价值无法被忽视。当时,在科学方法的主流下,人们变得只思考效率、如何得到结果,却忘了思考"是与非""该与不该"的问题。这种偏见尤其不能被批判的理论学家们所接受。阿多诺(T. Adorno)及马库塞(H. Marcuse)等学者提出批判理论的观点,就是要抵制这种现象。批判理论与传统经验理论的主要差异,具体如下图所示(详见表4.1)。

表 4.1　传统理论与批判理论的差异概念

	传统理论	批判理论
用　途	科学描述预测解释	意识的启蒙与唤醒
方　法	重方法论	集体行动
结　果	科技专家统治	迈向合理社会

批判理论对传统理论做了有力的批判,但其本身也有许多弱点。对于这些受到质疑的观念,早期批判理论学家一直未能提出较为有力的说明。直到哈贝马斯通过重新定位传统的实证主义和将传统解释社会学纳入批判理论整体的架构中提出批判社会学。

(1)实证主义。

实证主义由法国哲学家孔德(A. Comte)创立,后由涂尔干(E. Durheim)继承和发扬,战后的美国则是实证主义社会科学的主要场域,实证主义强调下列内容。

第一,把社会人文的现象视为自然界的事物来处理,认为人文世界和物理学、自然科学一样,也可以通过"客观的"观察、实验和比较来研究发现其规律与法规,可以从严谨精确的研究资料(尤其强调数量化的资料)中,建立一套"理论",对这些规律、法规以及其逻辑关系简明扼要地加以描述、预测、控制和解释。

第二,研究的过程中要特别强调"客观性",认为研究者与研究对象之间应该保持距离,两者之间尽可能不要有所接触,最大限度地降低研究者对研究对象造成的影响,保证研究对象原有的完整性,以期获得研究结果的"正确性"。

第三,唯有通过科学的、逻辑推理的方法论,并且可以重复验证的知识才是可靠的知识。即,只有科学的方法才能得到真知识,任何成为"知识"的都必须在科学的方法下加以检验。

实证主义研究者注重追求科学的研究方法和技术,借此改进实务工作。实证主义把"科学"等同于"客观",根据格林伍德(D. J. Greenwood)和列文(M. Levin)的观点,科学是一个可以"循环"的过程。研究过程具有客观性和可复制性,科学研究能够发现世界是否按照我们的预设和预期进行发展,将社会人文现象当成自然现象一般,纯粹当作观察与了解的"物"来看待。它重视控制和预测,忽略社会文化情境脉络与社会深层结构的影响因素,把社会的变化规则和人的行为意志对立起来,会造成客观化的结果,把人等同于冷漠的"物"。

(2) 解释社会学。

理解某种事物最好的方法就是将事物放回适当的系统语境中。社会科学所要研究的是人类的行为,而"人"绝不是自然界的"物"。人有其自身的思想意识。通过自身的思想意识,人会对其周遭的事物做主动的观察和主动的解释,从而采取相应的行动。因而,解释社会学与科学社会学最大的差异在于研究者所采取的立场,要解释人类的行为意义,不能仅从外在去观察,也要从内部掌握行为者的意识,并通过"理解法"来了解其行为意义。换言之,解释社会科学所关注的研究问题是:

第一,这个社会现象(问题、事件)对身处其间的研究对象而言有何意义?

第二,研究对象为什么表现出这样的行为? 这种行为对研究对象而言,代表着什么?

之后,受胡塞尔现象学、加芬尔克(H. Garfinkel)民俗方法论以及维特根斯坦(L. Wittgenstein)的日常语言分析影响,除了人的主观意识外,解释社会科学也开始关注人类生活的"情境脉络",认为人是在一定的情境脉络中才表现一定的行为。也就是说,人所表现的行为,必须放在其生活的情境脉络的意义架构中来解释,才能看出真正的意义。人的行为会受到所生存的文化背景的影响,因而要深入了解一个人的行为意义,除了主观意识外,也必须同时了解其文化背景。主观意识可以通过诠释理解的方法来加以掌握,研究者通过与研究对象的对话与沟通,了解研究对象的文化传统与生活方式,进而了解研究对象在这个文化传统与生活方式中的意义建构,最终对其行为的意义进行理解和诠释。

因此,科学社会学和解释社会学的优缺点大致如表 4.2 所示。

表 4.2　科学社会学与解释社会学的优缺点

	科学社会学	解释社会学
优　点	工具理性 诉求效率	主观的表达与理解 语言的运用与沟通
缺　点	科学主义 客观主义	有沦为某种意识形态的危险

此外,这种理论基础除了对实务工作进行反省思考之外,同时也强调将实务

工作者的实务行动转化为改进质量、完善制度或解决问题的有效策略行动。换言之,批判解放的行动研究,除了采用诠释的观点之外,更进一步融合了马克思主义对组织、阶级、权力的批判,期待通过研究过程,帮助实务工作者从既有的权力不平衡的关系中获得解放。

（3）批判社会学。

哈贝马斯建构批判社会学,是对实证主义和解释社会学批判性地加以吸收,在肯定实证主义在人类"劳动"活动领域中所具有的工具理性价值的同时,批判其追求客观主义以及科学主义的弊端。该理论取向认为,社会现象与社会思想两者之间存有辩证的关系,两者之间是互相影响的。身为社会中的人,既是社会现象的认知者,也是创造社会现象的行动者。人在社会化的过程中不但有自己的主观意识,更是创造变化的主体。批判社会学希望从科技理性的失落中,重新找回人性的尊严与价值,将这些元素整合进新的社会科学的思想架构里。对于解释社会学,其主观的理解表达和语言沟通是有价值取向的,但是在主观意义的理解过程中,若未经批判与辩证,那么所表达的认知很可能只反映了某一种形态下的观点。

哈贝马斯从实证主义和解释社会学的批判综合中,提出"知识构成的旨趣"理论,有别于传统把知识当作主体的分类方法。他以人类活动为主体,从人类为什么要去求知,即所谓知识旨趣的角度来分类。这个旨趣就是人类社会活动的最基本要素:劳动、语言和权力。从这三个要素出发,人类便分别有三种不同的知识追求的旨趣。如表 4.3 所示。

表 4.3　哈贝马斯知识旨趣架构

社会文化生活要素	旨　趣	知　识	科　学
劳动	技术的旨趣	工具性的知识（因果解释）	经验的、分析的或自然科学
语言	实践的旨趣	实践性的知识（理解）	解释的或解释的科学
权力（意识形态）	解放的旨趣	解放的知识（反省）	批判科学

从上表可以看出哈贝马斯的基本构想,他把科学的、解释的和批判的社会科学放在同一架构之中。所谓科学的方法,在这里只不过是人类三种求知的旨趣之一——技术的旨趣。如此一来,所谓"科学的"方法,就不再是人类探求知识的

唯一方法与来源。过去必须把所有的知识都放在"科学的"方法架构下做检视所造成的种种错误,便可获得纠正,这个框架一方面也使得批判理论有了立足之地。

哈贝马斯引用马克思的批评法告诫我们"不能对这个世界存有太多一厢情愿的期望,而必须批判旧有的社会来找新的社会。虽然未来世界的建构和完成不是我们的责任,我们现在所要完成的任务却非常清晰,那就是对既存的状况做无情的批判"。这里所谓无情的批判指无畏与任何新的发现,无畏与权利的冲突。卡尔和凯米斯(Carr & Kemmis, 1994)年指出,唯有这样的批判,才能将人类从既有的思维方法和既有的社会生活形态的禁锢中解放出来。在批判的对象上,批判理论的社会批判主要对受压迫的社会生活形态的批判,如性别、阶级、大众文化、艺术、文学等,包括科学实证主义所带来的结构性的限制。批判的内容聚焦于支持这些剥削压抑的思维方式,那些使社会上的压迫好像不是问题的、不可避免的、偶然的甚至正常的,并且在社会上占尽优势地位的思维方式都必须加以批判。换言之,就是意识形态的批判。

传统理论主要是描述现实状况,所以它的验证脉络可以在现实的社会中进行。换言之,它可以在当下的社会现实情境中收集资料,而只要所建立的知识或理论对于社会现实所做的描述能够符合实际情况,对社会所做的预测能够被实现,理论知识便声称自己是有效的。然而,批判理论主要是在现实中揭发矛盾,唤起关注,强调集体行动促使社会改变,是一种具有强烈未来导向的概念。其理论正确与否,显然也必须在朝向未来不断前进的过程中加以验证。既然朝向未来,而未来如何,对错不可得知,那么如何证明自己当下所为是正确的呢?

哈贝马斯认为,批判社会学的规范性基础可以从日常言语和讨论中推论而得,为了验证这样的观点,他借用了奥斯汀等人的语言分析哲学,并引用了弗洛伊德的精神分析、埃里克森的自我发展阶段论、皮亚杰的认知发展以及柯尔伯格的道德发展理论,认为人类对生活方式最终所追求的理想是自主与负责,而这样的理想,其实已隐含在言语沟通行动的结构之中。

2. 批判的行动研究

批判的行动研究是在批判社会学的基础上产生和发展的,其特点是要求参与者采取主动、积极的立场,投入争取更公平、正义、民主的实践形态,所以,它又被称为批判取向的行动研究。实务工作者在整个研究过程中,必须不断对自我进行反省,并对现有的社会制度与社会结构进行理性的批判,进而通过参与研究过程来达到增权的目标。

（1）批判行动研究的观点。

澳洲学者卡尔和凯米斯等人的批判式（或解放式）的行动研究，主要是借用批判科学的观念与方法，将它用于社会实践。批判的行动研究则是未来导向的，对目前现状持否定的态度，其目的就是唤起参与者的自觉和反省，进而采取集体活动来改变令人不满的现状。批判的行动研究的重要观点具体如下。

第一，如同马克思所批判的：以往的哲学知识以不同的方式解释这个世界，……重要的应该是改变它。就这个角度而言，批判的行动研究也应该采取这种态度：不是研究，而是为了行动而研究。

第二，实证主义对现状的解释和诠释学对实务做自我诠释的理解，都只是改革过程中的一部分。批判的行动研究是未来导向的，重在改变现实，而不仅仅是解释。

第三，诠释性研究是把行动看成一种对实务工作自我理解的实践。批判科学强调的是一种参与合作式的行动，是由参与者自己行动的一种研究方式，是一种从理论典范转移的大战略角度来对行动进行理解和价值的批判分析，其目的是靠对话唤起受压迫的个人或群体潜在的自我意识。

第四，批判科学就是要邀请行动研究中所涉及的相关人员共同行动，为他们所在的社会情境以及革新的观点进行批判分析，致力于营造出一个良好的社会环境。在行动研究中，参与者也是研究的主体，而不只是知识的享受者。

第五，批判科学是一种参与的科学，参与者共同创造、支持、享有行动的各种安排，从现有的环境中找出矛盾和困境，并设法解决。在改革行动的同时，对参与者也是一种启蒙的过程，敦促参与者进行改变。

第六，实证主义从客观的立场研究现实，对当前社会的发展提供建议和意见，这项工作是重要的，但它有不足之处。科学的讨论与意义的启蒙要同时放在行动研究的历程中，才能真正促成人与环境的改变。研究的任务从单一的改变人或环境变为改变环境与人同时进行。

第七，研究者不参与行动研究，因而不能将理论运用到行动情境中去实践，对社会改革的结果也很少有感同身受的感觉。因此想要促成社会改革，研究者与参与者需要充分的对话。

第八，行动研究的目的是促成参与者所在实务环境的具体改善，而这必须是参与者对于行动有真实的理解才容易做到。"外在的"研究者可以作为研究者的"批判的朋友"来协助参与者，使其在行动中更明智，行为更适当、更具有批判性。

第九，行动研究的贡献应以对实务环境的改善程度来衡量，而不是创造多少文献来衡量。"外在的"研究者应以批判的朋友的身份,协助研究者进行对其自身的批判性研究。

第十,行动研究是在实务情境中的研究者所进行的自我反省式的探究方式,目的在于追求改善工作实务的合理与公平正义,增进自己对实务的理解,改善工作环境。

(2)批判的行动研究的架构。

卡尔和凯米斯批判行动研究的理念主要来自两方面:一方面是采用勒温行动研究的概念架构,另一方面则是将哈贝马斯的批判科学概念融入其中。卡尔和凯米斯等对勒温的行动研究循环概念的阐释,如图4.2所示:

图4.2 行动研究循环概念

如上图所示:首先通过事实的寻找与分析将问题概念化;其次,遵循计划—行动—观察—反省的行动循环过程,直到问题得以解决。在这样的循环中,参与者共同创造建立社群或者互助性社会组织,通过行动研究学习并理解实务情境中的问题,检视自己的策略行动的效果,在实务情境中追求策略行动的改善。

(3)强调典范转移的概念。

有了勒温的基本架构之后,接着就是把批判理论的观点与方法置入行动研究的整个架构过程中。为了有别于传统的思维,卡尔和凯米斯等强调示范转移的观念,认为过去的研究传统已经不符合所需,我们必须从不同的角度去理解特定的现实问题,要对传统的研究典范做批判,并从中建构未来导向的行动研究典范。

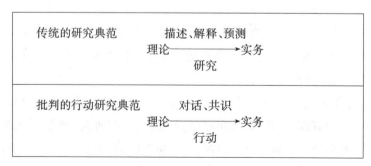

图4.3 传统研究典范与批判的行动研究典范的比较

对于理论与实务,传统的科学方法把理论与实务分开,二元对立,强调理论的建立要客观、价值中立、放之四海而皆准,其基本概念是社会现实脱离不了法则与规律,并可通过建立客观理论来加以控制。批判的行动研究则主张理论与实务是融为一体的,在主观中要有客观,客观中存在主观。它无法脱离价值问题。更重要的是,它主张如何通过沟通与对话来达成群体可以接受的共识。

此外,批判的行动研究典范还强调意识形态的批判,行动研究就是通过对实务情境中各种不满的因素加以批判,并通过改变自己的工作实务、理解和工作情境来改变不满意的生活方式,改变无法符合社会正义的决策方式,来解构意识形态。其方法就是通过共同的参与、合作、沟通与对话,建立共识。且在研究的每一个阶段,每位参与者都有均等的机会与权利。

(4) 批判行动研究的基本条件与反省。

行动研究是行动者自我觉醒对自我、对自我行动之历程,对自己行动在怎样的社会关系脉络、社会地位情境与社会结构之下进行,对自己的行动又产生什么样的影响所进行的自主探究(潘淑满,2003)。"在行动中促进改变,在行动中产生知识",这是行动研究的魅力所在,通过研究者和研究对象共同行动、共同反思来共同促进个人和社会环境的改变。卡尔和凯米斯等认为,行动研究都有两个最基本的概念元素:改善和涉入。所谓改善就是指要改善实务方法、工作情境以及增进个人对实务及工作情境的理解,实务工作情境的改善,特别是权利上的公平、正义、民主。涉入与改善是并行的。在行动研究中,涉入是指所有与实务工作有关的或会受影响的人,都愿成为参与者,且所有参与者都全程参与计划、行动、观察或者反省。综合改善与涉入的概念,所谓行动研究应具备下列三个基本条件:

第一,计划是以社会实务为研究对象,并被视为一种敏于改善的策略行动形式;

第二,计划以"计划—行动—观察—反省"的螺旋式循环进行,且每一步都在系统的、自我反省的状况下进行,步骤之间紧密关联。

第三,对于工作实务负有责任的人都应该参与计划中的每一个步骤,并且逐渐拓展到所有受此工作实务影响的人也能参与。

在反省的向度上,批判的行动研究特别强调两组相对立的想法之间的辩证:

个体————————→群体

理论/思想————————→实务/行动

其方法主要是从过去的回顾中建构未来行动,从参与、合作、反省的概念中建构紧密的反省循环:

勒温的反省循环:计划→行动→观察→反省。具体如图4.4所示。

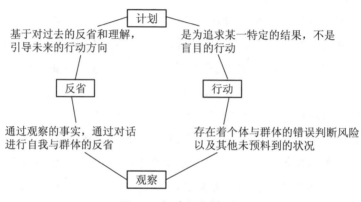

图 4.4　行动研究循环图

行动研究想要有所成效,行动过程就必须具备参与性,并且争取在参与者中建立共同体的意识。在上述反省循环实践中,参与者不断地通过对话与讨论再建构的工作,从计划到行动是一种建构,观察到反省是一种再建构;行动与观察都是在现实的情境脉络中进行的,是思想/理论与行动/实务在现实的情境里交互验证,从行动中检验真理;从反思再到计划,则通过行动研究参与者在共同参与对话以及讨论中完成。所谓行动研究,就是将"行动"置于有计划控制下的一个实务改善循环。在这个循环里,首次循环只能看作行动研究的开始,其后必须不断地循环。一次循环后行动就结束,不能称为行动研究,充其量称为一般常见的以问题解决为导向的方法。批判的行动研究探讨反省的内容,聚焦在三个方向上——实务、理解和实务情境,且要追求这三者的协调,并通过合作的行动,经由个人反省以及公开的理性讨论,建构出个人行动和改变的知识。

对于上述以"计划—行动—观察—反省"的四个循环步骤为行动研究的"必要遵循"的方式,有学者提出质疑。成虹飞认为,循环步骤固然可能使得研究过程比较系统化和有效率,但是,"行动"和"反省"是否真的能够被区隔为两种先后不同的"步骤"? 一方面,在行动当下的反省——而非行动完成后的反省——原本就极为重要,硬把反省置于行动之后,反而是遗忘了两者之间内在的同步性。另一方面,反省本身也应该被视为某种行动,而不是将反省仅仅化为纯粹认知的思维过程,因为反省本身就可能带来某种改变,进而改变意识的状态,获得解放的契机(转引自谢卧龙,2004)。

4.2.2　实务反省行动研究

行动研究可以让人们针对生活中面临的问题寻找有效的解决办法,在这个解决问题的行动中,需要学会反省,并不断地进行反省。

1. 实务反省的理论基础

蔡清田认为,实务反省的理论基础强调行动研究是对实务工作进行反省,所以是一种"反省理性"而非"工具理性"。在行动研究过程中,研究者往往会对分析诊断、选择方案、寻求合作、执行与实施以及评估等五个不同实务行动,进行不同层次的反思。研究者在整个研究过程中,往往因不同阶段而有不同的实务行动反省,在不同阶段的思考反省,也会发展出不同的行动模式(详见图 4.5)。

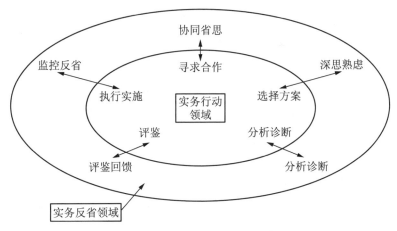

图 4.5　行动研究的实务反省理论基础

在这个行动研究过程中,舍恩认为在理论方法的指导下,应进行以下探讨:

(1) 研究者如何在实务中挖掘和界定可以研究的问题?

(2) 当研究者面临问题时,他们是如何解决的?

(3) 这些研究者是如何观察现场、描述问题、阐述行动的过程的?

(4) 研究者是如何掌握所需要的专业实务知识,并与实务情境相结合的?

2. 实务反省的相关问题

行动研究打破了以往研究者与研究对象的区分,在行动研究的过程中,研究者和研究对象均被称为参与者,有学者称之为利益相关者或是现场成员,并且在行动研究过程中拥有平等的地位,他们在确定研究问题、资料收集与分析、行动方向上拥有平等的地位,他们都是为了增进对处境或问题的理解而参与到研究进程之中的。研究者的任务更多的是为研究进程中的其他利益相关者提供引导和支持。

舍恩从不同的专业研究者的问题解决思维过程中,观察到了进一步思考实务反省的相关要素。

第一,研究者对问题重新定义,并进行研究。他们如何定义这项研究是否值得进行、是不是要进行? 舍恩认为这些研究者是根据下列因素来判断的:

(1) 研究者解决问题的能力。

(2) 研究者对行动所产生的非预期结果的处理能力。

(3) 这个问题是否可以使研究的行动持续推进。好的问题可以引导出深度的反省对话。

(4) 这个问题和情境的条理脉络是否能够相互密合。

(5) 这个问题与研究者的价值理念是否相符合。

第二,研究者面对的是"散乱"的个体,要把他们集中起来应对共同的问题和困境,且能够发动其过去所累积的经验来处理当前遇到的问题。舍恩在观察中推敲发现,研究者不是用书本里的公式,也不是在以往的个案处理经验中建立可以"一成不变"的应用规则,而是在其专业领域中建立一套如典范那样的可供参考的"知识库"。当研究者遇到新的问题时,就会从这个"知识库"中寻找相似的以及有差异的部分,做各种可能的比较分析,深入思考可能的解决方案,找出可供参考的部分来加以运用。且每当遇到一个新的案例,就会扩充"知识库"的内容。

第三,当研究者对问题做出界定之后,便会采取行动和研究。根据实证主义的观点,研究者必须采用控制实验的方法。为解除传统科学理性的限制,舍恩认为应该把行动反省看作一种处境实验。这种处境实验不应受限于科学理性所强调的控制、客观、距离的标准,而应该跳出控制实验的框架,从更宽广的角度来看实验研究。处境实验可以采用以下三种实验方法。

(1) 试探性实验:如果只想看一个行动会带来什么样的变化,而没有事前特定的预期或期望,这样的研究实验就称之为试探性实验。在试探性的研究中,一旦有任何发现,试探实验便可以说得到了某些效果。

（2）行动-测试实验:在实务情境里,刻意采取某些行动以造成实验者想要的改变的实验,称之为行动-测试实验。行动-测试实验常会得到各种不同的结果,详见图 4.6。

图 4.6 行动实验的可能性结果

不论是哪种结果,都可以促使参与者去反省,去对行动做进一步的认识。至于行动成果是否可以接受,其批判标准则是"我是否会喜欢这样的结果?",如果是喜欢这样的结果,那项行动就可以接受。

（3）假设-验证实验。当研究者在处境试验中采取假设-验证的方法时,本质上其逻辑概念和一般的假设验证概念是一样的,但是处境实验的假设验证和控制实验的假设验也有一些明显的差异。研究者的处境实验即使是做假设验证实验,也无法完全做到控制实验所要求的客观,也无法和实务情境保持距离,因为研究者本身置身于情境之中,同时,实务情境也无法被完全操控。

第四,倾向科学理性的学者强调客观、控制和保持距离,因而其信度与效度能够被检测。但在行动反省中却不是这样。行动反省要用哪一种观点来看待自己反省的品质呢? 在此,舍恩认为一个实务反省行动研究的好坏须取决于两项标准:

（1）所获得资料的真实性与充分性。在实务反省行动中所取得研究资料的真实性如何? 这些资料足以支持研究结果的说明吗?

（2）研究结果对于目前实务工作的改善,其实际的效用如何,而不是它对学理文献有多少贡献。

此外,实证主义讲求研究者与研究对象有明确的界限,必须保持距离以从事客观的观察。但在实务反省对话的情境中,研究者扮演的是亲身参与的代理人角色,研究者即情境的一部分。研究者必须具备双重的观察能力,必须知道自己亲历其中又能置身事外地来看清情境中的问题所在,同时也要能随时敞开自己接受情境的回馈。为做到这一点,研究者必须具备下列成分要素:有较强的专业实务背景知识;有敏锐的观察能力;具备研究的伦理道德。舍恩认为研究者要进行实务反省行动研究,应该特别注意下列四个要点:

第一,哪些问题值得去反省探究?

第二,对于所要探究的问题,哪些方法与策略是较好的方法?

第三,对于所要采取的方法,如何进行评估?

第四,这个研究对于工作实务、研究者以及所牵涉的其他人有何重要意义?

行动研究是一个从经验中学习的过程,是实践、反思和学习三者之间的互动,不管何种理论下的行动研究,都是强调在实务中解决问题,并从中进行反省学习,正如舍恩所言,是在“行动中认知、在行动中反省、对行动做反省”。行动研究虽然是社会研究的一种,但是并没有追随社会研究订立的研究步骤或程序,而是以具体解决问题或者推动改变为导向,由面对问题的人或者变革推动者共同参与行动的研究方法。虽然实践过程具有复杂性,很难由研究者来控制,且行动过程开展之后,衡量行动的有效性并不把问题的最终解决作为唯一标准,但在行动过程中参与者潜力的激发、经验的积累以及参与者之间达成的共识、建立的情感纽带、组建的行动力量、参与者的主体性,才是相当重要的方面。

4.3　行动研究的实务范畴

行动研究因其基本特点和特殊功能,在质性研究众多方法中独树一帜,尤其是其理论与实践的紧密结合和实践取向,更是在实务工作者中赢得了很好的口碑。

4.3.1　行动研究的实施领域

虽然自20世纪90年代以来,行动研究方法在社会科学领域中越来越引起关注,但主要集中在组织研究、社区发展、教育与护理四个领域(Hart & Bond,1995)。

1. 教育领域的行动研究

教育领域的行动研究是行动研究最传统的范畴,也是迄今为止最主要的开展场所。在世界范围内,教育界在20世纪40年代晚期开始尝试运用行动研究,科里在美国教育界首先倡导行动研究(Hart & Bond,1995)。但是在20世纪50年代末期和60年代初期的美国,学术风气偏好大规模的由中央资助的研究而放弃了小规模的行动研究。20世纪60年代中晚期,美国教育界因为不满意由上而下的研究方式以及受财源紧缩的影响,重新对行动研究产生兴趣(胡幼慧,1996)。从美国教育界行动研究实施的经验来看,教育的行动研究可以作为缩小理论与实务差距的手段,反映了一种实务的形式并且可以成为推动文化革新的力量。

2. 社区发展领域的行动研究

行动研究运用到"社区发展"起始于 20 世纪 60 年代,及至今日,随着社区发展和基层民主建设的需要,无论是在发达国家还是在一些发展中国家,行动研究都有得到普遍运用的趋势。20 世纪 60 年代,当时美国为了解决国内贫穷的问题,尝试通过一个社会实验,让资源集中于最重要的地区,探讨社会问题的成因,试验新的处理方法并监测结果,同时将结果反馈给政府及地方发起人,共同决定政策上的运用(Hart & Bond, 1995)。这种取向显示了行动研究适合应用社会科学的知识及研究技术以解决社会问题的目标。

20 世纪 60 年代至今,在美国及欧洲都有将行动研究运用于社区发展以解决社区教育、社区人际关系、社区民主以及社区秩序等问题的成功案例。在中国,也有实务工作者(包括研究者和社区工作者)开始运用行动研究的方法来影响有关政策,在社区层面上解决妇女就业和社区青少年服务等问题。

3. 组织领域的行动研究

"参与式行动研究"是有关组织领域的行动研究最常用的方式,它是指让组织内的人们主动参与整个研究的过程,从最初的设计、行动意涵的讨论到结果的最后呈现(Whyte, 1991)。传统的研究模式将研究者视为专家,由研究者设计计划、收集资料、解释研究发现并推行行动,这个过程基本上属于精英模式,而在这个过程中,研究对象是被动的,仅仅扮演计划中个案的角色,接受研究结果。然而,参与式行动研究由组织成员作为行动的参与者,让参与者主动探求信息,并提供未来行动的意见,因此可以用来解决问题与建构相应的理论。

4. 护理领域的行动研究

护理界过去比较认可实验设计所得的量化资料,对于行动研究相当排斥。不过,自 20 世纪七八十年代开始,护理领域的研究者已认同行动研究的方法,也开始有研究者用行动研究作为提供护理分析及解决问题、设计行动以改善照护标准并评估护理计划策略(Webb, 1989)。当代护理学者迈耶(Meyer, 1993)就将行动研究纳入护理学的研究方法,并根据勒温的理念发展出四个步骤——规划、行动、观察、反映,从而形成了护理行动研究模式的基础。

除了上述四个领域外,行动研究在妇女问题研究领域中也备受关注并有长足的发展。心理学家昂格尔(Unger)、人类学家赖特(Reiter)、社会学家爱泼斯坦(Epstein)等很多女性主义者声称,女性主义学者天生就是和行动连在一起的,女性主义研究的目的应该是创造新的关系、较佳的法律,改善制度,其终极目标就是改变现状(胡幼慧,1996)。女性主义行动研究的两位先驱是塔尔博特(Talbot)和伊斯曼(Eastman)。伊斯曼认为,社会调查者不应该只是调查现况,而是在调查开始时,心中就有一个改变不良现状的初步计划。而塔尔博特是以行动导向来研究性别和数学能力,以对抗 19 世纪以来认为女性在数学方面没有天分的说法,她的研究结果避免了芝加哥大学教学上的性别区隔。这样的事例还有许多,事实上女性主义者在其定义中已有改变导向的含义,所有的女性主义研究都蕴含行动成分。

4.3.2 行动研究的基本类型

过去几十年以来,行动研究无论是理论还是方法论的发展,都已经由科学理性的管理观点,逐渐发展到强调结构改变与社会冲突的模式。研究者将行动研究归纳为四种类型(胡幼慧,1996)。

1. 实验形态

所谓实验形态的行动研究主要是以科学方法来探讨社会问题,由研究过程来引导实务改变。这是行动研究早期比较偏重的类型,这种形态被视为一种理性的活动,是可以被规划和控制的。

2. 组织形态

所谓组织形态的行动研究强调将行动研究应用在组织的问题解决方面,希望通过研究,克服、改变或创造具有生产力的工作关系,在整个行动研究过程中,重视研究者与参与者共同确定的问题,并通过探索可能的原因,寻找可行的改变措施。所以这是一种合作的方式。

3. 专业形态

所谓专业形态的行动研究着重于实务机构为了反映新专业的抱负(如护理、社会工作、教育等),或者进一步促进其与其他专业(如法律、医学等)具有相同的地位,所以将行动研究作为发展实务的基础。

4. 赋权形态

所谓赋权形态的行动研究是与社区发展的方式紧密结合的一种行动研究形

式,主要以反压迫为诉求,为社会弱势群体争取权益,其目标除了结合理论与实务解决问题之外,同时也在协助参与者通过问题确认、共识形成,最后达到合作。

　　这四种类型相互独立,但不一定都是始终独立存在的。研究者往往随着行动研究发展阶段的变化,可以从某一种类型转移到另一种类型,所以类型与类型之间就好像螺旋一样不断循环(详见图 4.7)(潘淑满,2003)。

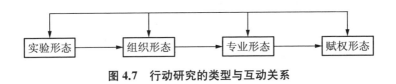

图 4.7　行动研究的类型与互动关系

4.3.3　行动研究的基本层次

　　行动研究需要研究者的协助和支持,根据研究者在行动研究中所扮演角色的不同,卡尔和凯米斯将行动研究分为三个层次:技术层次、实践层次和解放层次。

　　1. 技术层次的行动研究

　　技术层次的行动研究是以研究者为中心,研究者指导参与者协助解决问题,从而实现研究者设定的行动目标。具体见图 4.8。

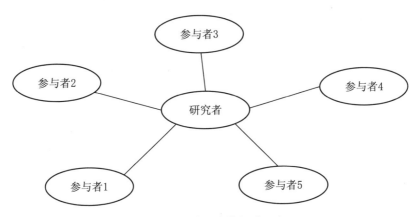

图 4.8　技术层次的行动研究

　　(1) 代表案例。

　　环境污染越来越受到关注,各式各样的方法和策略都在不停地尝试推动环境的改善。研究的区域为少数民族地区,居民善于歌舞。研究者为宣传环境保护和垃圾分类处理,邀请一个文艺团队进驻社区,通过把环境保护的行动意识融进节目中、举行与当地文化相关的活动、开展"倡导环保行之美"演唱会和带领居民组建不同的团队进行环保歌曲创作比赛等形式,在欢庆节日的同时,实现环境保护宣传的目的。

(2) 角色分析。

研究者所扮演的角色为:

第一,作为研究的主体。

第二,提供研究的题目。

第三,给参与者带来新知识。

第四,研究结果撰写并发表,丰富文献资料。

第五,直接指导参与者。

第六,作为成效的评估者。

第七,带领参与者学习行动方法。

第八,目的是检验理论或者验证研究发现是否可行。

参与者的角色为:

第一,遵从者,每一个行动都要严格依照研究者的指示。

第二,外入者,虽参与其中,但解决的不是自己的问题。

2. 实践层次的行动研究

实践层次的行动研究中,研究者处于"半主体"的位置,研究过程虽然以参与者为主,但是研究过程中依然能够看到许多研究者的"力量"。具体见图 4.9。

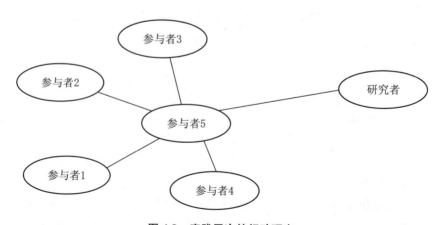

图 4.9　实践层次的行动研究

（1）代表案例。

研究者以其所居住的村庄作为实务场域,试图通过文化建设的角度进行社区营造。自村庄转变为城市社区之后,村民邻里重组,交往不断减少,居民关系淡漠。村中的留守妇女在孩子寄宿学校之后,整天置身于家中,因此尝试通过自己的经验实践推动村居的改变。研究者挑选原村里擅长文艺和生产互动的骨干分子,指导这些骨干力量组织建立妇女协会,并依托妇女协会组织开展文化活动,带领部分骨干力量创建提高妇女读书意识的农家女书社,鼓励妇女订购知识性读物杂志等,组建锣鼓队、秧歌队、戏剧队等传统农村文艺队伍,主办小品演出和文艺演出晚会等,为社区儿童和老人带来快乐,在活动现场,他们放置一个捐款箱,募集到的款项放入成立社区公益基金"蓄水池",开展社区公益活动,组织妇女闲暇时去帮助独居孤寡老人。经过半年的组织和服务,大部分社区居民走出家门,并且居民之间的关系得到明显改善,社区逐渐变得和谐友爱起来。

（2）角色分析。

研究者所扮演的角色为:

第一,与参与者之间是合作关系,是研究过程的顾问。

第二,研究过程以参与者为主,研究者是过程的指导者。

第三,协助参与者在实务情境中找到研究的问题。

第四,告诉参与者怎么做,并加以协助。

第五,协助参与者评估研究结果。

第六,目的是通过提供研究架构,指导参与者尝试自己的观点,检讨自己的行动方案,学习如何去做自我反省。

参与者的角色:

第一,带头者,发挥榜样的作用。

第二,遵从者,每一个行动都要严格依照研究者的指示。

3. 解放层次的行动研究

解放层次的行动研究中,参与者彻底转变为研究过程的主体力量,研究者很少可能出力,即使出力也是以参与者的身份,对话和行动是最好的解放实践,具体形式见图 4.10。

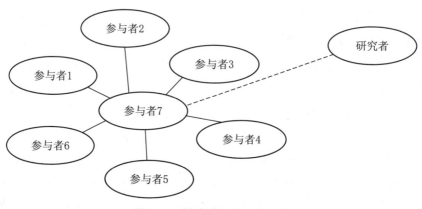

图 4.10　解放层次的行动研究

（1）代表案例。

社区居民为了打发闲暇时间，共同创立了属于自己的社区音乐，不同年龄段的居民都动起来，集体学习音乐（包括玩水器、唱歌、跳舞、作曲、填词、演出、讨论等），且学到的东西远远超出音乐技术和社区理念的内涵。社区居民每天晚上聚在一起，通过交流和合作进行创作，进一步加深彼此的了解和感情，矛盾和摩擦逐渐淡化和消解，加深了社区居民的情感联系，所有居民互帮互助，遇到事情后共同面对，拧成一股劲参与到社区建设中，发挥主人翁的作用。研究者基本上是一个"隐形人"的状态，在居民面对特别困难的问题时才会"现身"。

（2）角色分析。

研究者所扮演的角色为：

第一，朋友。

第二，协助者。

参与者的角色既是"导演"又是"演员"，具体如下：

第一，共同担负起责任，通过民主参与平等合作及对话沟通，达到对自己、对实务及实务情境充分、客观、没有偏误的理解。

第二，参与者之间是合作的伙伴。在行动研究过程中，大家一起做决策、一起行动、一起检讨，并对结果共同负责。

第三，参与者自己进行反省思考，从非理性、不符合正义、疏离、不可实现的目标中解放出来。从习惯、前例、传统、控制结构及官方设定中找出矛盾与非理性部分，并解放自己。

第四，从对自己、对实务以及对实务情境的理解中，了解自己对于改革所担负的责任,同时也知道自己的能力限制。

第五,通过改变自己来改变参与沟通决策行动所建构的实务情境。

第六,行动研究在有计划的改变、观察行动结果、反省和修正的过程中,参与者之间相互通过表达理解与辩证的张力而得到意识的启蒙。通过改变现实来了解实务,并从中得到学习,且使得参与者对社会结构中非理性的部分能够被清楚地认识并加以克服。

4. 三个层次之间的比较

行动研究中三种实践形式是不断递进和进阶的过程,其中解放层次的行动研究才是理想的形式。行动研究希望参与者能够自主地组织起来,解决自己的问题,并对行动做出反省,这是研究者的初衷和最终的目的。不过技术层次的行动研究和实践层次的行动研究仍然很有存在的必要,研究者可以慢慢培养参与者行动和反省的能力。

表 4.4　行动研究三个层次之间的比较

	技术层次行动研究	实践层次行动研究	解放层次行动研究
研究问题的来源	问题由研究者提供,是研究者想澄清的问题	由研究者协助参与者在实务中寻找研究的问题	由参与者自己从实务中发现研究问题
参与者的角色	是实务过程的参与者,但不是在解决自己的问题	全程听从研究者的指挥	参与者自己策划并实施,并由参与者之间协力合作达成意见,开展行动
研究结果的应用	通过实际环境做实验,试验结果由研究者进行研究	借助行动的力量解决自己的问题,但仍旧在很大程度上受到约束力	参与者研究自己的问题,研究的结果供自己使用
参与者知识的建构	大部分从研究者身上吸收	在研究者指导下建构自己的知识	参与者自己建构知识,是知识的创造者和使用者
实务改善的程度	改善的只是技术层面的部分,注重达到行动的效率,行动的质量则由研究者来衡量	由研究者指导改善实务,并指导参与者进行经验反省	对实务进行批判反省,并在一定程度上方法可以有所创新
对参与者的影响	增加参与者对于实际情境的认识,利于将来改变处境和解决问题	提升参与者行动研究的经验,并在此过程中不断对自身及生活环境进行反省	参与者能有新方法解决自己的问题,并去追求目标的实现

行动研究是"研究-行动"共进的研究,它可以是一种研究方法,也可以是一

种促进社会变革的工具。行动研究的三个层次之间并不是相互排斥的关系,可以在不同实务情境中独立存在,也可以在同一情境下全部包含。清楚界定三种层次的实践研究可使研究者根据实务情境进行更为明确的选择,以及明确在行动过程中应与参与者保持何种距离、扮演怎样的角色。另外,研究者可以根据上述表格,整合行动研究过程中的方法和技巧,有目的地提升参与者的实践能力,以便给参与者带来更多的体验和积累更多的经验。

4.4 行动研究实施的原则和程序

行动研究虽然强调知识生产必须与实务运用紧密结合,但它也是一种具有实践特质的科学研究范式。在研究过程中,它也具有一系列研究程序、步骤和实施方法,并在相应的理论及原则指导下开展研究。

4.4.1 行动研究实施的原则和条件

1. 行动研究实施的原则

行动研究也是一种科学研究的方法,在其发展过程中,逐渐形成了指导研究的基本原则(Hart & Bond, 1995)。

(1)以问题为焦点。

在行动研究看来,有问题存在意味着有改变的需要。行动研究对问题具有高度敏感性,所以它的介入就是以问题为焦点。通常,研究者会以即刻、直接的方式,参与整个问题情境,并通过参与者参与过程来发现问题、共同解决问题,以达致现状的改善。

(2)研究、行动与评估相互联结,并且形成一种循环过程。

基本上,行动研究不是一种线性研究的过程,它是由研究、行动与评估三者所构成的一连串且不断循环的研究过程。对行动研究而言,评估与行动及研究一样扮演着同等重要的角色。如果一项行动研究没有评估,就无法充分掌握研究问题或研究进度,并且在实务工作干预过程中,也无法了解可能出现的错误。

(3)重视团体的成员。

对行动研究者而言,接近团体特别重要,尤其是居于组织形态的外在研究者,必须获得或依赖强势团体之赞助才能进入组织,但是,如此却会破坏与弱势团体合作关系的建立。因此,行动研究者应注重研究过程,而不是过度强调工作导向,或仅仅是为了达到学术目的而做研究。

(4) 包含改变的介入。

勒温通过实验发现,如果团体没有外在介入,往往不会产生任何改变。对行动研究而言,借由行动研究介入有几种形式,包括建立同盟、开放沟通、重组议题等,这些介入可以改变所关注的问题,并有启发其他改变的效果。

(5) 追求改进与参与的目的。

行动研究的主要目的在于改善专业实务情境或服务内涵,同时鼓励实务工作者积极参与这些改变过程。改变的意义不是由研究者界定,而必须由参与者、决策者与研究者共同界定。

(6) 以教育为基础。

早期行动研究者是以理性社会管理、再教育、增加参与者的自尊的形式出现。随着时间的转变和行动研究方法本身的发展,行动研究已经逐渐由唤起自觉及意识来体现过去的教育功能。

(7) 建立融入参与者的研究关系。

基本上,在行动研究过程中,研究者必须尽可能让实务工作者参与研究过程。由此,依据参与者的不同参与程度,可以区分为三种模式:第一,合作模式。属于专家与非专家的合作关系,传统上区分为施予帮助及接受帮助者。第二,支持模式。非专家与实务工作者有相同的权利,专家扮演外在角色。第三,分离模式。排除专家而由实务工作者相互提供支持,直接融入一种改变情境的参与。

台湾学者成虹飞从社会科学研究的四种不同类型的研究关系出发,讨论了行动研究所倡导和力行的研究关系的与众不同。他认为,研究关系基本上可以划分为以下四种类型(转引自谢卧龙,2004)。

第一种类型:主客对立的关系。在这种研究关系中,研究者必须通过实证方法掌握绝对的知识生产权,即被研究者不应该影响研究者的判断,研究者个人也不应该去影响被研究者的反应,而应该通过一套标准化的实证科学方法和程序,得出研究发现,这种发现才被认为是"客观的""普遍的"知识。固然,这种主客对立的研究方式对于知识的积累不可或缺,也不容否定,但是,在这种研究关系下,研究者与被研究者的主体性都是被刻意分割的,也即研究者选择以其自身的某一部分(以其"理性"经由"客观"的方法操弄预先设定的变量),也选择被研究者的某一部分(针对被研究者某种特定的行为或反应),来进行某种知识的生产。在研究过程中,被研究者的意义仅仅在于他(她)被研究者选来作为研究项目的那一部分,而非这个人的全部。

第二种类型:传译的关系。这种关系常常见于民俗志或参与观察的研究方法中,研究者的任务是将田野中当地人的声音和观点,通过自己的诠释,转译为外界所能理解的语言,向外界做二度呈现。在这种关系中,研究者需要亲身投入田野和当地人长时间相处,这就在某种程度上隐含了对整体性的接纳,因为研究者试图走入当地人的生活世界,让当地人告诉研究者他们自己的故事。研究者努力想从整体的视角了解当地人如何对周围的人和事赋予意义,因此必须要设身处地、耐心地关注与倾听,才能产生深刻的理解。就当地人而言,他们的观点被尊重,他们的声音被呈现,而不再是任何研究者分割的研究对象。同时,被研究者因为参与了田野研究,变得更加了解自己,同时在向研究者诉说的过程中,获得了自我澄清和反省的机会。但是,这种研究关系依然存在着以下一些问题。第一,作为"传译者",研究者无可避免地把自己工具化了,也依然把当地人或被研究者对象化了。第二,当当地人退化成研究者的描述对象时,研究者的描述究竟有多"准确",并且研究者究竟有多少"资格"能代表当地人宣称他们是如何的。第三,由于"传译者"的角色定位,当发现当地人需要帮助或改变的时候,研究者会裹足不前,生怕逾越了自己的角色。当研究完成,研究者离开田野时,只有默默祝福当地人能够早日改变,或有朝一日得到其他人的帮助。而当地人则可能认为研究者实际上并不曾真心关切过他们,原来研究者长期的参与和积极的倾听,不过是一种博取信任和收集资料的手段。

第三种类型:启蒙的关系。在这种研究关系中,研究者希望通过研究过程,尤其是经由对话,给被压迫的群体提供一种重新认识自身处境的批判观点,使其了解自己如何在意识上遭到支配扭曲,从而发展出解放的论述和社会实践的策略。"启蒙的关系"具有前两种关系类型所没有的特征:浓厚的教育色彩和社会理想性。它把研究当作一种实践、一种行动,同时也可以是一种教育。重要的是,研究者是否让其他参与者在研究过程中得到自我解放的力量和知识,而非等研究完成后才由外界根据研究发现来判断其知识上的价值。然而,对于这种研究关系仍有一些问题:第一,研究者有多少"资格"去启蒙别人?仅仅是因为研究者的角色与身份,或是学习过批判理论,其观点就比较优越?第二,如果其他参与者在研究过程中始终不同意研究者的观点,那么这个研究还有价值吗?第三,假如研究者的观点是谬误的、不适切的,该怎么办?第四,在这种研究关系中,最后参与者的主体性会不会被研究者的价值信念所扭曲,成为研究者实现个人意志的手段?

第四种类型:分享的关系。这样的研究取向通常以伽达默尔的诠释学为基础,它寻求的是一种主体与主体之间生命经验的共同分享与了解。在这种关系中,研究者和被研究者的界限被打破,原本的"我-他"的主客关系,转化为"我-你"的相互主体关系,彼此都成为研究者和被研究者;大家既是行动者又是反省者。与启蒙的研究关系类似,这种分享关系带有浓厚的教育性以及内在的目的性,但它不假定任何一种特定观点的优越性,因为每一种观点都是从属于各自的历史条件、社会脉络和知识传统。因此,真正的了解应该是尝试去和不同的观点对话,通过开放的对话,寻求伽达默尔所说的"视域融合"。正因为具有上述特性,分享的研究关系和行动研究这种方法较为紧密地联系在一起。

2. 行动研究实施的条件

虽然一般而言,行动研究必须严格地按照一定的步骤按部就班地进行,但事实上在行动研究开展之前,它还需要具备一些要件和条件,因为行动研究本身就具有实践的特质,它是实务工作者深思熟虑之后所采取的行动,具有对实务问题力求改进的功能。同时,行动研究本身是由一套环环相扣的系统步骤所建构而成的研究方法,所以,它对研究过程以及研究者提出了必需的要求。

就研究本身和研究过程而言,实务工作者在进行行动研究之前,必须具备三项要件(蔡清田,2000):第一,行动策略必须与社会科学计划有关;第二,行动研究必须配合研究过程的规划、行动、观察与反省等,不断循环重复进行,并且彼此之间必须是有关联的;第三,行动研究必须包括与行动有关的实务工作者,并且随着研究进展而不断扩充。

就研究者而言,要想成为一名行动研究者同样需要具备一些基本条件,具体如下。

(1)专业知识及其成长。

实务工作者可以通过不同方式与途径,获得专业知识的扩展,这些途径包括:第一,不断从社会情境脉络中,反省思考自己的专业工作,而不仅仅是单向地提供专业服务。第二,把握机会参与各种专业活动,如研讨会、研习会、座谈会、职业训练活动等。第三,不断将所学的理论知识,转化为实务工作的策略与方法。第四,关心专业的发展和理论的运用。

(2)研究态度和技能。

实务工作者必须具备研究的态度和技能,这同样是成为一位行动研究者的重要条件。实务工作者是站在第一线的工作人员,必须对自己的工作方法与技能具有反省与批判能力,才能通过行动研究来改善实务工作的问题。因此,行动研究者必须要有良好的研究态度,包括:第一,要具有改善实务问题的研究热忱。第二,要具有敏锐的观察力,可以敏感地觉察实务工作的难题与困境。第三,要具有自我批判的观点,可以对实务工作进行反省式的思考。

4.4.2 行动研究的过程

行动研究自产生以来,发展出如下几种具体的研究过程。

1. 勒温阐述的行动研究过程

勒温认为行动研究是一个螺旋形的循环过程,需经由一系列的过程达成终极目标:(1)通常是由一般的概念开始→问题界定。(2)收集更多的资料来检视这个一般概念→问题的进一步澄清。(3)如果一般概念界定得很清楚,此时便可以产生达成目标的行动计划,并尽全力去执行行动计划→行动计划与执行。(4)紧随着第一步的执行,精确而客观地评估新的情境,且评估让我们知道是否在以正确的方向执行→过程和情境评估。(5)再一次循环上述的步骤:计划、执行、评估或检视事实,以评鉴第二阶段的执行结果,准备理想的第三阶段步骤以及再修正整体计划→反省与修正。(6)理想的社会管理式的行动研究就是这样,由计划、行动、对行动的结果进行了解所组成的一个循环,进而螺旋式上升。

具体如图 4.11 所示。

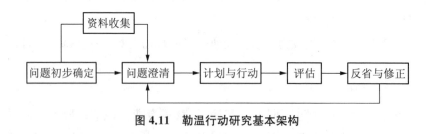

图 4.11 勒温行动研究基本架构

2. 教师即研究者理念的课程实验模式

斯滕豪斯和埃利奥特等提倡"教师即研究者"理念的行动研究模式。埃利奥特这样描述他们的做法:(1)先由少数教师结合在一起,讨论教学问题。结合起来的小组是开放的,成员相互尊重对方的意见。(2)小组有一位领导角色,其任务是协助确认问题,并在教师发展与执行解决方案的过程中,给予权利的支持与协助。(3)教师针对自己的教学实务,提出需要解决的问题。(4)经由资料收集及开放、自由的讨论,使问题得到澄清。(5)以一种假设的形式,提出改革的行动方案。(6)执行行动方案,并进行资料收集,验证假设。(7)假设的验证是在现实情境中,由全体成员共同检视。(8)总之,课程行动研究就是在教育情境中,将一个教学方案的假定,通过实际行动,付诸考验,在行动中发展更好的教育概念。

上述的理念过程,如图 4.12 所示。

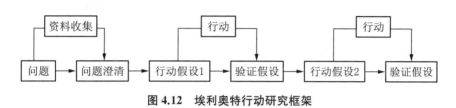

图 4.12　埃利奥特行动研究框架

3. 以批判理论观点为基础的行动研究过程

卡尔和凯米斯等人采取批判理论的观点,将行动研究区分为技术的、实践的以及解放的三个层次。他们认为行动研究最基本的概念就是改善和涉入。凯米斯强调批判的行动研究,主要精神是采取批判的"反省的"态度,配合勒温的行动研究理念,在"计划—行动—观察—反省"的螺旋式循环中,将改善的"行动"置于有计划的控制之下,进行学校教育的重建。这里的重建是指破除旧的思维、旧的意识形态以及旧的教育方法,同时要建立新的思维、新的典范以及新的教育方法。具体见图 4.13。

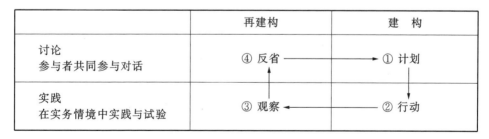

图 4.13　批判反省的建构概念

4. 以实务反省为基础的行动研究流程

舍恩经过长期的观察深入分析了一些专业的实务工作者,发现这些专业实务工作者都有以下共同特质:(1)常在问题解决的行动中,展现直觉反应出来的知识。(2)都善于处理大量的资讯,具备思考的流畅性,同时能从不同角度看问题。(3)把每一个问题情境都当成特殊的、不一样的情境来处理。(4)实务工作者在面临问题、解决问题时,展现出与一个特定的、不确定的问题情境做对话的基本结构。

专业的实务工作者在解决所面临的问题时,会有一套固定的思维模式来解决问题,即先对问题做初步的了解,建构自己对问题的观点,提出自己的假设。紧接着便采取行动,通过对行动结果的评估和行动意涵的了解,进一步认识问题的真面目。在对问题有进一步的认识后,又重新建构自己对问题的观点,再采取行动,如此不断循环至问题解决为止。具体如图 4.14 所示。

图 4.14　实务工作者惯用的行动模式

舍恩将上述行动过程称为实务反省行动研究,即实务工作者在实务的情境脉络中,设立问题、建立假设、采取行动、行动反省。具体见图 4.15。

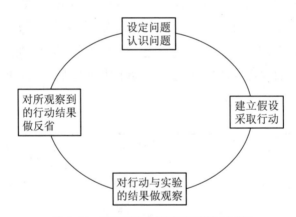

图 4.15　实务反省行动研究的基本过程

综合上述勒温以及英、美、澳等地学者的行动研究方法,可以发现行动研究有四个共同的要素:问题、行动、验证和反省。但是在实际的运作上,其过程步骤也绝非一成不变,它常因实务问题的状况而有所不同。换言之,行动研究有其基本的原理与精神,至于实际的实施步骤,则要因问题情境而有所调整。金和朗奎斯特(King & Lonnquist,1992)曾整理不同学者的行动研究实施步骤,具体如

表 4.5 所示。

表 4.5 主要学者关于行动研究过程设定

步骤 \ 学者	勒温 (Lewin, 1946)	科里 (Corey, 1953)	塔巴和诺伊尔 (Taba & Noel, 1957)	埃利奥特 (Elliott, 1981)	霍普金斯 (Hopkins, 1985)	卡尔和凯米斯 (Carr & Kemmis, 1986)
建构问题	先对问题有一般的、初步的概念 针对问题寻找事实证据 将问题加以概念化分析因果建立假设	澄清问题 建构假设	澄清问题 分析与确定因果关系 收集与解释资料	澄清初始问题 针对问题寻找事实证据	一般概念、问题澄清批判反省形成假设	针对所关注的问题做初步的反省
计划	对问题解决有初步的计划,并确认第一阶段的行动策略		建立行动方案	规划行动策略	方法论的选择	计划
行动	执行行动策略			执行行动策略		行动
观察		记录行动效果		监控	收集资料	观察
反省	收集资料,检视行动结果,修正行动策略,计划下一阶段的行动	推理与概念化	评鉴行动效果	侦察	资料分析	反省

资料来源:King, Jean A. & M. Peg Lonnquist, 1992。

总之,行动研究是一种提供实务工作问题解决的行动方案,在进行整个研究过程时,研究者必须遵循一定的程序循环进行,由此构成行动研究的步骤与历程。此外,吕俊甫(1993)和蔡清田(2000)认为,行动研究过程应该基本含有以下五个阶段,具体如图 4.16 所示。

第一阶段:问题陈述与界定。

首先研究者要确定研究的问题是什么,并具体指出研究的焦点与目的。换言之,实务工作者必须具体陈述实务工作遭遇的困境与问题,并从问题中厘清研究焦点。在此阶段,实务工作作者可以通过外来专家的力量,帮助自己澄清问题情境与背景,在澄清研究问题的过程中,需要不断地反问自己:

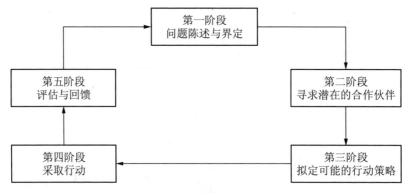

图 4.16　行动研究之实施程序

(1) 遭遇的问题情境是什么？

(2) 这些问题主要的焦点是什么？

(3) 为什么我要关心这些问题？它对我的工作有什么重要性？

(4) 对于这些问题我又可以做什么？

第二阶段：寻找可能的合作伙伴。

在这个阶段，需要与案主、同事、学者或值得信赖的人等共同讨论，尤其是邀请他们从批判的观点，对你所提出的问题解决的行动研究的草案，提供不同的意见。在行动研究的草案中，必须说明谁是协同合作的伙伴？协同伙伴在行动研究中所扮演的角色是什么以及可能有怎样的贡献？

第三阶段：拟定可能的行动策略。

在这个阶段需要做的是，对于实务工作所遭遇的问题与困境，进行规划并发展可能的行动策略。对此，必须要有清楚的实施步骤，以便确保在规定时间前完成行动；但是，行动研究的规划也必须具有弹性和开放性，使得方案进行与问题解决能够不断持续进行。在行动研究规划过程中，有几个问题可以进一步帮助研究者厘清规划的核心和目标：问题解决的可能行动策略是什么？短期的行动策略是什么？中期的行动策略是什么？长期的行动策略又是什么？

第四阶段：采取行动。

在此阶段，研究者开始结合相关的资源与人力，逐步实施问题解决的行动策略，并发展出具体、有效的评估方式，以便发挥对行动策略的实施成效的监控作用。在此阶段，研究者还必须自省：收集的资料与证据是为了什么？这些证据与数据的内容是什么？这些资料与证据与研究的目的又有什么关联？

第五阶段:评估与回馈。

第五阶段是对行动研究进行批判式的反省与评估,以协助实务工作者了解行动策略,总结行动策略对实务工作的影响与效能。当通过评估发动行动策略未达到问题解决的成效时,研究者可以重新循环上述几个步骤,力求问题解决。不过,在这个过程中,研究者必须思考:

(1)如何判断和确定行动结果符合研究目的?

(2)根据哪些指标来判定行动策略是有效的?

(3)确定所关注的问题都已经解决了吗? 如果尚未解决,那么,没有解决的原因是什么?

4.4.3　行动研究的研究问题和行动方案

研究问题和行动方案在行动研究中是紧密联系在一起的。没有研究问题,自然也就没有实践的策略。

1.行动研究的研究问题

行动研究是以解决实际问题为导向的实践研究,因此,研究问题的选择对于行动研究而言十分重要。行动研究既是质性研究的一种,关于研究问题的思考可以参照质性研究问题的界定。研究者要先弄清楚"何为问题""怎样的问题才是可以研究或者值得研究的问题",才能进行行动和研究。有学者将问题分为两个向度,即问题面临者和问题的情境,且两者必须配合,问题才会出现。研究的过程中,需研究者从旁观者的立场,了解深陷问题中的人及其所处的问题情境来了解问题、解决问题。但在行动研究中,问题就是研究者所遇到的,它可能是一个疑问、一个困惑或一个愿望。所谓问题就是研究者对于实务情境中某一事件现象的目前现实状态与心目中预期理想状态之间的差距。即,凡是现实状态和理想状态有差距的地方,都可以是行动研究的对象,进而实现改善现状的目的。

(1)问题确定的原则。

第一,问题来源于实务情境。

行动研究的目的是解决现实生活中的问题。因此问题需要紧密贴合实务情境,而重心不在于学术研究。

第二,研究者能够掌控。

行动研究过程中,研究者不仅仅作为参与者,有时还需要作为指导者,根据得到的研究资料,对行动作出调整,或者作为行动顾问,提供问题解决的思路。同时,行动也会牵涉许多人和事,最好的方式是研究者在自己的权限范围内进行挑选。

(2) 问题确定的方式。

在上述介绍行动研究的层次中,研究问题的确定有三种形式:研究者自己想要澄清的问题、研究者协助参与者在实务中寻找的问题以及参与者自行发现的问题。不管是何种形式得来的问题,都非常注重各方面的参与,合作式的问题确定过程较能体现民主融合参与的理念。最好的行动研究问题,其解决目标指向和解决的方法都不明确,正是要通过行动研究去探究、去慢慢摸索确定的。行动研究强调问题解决过程中的学习功能。通过问题解决过程中的行动试验,对问题及问题情境有更加深入的认识,去从实务中理解和建构经验或理论。凯茜(Cathy,2000)曾表示,行动研究的问题就是实务工作中所面临的困惑、难题、两难、不确定、苦恼、挑战与机会,但这不代表在问题界定和行动时不去做规划、没有方向地乱试一通。

行动研究需要时间建构所要研究的问题,在问题形成阶段,若研究者和参与者能通过仔细思考研究问题的各个方面,澄清行动过程中可能出现的各种状况,不但有助于研究顺利进行,而且有助于得到有意义的研究结果。确定研究问题的过程具体如下。

第一,广泛搜集。

行动研究过程中,参与者成员之间通过相互提问的方式,促使成员对问题做进一步的思索与了解。访谈可以利用焦点小组的形式来收集问题。研究者作为"主持人"对参与者进行提问,邀请每一位参与者进行阐述,引导参与者作出反思,进而邀请参与者进行反馈,罗列出他们想要解决的问题。

第二,逐步聚焦。

在广泛搜集问题之后,通过小组讨论的方式,研究者协助参与者加深对问题的认识、进一步澄清问题,并从众多问题中选取最值得研究和付诸行动的问题,并且与参与者(包括研究者)的能力相匹配。最终由参与者共同确定一个问题作为即将研究的问题。

第三,全面分析。

集聚参与者的智慧和力量,将已确定问题的复杂概念一一进行剖析,其中包括将研究问题有关的各种影响因素及其相互之间的关系明确地呈现出来,并现场进行分享讨论,在此过程中,研究者可以带领大家用以下疑问推进问题的全面分析:是否还有其他的变量或者议题,我们没有考虑进来? 我们所分析的上述因素和变量之间的关系,真如我们认为的这样吗? 我们怎样证明上述关系是真的? 如果上述问题影响因素的关系是错误的,那我们应该怎样处理?

（3）问题的表述方式。

研究者阐述问题时,也需要问题的产生把背景、研究的目的以及研究对象简明扼要、条例清晰地呈现出来,可包括如下内容:研究对象是谁? 问题产生的情境为何,产生问题的原因是什么? 问题的产生牵涉哪些人和事? 问题改善的方向是什么,可以有哪些解决之道?

（4）问题质量的评估。

当问题被确定下来后,为确保后期行动能够顺利开展和达到实效,需要对问题进行评估,需要回答两个基本的关键性问题:第一,问题是否有研究的价值? 这里的研究价值在行动研究中更多体现的是是否对实际问题的解决有作用。第二,研究问题的设定是否可行? 现实环境纷繁复杂,这是不得不考虑的因素,且问题解决需要花费一定的成本,也要紧密契合研究者和参与者的能力。

2. 行动研究的行动方案

行动研究的内涵就是要通过现实生活中的实际行动来改变不满意的现状,并从改变过程中对事物作深入的认识与学习。行动研究不是随意而为,而要有计划的行动和改变——行动方案。它是按照一定的逻辑思维与程序来进行"行动、验证与反省"的循环过程,有规划地指导着行动的全过程。

（1）拟定行动方案的策略。

第一,准确把握问题。

行动研究的行动是问题导向的,因此行动方案的制定一定要与研究问题密切配合。问题意识贯穿行动研究整个过程的始终。对问题有正确的认识,是能提出有效行动方案的基本条件。

第二,注重实务情境。

一个行动方案的实施,牵涉到许多的人、事、时、地、物。因此,实务情境里的特殊性亦是研究者在寻找行动方案须做的考量。且每个情境都不同,不能一概而论,直接复制经验。

第三,与参与者共同制定。

经由问题分析所拟定的行动方案,实际是否可行,研究者虽然有着一定的专业背景,但是个人力量毕竟是有限的,还会受到个人认知和经验的限制。因此研究者在拟定行动方案的时候,要邀请参与者共同参与讨论,并在撰写之后,再进行审核。

第四,借助专家力量。

行动研究的结果虽然最终并不是以产生文献资料为核心目的,但这并不意味着在行动研究过程中不能听取专家提供的意见。方案制定的过程中,可以通过专家的力量来修正和评估。

(2) 行动方案相关要素。

行动方案是对行动研究过程较有条理的梳理。制定行动方案的过程应该包括以下内容的介绍:陈述问题产生的背景;说明研究的主要目的;明确研究的主要问题;说明参与者的特质;描述行动计划具体内容、程序;描述资料收集的方式;说明行动的时间安排;列出行动研究的预算。

(3) 行动方案的落实与管理。

行动方案设计后,在实际情境中的落实仍需要研究者付出努力,并且协调好各方关系,对行动方案有有效的管理。

第一,前期准备。

在开展行动研究之前,应查验研究资金是否到位、参与者之间的团队建设、获得相关人员的支持和许可、研究工具是否已经准备妥当、是否要进行行动前的演练等。

第二,设计具体规划表。

把行动方案中的行动具体化、细节化,明确写出行动方案的每一个条目,并标明相关的时间、工具、地点和人物,以及资料的收集和记录方式等。

此外,行动研究的进行是以受研究问题影响的利益相关者都应该参与到探究过程中的假设为基础的,研究者还要特别留意对参与者的服务和管理。

4.4.4 行动研究的资料收集和资料分析

行动研究强调问题和以问题解决为导向,但同样关注资料的收集和对资料的科学分析。

1. 行动研究的资料收集

行动研究过程既是行动的过程,又是研究的过程,在资料收集时要注意以下问题。

(1) 以"问题"为导向。

资料收集是一项有针对性的、有目的的行为。但是由于资料收集的机会比较宝贵,资料收集过程中要尽量做到全面。在行动研究里,要带着问题意识来收集资料。凯茜(Cathy,2000)建议用以下"5W1H"的模式,协助资料的收集。

第一,Why(为什么)?

① 为什么要收集这些资料?

② 我们希望从这些资料中学习到什么、知道些什么?

③ 在这些资料收集的策略中,我们希望学到或者获得什么?

④ 我们所希望知道的和我们所选择的策略适配吗?

第二,What(什么)?

① 这些资料是我们所需要收集的吗?

② 有哪些不同来源的资料? 对于所要研究的问题能做出最佳的解释吗?

③ 有哪些已经存在、已有的资料可利用?

④ 对于这个研究主题,我们需要哪些资料、多少资料?

第三,Where(何地)?

① 在哪些地方可以收集到这些资料?

② 地点上有什么限制吗?

③ 收集这些资料时,需要哪些支持? 需要同意书之类的东西吗? 需要哪些人的合作和配合?

④ 进入收集资料的场域有哪些策略?

第四,When(何时)?

① 要何时收集资料? 时间有多长?

② 在收集资料的时间点上都能及时做到吗?

③ 在时间的安排上易于实施和掌控吗?

④ 我们有足够的时间收集这些材料吗?

第五,Who(谁)?

① 谁来做资料收集的工作?

② 这些资料可以从谁的身上得到?

③ 有谁可以协助资料的收集?

④ 自己可以做这些吗? 可以控制到什么程度?

第六,How(如何)?

① 资料如何整理与呈现?

② 资料是量的,还是质的?

③ 如何分析资料,自己计算怎么做?

④ 资料主要呈现给谁看?

(2)资料的类型。

行动研究收集的资料可以分为两种:第一,事实资料。行动的事实成果,包括参与者的作品、档案、日志、录音录像资料等。第二,意见资料。在行动研究中,对于某一行动的评价,除了行动效果事实的验证外,参与者的感觉和满意度也是重要的指标。

(3)资料收集的方式。

行动研究资料的有效收集有利于问题的确定、行动的评估和反省。下面简单介绍比较常用的三种资料收集的方法。

第一,观察法。

参与者在一短时间内有意识地对人物、事件、活动和环境进行观察,获得人们表述和解释之外的内容。在获得资料的同时,也可以检视资料的准确性和真实性。

一是行动研究前期。思考准备观察的重点,提醒自己哪些是需要观察的、为什么要进行这种观察、想要通过观察达到何种目的,等等。

二是行动研究中期。开展全面观察,以免有信息遗漏,并做好观察记录。

三是行动研究后期。紧扣研究主题开展重点观察,增加资料的深度。

第二,访谈法。

访谈是质性研究中比较常用的方法,在访谈之前需要精心策划,做好访谈提纲。在访谈的过程中,要注意采用访谈对象能够理解的语言,并且有针对性地进行访谈。要明白什么时候该问什么问题、怎么引出这些问题、怎么追踪解释,等等。访谈过程中要注意把控访谈的时间,做好记录。具体工作如下。

一是注意研究伦理,要事前充分告知受访者相关的主体与情境。

二是平等对待受访者,录音、影像要事先得到受访者的同意。

三是倾听、不打断思考,接受受访者不同的观点。

四是受访者偏题时要及时引导。

五是不要先有成见,尽量描述事实,不要做价值判断和评论。

六是提出问题,但不要试图去诱导得到你想要得到的答案。

七是阐述与澄清:用自己的话重复受访者的意见,确认受访者的真正意思;请受访者举例说明;请受访者说明原因和理由;针对疑问请受访者澄清。

第三,录像法。

行动研究资料的收集过程要做到全面、客观,才能具备较强的说服力,才能保证后续工作的顺利有效进行。运用录像的方法可以让研究者更为细致地进行记录,真实还原行动过程的实际情况,并能够反复观察和学习。近几年随着多媒体技术的运用和发展,这种方法得到越来越广泛的运用。录像法需要有录像器材,而且不能违背行动研究的伦理,要在参与者知情的情况下进行。同时也要注意怎样才能减低研究器材对参与者行动的影响,研究者要随时准备好停止录音录像,让访谈者在表达不舒服的时候和谈及敏感话题的时候,可以选择性关闭。

使用录音法可以遵循以下步骤:

访谈前,检查录音/录像器材是否运行正常,电量是否充足,保证足够的储存空间;

请求受访者的允许,让受访者知晓,并向受访者解释录音的相关用途和保密原则;

在访谈结束后,尽快转录成文字资料,并妥善保存。

2. 行动研究的资料分析

行动研究资料的分析可能是现成的资料、观察的记录和访谈的笔记,也可能是调查问卷。资料分析是否妥当,直接影响研究结果的准确性。

(1)资料分析的原则。

关于资料的分析,有学者指出有以下原则:第一,依照研究的问题,建构资料分析的大致结构。研究资料主要针对研究问题来收集,所以分析资料时,可以先根据研究问题,对资料进行一一整理和组织。第二,从资料中找出主要概念。先整体阅读一遍,记下要点和关键词,并从中找出主要的概念或者主题。紧接着,找出概念之间的关联,建构出一定的组织框架,使资料初步有序分布。第三,再将资料阅读一遍,试图将所有观念、概念纳入组织框架,并整理构思过程中的疑问,对整体进行审阅。第四,经过反复查阅,新的观点将会出现。第五,整理出主要概念和次要概念,思考如何将自己的观点或解释做到最好,以期最好地呈现出来。第六,邀请参与者与团队成员共同审理资料,来弥补自己的不足。第七,在撰写报告时,让每一个观点、概念都有相关的资料作证,以支持自己的看法。第八,不可随意篡改资料,保证资料的客观性。

(2)资料分析的基本架构。

正如上文所述,资料分析的实际流程需要多次的反复循环,逐步建构出清晰的架构,它与别的研究方法最明显的不同是资料分析过程并不仅仅依靠研究者,参与者的存在也很重要。具体架构如图 4.17 所示。

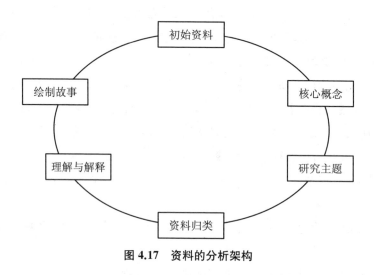

图 4.17 资料的分析架构

第一,初始资料。行动研究的初始资料包括记录、档案、日志、照片、录音、摄影,等等。第二,核心概念。从初始资料中收集和寻找多次出现的文字,并且这些文字能够有力地回答研究问题。第三,研究主题。由数个概念和一定的逻辑关系组合起来的句子或者意涵就是研究主题。第四,资料归类。根据研究主题的不同,将资料进行归类整理。第五,理解与解释。将整理后的资料与研究问题、研究目的相对照,并将整体资料放在实务情境中进行全面地理解,对问题和概念进行解释。第六,绘制故事。故事是行动研究者进行研究的主要资料,它能够把相关资料通过故事的讲述串起来。故事中隐藏着实践的知识、变与不变的节点;故事能够反映一个人分析问题和解决问题的视框;故事能够看到一个人与其家庭、社会网络、社会位置和社会环境之间互动的关系;一个人从故事的讲述中可以回观历史,重新书写生命等。

4.4.5 行动研究的反思

行动研究也是一种反思性的实践研究,不论何种取向的行动研究,都需要思考如下问题:

1. 研究者在行动研究过程中的行动问题

(1)"外来者"如何融入?

有研究者回忆自己参与的行动研究,曾这样描述道:

我们连续举行了三次工作坊,促进来自不同地域的参与者之间以及参与者和我们之间的交流,互相了解各自的生活领域,借此消除大家对对方的错误想象,增进真实的认识。作为一个外来项目的推动者,和农村社区居民如何建立彼此信任的关系,则一直留在我记忆的深处。

在实践中,研究者作为外来者,与社区之间不免会有一些隔膜,想要全面融入社区并不是件容易的事情。研究者可能由于语言不通和不熟悉当地的文化,与当地居民会交流有一定的障碍。居民本身对外来者入侵本地生活的怀疑和担忧,也使其不敢向前与之交流。他们对研究者所做的研究不了解,对于信息的接收也需要一个过程。

(2)"专家"的标签怎样去除?

"专家"身份的固化,就意味着研究过程中的权力不平等。一个研究者曾这样描述道:

> 成为行动研究团队中的一员是自己强烈争取的,是将所谓的"顾问"的角色颠覆为"参与者"的一个"进步"。因为我当时认为这是"去权力"转变的一步,"顾问"或"专家"的头衔让我有机会接近农村发展的各种项目,但无法真正去除自身的"优越感"——所谓的有知识的文化人。在与他们一起经历工作坊、共同计划将来的行动过程中,已经明确感受到作为研究者的我们和他们的差别。

行动研究过程中,研究者试图打破的第一道界限就是围绕研究者和行动者的这一身份。研究者和行动者不应该分开,因此需要打破被主流学术固定的研究者与行动者身份的想象,即研究者就应该是专业的、抽离的,行动者就是非专业的、投入的,后者是前者的研究对象。尽管很多时候已经明确地运用参与性的方法和原则在推动,但是人们心中潜在的知识等级化的观念依然根深蒂固,在行动研究过程中时不时地会冒出来。行动研究要求研究者积极参与研究过程,并不是以专家的身份做研究,而是成为一种资源。但同时研究者背后所有拥有资源的无形力量,更加强化了这种设计上平等但是事实上不平等的关系。

(3)如何破除当地传统思想的束缚?

"入乡随俗。"研究者需要进入研究对象所在的生活情境,但是有时候研究者又试图打破那些传统文化在人们身上的禁锢,使人性解放。

> 外来的项目官员、顾问和专家等带着一些基本理念,而这些理念在意识

层面是不可突破的底线，例如"参与性""性别平等""可持续发展"等，对社区一直存在的等级差序格局、男尊女卑和对经济收入快速增长的强烈渴望、客观存在的对弱势家族和群体的歧视和排斥等，却缺乏促进深层转变的社会机制的再造能力，况且所在的社区主流文化可能还在强化这些意识。行动研究者想要做到让社区主流意识形态彻底转变，既缺乏手段也缺乏策略。

要拆除当地主流文化在村民身上建构的"被压迫"的实践，其实比我们想象的还要复杂和细致，他们并没有对这些意识进行质疑，同时致使行动过程中所能承载的改变往往达不到我们通常的期望值，甚至相差甚远。即使已有的知识框架和研究经验不会束缚行动的开展，研究者所处的实务情境也会出现一些障碍，阻碍研究向前，再加上能力的限制，研究者在面对问题时常常会很无奈。

（4）如何实现理想和现实的统一？

行动研究的目标是试图实现理想和现实的统一，也正是因为二者不统一，行动研究才有存在的价值和意义，但理想不会轻易变成现实。

> 我反复叩问工作团队与参与者之间的相互理解和沟通。他们真的能够理解我们吗？我们知道他们心中所想吗？我们有共识吗？

> 回想我们最初设计的"茶叶销售"和改善村中的环境卫生，前者是作为研究者的我们无法做到的，后者却因为在村中缺乏支持而"流产"了，所以"共同行动，共同改变"并没有那么容易。

社区居民对研究者的高期望，使部分行动参与者不能对行动有正确、理性的认识，且并非所有的行动研究都能实现最初设定的目标，他们由于知识和视野的限制，也无法看到虽然行动研究的过程中没有实现预设的目标，但在实践的道路上已经产生了新的知识，有额外的丰收。另外，研究者也会对参与者的认识存在偏差，与参与者彼此之间的不同理解契合。双方互相认识不清，想要实现行动研究理想的局面并不是一件容易的事情。

2. 研究者在行动研究过程中的认知问题

在行动研究中，研究者个人的内省是必需的，阿吉里斯等人（Argyris & Smith, 1985）在《行动科学》一书中曾提出推论阶梯的概念，从语言推论解释的层次，可知人类语言沟通的复杂性。

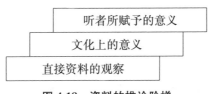

图 4.18　资料的推论阶梯

所谓推论阶梯,是指在行动研究过程中所收集的资料,特别是质性的描述资料,对于每一句描述语句都可能有三种不同的解释。

第一阶层:直接资料的观察,即字面上的意思。

第二阶层:文化上的意义,即当这句话放在某一特定文化脉络中时,它的意义何在? 诠释学者很早就注意到人类的语音与行为在不同的文化背景里,有其不同的意义存在。

第三阶层:听者所赋予的意义,即个人的差异。即使在相同的文化背景中,对于同样一句话,不同的人也常会因其不同的经验做出不同的解释。

因此在行动过程中,不管是研究者自己对于资料的解释,还是在对话讨论过程中,对于参与者表达的理解,都要对这三个阶层的资料保持清醒的理解。研究者想要在实践中增进反省的能力,可以依靠大量阅读文献资料和撰写研究日记,在记录资料过程的前后增进自我反省。

3. 研究者在行动过程中的角色定位

通常,在行动研究中,研究者的角色定位如下:第一,研究者扮演的是催化剂的角色。第二,研究者的作用并非强迫而是要刺激人们改变,这要通过解放当前困扰他们的问题来达成。第三,行动的本质是过程而非所要达到的结果。第四,关键在于让人们找到自己对问题的看法。第五,从人们所在的位置开始,而非某人认为应该的位置。第六,帮助人们分析困境、思考探索结果,规划如何保持他们的所思所想并且改变他们不喜欢的事物。第七,人们能够检查行动的几个选项以及每一个选项的可能结果。在选择一项计划之后,研究者的任务是通过提出问题帮助他们定位资源并付诸实施计划。第八,研究者并非所在小组的鼓动者。第九,研究者不能只关注问题的解决,还要关注人类的发展,一项计划成功与否与人息息相关。

但是,从上一小节可以看出,研究者在实务情境中很难成为如此“模样”,且不仅仅在研究者和参与者之间的角色边界不能划分清楚,趋于共同、平等的行动,在参与者之间,由于每个人的能力、地位不一样,想要实现平等对话也非易事。

本 章 小 结

西方学者认为,行动研究是由社会情境(教育情境)的参与者为提高所从事的社会或教育实践的理性认识,为加深实践活动及其依赖的背景的理解所进行的反思研究。台湾学者潘淑满对"行动研究"的概括式界定是,一种来自实务工作者对自身工作的反省与通过研究过程来找到较为适当的解决策略。就实践行动层次而言,行动研究的过程其实包含了规划、行动与行动结果的事实发现等环节。行动研究的特点具体如下:(1)重视实务工作者的参与;(2)开展研究与运用研究为同一人;(3)以实际问题为导向;(4)强调民主参与的精神;(5)实务工作的场景就是研究的场域;(6)强调立即解决问题的能力;(7)具有批判与建构双重功能;(8)研究结果不具有普适性;(9)研究过程具有弹性。

不同取向的行动研究具有不同的理论基础,它们相互弥补,创造一个多元的局面,不断开拓读者的视野。自 20 世纪 90 年代以来,行动研究方法在社会科学领域中越来越受到关注,但主要集中在组织研究、社区发展、教育与护理四个领域。

一个完整的行动研究包含了几个连续的阶段:第一阶段,问题的陈述与界定;第二阶段,寻找可能的合作伙伴;第三阶段,拟定可能的行动策略;第四阶段,采取行动;第五阶段,评估与回馈。

推荐阅读文献

刘良华:《论行动研究的"合作"伦理问题》,《教育科学》2002 年第 18 卷第 2 期。

本文对于行动研究中研究双方的合作关系及产生的问题有比较深入的思考。

第 5 章
批判民族志

　　传统民族志起源于 20 世纪初期,也称为阐释民族志,最初被广泛应用于人类学研究,主要理论来源包括现象学、阐释学、结构主义、符号互动论,强调"局内人的观点"(the native's point of view)和"地方性知识"(local knowledge)的重要性,并把探讨社会一般人的实际日常生活作为其研究重心。长期以来,因深受西方意识形态的影响,传统民族志具有鲜明的殖民主义和帝国主义的烙印,并带有浓厚的学术霸权色彩。随着全球化的浪潮、多元文化的冲击和后现代文化的影响,20 世纪 70 年代以来,批判民族志的研究方法逐渐受到西方教育研究领域的重视,并被广泛应用于社会弱势群体的教育问题研究。批判民族志虽然仍使用传统民族志的研究方法来收集和解释数据,但是在传统民族志描述和阐释的基础上更强调实践部分,也即反省和批判,以此来唤醒社会并改造社会。因此批判民族志也被认为是"有着政治意图的传统民族志"(Thomas,1995)。

5.1　批判民族志的含义与价值取向

　　许多持非实证主义方法论的研究者认为,社会文化生活具有主观性并主要通过社会互动建构,因此客观的实证主义科学并不适合研究社会文化生活。同时,实证主义研究者们不仅对由马克思主义衍生而来的批判理论进行抨击,认为它过于理论化而缺乏可以进行经验研究的方法论;也对传统民族志研究进行指责,认为它存在理论空缺并具有相对主义的倾向。于是,批判主义理论和民族志研究由于具有共同的敌人(实证主义)和共同的研究对象(社会弱势群体)并能够弥补彼此的不足而最终走到一起(Noblit,2004)。

5.1.1　批判民族志的含义

　　何谓批判民族志?此处需要从"民族志"和"批判理论"两方面分别加以讨论。

1. 民族志的含义与发展脉络

民族志,又译"人种志",是英文词汇"ethnography"的译意。该词源自希腊文"ethnos"和"graphy",前者意指民族、种族或文化群体,而后者是绘图、画像的意思。所以,"ethnography"的内涵可以简单地理解为一种对民族、种族或文化群体的描述。

在相关学术史上,许多人类学家与社会学家都对民族志发表过自己的阐述。迪亚斯(D.Dias)认为这个词最初是由坎贝尔在 1807 年提出的,其基本含义是"对民族的记录或描述"(沈丽萍,2004)。人类学家马林诺夫斯基系首位明确提出民族志研究方法的学者,他早在 20 世纪 20 年代撰写的著作《西太平洋的航海者》的导论中就指出,"领会本地人的见解以及他们对生活的叙述,了解他们对自己的世界的观点"就是"民族志明确的目标"。"我们要研究人,还必须研究与他联系最为密切的一切。在每一种文化中,价值观都会有细微的差别;人们向往不一样的目标,追求不一样的刺激,渴望不一样的幸福。在每一种文化中,我们会发现不一样的制度,在这些制度中,人们寻求他们的生活兴趣;我们会发现不一样的习俗,通过这些习俗,人们满足他们的渴望;我们也会发现不一样的法律和道德编码,通过这些编码,人们会获得对自己的美德的奖励与对自己不当行为的惩罚。""要想研究这些制度、习俗和编码或者想要研究人的行为和心理,如果没有感受这些人的生活的主观愿望,没有了解他们的幸福的实质的主观愿望,那么,在我看来,研究必将失去我们所希望的、从人的研究中获得的最大的报酬。"(马林诺夫斯基,2009)可见,文化差异存在的普遍性、强调关注与研究对象密切相关的一切,以及感受和了解研究客体的思想和行为,等等,是马林诺夫斯基认为的民族志的核心内容。而另一位人类学大师——法国著名学者克洛德·列维-斯特劳斯(Claude Lévi-Strauss)也持同样的观点,即民族志的异文化研究的性质。他在其著作《结构人类学》中提到:"民族志就是对被看作是个别存在的人类群体的观察与分析(这些被选择的团体通常与我们大多数人所在的社会有所不同),而民族志的目标就是尽量精确地记录不同群体的生活的状态。"(列维-斯特劳斯,2006)但是,人类学家克利福德·格尔茨(Clifford Geertz)对民族志做出了不大一样的论述,他认为,民族志研究是建立关系、搜集信息、译写原文、制作谱系、绘制田野、记日记等工作。"民族志研究者所面对的是一种复杂的概念结构的多样性,这些概念结构通常是重叠的或者是纠缠在一起的,它们顿时会变得陌生、不规则、含糊,而民族志研究者必须首先理解、掌握它们,然后将它们翻译过来。"(格尔茨,2014)可见,格尔茨主张对一切看似熟悉的概念或认识的反思,已经成为民族志研究拓展出来的内涵。

在2002年出版的《社会与文化人类学百科全书》中,对民族志有如下描述:作为结果(product)的民族志(意指民族志著作——由人类学家撰写的文章或者书籍)和作为过程(process)的民族志(意指参与观察或者田野工作)(转引自卫沈丽,2009)。但是,在构建民族志的过程中,人类学家所做的不仅仅是将他们田野工作过程中记录的田野日记详细描写出来。如果民族志被视为人类学理论的基石(building blocks)和实验场(testing grounds),那么,民族志与民族志研究过程也应该受到理论的形构与铸造(转引自卫沈丽,2009)。

民族志方法容易与参与式观察、田野作业混淆,实际上,它们三者既有密切联系,也有相互区别。田野工作是民族志必不可少的一道研究程序和一种方式,马林诺夫斯基根据自己的田野工作实践对民族志进行了科学的发展和完善,由此,合格的人类学家与民族志和田野工作就构成了一个完整的体系。而相对来说,田野工作并没有稳定的理论基础,缺乏完整的研究程序,没有一定的学科界限,只要研究工作的场景是在"田野"中,基本上就可以成为田野工作。而参与式观察是民族志搜集资料的一个主要方法,也是民族志区别于其他研究方法的一个重要标志。很明显,民族志是一种研究方法,田野工作是它的主要研究方式,而参与式观察就是具体的搜集资料的方法。

2. 批判理论的简要梳理

批判的语言学解释为批示审断,评论或对于是非的判断,亦是对被认为是错误的思想或言行的批驳否定。批判又是哲学家的一种思维与实践的方式。"批判"一词的寓意最早可追溯到古希腊哲学家苏格拉底所使用的一种探究与质疑问题的方法——产婆术,即在与对方的谈话中通过不断提问与反驳,使对方陷入矛盾之中并重新思考自己答案的方法。沿着哲学发展的历史轨迹,批判已构筑了一条哲学思想的脉络:从古希腊哲学的诡辩术,到康德传统的纯粹理性批判,到马克思对权威的批判及对现有秩序与制度的反抗,到随后法兰克福学派的社会批判,再到后现代哲学的全方位批判。

确切地说,"批判理论"更多的是一个理论的"群",其共同的特点是,通过对社会结构、群体文化以及个人的自由与解放等方面的批判性的研究,揭露文化和制度中的霸权,去除社会不公正、不平等与压迫等现象的复制或制造,寻求"启蒙"社会,致力于解释和揭露常识掩盖下的意识形态,批判工具理性,否定和排斥实证主义及其研究方法,使人认识到常识的本质,以启蒙人的反抗、反思的能力和意识,力求把个体从世界上各种形式的压迫中解放出来。

(1) 经典马克思主义的批判理论。

从马克思思想发展的总体进程来看,其批判理论论述体现在《1844 年经济学哲学手稿》《评弗里德里希·李斯特的著作〈政治经济学的国民体系〉》《德意志意识形态》《共产党宣言》《资本论》及其系列手稿、为《纽约每日论坛报》等报纸撰写的时事评论等政论性论文,以及晚年有关东方社会的读书笔记、著作和通信等丰富的系列文本之中。从《1844 年经济学哲学手稿》到《共产党宣言》可以视为马克思批判理论的形成时期。

早在博士论文之中,马克思就通过对于自由与必然、形式与内容问题的哲学反思,批判了宗教及其社会衍生问题对于现实的人的生存的压抑。《莱茵报》时期的马克思则转向现实利益问题,从书报检查制度、空间资源分配、农民生存处境等角度出发,批判了普鲁士政治统治之下存在的一系列不平等、不自由、不正义的社会症候。《〈黑格尔法哲学批判〉导言》是马克思社会批判的第一座高峰,这种以批判为手段、以建构与探索新的社会可能性为目标的社会批判方法论构成了马克思主义批判理论的一个重要特征。

马克思在《1844 年经济学哲学手稿》中,深入批判了资本逻辑所产生的异化症候,奠定了社会批判理论的"个体-总体"双轨逻辑;在《神圣家族》中通过对现实的工厂、工人、立宪活动、群众劳动、文化风俗的具体社会内容的批判分析,展现了物质利益分析方法与群众立场在批判理论中的巨大威力;在《德意志意识形态》中批判了旧唯物主义与"真正的社会主义"的错误社会思潮,形成了关于生产力与交往形式的历史唯物主义基本原理;在《共产党宣言》中,立足于阶级斗争分析与资本运作机制分析,对社会中弥散的"社会庸医"(马克思、恩格斯,2012)性质的错误思潮进行了深入批判,揭示出无产阶级革命与人类解放的社会批判理论现实价值指向;而在《资本论》中,立足于商品、劳动、价值、生产、分工、交换、货币、分配、消费等具体经济现象(本质上是一种具有历史必然性的社会生活现象),具体展开了对拜物教问题的批判、对劳动过程与价值增殖的资本逻辑的批判、对资本伦理与合理化社会思潮的批判、对资本主义世界社会内在矛盾与危机的揭示性批判。

马克思生活的时代是工业革命带来的社会经济高速增长时期,其结果是人成为资本操控的工具和手段,人与其自身的类本质、人与自然、人与社会的关系不断异化,人在阶级对立中丧失了自由,其现实根源在于资本主义私有制。因此,马克思主张以政治革命的方式推翻资本主义制度,社会批判更重要的是旨在建构一个全新的社会,这是一种否定之中含有肯定的否定式批判,是一种针对现实的建构性的批判,目的是将人从资本主义统治的束缚中解放出来,以摆脱现实的压迫,实现人的现实自由,实现人类的自由与解放。

(2)早期马克思主义的批判理论。

在继承马克思学说的基础上,早期西方马克思主义的代表人物卢卡奇在《历史和阶级意识》一书中第一次把物化作为一个中心问题来考察,开启了关于异化问题讨论的先河。他试图将物化学说放在现代性批判的高度上,力求运用总体性思想,从社会历史的角度对物化的表现、劳动的物化和物化产生的后果以及资本主义反总体性的物化世界展开批判。同时实现思维方式的变革性尝试,把现代性的批判从经济领域拓展到社会生活等其他领域,以层层深入的逻辑分析对资本主义的文化背景和文化根基乃至人类的理性展开形而上的思考,其理论旨趣在于破除物化意识对无产阶级的奴役,唤醒无产阶级的阶级意识,消除现代性社会中存在的危机。

另一位早期西方马克思主义的代表人物葛兰西,从以市民社会和意识形态领导权为核心的革命理论以及实践哲学开启他的批判理论之路。基于"文化=意识形态=操纵性工具"这一模式,葛兰西提出了"文化霸权"这一意识形态批判思想,并提出进行文化革命以解决人类的异化和寻求人类的解放。葛兰西在他的著作《狱中札记》中,明确地区分了两组概念,即把"统治"和"领导"区分开来,他强调"自愿"性的文化霸权与强制性的其他霸权是有本质区别的,尤其提出文化霸权或文化领导权是通过人民群众的"自愿""认可"和"同意"而取得统治地位的一种统治方式,并且统治阶级通过操纵市民社会的各种机构和组织大力传播该阶级的世界观和思想体系,使广大群众把它作为一种"常识"而接受,从而建立起资产阶级的领导权并巩固其统治。葛兰西还把资本主义或统治阶级分为两个层面,即"市民社会"和"政治社会"。前者主要包括工会、学校、媒体、报社、教会、家庭,以及社会意识形态的上层建筑和传播思想文化的社会机构,等等;后者主要包括军队、政府、党团、司法、议会、税收、监狱,等等。葛兰西表示,资产阶级或统治阶级已经不是单单依靠压迫、暴力和军队来对人民大众和被统治阶级进行强制性要求,而是成功地运用他们所传播出去的意识形态、思维框架和行为准则来要求和管理人民大众,使人民大众在主观意识上对统治阶级表示"同意",进而获得了统治层面的"合法性"。让人民大众自觉地对统治阶级的意识形态认可，进而达到领导、控制、支配和管理的目的。为此，葛兰西指出，在西方工业社会，无产阶级的首要目标是先获得市民社会的认可和接受，然后才有可能在适当的时候掌握社会政治的领导权，即工人必须先获得文化和意识形态的领导权，才能获得政治上的领导权，而马克思主义的实践哲学就是无产阶级先进的有机的意识形态。

（3）法兰克福学派的批判理论。

法兰克福学派的批判理论是马克思主义社会批判理论重要的组成部分。自20 世纪 20 年代以来，围绕着霍克海默、阿多诺、弗洛姆、本雅明、马尔库塞、施密特、哈贝马斯、波洛克等重要批判理论代表人物，法兰克福学派展开了立足于流行文化、日常生活、消费行为、群体效应、政治参与等具体社会现象的对资本主义社会机体的整体批判，其丰富多元、角度各异但又具有高度统一的内在精神的"理论群"被概括为"批判理论"。

第一，霍克海默的批判理论思想。

霍克海默的批判理论是法兰克福学派理论发展的源头，他批判一切脱离实践旨趣的理论，其"批判"绝不是一种纯粹认识论的反思结果。霍克海默和阿多诺合著的《启蒙辩证法》一书，开创了法兰克福学派对现代资本主义的批判，为批判理论提供了标准的模式。

《启蒙辩证法》以神话与启蒙为核心，集中论述了以启蒙为目标的现代性如何依其本性辩证地转化为启蒙的反面，启蒙如何于自身中包含否定自身的本质环节而最终导致"启蒙的自我毁灭"这一启蒙的逻辑。"神话就是启蒙，而启蒙却倒退成了神话。"在他们看来，启蒙辩证法深刻揭示了西方理性主义传统的二律背反，即代表进步、自由的启蒙精神和愈益彰显的工具理性本身隐含了对自然和对人的双重奴役，现代极权主义、法西斯主义以及种族主义等都是启蒙之负面影响的必然结果与当代反映。在这个意义上，资本主义的种种危险只是人类灾难史的部分和个例，其根源不在于资本主义自身，而在于人类理性工具理性自身。

在霍克海默看来，批判理论的任务"即在于深入到事物的世界中，去揭示人与人之间的深层关系……去发现'非人的事物下面的人的根基'，以及破除表面的同一形式的神秘性"（马克斯·霍克海默，1989）。

第二，哈贝马斯的批判理论观点。

哈贝马斯作为法兰克福学派的第二代旗手，延续了法兰克福学派的批判传统,其思想涉及许多领域,此处择其主要观点予以阐述。

哈贝马斯沿袭霍克海默和阿多诺等法兰克福学派对工具理性批判传统的继承,并且借助从工具理性的批判转向交往理性而得以继续深入展开社会合理性批判的议题。哈贝马斯指出,现代社会包含两个层面:一是生活世界,二是体制。所谓生活世界包括文化、社会和人格三种基本结构。在文化层面上,人与人之间的相互交往以文化为中介并在交往中促进文化的发展;在社会层面上,人与人之间的沟通调节社会行为并促进社会的一体化;在人格方面,人与人之间的交流使个体社会化并促使个人自我意识的确立。可以说,生活世界提供价值观、约定俗成的语言符号及人类交往中的其他要素。而所谓体制也即社会制度或组织。体制和生活世界同时调节人类行为活动。现代社会的理性化发展的合理发展方向首先应该是生活世界的理性化,人们能够在不同的背景基础上展开沟通,人与人的交往更多的是通过理性讨论而不是权威或宗教的制约;但在资本主义现代化的过程中,体制控制了生活世界。按理说,体制原本是与人类的成长、性格和文化传统相配合的社会组织,但在其发展过程中,却把人变成了缺乏人性的存在。人类生活在现代社会制度中,工具理性渗透进生活的各个层面。从一个合理的角度看,体制管理的是经济和国家的运转,生活世界关涉的是人的公私生活领域,是人与人的交往,因而体制的运作应以生活世界的取向为趋向,但事实却相反。在现代社会,人的公共领域和私人活动处处受制于行政和市场体制,市场体制和工具理性的结合限制、缩减着人类的公共领域和价值选择。可以说,资本主义制度以效率和财富为目的,必然要排除个人或其他价值观念的影响,牺牲生活世界的独立性,把生活世界殖民化,即靠权力与货币的媒介组织起来的政治体制和经济体制对靠日常语言组织起来的生活世界的侵入。

"生活世界的殖民化"是哈贝马斯对现代资本主义的经典判断。这种殖民化现象造成了生活世界价值领域的意义丧失和社会规范失效,使得人与人之间不再相互信任或理解,最终导致了社会交往的扭曲。要扭转这种局面,必须使人与人之间的交往再合理化,恢复生活世界再生产的动力,而这又意味着交往理性的重建将以语言为媒介的交互主体之间的协调、理解关系,重新扩展为社会进化的基础。

为了克服"生活世界的殖民化"带来的种种危机,哈贝马斯的批判理论强调必须重视互动过程和沟通过程,只有通过沟通行动,才有可能把人类从被统治中解放出来。为此,哈贝马斯把行动区分为四种类型:第一类是以技术规范为导向的工具理性下的"目的论行动","劳动"就是在这个层面被认为仅仅表示人对自然的改造关系。也正是在这个意义上,哈贝马斯区分了工具理性意义上的劳动和交往理性意义上的互动两个概念。第二类是受普遍化规范调节的行动。第三类是"戏剧行动",指行动者在观众或社会面前有意识地表达自己的意图和感情的行动。第四类是"交往行为",表示复数关系的行动者之间以语言为媒介,通过符号协调的互动和对话达成人与人之间的相互理解和一致。

哈贝马斯对"交往行为"的进一步解释是,"交往行为是由符号协调的互动,它服从的是必须实行的规范,这些规范决定交往双方之行为而且至少被两个行为主体所理解、承认"(转引自傅永军,2003)。他认为交往行为理论暗含着"理解"的内涵并视它为一种具有理解性的活动。主体通过交往行为互相达成一种关于社会规范体系的理解,并在具体情境中随之实现。社会规范通过"认可"生效,其有效性基于相互理解的主体间性并通过对义务责任的一般承认得到稳固。哈贝马斯通过在符号性互动过程中设定"自由的知识"解决了社会规范的合理性标准问题。社会规范拥有调整社会成员之间相互关系的任务,它们在相同的符号互动过程中得到发展和再生产。然而,自由条件的实现内在于交往理解过程中,只有在所有社会成员都能够自由参与其中的程度上,这个过程才能成功。因此,在社会性调节的每个互动发展阶段,社会规范也就被理解为这个交往生产性知识的制度性体现,它的合理性程度取决于它所组织的无强迫的自由社会交往的成功程度(Honneth,1991)。

"交往行为"具有主体间性、理解性、包容性、社会权力去中心化、交往合理性等特征,本质上关联于"生活世界",比其他行动更具合理性,它是以理解为目的的行动。在此背景下构建的"商谈伦理"为保证行动者之间交往、对话的真正实现提供了交往的规范性基础。

哈贝马斯的商谈伦理理论的最终目标是重建体制与生活世界的关系。以货币和权力为媒介、受工具理性调节的经济体制和政治体制反过来干预甚至破坏生活世界的文化机制,造成生活世界与体制之间的冲突,这是资本主义社会合法化危机的症结。为避免体制对生活世界的侵入及由此产生的恶劣后果,哈贝马斯指出我们必须使体制在生活世界中重新定位,即通过法律与道德的强制手段,使货币与权力服从于人们的交往行为,而非支配人们的交往行为。为此,哈贝马斯在交往行为理论的基础上,建立了以商谈伦理为特征的平等的话语政治模式,或者可以概括为一种程序主义政治,要求把交往理性的商谈原则贯彻到政治领域,已达到超越自由主义政治和共和主义政治的目的。

概略而言,法兰克福学派的"批判理论"整体表现出如下特点。

第一,理论的渊源层面以西方"新马克思主义"的传统为导向。早期的法兰克福学派在批判理论中的确包含着一些马克思主义的理论成分,但实际上,它们对马克思主义的理解是以卢卡奇和科尔施等人所开创的西方"新马克思主义"的传统为基础的,正如学者戈兰所说,"由霍克海默的纲领所勾描的批判理论和被法兰克福理论家们从 30 年代到目前所发展起来的理论无论如何并不是一种全新的智力的形式,毋宁说它是一种对马克思主义的最哲学化的自我意识形式——青年卢卡奇和科尔施的哲学的极端发展,而卢卡奇和科尔施的哲学又是整个 19—20 世纪德国社会学思想,尤其是由韦伯所完成的整个工作的趋势的发展,这一传统关心的主要是'资本主义的合理性'"(转引自陈振明,1990)。沿着"新马克思主义"的方向,法兰克福学派力图独树一帜,用黑格尔主义、存在主义、弗洛伊德主义来"补充""修改"马克思主义,将青年马克思与老年马克思对立起来,用前者否定后者。即使在对资本主义的批判上,马克思主义关于经济基础和上层建筑的关系理论也没有成为社会批判理论的决定性因素。

第二,本体论与认识论层面的带有节制倾向的唯物主义,即反对试图以自我意识或绝对精神涵盖万有的唯心主义本体论,强调主体认识能力和理性能力的有限性与意识形态主体形塑功能的实存性。

第三,批判对象层面的反实证主义、反工具理性、反计数理性、反合理化,强调对现实的人的具体生活的切实感知,主张从通俗文化与市场活动中反思人的生存状况,重视从人的文化偏好与利益诉求展开社会批判。

第四,理论目标层面的马克思主义解放逻辑,强调人的解放与自由全面发展。

第五,理论的学科性质和科学性层面以辩证哲学和政治经济学批判为基础而确立起来的社会理论。它既不是纯哲学,也不是纯社会学,而是把哲学与具体科学,尤其是社会学、经济学、心理学等学科结合起来的综合性社会理论或社会哲学。按照马尔库塞的说法,法兰克福学派理论是用交叉学科方法探讨当时重大的社会问题和政治问题,它打破学术分工,将社会学、心理学、哲学运用于认识和提出当时的各种问题,并试图作出回答(布莱恩·麦基,1987)。法兰克福学派因此批判资产阶级人文科学和社会科学的片面专业化,也批评资产阶级的社会学,认为它已降低到局部科学的水平,难以对社会知识的其他领域起到整体化作用。批判理论采取了以往唯心主义社会-历史哲学,尤其是黑格尔的历史哲学的"总体性"研究社会的形式,但它反对唯心主义社会-历史哲学将历史过程从属于先验的哲学范畴,主张以政治经济学批判为基础,将抽象的理论反思与具体的经验研究统一起来,它在综合地研究历史与现实的过程中,实现着哲学理论与人和社会的经验科学的"结合"。因此,批判理论既不是哲学,也不是社会学。但从另一角度讲,它既是哲学又是社会学。

第六,理论的主要功能层面强调"批判",即从人本主义的立场对现存资本主义制度尤其是它的意识形态以及科学技术进行批判和否定。批判理论家们认为,"批判"乃是黑格尔特别是马克思的理论的实质和主线,因此,法兰克福学派的首要任务是恢复马克思主义的批判精神。批判理论主张对现存的东西加以批判,致力于发展批判的辩证思维,批判理论要以控制和压迫为主题,以人的自由解放为目标,对当代资本主义社会加以全面的批判,它的任务是深入物的世界去揭示人与人之间的深层关系,从非人的事物下面发现人的根基。这种批判是政治和经济上的,更重要的是文化和意识形态方面的,后者是更基础的。因为批判理论家们认为,在发达的资本主义社会,外在的压迫已被内化,意识形态通过直接欲望的嫁接导致了对个人的欺骗,因而阻止了人的真正的自由发展。对不合理社会的批判,主要不在于人对人的统治,而在于统治自身。因此,对发达资本主义意识形态的批判是法兰克福学派社会批判理论最基本的或核心的部分,而对实证主义、工具理性和科学技术的批判则是它的重要内容。

第七,理论方法层面的综合化运用,包括精神分析、解释学、文艺学、美学批判等 20 世纪重要的理论方法都在法兰克福学派的批判理论中得到系统展现,这也愈发确证了其作为"理论群"而存在的整体特征。

第八,理论性质层面的现代乌托邦理论景象。批判理论家力图将事实与价值、理论与实践统一起来。他们认为,理论研究活动是整个人类社会实践的一个组成部分,研究客体是社会实践的产物,研究主体则是处于社会关系和人与自然关系中的社会成员;批判理论是政治实践的组成部分,它与无产阶级相联系。在此基础上,批判理论家们力图通过对资本主义的批判,为人们提供一种解放的理论。他们声称,关心人类的未来、致力于人类解放条件的研究、加速合理公正社会的实现是批判理论的最终目标。他们从资产阶级人道主义的立场出发来理解马克思主义的社会主义理论,为人们提供了一幅未来社会的现代乌托邦图像。

法兰克福学派理论的不足之处在于:第一,他们对于资产阶级社会-历史哲学的抽象性、普通性和关于具体的人文和社会科学的片面性和个别性的二律背反,并没有提出具体的解决办法,其主要原因是他们不愿承认历史唯物主义是一种真正科学的社会理论,是哲学理论和个别经验科学的辩证统一。第二,法兰克福学派的批判或否定带有浓厚的形而上学否定观,即全盘否定的色彩,而且批判理论家们往往是只破不立或破多立少。同时,尽管批判理论家们对资本主义尤其是它的意识形态进行了尖锐的批判,但是从根本上说,他们只是用批判的武器去代替武器的批判,即用思想批判去代替物质批判,在后期,他们逐步将对资本主义制度的批判转移到对科学技术本身的批判。第三,一种真正的革命理论包含着一种关于组织和政治行动的理论,所需要的是一种实践-批判的理论。而这一点正是批判理论家们所缺乏的。更由于批判理论家抛弃了作为科学社会主义两大基石的唯物史观和剩余价值学说,拒绝把批判理论归属于无产阶级,这就使他们的解放理论失去了可靠的基础和理论的历史依托。总之,批判理论是以资产阶级人道主义为基础的现代乌托邦理论,它从属于整个西方哲学的人本主义思潮。

3. 批判理论与民族志相结合的批判民族志

批判民族志是 20 世纪 70 年代以来逐渐在比较教育研究中受到关注的一种带有批判价值取向的质性研究方法。

最早将该方法引入比较教育领域的学者范德拉·梅斯曼(Vandra Masemann)在《比较教育中的批判民族志》一文中对批判民族志进行了阐述,将其界定为“基本上采用人类学的、定性的、参与观察的方法而依靠源自批判社会学和批判哲学的理论体系来阐述其理论的各种研究”(范德拉·梅斯曼,1994)。另一位学者罗杰·I.西蒙(Roger I. Simon)认为,批判民族志的理论依据是批判理论,目的在于超越对“现实是什么”等问题的描述,其分析的重点和脉络是:第一,在各个社会群体之间存在的不平等的权力关系;第二,这种不平等权力关系的历史-结构性原因;第三,在一个真正民主、启蒙的社会中,对于特权(压迫)关系的理性解决方式(Simon & Dippo,1986)。托马斯(J. Thomas)在《从事批判民族志研究》一书中将“批判民族志”视为一种将某种具有颠覆性的世界观应用于传统文化探究逻辑之中的方式(方永泉,2002),并进一步指出,批判民族志是一种价值负载(value-ladden)的研究方案,有助于引导我们注意文化中的特殊事件。

显然,批判民族志与民族志存在着不同,对此,保罗·阿特金森(Paul Atkinson)和马丁·哈默斯利(Martyn Hammersley)认为,二者的差异主要基于研究分析的层次,"传统民族志以描述(发生了什么事)和解释(意味着什么)为主,也就是说,传统民族志的研究方法强调运用描述以达到对研究事物或对象呈现的目的,而批判民族志则较强调实践的部分,即在对事件的呈现之后又加以反思和批判,促使我们考虑究竟发生了什么、为什么会这样,从而对已有观点进行重新批判建构。批判民族志研究的目的是反省和改变现实"(转引自张文慧,2005)。

综合上述各家的论述,本书比较倾向于如此界定"批判民族志":以批判理论,尤指新马克思主义和女权主义的各种理论思想为理论基础和分析框架,将民族志中的田野工作作为基本研究方式,通过以参与式观察为主的搜集资料的手段进行各种社会研究的一种质性研究方法。

当然,批判民族志不仅仅汲取新马克思主义、女权主义等理论,还吸收了多种理论的营养,如现象学、符号互动论、民俗学方法论、符号学、扎根理论和文化研究理论。由于批判民族志认为社会生活都是在权力的情境中构建的,因此研究者需要通过看似中立常态的社会文化生活的表面现象,揭露隐蔽其中的权力控制关系,进而挖掘社会不平等的根源和影响,并寻求转化现实的途径。为此,研究者首先必须公正客观地叙述和呈现这些不平等的根源和影响。

5.1.2 批判民族志的价值取向

1. 批判民族志的价值取向

既然批判民族志坚持批判理论的旗帜,那么,价值取向或价值立场势必构成该质性研究方法的核心组成部分。美国学者菲尔·弗朗西斯·卡尔斯贝肯(Phil Francis Carspecken, 2005)在《教育研究的批判民俗志——理论与实务指南》一书中指出,下述这些批判主义者的价值取向与批判民族志学者是共享的:

(1) 研究是用于文化与社会的"批判"。因此,当代社会与文化在许多方面都有所欠缺,相信研究应当尽力支持变革。

(2) 在任何社会中,总是会有一些特定的团体比其他人更享有特权。因此,应当反对任何形式的不公平。

(3) 当受压迫者或团体接收其自身的社会地位,并认为这是自然或不可避免的事情时,当前社会特有的压迫即能最有力地复制下去。因此,继续再制不公平现象是错误的,应当借由研究去揭露压迫现象的本质,以对受到压迫却不自知者有所帮助,从而促使压迫现况能受到挑战与改变。

(4) 压迫有许多面向。因此,研究者不应该只专注在压迫现象的某一种形式上,而忽视其他面向;任何一种形式的压迫都应该被研究与挑战。

(5) 主流的研究实务都普遍地(即使大部分常是相当拙劣的)属于压迫的一部分。因此,批判主义者应该尝试不同于主流的原则,因为在主流研究中所包含的错误原则常常促进文化的压迫;正确的知识论应致力于去除压迫,因为这种知识论自身对于真理的概念已先预定了平等的权力关系。

2. 批判民族志的认识论体系

卡尔斯贝肯进一步认为,上述各项与其说是价值取向,不如说是知识论。因此,"我们需要一套严密的知识论,以进行深入而细微的探究,并通用于各种形式的研究,而严密的知识论也就是对批判方法论定义的特质所在"(Phil Francis Carspecken, 2005)。而知识论说到底包含了鲜明的价值立场,批判主义的知识论更是高举价值的旗帜,为具体的研究及其展开指引方向。因此,卡尔斯贝肯借助乔·L.金奇洛(Joe L. Kincheloe)和彼得·L.麦克拉伦(Peter L. McLaren)对批判主义者的论述,表达了自己批判的知识论(Phil Francis Carspecken, 2005):

(1) 所有的思想都是权力关系的中介,而这些权力关系乃是社会或历史建构而成的。因此,当谈到权力与研究主张、权力与有效性宣称、权力与文化,以及权力与思想之间的关系时,就必须准确地掌握批判知识论。

(2) 事实永远无法独立于价值之外,或是脱离某种特定意识形态。因此,严格来说,对事实的论述永远无法达到传统"中立""客观"的标准。所以,批判知识论必须将事实与价值清楚地区分开来,也必须明确地认识这两者之间是如何互动的。对事实与价值之间的清楚认识与区分,可以形成一套标准,用以避免或者减少在自己的研究中所出现的偏见,也可以评量其他研究者的成果。对于真理宣称进行审慎的考核会显示出民主价值的必要性:在日常生活和科学领域中所做的有效性宣称都预设了民主的价值。

(3) 概念与客体之间的关联以及能指与所指之间的关系,并非永远固定不变。此外,这种关联还经常受到资本主义制造与消费的社会关系人的调节。因此,任何一种符号表征必然包含各种形式权力的社会关系。批判知识论必须包括符号表征的理论、符号表征与所谓"实在"的关系,以及与权力之间的关系等理论。

5.2 批判民族志的基本特征和核心概念

批判民族志在长期的发展过程中形成了一些独具特色的特征与独有的概念,在研究的实施中具有重要作用。

5.2.1 批判民族志的基本特征

通过以上阐述,大致可以看到批判民族志的基本特征,台湾学者甄晓兰对此有过概括,批判民族志具有十个方面的主要特征(转引自李嘉龄,1991):

(1) 研究者身临其境成为研究对象生活世界的一分子,入乡随俗地直接参与,长期而深入地观察与对话互动,并从事详尽的实地记录;

(2) 观察的重点为研究对象日常生活事件与行为,无论大或小、正式或非正式、神秘的或世俗的,都可能是研究者关心的焦点,但着重于情境中人、事、时、地、物所构筑的整体意义,而不是零碎的现象;

(3) 特别重视研究对象(当事人)对于他们所处生活世界的观点,以发觉"局内人"取向的语言或行为结构上的特殊意义,而不是探寻语言或行为表面特征上的"局外人"取向上的观点;

(4) 将研究的观念架构与诠释方法视为一种不断发展演进与建构的过程,并以"磋商"的方式与研究对象(当事人)进行意义的建构与诠释,尽量以"同理的理解"从被研究者的角度来思考一切;

(5) 注重语言的表征性与对话资料的分析,以掌握语言所掌握的意义系统;

(6) 对所搜集的资料,诸如田野札记、录音、文件资料等进行深入的解析,以深度描述方式处理所有的认知线索、隐喻和意义,而非表面上的事实陈述或浮光掠影的描写;

(7) 重视整体文化的情境与结构,从整体的观点看待并掌握研究对象生活世界的重要仪式、表征系统、文化意蕴、社会结构以及价值体系;

(8) 去除研究者个人的民族中心主义,体察研究者的历史、文化与研究传统及其对自身与对他人的概念在研究过程中可能产生的影响,以及反省研究目的与研究过程中可能衍生的伦理课题与政治议题;

(9) 尊重、保护被研究者的权益,除了视其为重要资料的提供者外,与之平等相处,获致研究上的互惠与双赢成果,针对被研究者习以为常的知识、行为及

价值观等,采取启蒙的方式协助其产生自觉,而不是以解放的心态来揭露或者宣告周知;

(10) 将真实的故事叙述与批判的省思加以适当折中统合后,提出具有建设性的研究报告与改革建议,一方面借以复苏研究参与者(研究者与被研究者)的概念架构与方法论架构,另一方面提升其在研究上和社会行动方面的应用价值。

可见,批判理论中的各种理论基础和价值取向体现在民族志研究过程中的每一个环节之上,体现在民族志研究中每一个参与者的角色之上;同时民族志研究的特征又能够帮助批判、反思的目的的真正达成。因此,批判民族志方法论具有很强的整体连贯性、合理性、可操作性。

5.2.2　批判民族志研究的核心概念

实验研究以及其他形式使用"变量"的量化研究,或许都不把焦点放在社会行动及其脉络上面,而这恰恰是质性研究高度关注的重点,批判民族志更是将经验现象、田野资料与社会脉络紧密连接起来,将其视为研究不可或缺的因素和过程。为此,本节对批判民族志经常采用的核心概念以及它与研究的相互关系,做一扼要阐述。

按照卡尔斯贝肯(Phil Francis Carspecken,2015)的看法,批判民族志常用的这些概念对所有采用质性研究方法展开的具体研究而言,都是极为有用的概念,它们是:社会场地(social sites)、社会场景(social settings)、场域(locales)、社会系统(social systems)、社会整合(social integration)、系统整合(social integration)、复制(reproduction)。

1. 社会场地

所谓社会场地是人们互动的特定空间与时间的区域,通常可以借由该场地各种日常的活动来加以描述。当人们以某种方式协调彼此之间的活动,而这些活动的进行与特定地理和时间发生关系时,这就形成了一个社会场地。比如,在每周三下午 2:00—3:00,健康宣传人员和老年人都会在社区活动中心多功能厅开展各种活动,那么,这个时候的多功能厅即是一个"场地"。在此,研究者可以观察活动的内容、人们的互动方式和过程,等等。需要清楚的是,"场地"的范围可大可小,可以是一个房间,也可以是一个社区。

2. 社会场景

所谓社会场景是行动者之间对于彼此互动的类型所达成的默会理解。场景代表地理上的范围或界限。当人们进入任何一个场景之中时,个体彼此互动,而且彼此对于预期的行为界限都有共识。这些大家心中有数的共识,在一般正常的社会生活中随时间不断转换,即"场景"的变换。而在各行动者对于场景转换不完全同意时则会有协商产生,经过短时间默会的协商,行动者之间达成共识,那么彼此就会在新的场景下继续互动。场景虽然不完全由其所在场地或周围实体环境决定,但是,有许多条件或因素可能影响行动者在一个社会场地中建构出何种常见的场景,这些条件或因素包括制度规定、场地与行动者之间的关系,以及场地所在大环境中的文化、经济和政治等因素。

3. 场域

所谓场域是一个社会场景周围地区所发生的形态化的活动。任何社会场地周围,都可以找出与该场地相关的其他场地,而这些场地就构成了一个小型的社会系统,也即所谓的"场域"。由于社会场地的社会日常例行活动被影响,也影响邻近场地的日常例行活动,因此社会行动形成"场域化"。代表一个场地的特征场景,与代表其相邻场地的特征场景之间的关系,可以用"场域化模式"(modes of regionalization)来加以解释,场域内各个场地与场景以时间/空间的路径彼此互通连接,社区或社会成员的日常互动即沿着这些路径进行。路径受到社会系统基本的体制特质强烈影响,同时也会复制这些基本制度特质。总之,一个"场域"包含在地理上相近且在社会意义上相关的一系列场地,以及这些场地各自包含的典型场景,而场域的形成则是经由上述场域化的过程产生。

4. 社会系统

所谓社会系统是指并非源自任何特定的地理位置,但是却广泛影响且塑造出社会场地或社会场景中各种活动的社会样态。

5. 社会整合

所谓社会整合是指由行动者面对面协商、彼此互动,以决定应该采取何种形式的一种协调状态或过程。当我们说"场景"的确存在时,那么社会整合就已经展开,因为行动者已经面对面地建立共识,并通过共识协调彼此的活动。

6. 系统整合

所谓系统整合是指跨越时间和空间隔离的行动者之间的行动协调,它是在社会系统建立时达成的,它不能单靠个人面对面的互动来形成。

7. 复制

当人们在广泛分布的条件下采取一贯的行动时,便产生了复制。行动者在每一次的行动中，套用熟悉的文化氛围，伸张个人的特定价值，维持一贯的特定信念，从而重申自我的社会认同。进而，行动者在经济、政治或文化的条件下行动的同时，其实也在"复制"系统的各种关系，而复制总是提供若干程度的自由，让人得以违反条件而形成不同的行动。但是，从根本上说，正是人类持续不断的各种活动肯定了这些内外条件的存在以及基本形式，才使得"社会系统"在不断的复制中得以存在。

　　上述重要概念及其相互关系可以用图 5.1 表示。

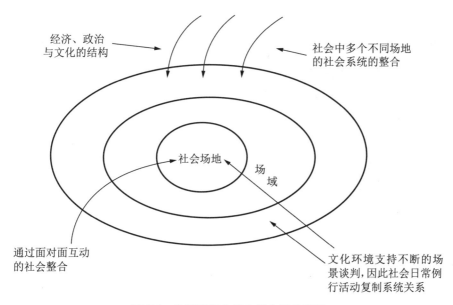

图 5.1　批判民族志核心概念及关系图

5.3　批判民族志研究开展的基本阶段

5.3.1　批判民族志研究的基本阶段和方法

　　批判民族志的核心概念与研究开展的五个阶段息息相关，通过科学设计，研究发生在一个或多个社会场地的社会行动，并经详细探查研究焦点场地及与该场地相关联的场域和社会系统等因素以解释行动。卡尔斯贝肯认为，批判民族志的研究过程主要由下述五个阶段构成（详见表 5.1）。

表 5.1　批判民族志研究的五个阶段

阶　　段	工作重点
第一阶段	汇集基础记录
第二阶段	基础记录的重建分析
第三阶段	对话资料的产出
第四阶段	发掘系统关系
第五阶段	使用系统关系解释研究发现

资料来源:摘自 Phil Francis Carspecken,2005。

从严格意义上说,在正式进入研究的第一阶段之前,批判民族志研究尚有若干个初期的预备步骤,它们是:

第一,列出研究问题清单。这些问题应该一般、概括、广泛且富有弹性,在批判民族志研究进行期间可以随时变更和调整。

第二,明确具体研究项目。根据研究问题列出一份详细的清单,内容包括:需要调查的具体项目,解决研究问题所需要收集的信息或资讯,需要密集观察和记录的社会日常例行活动、重点式报道的事件或活动,规划需要调查的文件、法规、媒体传播资料,以及对访谈对象选择的详细说明。

第三,检视研究者的价值取向。这里的检视方法有:在田野现场调查期间每天记录个人反省日记、同事检核、研究对象检核,以及在研究一开始通过与研究伙伴、指导教师的密集面谈来提高自身对研究偏向的敏感性。

1. 第一阶段:基础记录的建立

深入田野观察是民族志首要的方法和研究步骤,因此,在此阶段,研究者需要身处社会场地来观察互动。

(1) 观察法的运用。

批判民族志开展具体研究时首先会运用观察法来收集资料,包括参与观察与非参与观察,它们特别适用于探索性研究、描述性研究和旨在进行理论阐述的研究。观察法研究虽然不怎么有助于检验理论,但是对批判性地考察理论以及其他的知识诉求作用显著。此处着重阐述参与观察法,它包括原理、策略、方法和技术,等等。

一是参与观察法的基本特性。

参与观察法的基本特性有如下七个方面(丹尼·L.乔金森,2009)。第一,从一个特定情境的局内人或成员的角度出发,对人类互动及意义怀有特殊的兴趣。

第二,将此时此地的日常生活的情境和场景作为研究方法的基础。第三,强调阐述和理解人类生活的理论形式与理论建构。第四,一种独特的研究逻辑和过程:开放、灵活、随机应变并要求从具体的人类生活场景中获取资料,不断地重新定义问题。第五,一种深度的、质性的个案研究方法和设计。第六,一个或多个参与者的角色扮演,并涉及建立和维持与当地人之间的关系。第七,运用直接观察法的同时还运用其他收集资料的方法。

二是进入研究现场。

现场的选择与研究问题有关。由于现场不易改变且对所要研究的问题具有限制或促进作用,因此仔细评估、甄别和挑选一个特定的研究现场至关重要。经验表明,有时要根据研究机会和便利条件来决定是否进入现场。此外,参与观察现场的选择,还需考虑下述几个条件:是否能够进入现场;参与者有可能充当的角色范围;该角色能否较深入地接触所要研究的现象。

通常情况下,进入现场有两种基本策略:公开式进入和隐蔽式进入。

第一,公开式进入。现场的管理层和其他人员对研究者都持欢迎的态度,研究者明确被允许进行观察。多数情况下,公开进入要争取最高主管部门的许可,并逐步使他们及现场其他人员相信,研究者是值得信赖的。有一些策略有助于研究者被准许进入现场:首先,取得主管部门的信任。与管理人员建立良好的初步关系非常重要,他们可能愿意并且有能力成为参与观察现场的有力支持者。其次,利用研究者的声望(作为一名科学家、权威人士等)和研究主题及学科的名气,等等。

第二,隐蔽式进入。在有些情况下,研究者不可能通过协商公开进入,也没有恰当的机会接近所感兴趣的现象,此时研究者需要扮演某个参与角色,而不向现场中的人们透露正在进行的研究。隐蔽式进入的参与观察对象是没有受到控制的人类"对象",即人类活动的情境在天然的状态下受到观察。研究者通过在研究现场担任一个角色,有可能进入显性的公共环境,如公司或学校的后台进行隐蔽的观察,但是,基于研究的问题和现场的情况,有时候这种选择并不能实现,例如,研究的问题涉及公司董事会的会议,如果研究者并非董事会成员,那么进入现场的隐蔽式策略也就无法成功。

无论公开式进入还是隐蔽式进入,需要认识到的是:首先,在要求研究者与现场的人员保持友好关系的全部过程中,进入现场只是一个步骤,只有进入现场并且与那里的人员建立起合作关系,参与观察才有机会获得成功。其次,采取隐蔽式进入现场的方式会遭遇不少伦理问题,因此,进入策略的选择要求研究者了解现场的政治特性,具有一定的判断能力,预估运用直接进入的方法成功的可能性,等等。最后,隐蔽式观察存在伦理上的争议,并且研究者的调查目的一旦被发现,现场的参与观察就极有可能被迫终止。

三是局外人角色和局内人角色。

参与者的角色可以是"完全的局外人",也可以是"完全的局内人",或者成为这两者之间程度较大或较小的局外人或局内人。参与者扮演的角色表明了研究者的社会位置及其感兴趣的现象,也决定了研究者能够通过眼、耳、鼻、舌、身体验到和通过内心感受到的一切。

研究者进入现场后,开始以外在的角度和视野开展观察活动。作为一名局外人,研究者可以综观现场,记录主要的和显著的特征、关系、模式、过程和事件。这一状态极为重要,因为局内人并没有从这个角度看待过他们的世界,并且一旦研究者熟悉了现场,最初的新鲜感和陌生感就会随之消失。但是,现场的许多事物如果完全从局外人的角度去观察的话,也许会模糊不清。此时,需要采用两种策略以便能够更加深入地"在"现场。第一,作为局外人的研究者应该以一种常态化的方式出现在现场。研究者在现场时间越长或者出现次数越多,人们就越认为研究者没有威胁,那么研究者也就越可能从现场的边缘逐渐进入中心;第二,作为局外人的研究者被允许在现场公开参与,这使得研究者得到接近感兴趣现象的机会,并且拥有一定可以专注于所要进行的研究的自由度。公开参与往往意味着研究者的角色正在逐渐处于局外人和局内人之间的某一个位置上。

相比局外观察者的角色是由研究者确定并强加给现场而言,局内人的身份则要求研究者从现场本来存在的角色中进行挑选。比如,研究者要想成为局内人以研究青少年团伙的越轨行为,那么也许就需要在"现场"扮演团伙成员的某一个角色。扮演研究现场提供的角色可以获得独特的优势,能够全面地参与人类正常的互动而又不产生什么干扰。局内人在现场往往要扮演多重角色,这些角色能够帮助研究者获得不同的视角和观点,协助更全面、更准确地理解观察到的事物以及为参与观察拓展研究现场。但是,在扮演现场提供的角色时,也需要清楚地认识到,研究者扮演的角色与其他的角色及个人的自我概念,有时候难免相互冲突。

研究者观察的位置决定了所看到的内容,每个物理位置和社会位置都为研究某个现象提供了一个特定的角度,绝对没有完美的位置或视角。每一种视角都具有固有的局限性甚至偏见。对此,参与观察者对其角色的局限性和优越性必须保持高度敏感。参与观察者应该探求不同的角度和观点,不断获取信息和证据,批判地审读收集而来的资料。

四是建立和维持关系。

信任和合作是建立与维持关系的重要基础或条件,因此,在实地研究中,研究者应该需要与少数几个人建立非常信任甚至亲密的关系和友谊;与某些人保持良好的但不怎么亲密的关系;与其他人建立一种有限的信任与合作的相识关系。此外,人与人之间的信任与合作很大程度上受环境和情境的影响,所以,研究者应该有意识地培养并掌握识别和理解社会互动情境的技巧。

互惠和交换是建立与维持关系的另一个重要基础或条件。虽然有些交换是直接给予现金或物质来进行的,但是多数的交换媒介是非物质的和象征性的,事实上许多不涉及金钱的公平交换方式可以巩固信任与合作,如表彰、赞赏、提供帮助,等等。此外,建立和维持以信任与合作为基础的关系,还可以运用如下策略:对人们保持开放态度、愿意倾听对方的诉说、探求共同兴趣、自我披露,以及通过共同的参与创造共同的经历,等等。

五是观察和收集资料。

观察始于参与观察者与潜在的研究现场的初始接触,并且观察的对象、内容、范围及视野等也有一个聚焦的过程,由此,可将参与中的观察划分为两类。

第一,无焦点式观察。

无焦点式的初始观察主要是为了逐渐熟悉局内人的世界,以便调整和聚焦后继的观察与资料的收集。此时,观察的方向与内容大致包括下述几个方面:

首先,全面考察该场地或人类环境的主要特征,有意识地了解日常生活中大部分人的行为方式和寻找主要的空间特征,如:这是什么类型的空间? 它是如何构造和如何被使用的? 它里面有什么类型的事物以及人们是如何交往的? 等等。

其次,熟悉和收集有关人物和事件的资料。主要观察和思考的问题是:那里有多少人? 年龄、性别分别是什么? 可否辨别出他们的社会地位、职业类型或相互关系? 他们具有什么引人注目的特征? 这个空间里的人们是如何安排和组织起来的? 在本次或其他一些观察的基础上,可否判断他们之间的联系和关系? 等等。

最后,观察者个人的感受与思考。主要自问以下一些问题:在这个现场你有怎样的感受？哪些观察证实了你以前的知识或假设？你是否觉得存在某些用观察的方法无法准确说明的事情？等等。

第二，焦点集中的观察。

在熟悉研究现场的前提下，研究者从出现的问题和研究的主题及特别感兴趣的具体事物中选择观察重点，由此进行焦点式观察。聚焦的策略是，从范围最大的现象开始，逐渐将注意力集中到一个特定的现象上，对它进行更具体、更系统的详尽观察并予以探索和提炼，此时，观察、分析、再聚焦、再观察的过程是一个多次重复和循环上升的过程。焦点集中的观察往往和提问相伴随，此时的提问一般有以下几个要领：问题应该与情境中已有的或隐含的主题有关；问题与特定的背景和事情有关；让在场的人轮流发言，尊重其他人参与谈话的权利；考量在特定的情境中讨论某些话题或问题的恰切性。

除观察外，参与观察者使用各种访谈策略，还注重收集广泛的人类沟通交流的产物，尤其是文献形式的资料及人工制品，前者包括书信、日记、备忘录、各种文字记录、宣传材料，等等；后者包括服装、绘画、工艺品和工具等。

（2）详细记录和田野札记。

记录是观察法的必要程序和环节，卡尔斯贝肯（Phil Francis Carspecken，2005）为此将它分成两大部分：基础记录和田野札记。前者是研究者在一段时间密集观察后收集到的许多非常详细的相关资讯的记录，后者是研究者对核心观察场地之外相联系的研究场域所发生的事情的观察。如，研究者观察的聚焦点是一个教室及内在的人际关系，对此密集、细致的观察就构成基础记录的内容，而对与教室及人际互动相关的校园走廊、教师休息室、学生家庭、邻近的社区与公园等场所发生的事件的简要记录，则可归入田野札记。

卡尔斯贝肯（Phil Francis Carspecken，2005）指出，详细记录及描述基本上由下列项目组成并形成了相应的特征：第一，详细描述言语、身体动作与姿态。第二，运用低度推论的词汇。在做规范或主观推论时，建议使用"好像是""显然是""似乎是"等用语。第三，记录时间应该要频繁。唯有借助清晰的记录时间，研究者才能清楚地明白和掌握一段时间里的复杂互动。第四，偶尔使用括号及研究者注脚。研究者可以使用注脚（采用某种标记或字母予以标注）来表达观察者的评注，方便记录者用来在原始记录中插入对于互动所可能隐含意义的推论，但这限定于客观资料与推论之间有清楚的区隔。此外，在基础记录中，有时候在较晚的阶段需要插入一些事件，因此，在记录方法中有必要采用括号和注脚来处理此类状况。第五,信息脉络。在每一次详细描述开始前,必须记录信息的脉络,包括何时到达研究位置、现场为何是这种情况,以及在前往研究现场途中对相关的某事、某人的感想,等等。第六,采用逐字稿。把被观察者所说的话逐字逐句用另外一种字体予以呈现。第七,把收集而来的资料进行文书处理。文书处理可以在原来的记录中较为方便地增加新的评论,可以随时复制基础记录中的某一部分内容,在最后撰写报告时选用作为讨论的实例,或是进行编码转录等。第八,绘制场地简图。在记录中绘制一张简图,可以帮助研究者清楚空间的配置或人员在其中移动的情形等,现有文书处理的软件可以方便、快捷地帮助完成此项工作。

在研究中,研究者除以详细描述的方式呈现基础记录外,尚需选择其他时段与相关联的场景来建构较不正式的田野札记,内容可以包括:与核心观察对象相联系的其他场地、人们的活动与人际互动等记录、与消息灵通人士交流或闲聊的记录、较不正式的观察的记录,以及研究者概略的评论等,撰写的方法类似日记的写法。

2. 第二阶段:基础记录的重建分析

在本阶段将运用编码的方法,开始思索基础记录中所记录内容的互动及意义,梳理出规范和主题的参照,等等。这些初步分析以及进一步收集的资料都将通过第三阶段所使用的程序进一步加以检视、扩展甚至修正,其目的就在于把大部分默会而不显的文化与主观因素"重建"为显明化的文字论述。这个阶段主要有下述几个步骤。

(1) 初始的意义重建。

这一过程包括初级编码和高阶编码、低度推论和诠释学推论及视域分析等步骤。

第一,初级编码和高阶编码。

初级编码仅需要些许抽象化过程,其目的主要是参照基础记录中的一些客观范畴的特质。以下是初步编码的两个范例。

范例一:没有参加考试的理由。

• 生病。

• "很糟糕的一天"。

• "太困难了"。

……

范例二:教师化解与控制冲突的方法。

- 从现在情境的话题转变为家庭的话题。
- 教学生设身处地为他人着想。
- 聚集在回复反应上,而非挑衅行为。
- 恐吓性的威胁。
- 礼貌性的要求。
- 改变座位安排。
- 维持忙碌。
- "这不关你的事。""我们不是谈论这个。"

……

以上非常客观的编码包括:改变座位、维持忙碌,以及参与者一再重复使用的语言行为,如"很糟糕的一天""太困难了"等,这些编码所参照的都是开放性、多元化的客观范畴。其他编码则涉及经过视域分析所导出的一些具有支持性的解释,如范例中的"礼貌性的要求""聚焦在回复反应上,而非挑衅性行为",以及一般性编码标题,如"没有参加考试的理由""教师化解与控制冲突的方法"等,它们的抽象与推论程度显然比纯然客观的范畴略高。

高阶编码需要高度而大量的抽象化过程,此时编码除了依靠基础资料的记录,还要基于显明化的意义重建和视域分析。对于质性研究所涉及的各种资料分析而言,高阶编码乃是将这些分析结果予以类化的必要程序。以下是卡尔斯贝肯(Phil Francis Carspecken,2005)列举的范例,以供参考。

范例一:学生冲突。

① 学生谴责其他学生。

- 因为造成骚乱之故。

* • 因为不了解或不遵从班级或学校的规范。

** • 通过挑衅其他学生,以对抗教师。

② "你的妈妈"。

……

范例二:反抗。

① 用行为挑战老师的规则。

* ② 展现自主性。

- 唱歌、用鼻子哼歌。

＊•拖延。

……

通常情况下,高阶编码被放置于初级编码旁边,它们同属一般性部门的相同范畴。上例中,"＊"表示高阶编码;"＊＊"则代表特别高阶推论的编码。

经过上述丰厚的编码过程,就会产生初步的编码阶层结构模式,再通过下述第三阶段访谈及其资料的编码和视域分析结果的佐证与支持,众多的编码就可以被重新组织或编排,其重组的程序是:某些编码群需放在一起,形成一些大的范畴,它们是从研究者已经发展的众多编码群中设立的,但在此研究者需要根据自己的研究目标以及如何聚焦研究等因素加以选择和进行分类重组编码。以卡尔斯贝肯(Phil Francis Carspecken,2005)的 TRUST 研究为例,如下所示:

教导文化及社会/心理的教学论;

学生的协商与权力;

关键情境;

操控;

学生自行启动的和谐互动;

与学生各种特质相关的互动;

老师文化与 TRUST 教室。

上述编码群聚合成七个大的范畴,所有的原始编码、次级编码几乎都包含在这七大范畴中。

第二,低度推论和诠释学推论。

意义重建即以文字的形式来陈述研究者从每一个行动的节奏、声调、姿势与手势所读取出来的意义,而低度推论层次的重建则尽可能让陈述意义的用语接近行动直接呈现的面貌。

研究者在进行意义重建时,所涉及的乃是一种诠释的历程,而可能的意义之所以能够形成,纯粹是因为研究者是沟通的客观存在,能够以第一、第二或第三人称的观点来想象自己所处的研究情境的事件。在心理层面,研究者通过这三种不同人称的观点参与了该情境互为主体性的互动过程。研究者必须成为"虚拟的参与者",才能阐明研究对象所指涉的意义场景。

这种意义的推论过程,在诠释学的研究中提出了如下五个基本特征(Phil Francis Carspecken,2005)。

一是互为主体性。描述和推论需要从不同参与者的观点并且设身处地采取他人在这个行动场景或场域之中的立场予以呈现和诠释。

二是通过使用文化的典范来采取立场以辨识意义。研究者之所以能够采取立场,就是因为能够辨识该情境所从属的某种文化典型,而研究者或许也曾经和研究对象处于相同的文化典型从而采取相类似的立场。人们对于文化典型与通则抱持着一种默契的掌握,通过这种最广泛的结构,人们得以辨识情境的意义所在,这是诠释推论或诠释循环的特征之一。特征之二是,采取立场的方式依文化通则与典型而定,因此,研究者必须努力去理解研究对象所使用的文化典型。只有通过使用和调整自己所熟悉的文化典型,研究者才能理解其他不同的文化典型,尤其是理解研究对象所持有的文化典型与通则并尝试去接近和掌握它。

三是规范的反省。通过文化典型,研究者才得以辨别场景及行动者可能的意义,这些可能性均是即时性地浮现在研究者的脑海中,随即研究者就需要检视这些可能性出现的理由,此即规范的反省。此时研究者需要反省自己是在什么样的条件之下辨识出意义的,清楚自己在辨识可能意义的过程中,涉及了哪些默会的典范。通过反省,研究者在辨识可能意义时所使用的文化典型与文化规范会变得更为清晰,由此可以通过对由文化典型而带来的行动者的行为规范来知悉和理解研究对象可能的意图或所做的解释。

四是规范的循环。通常情况下研究者采取的立场一般都是自己所熟悉的,由此研究者会预期自己文化的成员在相应的情境中会如何行动,并且会与研究对象的相应行动做一比较,两者的差异就可能会被研究者留意到,进而整合进研究者理解的视域中。此即诠释循环的一部分,这个过程通常是,需要先在地理解规范,以获得意义的印象;通过获得的意义的印象带出构成意义印象的规范,以便于检视;如果研究对象的行动似乎在某些方面偏离了研究者的预期,那么研究者就可以据此修正自己先前印象中的规范。如此循环,研究者或研究就会更加接近研究对象的局内人观点。

五是个人因素。诠释的过程不仅让人了解到普遍存在于不同文化的规范领域,而且也有助于辨别文化的普遍日常样式与个人的特有日常样式之间的不同。意义的重建必须注意到行动高度个人化的模式之归因,以及比较共同的特征。所有行动均显示了某些介于特殊个人化与文化普遍性之间的作用,研究者必须能够在个人特性与文化普遍性之间划出界限。

第三,视域分析。

意义行动的理解是一种整全性和默会层次的认知历程。当研究者从事重建意义时,对整全性意义的回应有别于一般日常生活的回应,必须借助语言,设法将整全性意义印象予以阐明,而视域分析则可以将意义重建推进到精确的新层次。在此,视域分析的下述几个主张或思想对意义重建至关重要。

首先,意义的行动拥有行动者明显使用的符号(通常是语言的符号)所呈现的前景。符号是社会的建构,其使用的前提是假设同文化团体中的其他人都可以理解与共享,所以,围绕着意义行动的部分视域,乃是由符号系统的共同理解所组成的。行动是可以理解的。

其次,社会行动都发生在社会关系之中,所以,行动者必须知道行动之间的权力关系,并且对于行动所在的社会脉络分享一种共同理解,如此沟通才能进行。

再次,行动在社会上是正当或合宜的。

复次,行动者在行动时有一些特定的主观状态(感受与意向)。

最后,一些特定事件的客观状态是存在的。

这些思想或主张是视域及其分析的组成部分,其直观表达可以图 5.2 示之。

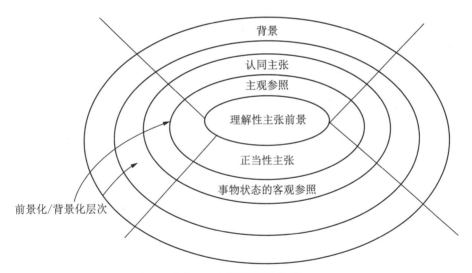

图 5.2　视域及视域分析

图 5.2 表明,从受瞩目的前景扩展到周围一系列相关但作为背景的假设,每种类型的主张可以包含行动前景的元素,以及朝背景向外的元素。

(2) 意义重建中的互动权力关系。

吉登斯(Giddens,1984)曾经指出,权力的概念与行动的概念在分析上是密不可分的。所有的质性研究都应检视其中紧密关联的权力关系,以决定行动者分别拥有何种类型的权力以及为何如此。马克斯·韦伯著名的权力关系类型说把互动权力划分成传统型、魅力型和法理型,对意义重建中的互动权力关系分析具有很大的参照意义。对此,卡尔斯贝肯(Phil Francis Carspecken,2005)延伸了上述基本观念,提出了意义重建中的四种互动权力类型:

第一,规范权力。下级因为文化规范而同意服从上级有较高的社会位阶权力。

第二,高压权力。下级的行为是为了避免上级所强加的惩罚。

第三,通过互动而建立的协定。下级的行为是为了获得上级给予的关爱或奖酬。

第四,个人魅力。下级的行为表现出对上级的忠诚,来源于上级个人特质。

在意义重建分析阶段,需要研究者检阅基础记录和田野札记,以找寻其中隐含的互动权力并制成一份表单,然后从中找出共同的互动权力形式以便具体地加以分析。如果研究对象常常同意的是属于规范性的权力,那么就要去决定究竟是涉及了哪些特定的规范。如果是高压的权力,那么就要决定作为威胁的是哪些制裁。运用另外两种互动权力类型展开具体分析也是如此。

在展开互动权力类型分析的时候,研究者也必须注意到文化情境,这是因为行动者在互动中往往参照了某些类型的文化主题。比如,在规范性的权威中,很显然大家同意的规范必然具有某些文化的特质。"学生应该听从老师的话"这一条准则得以运作的前提是,文化情境中普遍认可该准则为一种道德的规范。因此,研究者只有理解了情境中的文化,才能对行为做出更加贴切和深入的解释。

3. 第三阶段:对话性资料的产出

对话性资料是指访谈和研究者促进的团体讨论所产生的不同于基础记录的资料,通常是要等详细记录汇整之后才开始。本阶段的一个中心目标是给予参与者发声的机会,在研究中提出自己的意见并挑战研究者产生的研究资料。此时,研究者的角色是"促进者",为受访者建构一个规范性的环境,让受访者可以感受到支持和安全,并帮助他们采用自己的字眼、隐喻和想法来探索问题。在此阶段,访谈与团体讨论采用的主要方法,在本书第9章会予以详细介绍,在此不作赘述。

(1) 团体讨论和人际历程回想方法运用。

研究者让几位研究对象聚成小组并在研究者的协助下进行团体讨论,如果处理得当,团体讨论会激荡成员的思想,原本单独访谈时难以明确陈述的一些议题,此时有可能就得到充分表述。研究者在这个过程中最好的角色不是主导者,而是在适当时机复述团体的谈话内容,以保持讨论方向不偏离探讨的话题,并且指出明显的意见分歧之处,以推动和刺激论题探讨的深度。

在访谈和团体讨论过程中,一个十分有用的方法是"人际历程回想"(IPR)(Kagan,1980)。具体做法是:录下互动或是团体讨论的过程,再集合所有当事者一起观看该过程的录像,并且鼓励他们随时选择暂停播放来表达自己的感受、想法,或是他们相信在互动中起作用的默会规范,其他成员则可以对他的评论发表意见。同时,现场继续录音或录像以记录他们的讨论,研究者也可以对成员正在表达的意见进行发问。IPR 方法对于厘清默会的文化材料,以及促进主观材料的表达等大有裨益。

(2)加强主观资料有效性的方法。

访谈和团体讨论会产出许多具有主观性的资料,如信念、态度、感觉、价值,等等。采用以下方法可以甄别研究对象的陈述是否是诚实而正确的,并加强主观资料的有效性:第一,检核访谈记录的一致性;第二,如果研究设计允许,对同一个受访者进行反复访谈;第三,检查观察记录与访谈记录之间的一致性;第四,使用非引导性的访谈技术;第五,借助同侪检核法以检查可能存在的引导;第六,使用研究对象检核法;第七,鼓励受访者在访谈与解释时使用他们在自然脉络里的用语。

4. 第四阶段:系统关系的发掘

在此阶段,需要寻找在相关的特定社会场地之间的关系以继续进行实证研究。这些场地和文化群体是本阶段经常分析的主要单位,这是因为场地和文化群体的概念是直接经验。场地间的关系可能建立在人们的实际物理运动或是文化商品与政治文件之上。此外,这些关系可能完全具有意图性(如社会政策)、部分具有意图性(如广告),或者完全不具有意图性。

发掘系统关系的思路和方法主要有以下三种(Phil Francis Carspecken,2005)。

(1)寻找场地间的文化趋同形态。

首先,研究者需要检查阶段一至阶段三所获得的文化重建资料,从中寻找系统关系。如果发现研究对象经常出现的地点可能是某些文化形态的来源,就必须在这些地点进行额外的田野工作,通常是采用田野日记的方式(而非详细描述)记录这些观察。

其次,对这些新的资料加以重建分析,然后与已经完成的重建进行比较,在两组重建之间寻找相似性,亦即在形态上有互通之处或趋同性。人们在运用文化形态时,通常会视场地而有所调整,因此研究者在不同场地观察或访谈研究对象时,即使前景、角色和互动形式有所差异,仍然可以看到和找出其中可能参照的隐然关联的同一个文化形态之印记。

(2)运用行为范型调查方法。

第四阶段的分析还可以借用罗杰·巴克(Roger Barker)发展的行为范型调查(Behavior Setting Survey,BSS)。这是一种有别于传统心理学理论的另类测量法,它强调人类行为发生的脉络,并且提供一套严格的方法以描绘和环境有关的人类核心行为的特征;它也可以揭示多种情境中的典型核心行为及发生的频率,并可以指明发生在某个情境中的行为与在其他时空相近的情境中所发生的行为之间的相互关系。巴克及后继者发展出的一些系统概念,如"目标回路"、"维持回路"(Barker,1963)[概念思想来源于理查德·约翰逊(Richard Johnson)创建的"文化回路模型"],等等,对此阶段的分析具有很大的帮助。

(3)检验文化商品和回路。

批判民族志研究必须注意文化商品对研究对象带来的冲击,它们潜移默化地对人们自我认同的建构产生影响,并且其影响范围非常广泛,包括两性关系、家庭关系、偶像崇拜和生活样式、对成功的看法和职业选择,等等。

研究文化产品的影响可以运用以下方法或程序:第一,列出一张对研究对象有重要影响的文化产品项目;第二,小心检视这些项目并思考它们可能的符号与文化意义;第三,针对研究所感兴趣的项目进行访谈和团体讨论,讨论之前先播放一个电视节目或一曲受欢迎的音乐;第四,将访谈和讨论的结果,与研究者对于研究对象的文化和日常生活的了解做一个比较;第五,如果时间许可,研究者还可以查阅其他研究中有关文化产品生产的论题。上述五个步骤完成后,将研究结果统整起来,将会呈现出很重要的系统关系。

5.第五阶段:运用系统分析进行研究解释

针对第四阶段的系统分析结果,本阶段需进一步采用现存的宏观社会理论来考察研究资料和初步的研究结论,以期能够恰如其分地解释说明前四个阶段的研究发现。要完成这个阶段的任务,大致有下述几项程序需要遵循:

(1)必须从经验资料中建立抽象概念,并致力于使抽象概念最适当地表达经验资料,以期两者之间能够达成最紧密的联系和达到严谨认可的适合水平。

（2）必须力求研究对象的群体与研究社群之间产生文化视域的融合,从而能够充分认识行动者采取行动的各种不同条件以及行动背后的深层原因。

（3）必须对文化和环境的条件加以深入考量。研究者需关注文化重建与研究对象所居住、学习、工作的物理环境之间的关系,而环境的条件又都将影响到文化形态。一旦掌握了一系列介于例行活动、文化形式与环境的物理条件之间的关系,研究者下一步就要去问为何环境会是如此,以及为何这些特定的人会生活在这样的环境中。对这些问题答案的探寻就会带出行为的经济和政治条件的问题,研究者的研究对象所属的群体拥有的经济和政治权力,在此也就成为解释和说明研究结果的一项因素。而要理解与解释这些问题,就必须借助宏观理论,且在研究叙述中呈现当今学者的论证,以展示支持自己选择的理论。

5.3.2 批判民族志的反思

1. 批判民族志的强项

批判民族志适用于比较研究,原因在于其对权力结构的分析与批判,也就是将研究者自身、参与者、研究议题置于更大的环境脉络中加以检视,尤其是权力结构。因此,批判民族志法对比较教育研究产生了重要影响。一方面,因比较教育的研究传统较为注重对教育制度、政策等宏观问题的研究,并重视量化、数据统计等方法,使其无暇顾及教育的微观层面,如课程教学、师生互动,而局限了比较教育的研究范围。批判民族志则对各种教育领域的微观现象和教育活动的场域进行观察与分析,探寻其意义,为此,梅斯曼认为,比较教育研究应运用批判民族志法,不仅可以探求学校中活生生的经验,而且能将分析局限在行动者对其本身情境的知觉内。另一方面,由于受到 20 世纪 70 年代以来的批判教育学理论、女性主义教育思潮、新马克思主义教育思潮等批判思想的影响,比较教育研究者们开始倾向于带着一种批判、反省、改良的价值取向,揭示种种教育不平等现象的原因,为社会弱势群体争取民主、平等的受教育权利,反对教育中的歧视与压迫（范德拉·梅斯曼,1994）。

2. 批判民族志的反思

批判民族志的反思有两层意思:其一,批判民族志研究过程中的反思;其二,对批判民族志方法的反思。它们之间既有联系又有区别。

方永泉（2002）指出,批判民族志研究中进行批判反省时,研究者往往需要思考两个重要问题:一是研究者的价值观与意识形态是如何影响到他(她)的研究的? 有无刻意排除某些反例(这些反例可能是与原先的分析相抵触的)? 二是整个研究发现的社会意涵为何? 在研究者进行研究发现的呈现时,又是采用何种方式?

此外,批判民族志所做的工作是"为研究对象代言,大声告诉听众,并通过认可研究对象的声音的权威性来赋予他们权力"(Thomas,1995)。但是,究竟是研究者的声音还是被研究者的声音真正算数? 批判民族志受到批评的一个重要原因是批判民族志研究者带有浓厚的学术声音,而且无法将自己的学术声音与研究对象的声音区分开来。他们的研究结果往往是他们自己的文化产物而不是研究对象的文化产物。文化信仰具有抽象性并且包含主观意义,而这些主观意义无法用客观事实的形式呈现出来。虽然他们致力于为社会呈现自下而上的声音,但是他们自己却来自象牙塔,这一社会位置及伴随的行为本身已经决定了研究者对研究对象一定程度的优越性和控制性,所以,他们所呈现的往往并非弱势群体的意识,而是自身价值体系的无意识再现,这也使得他们力图代表他者的努力更加困难,甚至有可能研究对象的声音被完全遮盖或歪曲,更不用说实现其转化改造的实践意义。研究者和研究对象的这种非对称的权力关系不仅体现在他们阐释数据的方式上,还体现在他们的研究报告书写上。阿夫纳·西格尔(Avner Segal,2001)从批判民族志研究的最后写作过程的角度来探讨真实声音的问题。他认为写作过程从来都不是中立的、没有偏见或偏袒的行为,相反,民族志研究者对来自学术圈和田野的声音往往不自觉地进行操纵、选择、编辑,因此我们永远无法恢复研究对象的真实声音,无法得知他们发出这些声音的原始意图。所以问题的关键在于如何保证批判民族志研究结果呈现真实的声音。

正因为如此,卡尔斯贝肯(Phil Francis Carspecken,2005)认为,我们选择如何呈现现实的行为并且决定我们最终阐释的现实是否真实,其实就是一种权力行为,因此批判民族志研究者必须清楚地意识到并必须具有伦理责任感来确保呈现研究对象的真实声音。

为此,批判民族志研究者一直都在寻求途径来使声音合法化并培养研究者和研究对象之间的平等关系和信任度。其中最重要的途径之一就是自我反思。研究者需要主动了解他者并通过研究他者来了解自我,通过与他者展开对话,不断审视自己在研究中所处的位置,进而更全面地了解他者并懂得如何回避认识论和方法论的种种陷阱,而研究者的自我反思是帮助他们通过研究他者从而了解自我的关键。

　　此外，批判民族志研究者必须清楚认识到，他们自身和研究行为本身就是所探索的社会世界的一部分，因此他们必须不断把他们的研究行为放在宏观的社会、历史和文化背景中进行反思，从而理解研究者与研究对象之间的互动，挖掘这些互动的更深层次的意义，并把重点放在研究课题必须实现的改造转化的目的上。同时，研究者必须承认，由于研究者自身的"主体性"的存在，因此，在研究过程中以及撰写研究报告时必须对此进行反省和审视，并以开放的态度将自己的"主体性"呈现给读者，让读者做出价值判断。这也是批判民族志研究的主要特点之一。

　　更进一步说，自我反思过程还包括研究者与研究对象展开对话，共同对他们以及研究过程进行反思，这也是使研究对象发出声音的又一途径。当研究者倾听对话时，他们可以反思自己的权力和潜在的霸权倾向或"精英意识"，从而有意识地进行制约与平衡，同时还可以判断自己是否过分理论化或是否偏离了改变不平等的初衷。当研究者和研究对象共同参与这一反思过程时，他们能够合作来更深刻地理解各种不平等现象和行为。因此自我反思不仅可以制约研究者的权力行为，还可以提高研究对象的意识。这种由研究者和研究对象共同对研究行为的反思行为是保证批判民族志研究信度的关键。同时，研究者要改变过去的控制地位，重新调整与研究对象的关系，建立与研究对象的平等的、互动的、相互信任的关系。研究者要给予研究对象平等的位置，努力做到让研究对象发出自己的声音（柯晓玲，2012）。

　　概括而言，批判民族志强调的反思主要包括两种形式：自我反思以及人类主体性与历史社会力量间的辩证关系。批判民族志的反思是在主体对研究对象的理解基础之上的反思，是从微观入手对宏观背景的反思批判。

本 章 小 结

　　长期以来，深受西方意识形态的影响，传统民族志具有鲜明的殖民主义和帝国主义烙印，并带有浓厚的学术霸权色彩。随着全球化浪潮、多元文化的冲击和后现代文化的影响，20世纪70年代以来，批判民族志的研究方法逐渐受到西方教育研究领域的重视，并被广泛应用于社会弱势群体的教育问题研究。批判民族志虽然仍使用传统民族志的研究方法来收集和解释数据，但是在传统民族志描述和阐释的基础上更强调实践部分,也即反省和批判,以此来唤醒社会并改造社会。因此,"批判民族志"是以批判理论,尤指新马克思主义和女权主义的各种理论思想为理论基础和分析框架,运用民族志中的田野工作作为基本研究方式,通过以参与式观察为主的搜集资料的手段进行各种社会研究的一种质性研究方法。

批判民族志坚持和相信:第一,研究是用于文化与社会的"批判",研究应当尽力支持变革。第二,应当反对任何形式的不公平。第三,应当借由研究去揭露压迫现象的底蕴,以对受到压迫却不自知者有所帮助,从而促使压迫现况受到挑战与改变。第四,压迫有许多面向,任何一种形式的压迫都应该被研究与挑战。第五,批判主义者应该尝试不同于主流的原则,因为主流研究中所包含的错误原则常常促进文化的压迫;正确的知识论应致力于去除压迫,因为这种知识论自身对于真理的概念已先预定了平等的权力关系。

卡尔斯贝肯提出了批判民族志常用的基本概念,即社会场地、社会场景、场域、社会系统、社会整合、系统整合、复制,并确认批判民族志研究的五个阶段,即基础记录的建立、基础记录的重建分析、对话性资料的产出、系统关系的发掘、运用系统分析进行研究解释。

虽然批判民族志发展至今成绩斐然,但经常存在的批评和质疑是,批判民族志研究者带有浓厚的学术声音,而且无法将自己的学术声音与研究对象的声音区分开来,他们的研究结果往往是他们自己的文化产物而不是研究对象的文化产物。为此,批判民族志研究者一直都在寻求途径来使声音合法化并培养研究者和研究对象之间的平等关系和信任度,其中最重要的途径之一就是自我反思。

批判民族志强调的反思主要包括两种形式:自我反思以及人类主体性与历史社会力量间的辩证关系。批判民族志的反思是在主体对研究对象的理解基础之上的反思,是从微观入手对宏观背景的反思批判。

推荐阅读文献

柯晓玲:《论批判民族志研究的困境及对策》,载《湛江师范学院学报》2012年第2期。

本文较为完整和清楚地阐述了批判民族志的发展脉络,并对批判民族志的困境和解决途径提出了自己的见解。

第 6 章
扎根理论研究法

本章将从扎根理论研究方法的理论背景、原则与技术、基本操作程序等方面来阐述理论的基本思想,并回顾建构主义对扎根理论的影响。在原则和技术方面,本章将向读者介绍扎根理论的三种编码和三种抽样技术。但无论是编码还是抽样技术,对于研究者来说,理论触觉在扎根理论中非常重要,这涉及研究科学的逻辑。在编码和抽样的基础上,本章将介绍如何撰写备忘录以及如何给备忘录排序,这也是扎根理论非常关键的环节。

6.1 扎根理论研究方法的理论背景

扎根理论(grounded theory)是质性革命的先声(Denzin & Lincoln,1994)。它最早由美国社会学家巴尼·G.格拉泽(Barney G. Glaser)和安塞尔姆·L.斯特劳斯(Anselm L. Strauss)在《扎根理论的发现》(*The Discovery of Grounded Theory*)一书中提出。他们两位就是扎根理论研究方法的创始人。扎根理论并不是一种理论,而是一种方法;这种方法能够让研究者检视自己的"扎根理论"。从英文的书写形式化来看,"ground"是土壤、土地的意思,动词则是指"建立在某种基础上",如果把资料称为土壤的话,就是指建立在资料土壤上的"理论";而"grounded"表示动态、被动,主要是指理论被建立在资料的土壤上,也就是说,依循这样的方法(扎根理论研究方法)所建立起来的理论,是扎实地将其根基建立在资料之上的。

任何理论不都是建立在资料实证基础上的吗?为什么还要特别强调扎根在资料中的理论呢?要回答这个问题,我们应该清楚了解格拉泽和斯特劳斯所处的年代和学术环境。1970年左右,社会学界盛行"量化研究",有人称其是"量化研究的时代",即采用统计方法处理问卷所收集的数量化资料,在此基础上建立人类行为或社会结构的模型或理论。而在此之前,社会学领域虽然已经有了质性研究的传统,但在当时并不占主流,只是被当作量化研究的"先导"研究,从而提出供量化研究验证的假设。另外,从韦伯、涂尔干、马克思及米德等社会学大师,一直到帕森斯,他们所提出的"巨型理论"(grand theory)笼罩着社会学界,学者莫不竞相以各种资料来验证这些"巨型理论",从而丧失了如米尔斯所说的"社会学的想象力"。然而,这些巨型理论是怎么被提出的? 一般学者是否也可以提出这样的宏大理论? 对于这样的问题却很少有人反思。在这种情况下,格拉泽和斯特劳斯告诫人们,不要竞相去"验证"别人的伟大理论或巨型理论,而是要想办法研究资料,从中提出自己的"扎根理论"(齐力、林本炫,2003:172)。

扎根理论研究方法主要是建立理论而非验证假设或者是既有的理论,或者说扎根理论注重"发现逻辑"而非"验证逻辑"。因为传统的量化研究强调验证、修改他人既有的理论或假设,但无法告诉我们这些理论或假设是如何产生的,以及如何建立起自己的理论。不过,认为扎根理论只是产生理论、发现理论而没有验证理论是不正确的(徐宗国,1996:50)。作为一种研究方法,扎根理论有没有学科的限制或者方法论立场的预设? 虽然它最初是从医疗领域发展出来的,但就原则上来说,扎根理论研究方法可以用于不同学科和不同的研究主题(齐力、林本炫,2003:173)。

了解了扎根理论研究方法产生的背景之后,让我们来简单探讨一下扎根理论的理论基础。扎根理论得益于客观主义和象征互动论,而象征互动论又与建构主义有着千丝万缕的联系,因而,在一些著作中也常见到扎根理论来源于建构主义的影响的说法。

6.1.1 实证主义影响下的扎根理论

1. 实证主义的含义

实证主义作为经验主义的一种表现形式,最早出现在 1830 年出版的孔德《实证哲学教程》,这标志着实证主义的形成。孔德认为,人类历史经历了从迷信或玄学到科学的过程。当社会由科学家管理时,人们进入了现实的阶段。科学本身是关于描述、推论和控制的问题;科学家从观察到的一些事件着手,通过描述,精确地推断出自然规律的规则,一旦那些规则被掌握,便可以反过来推测这些事件。最后,当目标为描述和推断所操纵时,科学规则便对自然的可能性做出了控制。所以,真正的科学家应该把可以观察到的事件作为参考实体,而对那些无法观察到的事件避免做出"为什么发生"的解释。如果对无法观察到的事件进行解释,那就可能使人回复到宗教或形而上学的迷信思维,这是与实证主义背道而驰的。

实证主义有下述几种基本特征:(1)以现象论的观点为出发点,现象即实在,是有用的、确定的、精确的、有机的和相对的,与现象的这些属性相对应,"实证"一词也具有同样的意义,一切知识都是对这些现象的共存和相继的描述;实证主义者把现象当作一切认识的根源,要求科学知识是"实证的"。(2)对经验进行现象主义解释,主张从经验出发,拒绝通过理性把握感觉材料,认为通过对现象的归纳可以得到科学定律,强调经验上的实证对科学理论的重要性。(3)把处理哲学和科学的关系作为其理论的中心问题,带有一定程度的科学至上和科学万能倾向。实证主义者还认为,科学即实证知识,它是人类认识发展的最高阶段,研究人的心理和行为等都要靠实证的科学方法,科学和科学方法使哲学也成为实证的。

2. 对扎根理论的影响

实证主义的扎根理论研究方法坚持实证主义的传统,持该观点的学者认为"存在一套系统方法,这套系统方法可以引导研究者发现现实,从而发现一种正确的、可被检验或证实的理论,然后,用该理论来预测社会现象"。这种观点包含几个分论点:第一,系统运用扎根理论研究方法回应了实证主义所要求的信度和效度,因为专门的研究程序允许再测;第二,扎根理论的假设检验导致了对新出现理论的证实或推翻;第三,扎根理论研究方法允许实施控制,从而可能使研究的现实发生改变(Strauss,1995)。

格拉泽(Glaser,1992)的立场常常接近传统的实证主义,假设有一个客观的、外在的显示,一个发现资料、中立的观察者,一个对所研究问题的演绎研究方法和一种对资料的客观主义处理方式。斯特劳斯和科尔宾(Strauss & Corbin,1998)的立场假设有一个客观的外在现实,努力使资料收集不带偏见,建议有一个客观技术程序并验证结果的有效性。他们的思想都带有浓厚的实证主义色彩。另外,实证主义的扎根理论者还接受这样一个实证主义假设:外部世界是可以被描述、分析、解释和预测的,相信"真理"的存在,但是这种"真理"是随着研究的发现和环境的变迁而不断被修正的。它假设不同的观察者都可能发现社会事实(真实),都会以类似的方式去描述这个社会事实(真实)。因为,实证主义的扎根理论者经常和研究的参与者或调查对象享有同样的假设,如问题、观点、想法、概念以及分析方式等(转引自诺曼·K.邓津、伊冯娜·S.林肯,2007:563—564)。

总之,实证主义对扎根理论的影响主要表现在以下几个方面:第一,实证主义对解决问题的方法是分析和综合的,在扎根理论研究方法的"开放式登录"就是把所观察或访问的资料逐字、逐行分解,在整理、撰写备忘录或报告时,就变成了一种综合回归的过程;第二,在实证主义影响下,研究者研究主题的来源是日常生活,研究成果也要回归到日常生活中来,研究者的想法来自一般日常生活中尚待解决的问题,而不是理论的检验或完全来自理论引导下的假设验证,所以扎根理论研究方法有着显著的实用主义色彩;第三,以实用主义的观点来看,理论永远被视为暂时性的,当收集到更多资料或当研究者使用理论后有所回馈时,就可以对以前的理论进行修正,既然理论被视为一种功用性的工具,就应该用来解释社会现象,使人了解现象背后的原因,从而解决问题,因此,从根本上来讲,理论没有什么神圣性,而是一种不断受到挑战和修正的方法。

6.1.2 象征互动论影响下的扎根理论

1. 象征互动论的含义

象征互动论(Symbolic Interactionism)由美国芝加哥学派提出。20 世纪二三十年代,随着这个学派的发展,其成员分散到美国的各所大学,象征互动论也随之传播开来。根据学者 P.罗克的分析,象征互动论者可以分为四代:第一代的代表人物有 G.米德、W.詹姆斯、C.库利、W.托马斯和 R.帕克;第二代的代表人物有 H.布鲁默和 E.休斯;第三、第四代的代表人物有 E.戈夫曼、H.贝克尔、A.斯特劳斯和 E.弗雷德森等。互动论者认为,社会理论产生于特殊的认识过程,正是某些过程必须先被理解,才能开展社会研究;另外,认识本身既不单单属于调查中的思维,也不单单属于这个世界。由此出发,互动论者一方面反对人们对事件的解释是不受约束的说法,另一方面又提出认识不是其对象的简单映照,相反,人们可以主动地创造、决定和选择自己对周围一切的反应。

象征互动论的基本假定是:(1)人对事物所采取的行动是以这些事物对人的意义为基础的;(2)这些事物的意义来源于个体与其同伴的互动,而不存在于这些事物本身之中;(3)当个体在应付他所遇到的事物时,他通过自己的解释去运用和修改这些意义。象征互动论的方法论特征是:倾向于自然主义的、描述性的和解释性的方法论,偏爱参与观察、生活史研究、人种史、不透明的被脉络化了的互动片段或行为标本等方法,强调研究过程,而不是研究固定的、静止的、结构的属性;必须研究真实的社会情境,而不是通过实验设计或调查研究来构成人造情境。

2. 对扎根理论的影响

斯特劳斯认为芝加哥学派的象征互动论至少在以下几个方面影响着扎根理论:第一,建构理论的研究工作本身是一个过程,因为社会现象不断萌生,理论是暂时的、不断修正的,而研究本身具有机动性和灵活性,随时都可能有新现象出现。第二,因为社会现象不断萌生,所谓的"变量"也在不断地彼此影响,所以,在"进行式"的时间里,前一个"因变量"可以成为下一个时间情境里的"自变量"。因此扎根理论研究方法不是去了解所谓的因果关系的社会现象,而是视社会现象为一个多组的、众多的"变量"彼此间相互影响的复杂状况,因此,理论要反映这种复杂性。这种复杂性在扎根理论中表现为两个方面:其一是扎根理论应该有许多概念与概念间的关系,这些概念,尤其是核心概念或范畴,更应是多层面并且具有许多特征、富有理论潜力的概念,又因为应用了比较的原则,扎根理论有高度的分析性和多样性;其二是在建构理论过程中虽不可避免地将资料缩减、整理和删除,但扎根理论本身除了应有的抽象理论性讨论外,仍然有详细的叙述性或描述性资料来反映复杂的社会现象;其三,由于行动和互动的意义与基础源自社会情境,所以,同一般质性研究方法一样,扎根理论研究方法主张研究者进入社会情境里研究,要用情境中的"当事人眼光"来了解社会现象;其四,对社会现象而言,扎根理论不只是要反映社会结构与行动间的关联,也要捕捉这期间的诠释过程,甚至掌握过程里的主要成分,即基本社会过程或主要特质(胡幼慧,2001:54)。

6.1.3 建构主义对扎根理论的影响

1. 建构主义的含义

从哲学角度看,建构主义来源于对理性主义与经验主义的综合,主体不能通向外部世界,而只能通过利用内部构建的基本认识原则去组织经验,从而发展知识。

建构主义者(特别是激进的部分)一般强调,知识并不是对现实的准确表征,它只是一种解释、一种假设,并不是问题的最终答案。相反,它会随着人类的进步而不断地被"革命"掉,随之出现新的假设;而且,知识并不能精确地概括世界的法则,在具体问题中,我们并不是拿来便用,一用就灵,而是需要针对具体情境进行再创造。另外,建构主义者认为,知识不能以实体的形式存在于具体个体之外,尽管我们通过语言符号赋予知识一定的外在形式,但这并不意味着学习者会对这些命题有同样的理解,因为这些理解只能由个体学习者基于自己的经验背景而建构起来,这取决于特定情境下的学习历程(温彭年、贾国英,2002:17—22)。

简言之,建构主义强调寻求意义,这个意义既包括调查对象的意义,也包括研究者的意义。要寻求调查对象的意义,我们不能仅仅停留在表面意义或假设意义,而是要深入探索;我们必须寻找行动和事实,也必须寻找观点和价值;我们必须寻找情境和结构,也需要寻找信仰和意识形态;我们应当通过研究隐含的意义,将调查对象关于现实的概念清晰化,而不是对它提出挑战(转引自诺曼·K.邓津、冯伊娜·S.林肯,2007:563—564)。

2. 对扎根理论的影响

建构主义的扎根理论尊重经验世界的第一手资料,它假设多重社会现实的相对性,认识到研究者和研究对象要共同创造,研究目的是对研究课题的意义的阐释性理解(Guba & Lincoln, 1994;Schwandt, 1994)。扎根理论研究方法的优势就在于它提供了一个理解经验世界的工具。我们可以从实证主义立场重新运用这些工具,形成一套强调建构主义特征、更开放的扎根理论研究实践。我们可以将扎根理论研究方法用作理论的、启发性的方法而不是刻板的研究程序。建构主义的扎根理论认为研究者要将其置于自然的背景之中,这是质性研究不同于实证主义的方向,其基本论点包括以下三个方面:第一,扎根理论研究方法不必是规则性的(事先规定好的);第二,运用扎根理论研究方法时要强调对意义的理解和解释,而不是限制它的解释性理解;第三,我们在吸取扎根理论的同时,可以提出实证主义对早期扎根理论立场的理解(转引自邓津、林肯,2007:545)。

建构主义的扎根理论认为读者创造了材料,读者通过与自己的所见进行互动之后才产生了分析。资料并没有提供一扇洞见现实的窗口;相反,所发现的现实产生于互动过程以及其临时性的、文化的和结构的背景;研究者与研究主体形成互动并赋予其意义,因而,观察者成为被观察的一部分而不是与后者分离;观察者的所见塑造着他(她)对事物相应的界定、测量和分析。由于客观主义的扎根理论者不同意这个立场,这个关键的分析就反映在其研究的实证主义倾向上。在建构主义的扎根理论中,事件之间的因果关系是隐藏性的、不完整和非决定性的。另外,扎根理论所关注的是"事件如何扎根",即事件如何被赋予意义并在研究主体的生活中表现出来(Dawson & Prus, 1995)。建构主义扎根理论的学者所做的研究,是在努力寻找可以解释"研究主体如何建构现实"的有利条件,然而,他们对这些有利条件的论述并没有达到"真理"的水准,不过,他们却能构造出一套假设和概念,别的研究人员可以借用这样的假设或概念来研究相似的问题或领域(Prus,1987)。

6.2　扎根理论研究方法的原则和理论触觉

扎根理论的原则和处理技术在坚持严谨的态度之外,也对收集的资料保持相当程度的弹性。它不断把资料进行转化、缩减,直至形成理论。概括起来扎根理论的原则主要包括三个方面:科学的逻辑(the logic of science)、编码典范(coding paradigm)和互动地思考(think internationally)(胡幼慧,2006:56)。

6.2.1　扎根理论的原则

1. 科学的逻辑

扎根理论的方法被认为是质性研究方法中最科学的一种方法(Hammersley,1989),这主要是指它严格遵循科学原则,如归纳与演绎的推理过程、比较的原则、理论的建立和检验等。但是,由于扎根理论的方法论基础是象征互动论和实证主义,它在遵循科学原则的同时,为了求得实际研究的过程与社会现象的符合,在原则和技术上保留了一定的弹性。所以,研究者成了整个研究的"仲裁者",例如,如何进行样本抽样、如何确定样本数目、如何结束抽样等,这些都要依赖研究者的理论触觉,研究者根据研究环境的具体情况才能决定。扎根理论不同于量化研究,它可以对所得到的资料进行判断、利用,如果资料被判断为虚假的,研究者不会放弃这些资料,相反,他(她)会在理论触觉下思考资料虚假的原因,并运用到实际中。他们认为,错误或虚假的资料有时可以刺激研究者去思考,可能会对研究的问题提出新的认识(徐宗国,1993)。以下这个例子说明了这一点:台湾学者徐宗国访问的几位女医生,由大医院转到小医院的工作转变是为了协调工作和家庭中的角色,顾及全家人的幸福;然而,当研究者以同样的观察去访问她们做医生的丈夫时,丈夫们的回答却并不是这样,他们指出,是工作的压力和劳累才使得妻子更换了工作,而家庭经济状况的改善也是她们转向低收入但轻松的工作的原因。这个例子是对同一情境下不一致的表述,并不是因为她们不够诚实,而是这几位女医生竟然都有如此的感受,这种感受在社会学或女性研究方面就有了意义。

从研究的过程来看,扎根理论要求研究者充分利用他们的理论触觉,在实际社会世界里搜集资料,把握资料的异同和主要特质;这些特质如果有很多案例支持的话,研究者就可以赋予这些主要特质一个名字,这就叫范畴(category)。

扎根法还运用比较的原则。不同于量化研究中对变量的控制,比较在扎根法中是一种不断进行的措施。从收集到的第一份资料起,研究者就开始进行比较以便思考,这样能较为全面扼要地抓住研究对象的主要特质,叫做"想象的比较"(胡幼慧,2001:50)。这种比较是对概念上可以比较的对象予以比较,虽然这些对象实质上可能是不同的。例如,辅导班和监狱的空间设计和控制方式,这可以刺激我们的思考,即上海市辅导班的空间使用状况是一个剥夺消费者的空间设计,然后将分散在不同街道的辅导班上课场所与营利企业的总部或分店进行比较,结果发现,这些辅导班不会因为上课地点分散以及排课混乱等原因而缺少顾客(学生)。我们从这里可以得出结论:上海市辅导班的空间设计与其功能特点有关,即辅导班为考不上大学或重点中学的学生提供了补习的机会,消费者没有太多选择机会也无余力协商,因此,用被剥夺空间来实现上课环境的达成。这些比较可以帮助研究者思考辅导班与其他场域在空间特点上的异同,从而构思出一个辅导班的概念,如空间剥夺。

我们也发现辅导班的空间使用在某些时间段比较宽裕,空间剥夺的情况较为缓和。这时的比较进一步刺激了我们的思考,结果又构思了另一个范畴,即辅导班的时间特性。如辅导班早上时间比晚上宽裕,考试前比其他时间段"空间剥夺"现象更为严重。因此,"时间特征明显""空间剥夺"这两个暂时性的范畴以及彼此之间的关系,就成为我们研究中有待资料检验的一项假设。

这些假设成为研究者寻找资料的线索和方向,甚至更明确地成为访问辅导班经营者、消费者的访谈大纲,这种由资料中撷取假设演绎成观察访问切入点的原则,就是"理论性抽样"(theoretical sampling),因为研究者仍然是就思考后所得的方向予以追踪,从而建立概念与结构因素之间以及概念之间的关系,这就构成建立理论的第二步(胡幼慧,2001:57)。在这里,值得注意的是,研究者在继续收集资料的过程中,如果"空间剥夺"重复出现,说明资料收集已经达到"理论性饱和",因此可以不再收集这方面的资料。如果在接下来的收集资料中有否定"空间剥夺"的案例,即否定例子,当否定例子不太多时,研究者予以收编成为理论建构中的补充题材,我们可以说,辅导班不一定都有空间剥夺状况,这与当地地价高和学生人数众多有关,这样对于上海市辅导班"空间剥夺"概念的解释更加完备。但否定的例子过多,其数目超过了肯定例子,那么之前所建立的"空间剥夺"概念就会受到质疑。倘若肯定例子和否定例子的数目基本相等,研究者就必须分开处理这个概念,也可以新增一个概念——"空间宽裕",但论文一定要分开写。另外,也许以上的现象都是暂时的,等到研究者收集到更多的资料时,也可能会发展出一个综合的、系统的、抽象层次更高的概念或范畴来统领这两种对立的状况。

从辅导班的例子我们不难发现,研究者在这个过程中所做的就是归纳、演绎、形成理论和假设验证,这些步骤是不断交叉进行的,甚至这些步骤已经成为高明的研究者不假思索的动作以及研究过程中"较不显著的过程",以至于某些人会认为扎根法没有假设验证和演绎而只有归纳的不恰当观点(徐宗国,1993)。

2. 编码典范

编码典范是扎根理论研究方法用来刺激思考的一种策略,它包括四个方面:事件之所以产生的情况(conditions)、结果(consequences)、处理措施(coping mechanisms)和过程(processes)。研究者从这四方面入手,用"想象的比较"①方式来思考,可以帮助研究者进行理论性抽样,搜集比较完备的资料并且赋予其次序。例如,徐宗国研究了女作家如何协调工作和家庭的关系从而腾出时间来创作。当面临第一份访问资料时,他就家庭责任、写作时间以及其他有关联的现象进行想象,就家庭责任而言,他可以比较思考有子女的作家和无子女的作家、有保姆的家庭和没有保姆的家庭、丈夫对家务有没有挑剔等各种情况;就写作过程而言,他可以比较思考过程,女作家的时间是用在思考作品的剧情上还是写作本身。总之,研究者在研究主题有关的各种情况下,对女作家的工作与家庭协调情况予以了解,这样的想象比较,可以显现出状况和结果的配对,也可以刺激研究者不断思考可能的状况,在其理论触觉的指引下,开始抽样搜集资料(胡幼慧,2001:59)。

这种按照编码典范所做的比较想象,一方面可以使现有案例的状况、结果、措施和过程的特点明晰化,另一方面使不同案例的结构性特征成为有待了解的

---

① 想象的比较是扎根法一种比较独特的策略,运用这种策略,有助于研究者发现所研究现象的主要特质,并建立这些特质与结构因素之间关系的假设,研究者还可以针对研究现象进行有创意的思考,甚至可以在缺乏文献的情况下,有效地进行理论性的抽样、归类和资料缩减等。

对象,同时,它也可以提供与现象有关的假设,如在不同的情况下,是否有不同的过程和结果。

3. 互动地思考

在不断比较分析的原则下,研究者是在同一分析层次中进行比较思考的,但扎根理论要呈现社会现象的整体性与时间上的发展状况,因此,在扎根法中必须采取另一种思考方式,即思考单位间的互动关系、微观和宏观社会结构上的关系、环境与分析单位之间相互作用的关系以及随着时间推移的社会现象变化过程等,这些都可以称为单位与单位间的思考方式。所谓单位间的思考,是指研究者以研究的社会现象所在的分析层次为中心,思考周围较宽广的社会实体的单位间互动关系。例如,如果以工作为分析层次,研究者就应该思考研究对象与工作组织,如行业、行会、企业、社区等的相互关系。对这些关系的思考有助于研究者在收集资料时注意分析层次、层次的大环境以及彼此间的关系。在以后的写作过程中,这些关系就构成了研究现象的大环境,为分析中心现象提供解释。这样,就可能使研究者所据有的微观现象上升到行动、结构以及制度间的关联。

研究者不仅要思考微观和宏观之间的关系,也应该把社会现象视为一种发展的、变化的现象,以便做"过程式思考"。因此,研究者应该注意不同时间段下社会现象的多样性或变异性,也就是说,在一段时间内对某一社会现象做了观察,可以比较不同时间点下该社会现象的状况,找出新生现象以及由其带来的影响。

6.2.2 扎根理论的理论触觉

1. 理论触觉的含义

理论触觉(theoretical sensitivity)是指理论的敏感度,如观察一个社会现象时,没有理论触觉的人可能觉得没有什么特别的,因此没有什么发现,正像访谈一样,如果没有理论触觉,往往问到一半就问不下去了,或者受访者说的话研究者听起来都没有什么特殊之处,或者全然相信受访者的话,变成了照单全收,而没有能力深入追问,发觉谈话之间的深层含义。

2. 增进理论触觉的技巧

如何提高理论触觉?斯特劳斯和科尔宾指出,理论触觉的来源大致有三方面:其一是文献;其二是专业经验,也就是在某一领域做的研究越多,这种专业经验所形成的理论触觉就越明显;其三就是个人经验,即所谓的默会知识(tacit knowledge)。①例如,有过"知青"经历的人,在对知青进行深度访谈时,更容易发现可以追问的线索。这三种理论触觉的来源,第一种比较容易,而后两者不是一般人在短时间内就能完成的。

除了以上三种来源,斯特劳斯和科尔宾还为我们提供了四种增进理论触觉的具体方法:第一,问问题;第二,通过对字、词、句以及片段等的分析,通过逐字的译码或编码或登录来了解、分析被观察者或受访者言谈和行动的真正意义;第三,摇红旗;第四,通过不断比较、问问题、写笔记和摇红旗,来发觉资料中的新意义和理论线索。值得注意的是,这四种方法是互相有关联的(林本炫,2003:176)。

"问问题"作为第一项是非常重要的,对于研究者来说,基本的问题有些技巧,在这里不妨采取"5W1H"方法,用这些基本问题来发问或做观察,其目的是在复杂的资料中找出可能有的范畴或概念。当一个概念浮现时,我们可以通过这些基本问题把概念发展得更好、更为严密,当然,其中涉及编码,这将会在下一节中展开。

除了"问问题"外,"摇红旗"也是一个很有用的技术,斯特劳斯和科尔宾认为,当我们在观察笔记或深度访谈的内容,遇到一些看似平淡无奇或者非常符合常规的说法时,我们都要在心里竖起一面"红旗",告诉自己不能轻易放过这些段落。为了说明这一点,林本炫举了一个这样的例子:他曾经访问一个家里供奉神灵的受访者,当问他是否曾经有过什么"感应"(是指获得神灵的庇护),这位受访者回答"没有",对于技术不高超的研究者来说可能会放过这一句,不能继续追问,从而遗漏了重要的线索,而林本炫靠着专业经验和"摇红旗"的技术,委婉地追问:"如果没有感应,为什么还要继续供奉或参拜神灵呢?"而受访者的回答却出人所料,他说:"没有感应就是最大的感应。"乍听起来比较奇怪,但是想想有道理。感应是指出了事神灵帮忙化解,但是神灵在出事之前就已经化解,当事人当然就没有"感应";这一事实就好像一般人所说的"求平安"。所以,只要这位受访者家中无事,他就会继续供奉神灵,而不一定是像我们原先以为的那样——神灵要展现"灵验",要有"感应"才会受到供奉。于是,有"感应"的神灵就会受到供

---

① 默会知识是指不能用语言来表达、只能意会不能言传的知识,有时也称内隐知识,这种知识不具备可以加以明确化的规则和逻辑,虽然不可言喻,但人们具有或能塑造出默会能力来理解和掌握它,说它默会,并不是因为这种知识是不清楚或神秘的,事实上,这种知识是很清楚的,只不过不能用言语表达出来,也就是它不能用语言或逻辑来规则化,但它却属于我们基本认知和行动能力的基础。

奉,没有"感应"的神灵也同样会受到供奉(齐力、林本炫,2003:177)。

在这里研究者应该注意的是,对受访者的追问要抱谨慎的态度。要弄清楚受访者是真的原本就有这样的想法,经过追问之后才被研究者"挖掘"出这一深层含义,还是原本没有这样的想法,是受访者被追问后才给的"答案"。也就是说,这些说法或"答案"是不是在研究者与被研究者的"互动"中被"建构"出来的?对于这个疑问,研究者同样也要在心中摇起红旗。

逐字逐句地分析观察笔记或深度访谈稿,这是最为关键的一项技术,其分析的目的在于将观察笔记或深度访谈稿的内容分解成最基本的单位,而这些最基本的单位便可以在不同层次的观察或不同受访者之间进行比较,从而找出异同,否则,我们很难将"大段"且包含复杂内容的谈话在不同的受访者之间进行比较。扎根理论研究方法中的比较是为了通过比较做更多的分析,所以,有人称其为"不断比较法"(the constant comparative method)。

6.3 扎根理论研究方法的具体技术

扎根理论研究方法的具体技术有很多,如资料的编码或登录(译码)、抽样、概念提炼、备忘录的撰写、整合归纳、绘制概念图和资料复盘,等等。此处一一予以简要介绍。

6.3.1 资料的编码

使用扎根理论的研究者在收集资料时将其编码,编码又称译码或登录。所谓编码,就是将观察笔记、访问稿、备忘录等资料逐字、逐句、逐段进行分解并添加标签,即赋予个别的事件或现象一个概念性的范畴。通过编码将资料定义和分类。编码有助于研究者获得对资料新的理解,有助于进一步关注资料的收集,而且可以引导我们向着未知的方向前进。扎根理论不像量化研究那样要求将数据切换为预设的标准化的代码,扎根理论研究者是在对数据资料的诠释过程中形成编码,可以说,编码是形成理论的初始环节(凯西·查马兹,2007)。扎根理论研究方法的编码和其他分析技术的不同之处在于目的的差异,扎根方法的主要目的概括起来有两个方面:第一,在资料中撷取"主题"或者是从分散的概念中发展出一个理论性的架构;第二,要建立理论而不仅仅是验证理论;第三,协助研究者不断突破自己以前的偏见和假设,使研究者最终可以建立紧接现实世界、内容丰富、系统完整、比较具有解释力的理论。

扎根理论研究方法的编码大致可以分为三种:开放式编码(open coding)、主轴编码(axial coding)和选择性编码(selective coding)。在探讨三种编码过程之前,需要重申的是,在运用扎根理论研究方法的过程中,并非先做完开放性编码,然后做主轴编码,最后再做选择性编码。虽然这三种编码程序确实有先后顺序,但在实际的操作过程中,它们是彼此交错进行的(齐力、林本炫,2003:184)。

1. 开放式编码

在编码的第一个阶段,对于笔记、备忘录、访谈稿等资料所浮现的任何可以编码的句子或片段给予概念化标签,这就叫做开放性编码,也就是说,对句子或段落标签化的"动作",这个"动作"的目的并非赋予资料名称,而是要将资料概念化。然而,经过编码后出现的概念层次比较低,需要进一步的处理或提炼,将相关的概念"聚拢"在一起,形成所谓的范畴。为了说明这个编码过程,我们采用徐宗国所做的关于辅导班的例子。以下是对这个例子的描述和编码过程。

> 上课钟声响起,学生陆续走进教室。人很多,学生排在门口依次进入。张三的座位在里边,外边的两位先坐下的同学必须努力把椅子向前拉,让张三走进座位。在张三走进座位之前,走道后边挤满了人,因为走道太小过不去,必须等张三坐定后,其他人才有办法通过,走到自己座位的那一排。教室细细长长的,每张桌子坐了四个人,每一排有三张桌子,一共有十五排,将近两百个学生在上课。张三坐定后打开书本,放个铅笔盒,发现桌面剩下空间不多,再放个笔记本已经很勉强了。老师开始讲课后,他想要写笔记,发现手碰到旁边的同学,两人相互看了一眼。

> 下课后,大家抢着上厕所,又是一阵排队。走廊上挤满了学生,除了在自动贩卖机买东西以外,讲话只能在厕所里。走廊上是不准相互交谈的。

在这个例子中,"很多人,学生排在门口依次进入"和"将近两百个学生在上课"可以分别编码为"大班级"和"大班上课",而"外边的两位先坐下的同学必须努力把椅子向前拉,让张三走进座位""张三坐定后打开书本,放个铅笔盒,发现桌面剩下空间不多,再放个笔记本已经很勉强了""他想要写笔记,发现手碰到旁边的同学"可以编码为"座位狭小","在张三走进座位之前,走道后边挤满了人,因为走道太小过不去,必须等张三坐定后,其他人才有办法通过,走到自己座位的那一排"可以编码为"走道拥挤","走廊上挤满了学生,除了在自动贩卖机买东西以外,讲话只能在厕所里"可以编码为"缺乏休息场所"……值得注意的是,同一段落或句子不限制编码的次数,可以用不同的概念同时编码两次或两次以上。

通过对这个例子的编码,我们得到了"大班级""大班上课""座位狭小""走廊拥挤"和"缺乏休息场所"等几个概念,那么这几个概念彼此有联系吗?我们发现它们都指向空间,而且是一种不足、令人不舒服的状态;此时,研究者把这些概念聚拢、提炼成一个层次更高的概念,这个层次更高的概念就叫"范畴"。用什么样的概念来聚拢这些层次较低的概念呢?于是,研究者就用"空间剥夺"这个层次较高的概念来代表这些层次较低的概念,在这个编码过程中,"空间剥夺"就可以称为范畴(徐宗国,1996)。

2. 主轴编码

编码程序的第二个阶段就是主轴编码。开放性编码的主要任务在于发掘范畴,而主轴编码的主要任务则是更好地去发展"主要范畴"。开放性编码阶段发掘出来的范畴,并非在这个阶段都可以发展。也就是说,某些层次比较低的概念可能无法和其他概念聚拢成范畴,所以,这些不能形成范畴的概念在主轴编码阶段可能被修剪掉。另外,有些范畴出现在前几次的观察或访谈资料中,但在后边几次的观察或访谈资料中不再出现,这时候也可能要做调整。以深度访谈为例,第一次访谈之后,研究者开始做分析,并进行开放性编码,找到了不少概念,并将其中的几组聚拢成不同的范畴,并且根据这些发掘出来的概念和范畴来修正第二次访谈的内容和方向。如此一直进行,到了第六次或第七次访谈的时候,研究者觉得某些主要范畴一再出现,这说明这些范畴是重要的范畴,于是,可以开始主轴编码的过程(林本炫,2003)。主轴编码的主要任务是发展主要范畴,具体做法就是发展范畴的性质和层面,使范畴更加严密。在这个时候,研究者需要回过头去阅读前几次的观察或访谈资料,重点去寻找和这些主要范畴有关的句子和段落,是否可以重新发现与这个范畴有关的概念。

3. 选择性编码

编码过程的第三个阶段是选择性编码,也就是处理范畴与范畴之间的关系。选择性编码和主轴编码之间也并非完全没有重叠。当主要范畴发展得差不多且观察的次数或访谈个案累积到一定数量时,范畴与范畴之间的关系可能逐渐会浮现出来。然而,选择性编码主要是系统地处理范畴之间的关联。经过主轴编码阶段后,在已经发展好的若干个主要范畴之间,可以借此阐明"故事线",找出核心范畴(core category),即以某个范畴为核心范畴,其他范畴为次要范畴,来铺陈整个观察所得的或访谈得到的个案资料。这里的"故事线"是这些主要范畴的关系构成,它不仅包含了范畴之间的关系,而且还包含了各种脉络条件。扎根理论研究方法的整个编码程序是先分解再逐渐综合的过程:先分解个案资料,再综合到原汁原味的故事线里(徐宗国,1996)。那么,选择性编码就是要进入综合的步骤。

正如前面所讲的,选择性编码是要把范畴相互连接起来,而这个动作则是要根据各个范畴的性质和层面来完成。在选择性编码阶段,先初步找出范畴间的关系,然后在后续的观察或访谈中,用更多的案例确认这种关系是否存在。如果后续的案例反复出现相同的联结关系,固然可喜;但若出现反驳这种联结关系的负面案例,研究者也不必急着否定这些关系,也许这种负面案例可能正好说明这种关系在何种脉络条件下成立,而这正是"不断比较法"和传统归纳法的不同之处。用这些程序建立起来的扎根理论,一方面是有坚实的资料作为基础,另一方面则是具有脉络和情境意味的实质理论,而非全由普遍性命题所构成的"形式理论"(formal theory)(林本炫,2003)。

6.3.2 抽样

与资料编码的三种类型相对应,扎根理论研究方法的抽样也分为三种:开放性抽样、理论性抽样和区别性抽样。由于资料的收集和分析是同步进行的,因此,编码和抽样也是同步进行的,即编码进行到哪个阶段关系到采用哪一种抽样。

1. 开放性抽样

开放性抽样用在开放性编码阶段,随着研究的具体情况而进行调整,通常比较没有规则,是开放性的。但是,研究者要在资料的一致性和发掘新范畴之间寻求平衡,即一边使同一范畴不断周密化,另一边又要开发出新的范畴。例如,研究者一直集中在类似的环境中做观察,那么,他们发掘出来的概念就比较有限;但如果研究者一直停留在差异性极大的环境中做观察,虽然有很多的概念浮现,但往往这些概念太过分散,很少有交叉,以致研究者最后很难将概念聚拢成范畴。因此,对于一个合格的研究者来说,必须在二者之间寻求平衡。

2. 理论性抽样

理论性抽样则是主轴编码阶段的抽样方法。由于主轴编码阶段主要任务是发展出严密、丰富的范畴,这要从它们的性质和层面着手,所以,研究者要有意地扩大机会,搜集到层次上存在差异性的、变化的资料,这样一来,一方面可以促成

"理论饱和",另一方面,唯有存在差异,才能够和其他范畴产生关联,这就好比使用问卷收集资料时,调查对象在性别属性上保证"男"和"女"都有(性别差异性),那么,性别这个变量才能和其他变量(如文化程度、收入水平等)进行关联分析。当然,理论抽样绝不是依照量化研究的自变量如性别、教育程度和年龄等作为比较依据,然后据此进行所谓的"理论抽样"。斯特劳斯和科尔宾认为,理论抽样时通过演绎的思考,提出一些假设,从而决定如何抽样(Strauss & Corbin, 1998)。

3. 选择性抽样

选择性编码阶段的抽样则是区别性抽样,它主要针对范畴之间的关系,或是为发展出成熟的范畴而抽样(Strauss & Corbin, 1998)。具体而言,进入选择性编码阶段,编码的中心在于范畴与范畴之间的关系,而在主轴编码完成或接近完成时,研究者头脑中开始浮现出一些"故事线",或者用图式表达范畴与范畴之间的关系,但在现有的资料里,范畴与范畴之间的关系初步展现但未确定,于是,通过区别性抽样来强化和确认这种关系。另外,在进行选择性编码时,研究者可能因为要处理范畴与范畴之间的关系,才发现某些范畴的部分层面没有发展好,于是研究者应该去寻找那种能够让这些层面发展得更好的个案来做观察或访谈(林本炫,2003)。整个抽样工作要进行到什么时候?扎根理论研究方法者认为,抽样一直进行到理论性饱和为止,也就是说,没有关于某个范畴的新资料出现,资料里的范畴已经发展得十分丰富,而且范畴之间的关系也建立得很妥当。

6.3.3 概念提炼

抽样是研究者依据"主题""概念"进行资料选择的过程,其最终目的是最大化地形成概念以及挖掘概念之间的关系。概念是属性、维度上的概括与归纳,是研究者资料分析的产物,而概念提炼是从无到有、从低到高的过程,提炼出的概念便代表着研究资料的核心思想、观念。

概念提炼是开放式的,研究者可凭借自己的思维和直觉,不带有任何意识导向地从一般的话题领域开始,借助研究资料走进研究者对象的生活中,同理研究对象的感受,倾听他们表达的话语,并把对内容的理解用词汇作为标签记录下来,这些词汇便是对原始资料思考后的初级概念。

初级概念并不同等于低级概念,初级概念可能是不同层次概念的合集。在资料整理初期,研究者并不需要将概念的层次区分开来,在阅读达到一定程度后,可以在概念之间建立起关联或者形成系统性概念时,再予以进行。初级概念的解释性更具体,能够"直接告知"概念的嵌入维度、事件/事物的具体属性以及凸显个体的独特性,而高层次概念相对来说较为宽泛,抽象程度更强,可以分解出多个维度的初级概念并结合具体限定、具体情境转化为初级概念,例如,高层次概念"自我定位",在用"入学后""成年后""刚开始工作时"等词汇修饰后,便体现出了具体属性。

在资料中提炼概念,可以启动备忘录的功能,在备忘录里,及时写下头脑中爆发出的问题和想法,并予以比较分析,最终选择较为适切的描述作为概念。之所以要深思熟虑,不停地与资料、与自己对话,是因为研究者常常无法全面体验研究对象的生活和经历,只能通过观察或者访谈得出的资料在大脑中绘制场景,因此,得出的结果有可能是偏颇的、错误的,通过细致思考和认真处理资料,才能看到、看全资料背后所隐含的意义。此外,概念提炼可以发挥团队的力量,每个人对资料的理解不同,通过相互间思想的碰撞能够获得更多新奇的闪光点。

6.3.4　撰写备忘录

1. 具体技巧

在扎根理论研究方法中,备忘录的撰写是研究过程中一项非常重要的工作。如果说编码是一种分解的过程,那么,撰写备忘录就是一个综合的过程。备忘录主要包括研究者对资料的回应、对资料理论性的了解与解释、各阶段的研究设计以及采取的思路等。

撰写的过程也是研究者思考的过程,从中可以发现所得资料在理论上的含义,刺激研究者的思维并提醒其应该注意的社会现象。撰写备忘录的过程有利于提升所收集资料的层次,有时候,研究者"被迫"对社会现象做理论上的提升,至少在撰写备忘录时已经做了一番理论性整理。在撰写时,研究者沿着两种思维方式,一种是由资料到写作的归纳,另一种是由文字回到观察的演绎;这两种思考方式在整个写作过程中一直同时进行,但每个来回的结果则是逐渐提升所观察现象的抽样层次,以便建立扎根理论(胡幼慧,2001)。每份备忘录尽可能有一个主题,并且标明日期,这样可以方便以后整理以及推演研究者的思考历程,更有利于读者参考,了解扎根理论的建构过程。

2. 备忘录的排序

备忘录的撰写其实还应该包括备忘录的排序。备忘录的排序工作就是研究者针对所发现的现象给予的一种理论性解释,并将其表现在对备忘录的排序上。

排列备忘录的次序也可以刺激研究者思考其所具有的理论意义,而所排列的顺序有可能会成为著作的大纲。正如前面所讲,备忘录的撰写是一个综合的过程,研究者从分解到综合,贯穿整个研究。因为研究者一直以备忘录来思考,一直思考的结果会使研究者逐渐由撰写个别主题的备忘录转到更有系统、更全面的写作(胡幼慧,2001)。整个扎根理论的研究报告就是在研究者不断分析、分解、综合、演绎、归纳、比较的思考和写作过程中,逐渐由概念到关系,由关系再到理论的分析,并配合实况的记录,形成既有理论又有丰富资料的研究文本。

6.3.5 整合归纳

研究者在阅读了许多资料后,会积累大量的概念,有时候却不知道怎样将概念归纳在一起。通过概念来表达意义进行资料的概念化,在积累的过程中,依旧面临被遗弃或者修改的问题。每个研究者内在所存储的知识框架、思考逻辑、分析策略以及理解资料的技巧不尽相同,难以沿着公式化的程序,但是在整合归纳上仍旧可以遵循一定的范式来减轻资料分析的压力。正如保罗·阿特金森曾这样表示研究者概念整合的过程:"这方面——将其集合到一起——是最难的一件事情,先不考虑实现这一目标,单单注入下面这些恰当因素就很难:(1)相信它能够而且将会实现;(2)承认必须要努力达到,而不是建立在浪漫幻想的基础上;(3)这不像解谜或者数学难题,而是必须创造;(4)你不能总是将所有东西变成一种版本,而且任何项目都可以有很多种不同组合到一起的方法。"(转引自Corbin & Strauss,2015)为此,斯特劳斯和科尔宾(Strauss & Corbin,2015)集中了以下分析方法帮助研究者们实现理论建构:

第一,明确中心类属的概念和定位。中心类属或核心类属代表着研究最重要的主题,包含抽象程度相对较高、在概念标注过程中出现频繁、能够在深度和解释力度上做出延伸等特点,且在分析时,尽可能缩小中心类属的范围,聚焦一个统整的概念,降低难度和投入。

第二,通过撰写故事提纲、绘制图表以及回顾整理备忘录来帮助寻找中心类属。在充分熟悉资料的基础上,用非描述的语言,将"这里似乎发生了什么"表达出来,并反复尝试,最终把资料的中心思想表达出来。随后,从描述性故事转向理论解释,并将重要的类属或主题整合到一个统一的理论解释中去。在此过程中,可通过绘制图表整合类属之间的关系逻辑,并根据类属及时记录分析思考的内容。

6.3.6　绘制概念图

　　绘制图表是质性研究者分析资料和制定研究框架必须具备的功能。在资料分析过程中,概念图的绘制是为了更好地发现类属或核心概念的关系,研究者可在纸张上、黑板上、电子设备上行动。下面通过戈夫曼解释性别和广告的关系的概念图来尝试学习这项技术(艾尔·巴比,2018:387)。

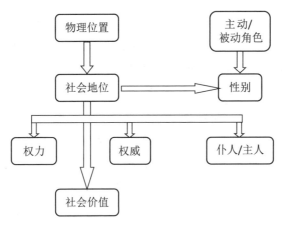

图 6.1　概念图举例

　　戈夫曼通过上述图示把物理位置、社会地位、性别、权力、权威、仆人/主人、社会价值等词汇建立起关联,并形成初步的分析框架,清晰明了且层次分明。概念图的绘制过程可以帮助研究者整理思路,查漏补缺,以非常直观的方式体现概念之间的关系,并通过框架回归资料,与原始资料进行比较,结合案例检验框架的普适性。

　　关于绘制概念图的技巧,我们从迈尔斯和休伯曼两位学者的表达来理解:"概念框架最好用图表的形式绘制,而不是用文本的形式。必须要在一张纸上绘制出整个框架,以迫使你详细列出不同现象的具体要素,绘制出可能的关系,区分概念上或功能上不同的变量,并同时考虑所有的信息。"(Corbin & Strauss, 2015)在概念绘制中,研究者可以采取以下步骤:首先,在全面掌握研究资料的基础上,集合不同案例、不同情境、不同细节下的所有概念,筛选出若干分支、若干核心概念,呈现在纸张上;其次,依据概念的性质、方向和功能等因素予以归类,并思考概念之间的关系;再次,清晰、有条理地绘制概念图;最后,反复研磨,有序增减,强化框架的逻辑性和完整性,并重新回归原始资料,评估概念的分类和排序,并予以整理,直至实现内部概念间、框架与资料的一致性。

6.3.7 资料复盘

质性资料往往蕴含着多重含义,无论研究者运用何种分析工具,都不能做到对资料的完整把握,更何况研究者有着自己的偏见且会对研究的方向和分析产生影响,因此,在分析结束后进行资料复盘,即对资料、分析过程和分析结果进行再思考。该过程主要有以下步骤:

第一,翻阅原始资料,重新理解不同的情境以及情境中所涉及的背景、环境、问题、事件、互动、情绪、观点和关系等,回顾备忘录、札记和编码记录,对概念的提取查漏补缺。

第二,审阅分析过程,重新梳理概念提炼和核心概念的整合、搭配、修改过程,重点回顾分析时自我提问问题的设置和结果的比较,检验框架制定的精准性和与主题的契合性,重新体验挖掘成果之旅。

第三,检验研究方案,在条件允许的情况下,邀请研究团队和研究对象共同审视研究成果,听取他们的意见,并据此再次修订研究成果,直到获得一致认可为止。

在资料复盘之后,便可通过撰写学术论文、专著以及研究报告来分享学术成果。同样,写作也是进行资料复盘的过程,可以借此重新对主题框架、研究思路和研究成果予以澄清,系统、全面地检验研究资料和分析过程以及研究发现。

本 章 小 结

格拉泽和斯特劳斯在《扎根理论的发现》一书中提出了他们的研究理论,挑战了社会科学领域中量化研究范式的霸权。1978年,格拉泽发表《理论的敏感性》(*Theoretical Sensitivity*),从根本上推进了扎根理论研究方法的进展。同年,斯特劳斯发表的《社会科学家的定性分析》(*Qualitative Analysis for Social Scientists*)一书,使扎根理论相对于前者更容易理解。1990年,斯特劳斯和科尔宾合作发表著作《定性研究基础:扎根理论程序与技术》(*Basics of Qualitative Research: Grounded Theory Procedures and Techniques*),从这以后,扎根理论赢得了更广泛的关注,吸引了一大批的追随者和信徒。

作为质性研究的一种,扎根理论研究方法针对当时社会学界所流行的缺乏充足经验性资料的宏大理论,以及只有变量分析的经验性研究所做的一种反击。这种反击也是将社会学研究落实到实际研究过程中的一种努力。扎根理论与其他质性研究方法不同,其偏重点在于:在社会学需要建立理论的目标下,质性研究方法或其他研究方法应该着重强调资料的分析与理论建立。因此,本章从扎根理论研究方法的产生、理论背景、具体的技术以及研究者应该注意的事项等方面来介绍扎根理论,最终,能够使读者明白扎根理论的内涵,通过一定的专业练习,并且可以掌握运用扎根理论研究方法进行自己的研究。值得注意的是,扎根理论研究方法虽然具有其他研究方法无法比拟的优点,但是,对于一个研究者来说,是否采用该方法,除了考虑研究主题外,还应该注意该方法所花费的时间。过程中的不断抽样、不断编码、反复观察和访问等都是一个演绎归纳的过程,对研究者的精力和时间提出了很高的要求。

推荐阅读文献

1. 林本炫:《扎根理论研究法评介》,载齐力、林本炫编:《质性研究方法与资料分析》,嘉义:南华大学教育社会研究所 2003 年版。

本文从理论触觉、译码和资料分析、抽样和理论性饱和等几个方面着重探讨了扎根理论这样一种质性研究的方法。

2. 凯西·查马兹:《扎根理论:客观主义与建构主义方法》,载诺曼·K.邓津、伊冯娜·S.林肯主编:《定性研究:策略与艺术(第 2 卷)》,风笑天等译,重庆:重庆大学出版社 2007 年版。

本文首先追溯了扎根理论的渊源,然后介绍了近年来有关扎根理论方法的论战,接着作者以自己的研究为例,描述了建构主义取向的扎根理论方法。

第 7 章

口述史法

本章主要从四个方面介绍口述史法,主要包括口述史的含义与发展历程、口述史法运用的计划、口述史的基本过程、口述史运用的反省。在介绍之前,读者应该明白,本章所讲的口述史是一种质性研究方法,而不是一门学科——口述史学。本章仅从研究方法的角度来介绍口述史法,简称口述史。对于研究者来说,口述史相对来说比较适合一向较少使用文字的弱势者或被社会边缘化的群体,例如老年人、女性等政治经济弱势群体。另一个比较重要的适用对象则为被局限在私领域的特定人口,例如,打破"私领域"而越界到"公领域"之前的女性——她们较少使用文字,局限于私领域,在两种历史脉络下,研究她们的婚姻制度、家庭组成、人际关系、宗教信仰、经济活动、社会风俗等(胡幼慧,1996:251)。

7.1 口述史法的含义和发展

人们对历史的记忆,主要是根据文件档案或口头报告的证据,作为对过去时间的了解。通常,文件档案的证据包括事件发生当时所留下的任何物品记录,如日记、信件、会议记录或报道等;而口头证据则必须通过当时或事后回溯方式,让事件关键人通过口语叙述逐一记录下来,这些就是口述史主要的资料来源。

7.1.1 口述史法的含义

"口述史"的语意涉及两个层面的诠释:口述和历史。口述是指,相对"文字"概念而言,通过一个人或一群人叙述其生命、生活经验或生命、生活故事以累积文本的方式。历史是指牵涉到事件何时何地发生,何人牵涉、何时发生等事实,以及对这些事实所做的诠释与观点(胡幼慧,1996:249)。"口述"与"历史"两个概念组合在一起时,便产生了颠覆性的意义;在过去声音和影像不发达的时代,传统所谓"历史",通常是通过文字和符合记录,流传下来成为"正史";这种现象凸显了过去"拥有文字权"和"历史诠释权"两者经常是互为因果的双向关系;在这样的历史脉络下,过去能诠释历史、记录历史的人也往往属于握有权力的阶级,而他们的眼中所见常常也是和"权力"相关的人、地、事、物。因此,口述历史突破传统上历史的来源必须取决于文字的限制,将历史的取材与资料来源扩展到相关人员的叙述,并将"历史诠释权"回归于广大的群体;在口述过程中,每个人都是事件的参与者与解释者(胡幼慧,1996:249—250)。

西方学者塞尔登(Seldon)和帕普沃思(Pappworth)认为,口述史即利用口语沟通的方式,通过回溯对历史事件进行口语信息交流的过程。所以,口述史不仅是历史,同时也是访谈过去事件的资讯与证据之一(转引自潘淑满,2003)。

如果给口述史下个简明的定义,可以概括如下:亲历者叙述的历史。这个定义涉及三个基本要素(程中原,2005:67—68)。第一个要素是亲历者或当事人。口述史是亲历者叙述的历史。其中又有几种情况:第一种是历史事件的主角,例如决策者、组织者、实施者等;第二种是历史事件的参与者,身在其中,参与其事,知道事情的全过程或某一段落,全部或局部;第三种是其他知情人,虽未参与,但亲见亲闻其人其事。这几种亲历者,由于与历史事件、人物联系和相关的程度不同,对历史事件、人物了解的程度也就不同,所叙述的历史的价值也有高低之别,全面性和真实性也有差异。第二个要素是历史。亲历者叙述的必须是历史,而不是亲历者叙述的任何事情都可以称为口述史。当然,历史的概念也是变动的,看有什么要求,要怎么界定。家史、村史、过史和党史的要求是不一样的。历史的跨度也不必要统一,可长可短,长至一个历史时期、一个历史阶段,短至一年、一个月、一日,或是某一件事中的一个片段、一个点,都可以。如果认为只有系统叙述较长历史行程、较完整历史事件的成品才算口述史,那就束缚了自己。当然,系统的东西可以而且应该成为口述史的重点以至核心。第三个要素是叙述。有两种叙述方式:口述和笔述,都应该包括在内。当事人口述,别人记录整理,这种方式当然是主要方式。还有的是把口头流传的史实记录下来。当事人自己用笔写下亲身经历,算不算在"口述史"之内? 按照"亲历者叙述的历史"这个定义来说,是符合的,它同亲历者口述、别人记录只是方式和工具不同,实质是一样的。例如茅盾的回忆录《我走过的道路》,前面是亲笔写的,后来因视力和身体原因,就由他口述,他的儿子和儿媳记录整理。

7.1.2 口述史的雏形和科学的口述史

1. 口述史的雏形

如果从司马迁撰写《史记》的时代与希罗多德和修昔底德撰写历史的时代算

起,"口述"最初是作为历史研究的一种方法来运用的(丁慧超,2005:47—48)。到今天,可以说"口述"作为学术研究的方法一直在人文和社会科学中被广泛运用,既在历史学领域,也在社会学、政治学、民俗学、法学、经济学、文学、教育学、人类学、新闻学、艺术学和医学等领域被运用。它基本上是用来进行资料和数据采集的方法,以此作为分析和研究的基础。从这个意义上说,"口述"作为方法是最容易理解和认同的,这种认同是多学科之间的共识。

如果仅仅作为一种研究方法,口述史的方法应当具备两方面的含义:其一,它是研究者搜集资料的方法;其二,它是研究者利用口述资料撰写历史的方法。人类历史上,在撰写史书之前,就有人从事过运用访谈和调查搜集史料的工作。在中国,三千多年前的周朝就设有专门为史官搜集人们言谈内容的书记,所谓"动则左史书之,言则右史书之"。这些书记主要是记载君王的言行举止,而不是普通社会的历史。但到汉代,确实已运用访谈、口述的方法来搜集史料。如司马迁的《史记》就是依据大量的实地考察得到的口述访谈资料与丰富的文献记载相互引证而撰写的。在西方,在早期的历史学家希罗多德和修昔底德的著作中也可以看他们是如何使用口述证据的。在古代希腊,"历史"一词的含义就是"根据事件的目击者所做的证词去推究事实的真相"(Ritter,1986:193)。这里的"证词"在很大程度上指的是口述证据。实际上,历史学家所使用的史料归根结底都是来源于口述,例如社会史广泛使用的官方调查委员会的社会调查资料,主要是来源于口述,其中有很多证据是经过对目击者的访问而获得的。

但是,作为一种独立的史学方法,具有现代意义的口述史学大约在20世纪40年代的美国产生,六七十年代在欧洲和其他许多国家得到广泛利用。作为现代意义的口述史学,实际上是通过有计划的访谈和录音技术,获取某一个特定问题的第一手的口述资料,然后经过筛选和比照、分析和辨伪,通过历史研究的方法得到成果(梁景和,2005:85—86)。

2. 科学意义上的口述史

学术意义上的口述史是由美国的现代史学家艾伦·内文斯于20世纪40年代提出的。他通过访谈笔录的方式搜集了美国普通民众的大量口述回忆资料,并以此为基础,于1948年在哥伦比亚大学建立了一个口述史档案馆。1966年9月在加利福尼亚州举办了美国口述史学第一次大会;1967年在纽约召开的第二次大会上,正式成立美国口述历史协会,会员遍布全美及海外各地。到1980年,美国口述历史协会制定出了口述史的学术规范和评价标准,至此,口述历史有了一套被学术界普遍认同的"游戏规则"。对美国口述历史学未来的发展影响最大的是美国总统口述历史项目,整理了对每任总统卸任后进行访谈的资料,相应地设立总统图书馆。这一项目推动了口述史学在美国的影响。

20 世纪 60 年代后期,美国口述史学出现了"人民性"和"民主性"的倾向,长期以来没有受到重视的黑人史、移民史、劳工史和妇女史等研究活动活跃起来。至 1978 年,口述史研究机构增加到 500 个。20 世纪 80 年代以后,美国口述史学研究的范围更为普及,几乎涉及社会生活的各个领域——社会史、政治史、企业史、部落史、婚姻史、性史、文化史、科学史、妇女史、儿童生活史、体育史、军事史和建筑史等。1994 年夏天,哥伦比亚大学口述历史研究室召开口述史学国际大会,吸引了来自 40 多个国家的 400 多名学者,这个学会每年都有 2 500 多名学者从事口述历史研究(杨祥银,2003)。

7.1.3　口述史在中国的发展

在中国,现代意义的口述史学研究大体上经历了三个发展阶段。

1. 第一阶段(20 世纪 50—70 年代):政治色彩浓厚的研究阶段

这一阶段的口述史学研究主要集中于对太平天国运动、义和团运动、辛亥革命、五四运动等重大革命政治事件的实地调查与口述资料的搜集,集中于"新四史"(家史、厂史、社史、村史)口述资料的汇编,集中于重要人物革命活动回忆的资料编选,这与当时讲政治、讲革命、讲阶级斗争的大环境息息相关。尽管如此,当时保留下来的大量文史资料,对于今天我们研究当时的社会历史现实、透视当时的社会心理、考察当时的社会生活仍有着重要的价值。其中,最具代表性的成果是《红旗飘飘》和《星火燎原》。此外,还有各地政协响应 1959 年周恩来总理关于 60 岁以上的政协委员写自传的号召而成立的文史资料馆,各馆最终整理出版了 100 多辑、2 000 多万字的文史资料选辑,其中包括录音机录下的国民党战败后国民党高级官员、前资本家和下层社会成员的叙述。这些资料现在已经进入国内外史学研究者的视野,他们通过解读当时独特的话语系统,使国史研究进入了一个新的阶段。值得一提的是,上海社会科学院历史研究所自 1956 年创办以来就给予口述史以重要的地位,他们与上海工人运动资料委员会合作,通过调查、访问和举行座谈会,搜集和整理了大量有关上海工人运动和工人生活的口述资料,其中的大部分出版后在内部流通,未出版的也进行了分门别类的梳理,总字数超过 1 000 万。毋庸讳言,这一时期的口述资料显然具有浓厚的政治色彩,服务于中华人民共和国成立之初政治斗争和政治生活的需要,但它毕竟保留了许多鲜活的资料。而且,任何学科的发展都不可能脱离当时的大环境,无论是学术上的,还是社会生活方面的。因此,我们不能以今天的眼光来苛求当时的口述史学工作者。从另一个角度来看,它还保存了当时的话语系统与言说方式,这本身也是一个有待开发的宝库(王艳勤,2004)。

2. 第二阶段(1978年至20世纪80年代):由政治取向转向文化取向的过渡阶段

在这一阶段,在解放思想的大好形势下,口述史学摆脱了第一阶段以政治为导向、为政治服务的束缚,走向以文化事件和文化人物为中心的新阶段。主要成就有北京大学出版社所出版的"口述传记丛书",其中有《风雨平生:萧乾口述自传》《跋涉者:何满子口述自传》《小书生大时代:朱正口述自传》《带翅膀的摄影机——侯波、徐肖兵口述回忆录》等。这些自传通过文化人物(主要是文化精英)经历向我们展示了人物背后的大时代。在北京大学,由张寄谦教授牵头,从1984年开始做有关西南联大的口述史工作,他的学生在其组织下几度采访曾在西南联大生活过的当事人。只是限于当时的资金等条件,这一研究没有得到预期的效果。与此同时,在上海交通大学社会科学系讲授美国史的王义杰录音采访了武汉、成都、天津、北京、长春的十位历史学家,让每一位历史学家谈一个问题,借以反映中国史学界关于美国历史的观点,最终以盖瑞特的模式写成《美国历史的主要问题:同中国历史学者的谈话》(王艳勤,2004)。北京社会科学院历史研究所的钟少华从20世纪80年代开始从事口述史研究,他以100多位科学技术专家为访谈对象,记录了他们所经历的许多重大事件、治学经验和独到的见解,重点挖掘技术以外的文化背景。从文化人物的自传,到西南联大当事人的口述,再到王义杰和钟少华的访谈,都是围绕文化主题展开的,有着强烈的文化意味。此外,这一时期中国的口述史研究开始与国际接轨。一方面,中国的口述史研究开始引入国外的口述史理论与方法,中国社会科学院文献信息中心的杨雁斌在这方面作出了突出贡献。另一方面,中国的口述史家开始与国外的学者交流与合作,如北大张寄谦、杨立文教授与来华做有关中国口述史学研究的美国城市史专家康涅狄格大学的教授布鲁斯·M.斯蒂文进行过交流与合作。钟少华于1986年应美国哈佛大学的博士何海诗之邀,共同访问一批中国的生物学家。回首20世纪80年代,我们发现,这一阶段口述史研究的文化取向与当时思想解放的大潮流和"文化热"不无关系,口述史研究既得益于后者,同时也为后者作出了自己的贡献。但明显不足的是,这一时期的口述史研究仍囿于精英文化圈,较少关注大众文化层面,并且在方法和理论上仍不够成熟,与国外同行的交流与合作尚处于初始阶段。

3. 第三阶段(20 世纪 90 年代至今):由精英走向大众,由封闭走向开放的阶段

这一阶段,口述史的研究对象从英雄人物、领袖人物转向普通人物、大众人物。在研究方法上,由传统的调研方法转而借鉴国外口述史学的理论与方法,与国际口述史学界接轨,使口述史研究由零散趋向系统化,由"避于一隅"走向世界。在研究手段上,由简单的录音、录像等向信息化的电脑处理迈进(王艳勤,2004)。这一阶段的成果也较前两个阶段丰富,有海外口述史理论与方法方面的论文、译注的引介,如保尔·汤普逊的《过去的声音——口述史》;有口述史研究机构的成立,如北大社会生活口述资料研究中心;有高校口述史课程的开设,如北大历史系杨立文自 1996 年始开设"口述史学研究"课程,并开设了网站①,大陆学者在借鉴海外研究成果的同时,也陆续推出了自己的研究成果。能够集中体现这一阶段口述史研究特点的是对清朝末代皇帝溥仪的研究。溥仪由清帝国的皇帝转而成为中华人民共和国的一个普通公民,这一身份的转变引来国内外众多学者的关注。其中,吉林省社会科学院研究员王庆祥的口述史研究最有影响。他不仅记录了大量的口述资料,而且收集了他的照片和一些手稿,整理出版著作(包括电视专题片)共 26 部,在中外报刊上发表文章 70 余篇,总字数超过650 万字。根据李淑贤口述,由王庆祥整理采写的《溥仪与我》,同年改编为电影《火龙》。根据口述资料制作的电视专题片也在全国引起了良好的反响。

妇女口述史是这一阶段成就最大的一个领域。1992 年,由李小江设计了"20 世纪中国妇女口述史"项目,自立项以来,参与者已达 1 000 余人,整理成册的"访问个案"有 500 余份,下辖 30 余个已趋成熟的子课题。1997 年,张晓的《西江苗族妇女口述史研究》(贵州人民出版社 1997 年版)问世,这是口述史应用于妇女史、少数民族研究的成功之作。近年来,最有代表性的著作是定宜庄的《最后的记忆——十六位旗人妇女的口述历史》,这部著作是口述史在社会史和妇女史领域用口述方法研究历史的最新成果,作者通过采访 16 位旗人妇女对自

①　网站的开建,如吉林大学历史系杨祥银的主页 http://oralhistory.netfirms.com,开辟了口述史研究论坛;此外,如《史林》从 2000 年第 3 期起,推出了口述史研究专栏。

己出身的民族是否具有以及具有什么样的集体记忆,考察满族妇女的生活、婚姻、生育与族际通婚情况,以及辛亥革命后他们的家庭变迁和生活经历,在满族的民族意识、满族妇女的生活方面弥补了以往文献资料的不足,对于以汉人为中心和以男人为中心的传统史学提出了挑战。这一状况与近年来对妇女群体的关注和妇女口述史与国际学界的交流有重大关系(王艳勤,2004)。

总的来看,中国口述史学自 20 世纪 50 年代至今一直处于发展之中,无论是在研究理论与方法上,还是在研究机构的设置、研究队伍的扩大、研究领域的拓展、研究深度的加强方面都有喜人的进步。但我们的总体研究水平尚不能令人满意,与西方的口述史学研究还有很大差距,在课题立项、刊物创办、学会组织等方面还大有可为。

7.1.4 口述史法与其他相关方法的区别

1. 口述史家与新闻记者

新闻记者做专题采访通常有特定目的,例如撰写故事、为杂志写文章,或是写新闻报道等。由于截稿时间的压力,记者对于口头资料的依靠,远远超过文字资料。他们会在某一个地方在某个时间点拦住某一个人现场进行访谈或通过电话询问,并辅以录音的方式。访谈中不会花太多时间去聆听对方的闲谈,不刻意遵循一定的规则和方法,只关注自己想要的"点"。在后续的文章或报道中,访谈的内容只会摘录很小一部分,背景交代也甚为简略,但很多新闻记者的报告可以称为第一手的口述资料。

新闻记者和口述史研究者的工作内容很相似,都是通过访谈法进行资料收集,摘录其中的一部分引入文章中作为阐述观点的佐证资料,并把资料处理后进行保存归档。所以很多新闻工作者凭借着娴熟的访谈技巧,创作了一些口述史的巨作。有学者指出,口述史与新闻访谈不同的是其具有能提供一般研究使用、重新加以阐述和接受鉴定的确认的特性。

2. 口述史家与民俗学家

民俗学家芭芭拉·艾伦认为口述史家大致上算是历史学家的一种,将口述历史看成"原始资料的矿场",并进一步对历史进行解释。民俗学家也是像口述史家一样,以访谈的方式搜集资料。只不过,口述史法的重点是搜集受访者的经历,民俗学家则关注于收集传统故事等。例如对家庭中的全职妈妈进行访谈,口述史者会分别与夫妻双方进行访谈,准确获取资料的全面性,还会设法观察两个人的互动关系。而民俗学家有兴趣的是家中发生的故事和故事的本质。他们会邀请夫妻两人同时在场,一个接一个或者两个人同时进行表达,彼此相互补充以保证资料的完整性。民俗学家的关注点是借由人们的表达方式,来认识"可以辨认的模式"。

口述史家、民俗学家、人类学家、社会学家和语言学家都从访谈中获益,但是他们各自的目标影响了它们的方法论。"田野取向"的学者更加注重参与观察,不可以依靠那些源于记忆正在研究和写作的记录。历史学家寻找那些实际发生过的并可以被充分证明的具体事件。民俗学家和人类学家的兴趣很少在于事实证明,而在于寻找民间故事和民俗,这些故事并不比其他故事更合乎逻辑。语言学家则关注故事的讲述方式而不在于实质的内容。

3. 口述史家与讲故事者

人与人之间传播信息的方式有很多种,其中一种为故事讲述。任何人都有讲述故事的权利和资质,但是在平时讲述故事的时候,讲故事者并没有他人引导或问题导向,而是自己想要把经历过的一些信息告诉他人,并希望得到回应,聆听者的注意力集中程度对故事讲述者有很大的影响,但聆听者也不会带着问题进行提问,即使有,也只是对其中某个细节内容的质疑。故事讲述者的目的也不是保留永久不变的记录,而是要在行动上或者思想上影响和告知聆听者或通过聆听者的移情和出谋划策使自我得以认同或安慰。故事讲述完毕,故事讲述者也就结束了此信息传递的过程,至于后续听者的反应如何,其实并不是特别关注。

运用口述史的方法搜集的资料,即由一个个讲述的故事串联而成,是一定脉络故事的合集。因此口述史与故事之间有着紧密的关系。在访谈的过程中,访谈者需要在能力可及之处,加深对故事的广度和深度的挖掘,使资料更加饱满有力。口述史者是一个"有目的聆听者",又是一个"讲故事者"。口述史者是一个聆听者是指其通过访谈收集一个个与研究主题相关的故事,在聆听前设定好大致的问题提纲,在聆听的过程中做好记录,并对讲述的内容不停地进行澄清和确认,有目的地加以询问。同时,说口述史者是一个"讲故事者"是因为在其拿到资料之后,通过文字的撰写让更多的人知道这一内容。口述史最重要的一个价值就是通过有实际经验、亲临现场的人所讲的故事来记录历史,让没有身处其境的人知晓当时置身事件和时代中的人们的经历是怎样的。

7.2 口述史法的特征和优缺点

从上述口述史的定义与发展历史中可以大致概括出该方法的基本特征和优缺点。

7.2.1 口述史法的特征

由于收集资料的方向和重点有所差异,因此,口述史法的特征也有别于其他的质性研究方法。概括而言,口述史法的基本特征有下述八项(转引自潘淑满,2003)。

1. 扬弃标准的年代史观念

口述史并非按照传统的编年史方式来进行历史事件的研究。通常,受访者是根据个人的记忆,叙说历史事件发生的始末和个人亲身的经验。对这些历史事件的记忆,不是根据时间先后,而是根据相关现象或事件的脉络,逐步建构而成(如同图 7.1 所示)。

图7.1 口述史的主题事件建构模式

2. 以情绪连接为原则

当受访的关键人物在对过去的历史事件进行回忆式的描述时,往往涉入个人对过去历史事件的强烈情感连接。

3. 个人口语叙述蕴含不同意义

即便经历同样历史事件的一群人,当他们在对过去历史事件进行描述时,所表达的内容或呈现的方式,仍可能不尽相同。这并不表示每一个人对事件本身的了解是片段或不完整的,而是事件本身对每一个人的意义是不同的。

4. 融入视觉想象

当被访关键人物在对历史事件描述时,访问者往往会处于融入式的倾听过程之中,对事件会产生活泼鲜明的图像。

5. 缩短时间距离

在对过去历史事件描述的时候,被访关键人物经常会自动删除一些有关但并非很重要事件,直接切入关键事件的回忆中。如此不仅可以缩短历史洪流的距离,同时也能帮助进一步厘清事件的因果关系。

6. 关键人物的替代性

对口述史研究而言,发生什么事情往往比事件的关键人物来得重要,因而,有些与历史事件关键人有关但却无关紧要的特质经常会被忽视。

7. 叙述要素的变迁

通过受访关键人的口语叙述过程,可以帮助厘清某些重要特性,可能在不同事件或不同时间点,产生变迁的事实。

8. 口语叙述的模式

研究者往往可以根据受访关键人对事件的描述过程,归纳出不同类型的口语叙述。

7.2.2　口述史法的优缺点

任何一种研究方法既有它的强项,也有其不足之处,口述史法也不例外。它的优点和缺点主要表现在下述几个方面。

1. 口述史法的优点

(1) 弱势者的发声机会。

口述史方法最适合运用于弱势者、较少使用文字的人,或者生活空间比较局限于私领域的研究对象。由于这些人群缺乏参与主流社会的机会,也较少有接受文化教育的机会,因而,他们几乎没有可能用自己的观点为自己的生活经验或历史留下最佳见证。

(2) 挑战主流诠释观点。

传统历史研究的诠释主导权掌握在历史学家或专家手中,但口述史研究方法却是将历史诠释权交回社会大众的手中,由此可以用来挑战主流历史的诠释观点。

(3) 一种动态生命历程的再现。

口述史资料的收集,除了外在的事实信息之外,同时也包括内在的感觉。通过内外两方面信息的收集和分析,可以反映出个人生命历史的变迁过程及内在心路历程的轨迹。

(4) 双向互动的经验。

在传统的历史研究中,研究者与被研究事件中的关键人物没有任何互动关系。但在口述史研究过程中,研究者与受访关键人物却具有密切的互动,甚至可能因研究过程而建立起厚实的情谊。

(5) 弥补文字历史资料的不足。

人类社会中有许多历史事件或经验无法充分运用文字或影像予以记录,口述史恰好可以弥补文字历史不足的缺点。此外,口述史还可以进一步还原日常生活中曾经发生过的不幸却没有被记载的事件,并可以通过民众的眼光,让这些历史事件再现。

(6) 建构事件诠释的观点。

研究者可以针对某个特定主题,设计出以特定人口、族群为主的口述史研究方案,并通过对口述史资料的归纳、整理、分析和比较等过程,发展出对历史事件的诠释观点。

2. 口述史法的缺点

口述史研究方法在运用的过程中,也有其不足之处。

(1) 记忆影响研究品质。

如果研究者是采用以某个族群为主体的口述史研究方法,资料收集的内容与质量往往会受到口述者本身记忆的影响,这反而增加了研究者在对资料进行比对分析时的困难。

(2) 缺乏团体互动的过程。

口述史法是运用一对一的访谈方式对历史事件的关键人物进行访谈资料的收集工作。由于缺乏团体成员之间的互动与刺激,所以很难激荡出受访关键人物一些潜在、深刻的想法。

(3) 耗费时间。

由于口述史法是一对一的访谈及对历史事件的口述资料的收集工作,所以每一次口述资料的收集,无论访谈前、访谈时或是访谈后的过程,都是相当耗时的工作。

7.3　口述史法运用的计划

作为一种研究方法,口述史的实施有一个完整的过程或基本程序,所以,事前需要制定一个比较周全的计划,其中有些环节设计和安排需要引起高度重视。

7.3.1　口述史的研究选题

质性研究的选题至关重要,需要不断地加以检验和考量。有时候选出来的题目在执行之后,发现不切实际,再继续下去已无研究意义,便需要及时调整。

1. 选题前明确搜集资料的类型

口述史资料的搜集最理想的是搜集目前暂无的资料,增补既有的档案资料,填补有些重要资料的空白。以往的口述历史的主题有记录不详的社区历史、历史重要人物的生平轶事、参与重大社会事件的个人经历或者某类活动对个人和团体带来的影响。口述史家可以跟随和访谈具有代表性的人物,观察他们的工作状态、生活处境以及处事之道等,又或者去关注特定族群特别是少数民族的生活史、观察和记录弱势群体挣扎奋斗的历史过程,等等。

2. 选题的依据可以根据研究目标来设定

目标的意义和所搜集资料的质量是评判口述史的标准。在研究目标的指引下,研究者仔细斟酌所选择的访谈对象及其面临的相关问题,通过文献检索或者研究经验来衡量待收集的材料是否新颖或值得研究。

3. 选题的设定也可以根据研究者的兴趣和获得资料的便捷程度来确定

兴趣对于研究者来讲至关重要。同时,还得有相匹配的研究能力,才能顺利有效地实施研究计划。研究能力包括进入现场的能力、收集资料的能力、分析资料的能力,以及口述史方法运用最重要的与人沟通交流的能力。兴趣能够激发研究者研究的热情,能力能够保障研究者持之以恒,将研究进行到底。

7.3.2　经费、人员和器材安排

1. 经费的安排

口述史研究的经费获取有以下渠道:自筹和项目申请。前者包括向基金会申请、资源展售、义卖众筹等;后者有机构和政府单位以项目的形式予以支持等。

当然,在开展口述史研究时,也可以把两种筹资方法相结合,即当政府或机构的支持资金不足时,可以从研究者或者访谈对象的资源群体中引入额外的资金。目前,可能更多的是从机构或者政府单位争取资金,从基金会求得赞助并非易事。在向基金会申请经费时,小额的相对简单,需要填写的信息随着数额增加也会变得繁多。在向基金会申请经费时,申请表的填写要逻辑清晰,写明研究目标、研究价值、团队的组织能力、具体实施计划以及单位简介等;此外,还要明确告知基金会给予何种资助以及基金会通过资助可以获取什么样的社会效益。在整理申请计划时,如果能够获取基金会工作人员的帮助和指导,那绝对是"锦上添花",得到他们的建议,对于申请成功会大有助益。

在进行访谈之前,计划好研究需要的调研费、研究人员的劳务费、差旅费、住所费、餐饮费以及购买和租赁器材、辅助资料的购置和打印等其他相关的费用。研究者在研究过程中要设法保持研究步骤和经费的平衡。经费受限时,再有价值的研究也很难展开,有很多计划因为经费短缺而成为泡影。任何一项研究都需要有一定的花销,研究者要明晰自己可以承担的底线,不能盲目地随意支出。在整理项目预算的过程中,研究者要对现有的资源进行规整,查验和重新启动可再利用的资源来弥补现有空缺。另外,研究所需配备的人员中,也可以考虑在此方面缩减投入的时间和开支来降低项目成本,为其他的费用支出腾出空间,避免在论题和受访者的选择上受到来自经费方的限制。但使用这些方法节约开支时一定要保证研究的质量,要根据研究实施的过程适度缩减,切不可因为要节省开支,抛开那些真正在访谈上能作出贡献的人。经费的多少关系到访谈对象的选择和数目,当然有较高声望和社会地位的人所付的酬劳会更高些,要接触到也不容易,一旦收集到这类资料,将会十分宝贵。但这也不代表口述史的对象一定是"达官显贵",从不起眼的"平民百姓"中收集来的资料有时候更能证明历史的痕迹。

2. 工作人员的安排

在口述史研究过程中,应当采用多少工作人员,谁也不能给出一个确定的答案。研究者的能力和风格不尽相同,研究的主题也可能不一样。有些研究者喜欢一个人做事,而且有些访谈情境可能就只适合一个人去进行访谈;有些研究者希望访谈时身边能有个助手陪在身边,当自己有遗漏或者出现偏差时,可以有人及时提醒。研究过程中,研究者需要负责经费申请、确定访谈对象、安排访谈时间和地点、租赁器材、器材使用、资料翻录和梳理、文字归档等工作,且可能访谈还需要反复进行以完善资料,如果这些全部由一个人来做,工作量实在太大。有学者表示,最好的口述史访谈是"一对一"的方式,受访者可以专注在一个人的身上,故事也因此不会中断。而"一对多"很像一场"记者招待会",受访者的发挥会受到影响。但是团体访谈能够获取较为全面的资料,团队中以一位研究者为中心,待此研究者引导受访者阐述完毕之后,其他研究人员根据受访者的论述进行提问,对其中的细节加以澄清和补充,而团队由 2—3 人组成即可。

因此,本书认为一项研究一般有一个主要的负责人,主持研究的全过程;有一个研究助理,在对整体材料熟悉之后,负责传达和联系工作;1—3 名团队成员来参与项目访谈和后期的资料处理。有时为了节约经费,可请志愿者代替工作人员参与到研究过程中;如果是缺乏经验的志愿者,为保证研究的质量,需要邀请一位口述史专家对其进行培训,并且定期做工作督导。当然,为了节省经费,这位督导人员也可以由这项研究的主要负责人来担任。志愿者的人选可以先寻找有访谈经验的人士,在开始访谈之前,只需要对研究主题进行深入讲述,而没有相关经验的人士还需要对其进行访谈技巧的培训,另外,还需要教会他们如何在访谈过程中做好记录工作。研究中的工作者,不论是专业的工作人员还是志愿者,要使访谈维持一样的素质和质量是相当困难的,项目主持者和助理要不定时地查阅收集的资料和观察访谈记录,及时跟进调研,以避免资料缺失,无法弥补。

3. 器材安排

大部分质性研究都离不开研究器材。口述史的研究器材随着时代和科技的发展也发生了革命性的变化。由带式、盘式、卡带式录音机、数字自动录音带、压缩磁盘和微型磁盘录音机,到录音笔、数码摄像等,研究器材越来越便捷,价格也越来越便宜。由于研究的特殊性,口述史研究必须对设备有所要求。根据研究经费中此项内容可供支出的费用去购置或者租赁研究器材,在器材使用时要预估出大致的访谈时间,留足器材的内存和电量,并不定时地进行查看和熟练器材的操作。

为了保证器材的顺利运作,研究者可以邀请受访者到研究者所在的地方,如果在受访者所在的地方,就要保证安置设备所需要的时间,且访谈环境尽量选择在一个比较安静的地方,以保证器材的收音效果。在访谈之前,研究者要预先测试器材的运行状况,在访谈的过程中,如果研究器材中途出现问题,研究者需要向受访者道歉,并另约下次见面访谈的时间。

7.3.3 口述史资料处理和档案保管

1. 口述史资料的处理

现场访谈的资料以录音或者录像的方式记录下来后,成为后期资料分析的重要依据。在后期资料处理的时候,为避免录音或者录像的质量随着时间的变化而受影响,以及有些访谈对象用方言表达或者有些老年人吐字不清晰需要结合访谈者现场的记录与记忆来理解,要保证及时处理资料。当然,最好能够在访谈结束之后对录音和录像进行检查,一旦发现问题,由访谈者和受访者共同确认将是最为理想的情况,但通常当天不会有那么多的时间允许研究人员做这一动作。

(1) 录音转换。

研究者习惯于首选文字材料,可以方便、快捷地携带和查阅,后期的资料处理最好是在保留录音或者录像之后,再翻录成文字资料,这样不仅可以更加放心地进行归档,也能让更多的人享用。翻录文字是一件耗时费力的工作,平均一个小时的访谈需要约 4—5 个小时的翻录,翻录的工作人员需要在打字时还要不断地倒退重播,查看内容是否翻录正确,少掉一个字或者更改一个重音字都会改变原来受访者所要表达的意思,且要仔细处理特殊词汇、简称、地名、方言俗语以及其他种种影响翻录准确性的因素,如果请未参与其中的人来翻录,还要将这些一一告知,如遇问题需立即反应,不可自作决定。翻录过程中,文字格式最好统一有序。另外,要注意翻录截止的时间。翻录首行应该写明受访者的姓名、访谈者的姓名、访谈的时间(××年××月××日星期×);如果访谈次数为两次及以上,还要注明是第几次访谈、访谈的地点。有些研究者在翻录过程中习惯把受访者的姓名简写成 A,把访谈者的姓名简写成 Q,也可以分别简写成访谈者和受访者的姓氏的首字母。但当口述史访谈过多时,翻录成文字不但浪费劳动力,还会花费一部分财力,如果经费紧张,可能无法完成所有资料的转换。如遇到这种情况,可以编辑出访谈内容的简介、受访者的基本情况以及录音的时间,能让研究者顺利知晓关键所在。

翻录过程中要严格遵守保留资料"本来的模样"。尽管这样,翻录后的资料也会常常受到质疑。虽然是逐字逐句进行转换,但是处理后的标点符号、缩写、不完整语句以及受访者当时的表情、肢体动作、情绪、音量高低以及谈话速度等却不能完全通过文字表达出来。正如戴维·克里斯特尔指出:"将非正式的谈话整理成文字似乎是不可思议的,因为将说话者在情境中自然发出的悦耳的音调、重音、语气都呈现出来是不可能的。"因此有学者认为翻录后的文字已不是原始的材料,扭曲和破坏了访谈的真实性。减少口语信息流失的方法有两种:一种是采用语言学领域的言谈分析,使用记音方式,将停顿(pause)、犹豫(hesitation)、重叠(over-lapping)、插话(interruption)等用特定符号标注出来;另一种是由一种语言转换成另一种不同的语言,例如把"上海话"转换成"普通话"。此外,电脑的出现使得录音和录像与文字的使用走向融合,使二者逐渐以互补的形式轻易地出现在人们的视野中。

(2) 资料的整理与求证。

访问结束之后,研究者下一步的工作就是整理资料。资料的整理分为两种:其一,一问一答式;其二,按照生命或生活史的时间顺序重新整理的文稿。二者各有优缺点。第一种的优点在于:保留口语的形式较多,比较容易追溯访问时的互动情境;便于日后重新查询录音内容;便于做言谈分析(discourse analysis)或内容分析(content analysis)。由于这种处理方式将整个对话看成一个完整的言谈或文本,因此,比较容易推导出受访者话语的逻辑,非常适合个案研究。但是,一问一答式的言谈往往存在句子不一定完整、语意不连贯或重复等问题,不适合做自传、传记、回忆录等书写形式。第二种恰恰相反,它的优点正好适合这种形式。

然而,无论将访问稿整理成第一种还是第二种形式,资料处理最重要的步骤是对整个访谈内容作整体性的评估:第一,所涉及的一些具有时代背景的历史事件是否与叙述的一致(比如事件发生的年代是否一样);第二,某些词语的含义在不同的历史背景、时代或环境下是否发生改变,因此,进一步求证词语的用法和含义是做口述史的重要步骤之一;第三,分析整个访谈前后是否具有一致性,如果内容出现矛盾,则矛盾产生于何处? 受访者的口述内容出现矛盾的原因通常有下列三种:记忆模糊;社会的变迁造成不同时代对同一件事情的看法不同;在言谈互动中受访者对自己的观点不断修正。对于第一种原因,研究者必须再三求证,包括重新访谈一次、两次,或询问周围的第三者,直到矛盾处得到解决。对于第二种原因,研究者必须再一次确定,时代变迁所造成的价值观改变是否具有普遍性? 对于第三种原因,必须确认受访者在谈话中不断修正观点,是由于受访者的个人特征,还是由于受访者处于某种外在因素影响? 总的来说,研究者对种种背景所做的任何进一步探究,事实上都可能引出更多线索,因而,内容的矛盾或冲突本身在口述史研究中有极其正面的价值意义。

(3) 资料的诠释。

针对所收集到的资料做言谈分析与内容分析,并赋予其历史的诠释,是整个口述史工作的最后步骤。整个访问过程应该被理解为研究者和受访者共同的"产品"(joint product),是一种言谈的形式。既然把访问看作言谈,而整理文字后变成文本,应该按照话语分析(对言谈)和内容分析(对文本)的方法,即同时对形式和内容进行分析。以尚弗罗-德谢(转引自唐纳德·里奇,2006)所做的文本为例,她认为对内容中"事实、事件和建议之间的相关性"(refrains and recurrences)的仔细分析有助于了解受访者人格特质。"refrains"包括"那是自然的"(It was natural)、"我们应该"(We were obliged to)、"我不想,但我又不能怎样"(I did not want to, but I should do)、"我们应该"(We had to)、"我拒绝"(I refuse)等。她收集到两位生命故事与经历几乎完全相似的悲苦年长女性,通过"refrains"分析,发现其中一位虽在逆境中却充满了与命运抗争的勇气和毅力,而另一位则是向命运妥协并表示无奈。尚弗罗-德谢还指出,"refrains"能够呈现受访者自己与社会之间的关系,例如自己和社会的和谐(harmony)、漠然(indifference)、冲突(conflict)和歧视(ambiguity)等。

如果整个访谈的过程可以看成研究者和受访者的互动,而访谈的内容也从话语分析或文本分析的理论框架出发,则最后的诠释也应该考虑是否与受访者的本意一致,而不是研究者套用理论的单方面理解,即在条件允许的情况下应该让受访者检视最后的诠释,看是否与其言语本意一致。

2. 口述史资料的档案保管

不论是研究需要,还是口述史研究过程中应做的工作,研究者都应该为每一份口述史资料留下清晰的痕迹,以慰藉自己的辛苦,并方便后人使用或进一步展开研究。口述史的档案包括:受访者的资料、安排访谈的信件、访谈内容的录音录像和文字以及相关说明等。在档案盒的上方写清楚资料的主题内容,并制作出一份盒内所有资料的目录存放于资料的上方,把录音录像电子文稿刻制的光盘和纸质资料一起放进档案盒内,封好之后,在档案盒的侧面写明档案的编号,并整齐地放置于档案柜内。档案的归档备份还可以利用网络的空间,将资料存储在云盘之后,待需要时随时随地可以下载,并且不会因为电脑破损或者硬盘丢失而消失。此外,即使是口述史研究的主要负责人,时间久了不但记不清楚研究内容,更可能忘记资料放在哪里。因此,在资料处理完毕之后,做一份访谈对象和访谈主题的目录,并写明录音和录像资料所储存的位置,打印一份贴在档案柜上或者电子版存储到电脑中,以便研究者能够寻找到自己要的那一部分资料。

随着互联网使用的广泛,一些网站可以存储录音、录像、图片以及其他资料,并且设置了检索和链接功能,围绕同一主题就能轻松浏览其他网站,找到相似的视频和资料。这使研究者和学习者能够随时随地进行查阅,但是有些学者表示,这样会侵犯受访者的隐私权,即使设有权限,依旧阻挡不了非法复制和传播,因此把口述史资料放置在网站上的做法应该再做思量。

7.3.4　口述史运用的法津考量

1. 受访者的权利

在接受访谈之前,受访者有权知道访谈内容将作何用途、访谈的整个流程以及访谈的酬劳等;在访谈过程中,阐述的内容可能会牵涉到他人,若受访者担心影响到他人,可以要求先将全部内容封存;访谈结束之后,受访者有权将访谈资料收为已有。美国联邦著作权法规定,任何人的语言和观念由任何具体形式加以记录,便自动享有著作权,其期限可延伸到作者去世后的 50 年。因此受访者对自己表述的内容有处置的权利,且访谈者也要时刻维护和尊重受访者的这一权利。

2. 访谈者的义务

对于受访者,访谈者必须事先就向受访者解说访谈的未来用途及其存储计划,让受访者能够完全清楚预期的结果。在访谈的任何时刻,都不能破坏与受访者之间的契约,要严格遵守相关的约定。对于研究者,为了全面开展口述史研究,会组建一个团队或者邀请部分志愿者参与,不论他们是不是专业人员,研究者都应该与其签署协议书,避免以后因为酬劳和产权产生纠纷。协议书上一般应该包括:研究计划、访谈者的名字、访谈者的责任、工作要求、薪酬规定、违约赔偿以及双方签署的时间等。协议一旦签订,访谈者就要严格遵守,不能随意破坏和违反。

3. 访谈者与受访者之间的契约

在口述史研究中,研究者与受访者之间签订契约极其重要。通常档案馆要求在开放口述史研究之前,必须取得授权或者版权让渡契约。同样地,访谈者为免除矛盾和纠纷,应当在访谈之时就取得授权书,最迟也不要晚于访谈结束和文字翻录时。授权及权利让渡契约确定了访谈的归属权及处置方式。由受访者和研究者共同签署的授权书应包括资料的文字版、电子版和其他出版形式,待授权书签署完成之后,受访者同意公布资料,任公众使用,就不能再控制资料的走向了。如果受访者想要保留著作权,并要求日后其他研究者在使用或者重新诠释资料时,必须得到本人或者其后代人的允许,遇到这种情况时,研究者应该尽力缓解,并告知如果受访者如果不能把资料交予研究者,则可以委托给专门收藏资料的单位。此外,口述史研究的授权书和契约应当要拓展标准,使其具有足够的弹性,以便适应各类受访者的需求。如果受访者在还没来得及签署授权时便离开,受访者的可以证明的口头允诺也可以作为口授契约,或者研究者可以寻找受访者最亲近的亲属代为签署授权。

7.4　口述史法的基本过程

口述史法的基本过程包括筹备访谈、布置访谈、进行访谈和结束访谈四个环节,研究者在每个环节都有不同的任务,需要修炼多种技能来战胜挑战,具体内容如下。

7.4.1　筹备访谈

访谈应该是一个有计划的过程,并需按部就班地执行。在访谈开始前,研究者对受访者了解得越多,访谈的方向就会越明确,与受访者建立关系的阻碍也会越少,且在访谈过程中知晓该怎样向受访者提问题、提出哪些问题。此外,受访者在访谈过程中有所遗漏或者遗忘时,研究者能够适时予以提醒,使访谈过程能够顺利进行下去,或者当受访者的阐述与其他记载有出入时,可以及时追问原因,在澄清的过程中也许会发现不一样的研究题材。如果前期做了充分的准备,研究者就可以避免提问题不够内行,减轻受访者对其专业性的质疑。

1. 了解受访者

针对访谈技巧,研究者可以先查阅别人的口述史资料,通过研究录音影像资料学习口述史访谈的技巧。通常在访谈之前,要把受访者的情况了解清楚,即他们个人的年龄、身份、生活经历以及其家庭、工作和人际交往等情况,他们身处的生活环境和社会环境等。这些资料可以通过研究者自己的文献阅读来获得,例如查阅受访者的家族史、旧杂志和报纸、刊物以及其他收藏在本地图书馆内和相关网站上的本地史资料,并邀请受访者进行补充。如果这些资料无法获取,可询问受访者是否珍藏有相关的备忘录、日记、信件和相片等,这些都可以作为访谈的参考资料。有学者表示,每进行一小时的访谈需要做十个小时的事前研究和准备。这说明在每一次访谈之前,都需要做较为充分、深入的准备,访谈阶段的内容都是环环相扣的,在前面资料收集和经验的沉淀下,后面研究就会相对轻松,查阅资料的时间就会减少。

2. 选择研究主题

选题的适当与否,直接关系到整个研究的进程和研究成果的意义。对于采用口述史法来进行分析社会现象的研究者来说,应该对选题的意义予以准确把握。采用口述史法进行研究的成本比较高,如果一个项目对于保存资料或研究没有多大意义,便可能没有办法获得相关机构的赞助或支持。所以,在选题时,研究者必须确立这个项目的目标以及尽可能评估这个项目的完成可能带来的效益或意义。研究者应该明白,为什么这个项目要采取口述史法来收集资料,其他方法为什么不能够替代?

另外,口述历史是通过历史见证人的叙述来记录历史,让未来的研究者明白,当时社会背景下的人们是怎样看待自己的过去和当时的历史,他们是怎样在一个共同的社区内生活和工作的,他们如何看待发生在那个时代的灾难和自己的困难,等等,所以说,口述历史法提供了洞察过去人们内心世界的一把钥匙(杨祥银,2004:43—45)。其次,研究者还要考虑受访者的难度。没有受访者就没有口述历史,受访者是口述历史的主角。口述历史选题的时间是有限制的,研究者必须要找到健在的当时历史事件的见证人。最后,研究者要考虑所需的人力、物力和财力。每个研究者应该视自己的"综合实力"量力而行,事先尽可能考虑好发生意外事件的对策,不至于当意外事件发生时束手无策。

3. 确定研究类型

在相关背景知识的收集和整理的同时,研究者必须确定研究需要什么样的口述史。若以人数区分,可分为单人口述史和多人口述史(两个及两个以上)。单人口述史以个人传记、自传或回忆录的形式出现。当然,也可以采用一问一答的方式,但这种方式比较适合分析资料用。被选为单一受访者应该具备以下条件:其一,是某个历史事件中的重要参与者或相关人物;其二,他(她)的生命史为整个时代或族群经历的缩影,具有普适性;其三,是拥有特殊经验或专长的人员。多人口述史通常是针对某一特别设定的主题分别访谈相关者,然后就收集到的资料进行分析、归纳、比较,作为支持或反对某种理论的根据。这里的多人并非指团体访谈,而是由单一的访谈累积而成。在这种类型里,每位受访者的生命史虽然没有单人口述史那样完整,但却是提供历史诠释与分析比较的重要素材。

4. 发展初步的概念

在相关背景知识的搜集、整理与确定研究类型之后,研究者或访问者(研究者和访问者可以是同一人或不同的人;若为不同的人,则访问者应和研究者一样熟悉相同的研究步骤和注意事项。以下为了叙述方便,均以研究者代表访问者)可以设计一些初步的题目和问题。一开始的问题指的是一个大概的框架,而且可以随时更改。研究者开始时不要设计太多特定问题,也不要把自己预设的想法放进问题中,那样会限制受访者的想象力;尤其当受访者的想法与研究者不同时,如果仍然"一意孤行",研究者的立场将使他失去机会了解受访者真正的想法。德博拉·坦嫩(Deborah Tannen)以话语分析的研究方法,整理出几点女性和男性说话表达方式的差异,并认为男女彼此要降低谈话时的摩擦,就要相互了解说话方式的差异。男性会为坚持自己的想法而不惜和人产生冲突,而女性则会为了避免冲突而在行为上或语言上妥协。除了设计问题不要加入预设立场以外,在问题的内容上也要同时包含和兼顾外在事实陈述、内在情感探索、内在观点表白(如婚姻观、性爱观、社会观),等等。

5. 制定访谈提纲

使研究者对访谈过程有所掌控的依据就是设计访谈提纲。访谈提纲由承载着研究目的的不同问题组成,是一份问题清单,每个问题之间具有一定逻辑性。如果研究者对自身访谈能力不够自信,可以多设置几个问题或者把问题细化,变成一个个小问题,以防受访者回答内容太多,进而使得访谈过程难以掌控。访谈提问中,不能一次提一个以上的问题,一味地用"问题"追击却不顾受访者是否有回答的机会,这会让受访者不知道先回答哪一个,造成问题遗漏。另外,也要避免设置一些不给受访者阐述机会的问题,即简答题,例如,你是在哪里长大的?或者问出的问题有太多研究者自己的价值涉入在里面,如"你不会是在全年级最差的班级里读书吧?"这种发问的方式和问出的问题,会让受访者产生排斥心理,与研究者的距离越来越远。所以,在设计问题的时候,需要密切注意不要列出或问出以下几种类型的问题:诱导性问题、歧视性问题、歧义性问题、价值性问题和集群性问题等。

口述史讲求的是让受访者"尽情"地说,追求的是较为宽广和较具解释性的内容。访谈不可能一次就访问完所有的资料,其中还包括与受访者建立关系的过程,且一次访谈的时间不宜超过 2 小时,因此在访谈提纲设计的过程中,也要对此问题有所考虑。

7.4.2　布置访谈

1. 寻找关键人物

布置访谈即不断确定访谈对象的过程。在访谈初期,研究者可能只是锁定了研究的区域,对于研究的具体对象则需要进一步挖掘。此时,研究者可借助一个关键性的人物协助其熟悉周围环境,开展访谈。而这个关键性的人物应该是研究者所探讨的事件或者社区里年纪最大或最具有权威性的受访者。此人在受访人群中较有威望,受到多方尊重。如果能连接到这一资源,将大大有助于寻找和说服其他具有潜力的受访者接受访谈。但有时候推荐出来的受访者并不全是适合研究的,研究者需要扮演侦探的角色,对受访者进行一一甄别。通常研究者可先确定主要的受访者,然后通过"滚雪球"方法或"受访者推动"的方法,再找到与受访者有密切往来的人员作为其他受访者;也可以通过刊登启事和广贴海报宣传的方式招募潜在的受访者,再由研究者自己根据要求进行筛选。确定受访者之后,研究者通过电话、邮件或者当面告知,说明研究的目的和研究计划,并和受访者商量访谈的时间等。条件允许时,可适当向受访者解释现场采用的录音录像设备和资料的后续处理方式,为与受访者签订授权协议奠定基础。

2. 安排访谈线路

在访谈对象的安排上,针对受访者的年龄、重要性、访谈的时间、地点等,应该及时做好安排。先从年纪大的、重要的开始,年纪小的、距离远的可放到后面进行访谈。若访谈时间受限,可以把住得相近的受访者一起邀约,通过焦点小组的方式进行访谈。时间安排要以受访者方便为主,如果是在受访者的家中或办公室访谈,一定要问清楚路线,着装规整且准时拜访。另外一个关键的问题是经费使用。在筹备访谈过程中可能已经需要一定的花销,在前期拜访有威望的受访者或者与受访者安排事先见面时,比如一起喝杯咖啡、吃个午饭,借此与受访者熟络一点,为实际访谈找到切入点,依照预算适当安排必要的花销。但有学者不建议与受访者提前见面,因为那样会让受访者流失初次面对问题的那份纯真与率真,这点可以由研究者根据情况进行处理。

7.4.3　进行访谈

1. 设备器材

在访谈过程中,通常使用的器材有:摄像机、录音笔、"小蜜蜂"型麦克风等,而这些设备器材很容易对受访者的表达造成影响。因此,除了把访谈安排在一个安静的地方外,摄像仪器应尽量远离受访者,可以在受访者斜前方,而不是面对面,最好的方式是让在场的所有人能够忽略其存在。为了录音能够正常,可以把"小蜜蜂"型麦克风夹在受访者的衣领下面,并随身携带备用电池。录音笔放在受访者能看到的位置,现场录音应该提前告知受访者,并征得其同意;不把录音笔隐藏起来,可以表明研究者行事光明磊落,进一步取信于受访者,更何况"偷录"是不合乎质性研究伦理的,甚至是不合法的。在访谈时,这三种设备并不一定要齐备,但至少要保证录音笔的存在,且在访谈过程中最好能够有两个录音笔同时录音,以免有所差池,即使后续访谈能够弥补,受访者在第二次表达时可能也已经完全丧失了第一次访谈的感觉或味道。

此外,研究者要熟练操作这些器材设备,并在访谈开始之前进行测试,在访谈过程中适时地进行查看,以免内存不够自动暂停。如果没有其他团队成员负责,研究者在亲自去查验器材之时,要牢记访谈停顿的地方,保证访谈能够有序衔接。

2. 访谈策略

口述史访谈指的是一位准备完善的访谈者向受访者提出问题,并且以录音或录影方式记录下彼此的问与答。口述史是以累积文本的方式通过一个人或一群人叙述其生活/生活经验和生命故事。生命故事包含着某些故事、事件、生涯或转折点,因此可以以时间为脉络展开访谈,在受访者讲述事件的过程中,研究者听到与研究主题关系比较大的内容时要仔细询问,但也不能把受访者的表述限制得过于死板,导致缺乏张力,影响资料的深度和内涵。在开始询问时,研究者不要直截了当地进入主题,可以先针对受访者所在的环境稍微寒暄几句,让受访者放松下来,然后依据一般性的题目进行开场,让受访者感觉舒适自如,在愉快的气氛下进行访谈。紧接着,先以开放式的问题进行,谈论范围放宽,把权利让渡给受访者去解说自己的故事,让受访者在叙事和思考时有充分的自主权,并给予其充分的时间把想要表达的内容表达出来,慢慢地收紧问题的范围,通过评论、复述、澄清的方式转化成特定的明确性的问题,引出受访者对某一具体事物或事件的回应,即"漏斗式"访谈。此时的评论应该简单明了,不拖泥带水、含糊不清,在引发受访者回忆的同时,缓解其压力,切不可过于尖锐、带入个人价值。若是询问过程中发现访谈设置之外的问题,研究者要及时追踪问题,请求受访者给予清晰、敏锐、充分的解释。

3. 注意事项

访谈过程的顺利与否直接影响到资料的完整性和可信度。所以,对于研究者来说,具备一定的访谈技巧是非常关键的。访谈技巧有很多,这里介绍几个注意事项,仅供参考学习。

(1) 重视访谈时的互动关系。

研究者应该尽可能建立一种可以让受访者自由表达意见的气氛和环境,不要为了引导受访者进入研究者关心的范围而打断受访者的话语。在整个访问过程中,研究者与受访者彼此共同完成一些想法,互相沟通,使得访问过程不但是一种信息的获得,也是一种互动的关系。如果研究者和受访者由于社会阶层的差异而处在权力不平衡状态中(在口述史工作中普遍存在),研究者更应该以诚恳的态度,向受访者表达自己的兴趣,以缩短彼此的距离。

(2) 仔细倾听受访者的语言。

访谈过程时刻考验着研究者的细心、耐心和敏感度。受访者在访谈前期同意接受访谈,并不代表着后面能够遵守承诺,可能某个问题的触动变得不配合或者研究者的问题对其而言过于肤浅,无法调动受访者回答的兴趣。访谈时,研究者要不停地关注受访者的反应,不断根据受访者的步调改变自己的访谈计划,激励受访者有更多的回应。访谈者要是事前有所准备,就应该能够洞察这类行为的原因,做出相应的对策。同时研究者也应该进行自我反思:是不是问题的设计有误,接下来是否要调换研究的方向?在由开放性问题到具体的、聚焦的问题转化的过程中,研究者应该准确把握时机。如果受访者在回答问题时含糊其辞、回避重点,这时用封闭性的问题把讨论的焦点集中在某个具体的点上,那么问题相对来说就比较专题化了,进而引出更多完整的信息出来。但在回答问题时,受访者给出的答案正中要点,且十分简略,已经没有什么可以拓展的,那么这时也就可以结束访谈了。避免提出受访者已经回答过的问题,重复发问是非常尴尬的,会让受访者质疑研究者在访谈过程中的专注程度。

(3) 给受访者充分的理解。

口述史讲求收集受访者过往的经历,但其中不免有受访者痛苦的经历,旧事重提,受访者心中定会泛起波澜。当受访者为过去的事情痛哭失声而使访谈陷入僵局时,研究者要给予受访者充分的理解和尊重,适时保持沉默,让受访者休息片刻,慢慢整理自己的情绪,待受访者恢复平静后再进行访问。此外,过去的事件已经发生,复述可能是经过受访者加工过的修饰后的结果,事件发生的过程被重构,出现戏剧性的效果,有悖事实,且人们在回忆往事时,会很容易把不好的事情忘却,把聚焦点放在成功事件上,以至于研究者不能全面获取资料。研究者要及时把前期筹备的资料与受访者的表述中矛盾的地方进行对比,并在受访者表述完毕之后,再加以询问。也有学者表示,受访者重述故事的过程,也是自我诠释的过程,引导他们对过去产生新的认识,重新赋予生活的意义,不要过于强调对错和真假,而是聚焦于受访者视角即可。

7.4.4 结束访谈

1. 结束方式

在研究者仔细查阅资料,认为可以结束访谈时,再次把研究的主题抛出来,让受访者做概括性的回答,并对其一生的经历做简要的回顾,征询受访者的意见,询问其是否还有什么事件想要或者觉得可以补充的,如果没有,邀请受访者展望未来或者阐述自己对未来的憧憬,之后就可以向受访者表明访谈即将结束,后续如果有需要再完善的地方就另约时间。关闭录音设施之后,再与受访者聊聊天,告诉他这份资料是多么重要,感谢其为历史研究作出的贡献。

2. 资料处理

在访谈结束之后,研究者还有一项重要的事需要完成——提醒受访者资料的处理方式,签署授权协议,并把录音录像的资料拷贝一份给受访者保存,待资料处理之后,给受访者赠送一份成文的专著或者论文。如若有公开的展览或者要签售,可征询受访者意愿邀其出席。切不可访谈一结束,研究者就扬长而去,对后续资料处理肆意妄为,对受访者不管不问,访谈时的承诺完全烟消云散,失去研究的信用。

3. 酬劳感谢

给受访者支付一定的报酬,感谢这段时间来的辛苦付出,但给予酬劳的多少,则应该根据研究经费和机构本身的资源而定。口述史计划的预算一般都较少,有学者表示,将一个人的生平事迹记录下来,这本身就是一份酬劳。不论是否支付受访者费用,都要给受访者解释清楚访谈资料的用途,且要征得受访者的理解和支持。

7.5 口述史的运用及反省

与其他研究方法一样,口述史法在收集资料和与研究对象互动的过程中,或多或少会涉及政治、伦理等议题，它们都需要引起研究者的关注和反思。

7.5.1　口述史运用的原则和标准

为规范和推动口述史发展，美国口述历史协会推出一套关于口述史的原则和标准，鼓励制作和使用口述历史的研究者坚守确切的原则、权利和义务，以期收集到有凭有据、实用可靠的资料。原则和标准规定了访谈者对于受访者、社会大众、赞助机构等相关主体应尽的义务。

1. 对于受访者应尽的义务

第一，必须告知受访者，口述历史的一般目的和程序，以及该特定计划的目标和预期用途。

第二，必须告知受访者，口述历史制作过程中双方的权益，例如编辑、使用限制、著作权、优先使用权、版税以及该记录预期的处置方式和各类传播方式，包括可能的电子发行。

第三，必须告知受访者，将请求他们签署法律授权书，在受访者同意开放使用之前，访谈应该持续保密。

第四，访谈者必须谨防向受访者做出一些自己无法达成的承诺，比如，保证访谈一定出版；答应未来访谈公开后，让受访者继续控有使用权等。在未来的所有使用中，要真诚努力，必须尊奉受访者协议的精神。

第五，访谈必须依照先前与受访者所做的协议来进行，这些协议必须记录存档。

第六，访谈者工作时，必须在计划的目标和访谈者的观点之间保持平衡。他们应该敏感于当今文化的多样性，以及种族、阶级、族群、年龄、宗教和性别认同等所牵连的复杂关系。他们也应当鼓励受访者以自己的风格和言语来做回应，勇于说出与自己相关的事情。访谈者同时应当就适于探察的部分充分询问受访者，并且深入探讨，不以浮泛的回应为满足。

第七，访谈者应当防范受访者遭到任何可能的剥削，并且对于日后访谈的各类可能使用方式保持警觉。访谈者必须尊重受访者有权利拒绝讨论某些题目；有权对访谈的使用加以设限，情况严重时，甚至采取匿名。访谈者必须向所有的受访者清楚地解说这些自由抉择权。

第八，访谈者应当使用最好的录制设备，他们的工具要准确复制受访者的声音。合适的话，还可以录下其他声音和可视的图像。

第九，由于新技术的迅速发展，必须告知受访者可能利用他们访谈的广阔范围。

第十，真诚努力，必须保证录音和抄本的利用要尊奉受访者协议的精神和条款。

2. 对于公众与专业本身应尽的义务

第一，在执行工作时，口述史家有责任维持最高的专业标准，并维护与工作相关的各类学科和专业的标准。

第二，在认识到口述史对于了解过去的重要性以及执行口述历史所耗费的人力和财力后，访谈者和受访者应当共同努力，坦诚地记录下具有永恒价值的资料，并且让此项资料易于使用。

第三，挑选受访者时，应该以他们的经历对眼前计划主题的启发程度为决定基准。

第四，访谈者必须具备访谈技巧和专业能力，或者对眼前计划主题有所历练。

第五，无论计划的特殊兴趣如何，访谈者都必须尝试超越计划的重心，努力扩大询问范围，创造、制作出最完整的记录，以使他人得蒙其益。

第六，访谈者应该尽力以具有挑战性和见解的询问方式，来进行富于讯息的对话。他们应当以受访者的背景为基础，可能的话，小心研读适当的原始文件以及受访者可能谈到的、与主题相关的二手资料。

第七，访谈者应当竭尽所能利用最好的记录设备为访谈做记录。他们的工具要准确地复制受访者的声音，如果合适的话，还可能有图像。他们也应当收集资料和记录受访者拥有的其他资料，包括照片、印刷资料和其他声音，如果合适的话，还可有活动的图像记录。

第八，访谈者应当就其筹划与方法，包括访谈环境等，提供完整的实况记录。

第九，可能的话，访谈者和受访者应当重阅和评估访谈，包括所有由访谈制成的摘要和抄本。

第十，在取得受访者的允诺后，访谈者应当安排将访谈存放到既能保存，最后还能开放一般使用的档案典藏处。访谈者应当提供该访谈的基本资料，包括计划目标、赞助单位和经费来源等。且最好在计划开始之前，就配合档案典藏处决定必要的法律安排。如果访谈者安排保留该访谈的优先使用权利，其优先使用时间与先于公众使用时段的距离必须合情合理。

第十一,访谈者必须心系其搜集口述历史的社群,小心谨慎,切莫轻率地增添负面印象,或为社群招致不当的声名。他们应当竭尽所能,让其访谈能为社群使用。

第十二,使用和引用口述历史时,应该和使用其他史料一样谨慎小心,并且采用相同的标准。使用者有责任维护受访者声音的完整性,不能误解受访者的话,也不能不管前后脉络,任意摘用。

第十三,口述历史计划必须在根据该计划制作的所有展览、媒体展示或出版物上,公开注明计划赞助者和经费来源。

第十四,访谈者与口述历史计划应当审慎考量,如何与受访者及其社群分享工作成果所可能带来的回馈和奖赏。

3. 对赞助机构与档案机构应尽的责任

第一,赞助机构与维护口述历史的档案馆对于受访者、访谈者、访谈专业以及社会大众都负有责任,应当在口述历史访谈的制作和档案维护上保持至高的专业和伦理标准。

第二,赞助机构(或个别收藏者)有义务遵循受访者所设定的条件,筹划和保存可顺利取用的档案;正确记录每个访谈的制作和后续处理程序;为保存和传播访谈,与迅速发展的技术保持同步;为访谈做鉴别、索引、编目。

第三,赞助机构和档案馆必须了解经由的各种工具,包括电子发行的方式、为研究而开放的网络的存在状态。

第四,在工作职权和资源取得的可能范围内,档案机构应当收集个别研究所制作的访谈,协助访谈者取得必要的法律协定。

第五,赞助机构应当培训访谈者,这种培训包括:给他们最基本的指导——如何更精确地记录访谈,如果合适的话,录下其他声音和活动的图像记录;向他们解说计划的目标;告知经手访谈时所必需的一切伦理和法律考量,以便访谈者清楚地了解自己对计划和受访者所应尽的义务。

第六,必须适切地照会受访者和访谈者,了解其工作成果的各种引用或使用方式。

第七,档案馆必须做出真诚的努力,确保对录音和抄本的利用要尊奉受访者协议的精神和条款,特别是那些应用了新技术的计划。

此外,美国口述历史协会指出,这些口述史计划执行过程中的原则和标准仅提供指导专业制作的一般架构,实际应用时,则可依据特定口述历史计划的性质作出变化。无论访谈的目的如何,执行口述历史都必须具有批判探索精神和社会责任感,且要认识到口述历史资料的收集过程本身就是互动的和主观的,并没有铁定的规律和不变的法则。不过当我们深入理解了这些规则,并能够活学活用时,掌握口述历史这一资料收集的方法会变得容易很多。

7.5.2 对口述史的反省

中国的口述史虽渊远流长,但它的真实性一直受到人们的怀疑。真实性问题涉及口述历史的客观性,这也是我们所面临的一个理论问题,是由其本身的性质所造成的,在实际操作过程中,从访谈对象的确定,到访谈过程的掌控,再到访谈资料的整理与分析,都无法避免"完全无主观"的涉入。但是,在操作过程中,研究者应该尽量避免主观因素,使所得材料尽量逼近"事实",这是能够做到的(王艳勤,2004)。

"口述史往往只是一个个圈套,陈述者已经按照自己的想象和主观意愿重新组合、编排、过滤了历史。"口述史的真实性或客观性主要受到以下三个方面的质疑:(1)口述者的记忆偏差和失真不可避免。"历史的当事人和'过来人'并不意味着就是完整历史最佳的解释者",因为要看口述者"是否真诚地、毫无保留地讲述历史",口述者作为目击者、见证人,"他们有没有出现事过境迁的记忆模糊?有没有凄风苦雨之后的自我升华?甚至有没有狡黠的睚眦必报?给人性打上人性弱点的烙印","陈述者有说出'真实'历史的权利,也有制造历史'真空'的可能"。(2)对口述者而言,的确存在记忆如何运作以及是否可靠的问题。他们在回忆的过程中,无论主观上是多么趋向于再现历史真实,但在客观上,受记忆规律的制约,受个人情绪、情感以及后来经历的影响,回忆在很大程度上存在着残缺、变形的可能性。此外,我们甚至不能排除这样一种情形的出现,即口述者根本就无意于提供真实的历史记忆。实际上,当口述史真正走向成熟时,这一缺点恰恰是口述史的优点所在。(3)访谈者的客观性立场值得怀疑。在很大程度上,存在着访谈者被口述者牵着鼻子走的危险。尤其是当口述者生动地回忆叙述感情色彩浓厚的历史事件时,访谈者由于同情、悲悯等感情冲击而失却应有的立场。正所谓人同此心、心同此理,访谈者在与口述者的双向互动交谈中,不可避免地产生情感反应,但这并不构成怀疑的理由。因为,一般的访谈者都有周密的访谈纲要,有访谈人自己的理论思路指引,访谈者可以对谈话过程进行有效的控制,避免口述者完全成为感情的宣泄者,并且在访谈之后还将通过自己的后期整理对访问稿进行加工。进而言之,口述史的成果并不是口述资料的简单汇编,它是访谈者与口述者共同参与完成的双向互动过程,至于其中所渗透的访谈者的主观意识,则是不可避免的,但这并不妨碍口述史的真实性,犹如书写文献资料中史家的主观意识并不威胁史料的客观性一样。

除了真实性问题外,口述史还存在着"不准确"的局限性。口述来自受访者的记忆和理解,而人们的记忆会出错,理解也会出现偏差。口述、谈话是即时性的,说出来的内容并没有经过深思熟虑,其话语有时不全面、不稳定、情绪化,甚至不准确。与之相反的另一种情况是当受访者经过深思熟虑之后说出来的资料也可能具有欺骗性(熊卫民,2005:130—131)。因此,研究者应该在二者之间寻求一种平衡,使得收集得资料尽量客观真实地反映受访者当时社会背景下的真实状况。这种"不准确"的原因有很多,但其自身的缺陷是不可避免的。口述史的主要来源方式就是当事人的口头叙述,作为表达方式,这种方式的不足导致了口述史的局限性。在历史上,口述史最主要的局限性是口说无凭。因为说话人的声音不能被录下,所以事后难以找到确凿的证据以追究说话者的责任,说话人在说话时也可以不那么负责任,而且他也确实可以比较容易地否定自己说过那样的话。与此同时,宣称听过某人说过某话的人,很容易错误理解、杜撰、篡改别人的话语。这一切都使得人们不太信任口头陈述,所以需要"口说无凭,立据为证"。自留声机、录音机发明以后,这种可信度方面的局限性基本得到解决。但是,随着录音技术的进一步提高、微型录音设备的出现以及电脑声像技术的发展,许多法律问题和伦理道德大都受到挑战。部分研究者为了满足自己研究的需要,不惜采用一些非法和非道德的手段获取资料,有的研究者甚至对资料进行"不符合实际"的建构,造成很多对资料的误解或错误理解。这些应该引起研究者的高度重视。

本 章 小 结

本章介绍了口述史从产生到发展的过程,并介绍了口述史的具体操作过程,使读者对口述史有了全面深入的了解。但这里必须要指出的是访谈记录和口述史的区别。在大多数的文献资料中,很多读者把访谈记录误用于口述史,或者把口述史当作访谈记录。事实上,访谈记录和口述史并不是一个概念,要严格区分二者的异同。访谈记录是对受访者的一个面谈记录,它可以是围绕一个主题进行访谈,也可以围绕几个主题进行访谈;它可以是围绕受访者经历的历史进行访谈,也可以围绕现实问题对受访者进行访谈。口述史是在对相当数量的访谈记录进行研究的基础上,对一定的历史问题给予实事求是的说明和再现,并给予本质上的解释或对其规律的揭示。这不是访谈记录所解决的问题。口述史是历史研究后的成果,一般的访谈形成的访谈录是访谈后的记录,它只是口述历史研究的资料。访谈记录的确有生动的、口语特点突出、容易理解、形象感强等特点,给人留下的印象鲜明。而口述史虽说也可以在一定程度上具备上述特点,但并不要求必须如此,甚至相反,有时由于思辨和论证的需要或对深层问题的探究,可能会显得抽象。

推荐阅读文献

1. 唐纳德·里奇:《大家来做口述历史》,王芝芝、姚力译,北京:当代中国出版社 2006 年版。

本书是一本介绍口述历史理论、方法与实践的百科全书式的手册。

2. 保罗·汤普逊:《过去的声音:口述历史》,覃东明、渠东、张旅平译,沈阳:辽东教育出版社 2001 年版。

本书分为理论总结和口述历史方法阐述两大部分。

第 8 章
参与观察法

观察法可以说是一切方法的基础。我们按照观察中研究者所处的位置或所采取的角色,可以把观察法区分为参与观察(participant observation)和非参与观察(non-participant observation)。所谓非参与观察(部分学者也称其为局外观察),即观察者处在被观察的群体或现象之外,完全不参与其活动,尽可能地不对群体或环境产生影响。形象地说,非参与观察就是"冷眼旁观"或"坐山观虎斗",最理想的非参与观察是观察者隐蔽起来观察,使被观察者一点也意识不到有研究者正在场观察他们。鉴于本章的论述重点,在这里不再对此展开。相反,参与观察就是研究者深入到研究对象的生活背景中,在实际参与研究对象日常社会生活的过程中所进行的观察,是一种非结构性的观察。

正像台湾学者胡幼慧所述,参与观察不但是一种生活,而且是我们生活的过程。象征互动学派认为生活就是所有参与者面对不同情境,发展出不同行动的一种持续活动过程。人类的活动是个持续过程,许多人类行为现象必须通过互动才有意义,而意义则因时、地、人不同而不同,因此,参与观察是研究社会现象的最佳方法之一(胡幼慧,1996)。

但是,正是因为参与观察是一种身处其中的方法,因此就会面临客观性和选择性的质疑。同时,参与观察是一种身处其中的方法,因此,不可避免地就会面临伦理问题和政治议题,而伦理问题也是争论的焦点之一。因此,与其说参与观察是一种方法,不如说是一门艺术。

8.1 参与观察法的渊源和基本特点

观察法是一切研究方法的基础,而参与观察法更是在人类学、民俗学、社会学、教育学等众多社会科学领域里被广泛地运用。

8.1.1 参与观察法的渊源

1. 参与观察法的雏形

从某种程度上来说,参与观察最早是被应用于田野工作中的。早在 1 200 年前,欧洲的探险家与传教士就描述和记载了他们所遇到或观察到的陌生文化与异域人物,其他人阅读这些描述以了解外国文化。到了 19 世纪,欧洲的贸易与王权快速向外扩张,出现了越来越多学富五车的旅行者,游记报告的数量也随之增加。学院派的研究始于 19 世纪晚期的人类学。第一代民族学家只读过探险家、政府官员和传教士的报告,但是接触过他要研究的人。这些报告的焦点集中在"外邦人",而且充满了种族主义和民族自我中心倾向。旅行者很少会当地语言,必须要依赖翻译人员。直到 19 世纪 90 年代,欧洲人类学家才开始赴远方的大陆旅行以了解其他文化。

然而,参与观察真正作为一种研究方法被运用,是在 1890 年的德国。当时,保罗·果赫(Paul Gohre)以学徒身份在一家工厂中做工,并且在那里生活了三个月,每天晚上回到家都要做非常详细的笔记,通过这个方式来研究工厂的生活。他的著作深深地影响了大学校园内的学者,包括社会学家马克斯·韦伯。

2. 学术意义上的参与观察

(1) 参与观察正式诞生。

真正在学术上确立参与观察法地位的应该是英国人类学家布朗尼斯诺·马林诺夫斯基(Bronislaw Malinowski, 1884—1942 年)。可以说,他是第一位与研究对象长期生活在一起,并且记载整段收集资料过程的研究者。20 世纪 20 年代,他把密集田野工作当成一个新方法进行介绍,并主张"在直接观察与当地人的陈述以及观察者推论"之间做出区别。他说,社会研究应该直接与当地人互动并且和他们生活在一起,学习当地人的风俗习惯、信仰和社会交往过程。马林诺夫斯基用他的实际行动证明了自己的说法。他两度对生活在新几内亚附近的特罗布里恩德群岛的土著居民进行考察。他生活在土著人中间,讲当地土语,可以得心应手地记录各项内容,并以敏锐而客观的眼光观察各种反应;在此基础上,他提出了在社会人类学发展过程中具有重要意义与动力的各种理论性见解,其中包括性与家庭婚姻生活、原始法规与习俗、巫术与宗教等,这都是运用参与观察法所产生的著名研究。

当然,由于历史文化和当时条件的限制,在马林诺夫斯基时代,运用参与观察法进行研究的学者一般选取的是"非文明社会"或"外围社会"(这是一种文明中心主义的倾向)。但是,研究者除了运用参与观察法研究其他社会外,还针对自己所在的社会进行研究,其中的代表人物是查尔斯·布斯(Charles Booth)、碧翠斯·韦布(Beatrice Webb)和费孝通。查尔斯·布斯对伦敦穷人所做的观察,开启了人类学之外的田野研究和参与观察,碧翠斯·韦布直接观察在自然情况下的人,使用归纳的资料收集方法。费孝通开创了人类学田野研究可以研究本民族的先河,克服了"文明中心主义"倾向,其著作《江村经济》就是对中国南方一个村落全方位的研究。

(2) 参与观察被作为技术。

20 世纪 40 年代到 60 年代末,芝加哥学派把参与观察发展成为一种独特的技术,扩大应用人类学模型来探究研究者自己社会内的团体与情境,于是便出现了三个原则:

第一,研究自然状况或情况下的人群;

第二,通过直接与人互动的方式来研究他们;

第三,获得对社会世界的了解,并且对成员的观点提出理论的陈述。

(3) 参与观察的再度兴起。

20 世纪 70 年代到 80 年代,田野研究再度活跃起来,田野研究从认知心理学、文化人类学、民俗学和语言学中借来不少概念与技术,并运用到参与观察中来;另外,研究者们重新检视了社会科学认识论上的根基与哲学假定。

(4) 参与观察的发展现状。

时至今日,参与观察法因马林诺夫斯基对特罗布里恩群岛的研究而著名,并一度被认为是人类学的独特研究方法。但事实上,参与观察不但被人类学者和社会学者所采用,也被其他领域如教育领域、医学领域的学者所采用。参与观察已经有一套独特的方法论,田野研究者直接观察在自然情境中的成员并与之互动,以便获得他们看待事物真实而全面的观点。他们爱用行动主义者或社会建构主义者的观点来论述社会生活。他们强调人们通过互动来创造与界定社会意义,人类经验是主观感应的过滤,这个主观感应左右着人们看待事物与采取行动的方式,因此,他们放弃实证主义对"客观事实"的强调,取而代之的是把焦点集中在日常的、面对面的协商、讨论,以及社会意义建构的社会过程上(劳伦斯·纽曼,2007)。

8.1.2　参与观察法的特点

参与观察法是一种特殊形式的观察,是一种收集资料的方法。它使得研究者将自己的看法和观点强加于他(她)试图理解的那个社会世界的可能性最小,研究者常常是在没有"先入之见"情况下进行探讨,因此它是能够获得有关社会图像最真实的方法。乔金森(Jorgensen,2009)认为参与观察法具有七个特性,且该方法的目的在于创立某些以日常现实生活为基础的关于人类生活的应用性理论原理。具体如下:

第一,从一个特定情境的局内人或成员的角度出发,对人类互动及意义怀有特殊的兴趣;

第二,将此时此地的日常生活的情境和场景作为研究方法的基础;

第三,强调阐述和理解人类生活的理论形式和理论架构;

第四,一种独特的研究逻辑和过程:开放、灵活、随机应变,并且要求从具体的人类生活场景中获取资料,不断地重新定义问题;

第五,一个深度的、质性的个案研究方法和设计;

第六,一个或者多个参与者的角色扮演,并设计建立和维持与当地人之间的关系;

第七,运用直接观察法的同时,还运用其他收集资料的方法。

参与观察法作为研究的一种独特方法,要求研究者以局内人的视角来观察研究对象的日常生活,参与和体验现实的世界。除以上几点之外,其在价值观和伦理方面也与其他研究方法也有所不同。

1. 价值观

一切研究应以客观事实为基础,但在人文科学研究中,经常会涉及具有主观色彩的社会现象,让研究者们不自觉地在一定程度上有价值涉入,而所要求的研究中立一直是一种理想的追求。参与观察法以追求真实准确的发现为目标,但是真理不是通过任何纯粹的理性或者仅仅遵照合适的程序就可获得的。乔金森认为价值中立即便作为一种理想也是不值得追求的,研究者在研究过程中只有充分理解研究对象表达其观念的文化和语言,才能掌握局内人对于他们世界的原有观念,即只有懂得了他们的语句在特定情境中的含义,才能进一步理解他们的观念(丹尼·L.乔金森,2009)。因为在特定的情境中,局内人意识到研究者的存在时,会自然地对交流的语言有所处理,且有意无意地使部分不愿意让研究者知晓的语言模糊、隐蔽或者藏匿起来,从而误导研究者对交流内容的理解(Goffman,1974;Spradley,1980)。因此,研究者在运用这一方法时,只有沉浸于研究对象的生活中,不再保持价值中立,或者为了转成局内人,主动有所涉入。

当然,关于研究者在使用参与观察法的过程中应该秉持怎样的价值观,学者们至今没有达成一致。在研究过程中,研究者是否应有价值涉入,还要针对具体的案例作进一步的探讨。乔金森(Jorgensen,2015)认为在运用参与观察法时,研究者需要时刻反思自己应该具有怎样的价值观、这些价值观对客观事实意味着什么。即使要成为局内人,也要时刻保持清醒的头脑,不能完全被局内人同化。

2. 伦理

任何研究都要遵循一定的伦理守则。任何伦理的制定都以不构成人们身体上的伤害为基础,此外还要保护人类生活的价值和个人的权利。研究者运用参与观察法就要与现实生活中的人进行互动,在研究过程中不去操控他们,把他们看成一个个能动的人,在互动中研究者就像是情境中的一分子,和他们生活在一起。研究者置身于他人的生活情境,与其一起经历、感受生活,使自己成为研究工作或者媒介,观察研究对象如何感知、感受与行动,以便全盘而透彻地理解他们,进而精准地深入理解社会和生活的模样。另外,研究者通过观察或参与他人的生活,目睹、感受、客观地分析社会生活的众多层面。

有学者表示,参与观察法中,研究者并没有太多道德上的义务,尽管研究者就其行动对他人的影响负有责任,但是没有义务告知他们研究的目的,甚至不用为有害的结果做担保。在研究中,虽然研究者时刻关注伦理问题,不断跳脱当时的情境来反思自己,但是伦理也仅仅是在适当的情境下作为行动指南。参与观察法鼓励研究者从具体情境和场景中人类生活的当下经验开始,充分利用一切可能的机会(Whyte,1984)。这也在一定程度上说明,研究者为追求自由和正义,需保持一个开放的态度,可不受以往部分研究规则的束缚,运用多种方法,扮演多重角色来进行研究。

8.2　参与观察法的作用和类型

参与观察法在具体的研究过程中具有作用,并且这个作用还因观察者的观察位置和角色不同而有所差异。

8.2.1　参与观察法的作用

根据陈向明(2000)的研究,参与观察法至少具有以下一些重要作用:

(1) 可以看到行为或事件的发生、发展和变化的过程;

(2) 可以将研究的个案放入当时当地的社会文化情境之中,获得对事件的

发生过程以及社会成员之间的社会互动较为直接和全面的了解;

(3) 对当地的文化有比较直接的感性认识,可以了解"局内人"的行为规范和意义建构;

(4) 可以对一些很少为世人所知的社会现象进行研究;

(5) 可以对不能或不需要进行语言交流的研究对象进行研究;

(6) 可以从日常生活中发掘人们的实践理性,提出新的观点;

(7) 可以辅助其他研究方法,比如在访谈之前进行一次预备性观察,使访谈更具有针对性。

8.2.2　参与观察法的类型

在实际的社会研究中,当研究者采用参与观察的方式来收集资料时,对于研究者在参与观察过程中所扮演的角色选择,要根据研究的目的、方法、技术、人力和物力等因素来进行衡量。最早使用"参与观察"的是林德曼(Lindemann),他将观察者分为两类:一类是客观的观察者(objective observer),指观察者通过访谈,由外在研究文化;另一类是参与观察者(participant observer),指观察者通过实地观察,由内部研究文化。雷蒙德·戈德则将参与观察根据依参与程度和观察角色分为四种:完全参与者(complete participant)、作为观察者的参与者(participant-as-observer)、作为参与者的观察者(observer-as-participant)以及完全观察者(complete observer)(参见表8.1)。

表 8.1　参与观察的角色分类表

类　　型	特　　　　点
完全观察者	研究者藏身于"单面镜"之后,或是以一个"不易被看穿的角色"出现以便能够在不被人发觉、不被注意情况下进行观察
观察参与者	从一开始,大家就都知道研究者是个明显的观察者,他与田野对象的接触不是相当有限,就是相当正式
参与观察者	研究者与被观察者都知道研究的角色,但是研究者不是正式的成员,而是个亲密的朋友
完全参与者	研究者的举止与被观察群体成员无异,分享"局内人"才知道的秘密,因为研究者的正式身份不会被其他成员所知,实际上,就是一个"间谍类型"

资料来源:转摘自林淑馨,2013。

巴顿的观点与戈德(Gold)相似,他认为,观察者是否应参与研究观察情境,不只是参与者和非参与者二者之分,参与观察是完全浸入(complete immersion)研究情境,与研究者和研究情境完全分开之间的一种延续状态。乔金森则主张,凡具有下列特质者,都可称为参与观察,例如,内部者的观点、开放式求知的过程、一种深度个案研究方法、研究者直接参与讯息者的生活以及直接观察为收集资料的方法。参与观察的最终目的是"从扎根在人类每天的生活事实中发掘实践的和理论的真理"(胡幼慧,1996)。

其实,上述参与观察者的角色在研究中是一个连续性的谱系,有时候需要根据研究的场景进行变换和调整,其角色的重心和进入研究空间的程度都有所差异,此种情形如图 8.1 所示。

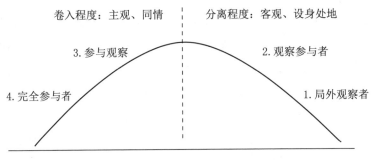

卷入程度:主观、同情　　　　　分离程度:客观、设身处地

3. 参与观察　　　　　2. 观察参与者

4. 完全参与者　　　　　1. 局外观察者

图 8.1　观察者的角色类型

资料来源:转摘自林淑馨,2013。

8.2.3　参与观察法的适用领域

有学者认为,参与观察法是关注局内人对日常生活的互动及意义,那么它应该适合于人类生活的任何一方面的研究。根据乔金森(Jorgensen,2015)的观点,参与观察法特别适用于下列领域:(1)人们知之甚少(新近形成的群体或运用、情感作用、基督教原教旨主义的学校、人类的即兴行为等);(2)局内人(insider)和局外人(outsider)的观念存在着严重分歧(族群;工会;管理部门;亚文化,如神秘主义者、扑克游戏者、裸体沙滩成员;甚至一些职业人士,如内科医生、部长大臣、新闻播音员和科学家等);(3)在局外人看来模糊不清(私密的互动及小群体,如身体和精神的疾病、青少年性行为、家庭生活和宗教仪式等);(4)不为公众所知(犯罪与越轨;私密群体和组织,如吸毒者和贩毒者、神秘偏执的宗教等)。

另外,想要运用参与观察法进行描述性、探索性和理论阐述的研究,一般需要具备如下基本条件:(1)所研究的问题是从局内人的角度看的,涉及人类的互动和意义;(2)所研究的现象在日常生活情境中或者场景中可以观察到;(3)研究者能够进入合适的现场之中;(4)现象的规模和单位都相当有限,可以作为个案研究;(5)所研究的问题适合个案研究;(6)所研究的问题可以用质性资料加以说明,这些资料可通过直接观察和适合该场合的其他方法来收集。

布鲁默认为,人类社会是行动者积极参与过程的集合,而人的行为是互动过程的结果。根据这样的观点,研究者认为,意义的产生"镶嵌"在互动的过程和情境脉络中。人类活动的许多层面,尤其是对文化情境脉络(cultural context)有关问题的探究,都可以采用参与观察的方法。如果研究的主旨是了解一个环境的活动和互动如何对某种行为和信仰赋予意义,参与观察就是合适的研究方法。因为任何一个组织或团体都有一些假设存在,而这些假设也是反映该组织的特殊文化基础,组织成员通常受到这些"习以为常"(take-for-granted)的假设的影响,所以研究者不能完全依赖组织成员的观点和看法,研究者必须借由参与观察法直接探索这些假设,从这些假设中了解文化的意义。根据对文化团体的研究,博格德维克(转引自张雯勤,2003)也总结了几个适合采用参与观察法的情况:第一,当研究者在研究场域时,团体成员不会因为研究者的出现而改变自己的行为,研究者是被包容的,而不是令团队成员感到好奇的对象,在这样自然的场域里,亲眼目睹真实现象的机会相对增加;第二,当真实行为和言语之间的差异非常明显时,也可适合采用参与观察法,因为访谈和问卷调查所得到的资料不容易反映出真实行为;第三,当研究者的问题可以用团体成员的语言形式来解释时,也适合采用参与观察法;第四,事情的连续性和连接性有助于解释现象的意义,参与观察是有利的方法,因为参与观察可以看到连续性脉络的现象,远比利用重复访谈或由不同的线索建构意义要完整。

当然,参与观察法并不见得适合所有的研究主题,有一些研究并不适合采用参与观察法。例如,如果一个场域有一个完全陌生者出现,目睹和记录当地社会的情境,会被视为"干扰者"或"入侵者",在这样的情况下就不适合采用参与观察法;或者场域的利益完全是秘密的,参与观察被认为是一种禁忌,也不适合参与观察;当地居民和局外人观点上存在显著差异时,也不适合采用参与观察法。参与观察固然可以观察事件的真实面貌,但是,真实的现象往往会涉及隐私权和正当性,让一个研究者进入,可能危害成员利益,他或他们当然不愿意。这一部分不但是研究的伦理问题,而且是政治问题。

以上对参与观察法的陈述是概括性的,研究者应视其研究的性质和研究设计,决定是否适合。因此,了解什么是参与观察和选择了参与观察标准之后,研究者要先以参与观察的标准来检视研究主旨、研究问题,才决定研究方法。由于研究性质各异,此处提供的只是通则。

8.3 参与观察的基本过程

参与观察法作为一种研究方法,在从进入现场资料收集到资料呈现这一系统的研究过程中,有着自己独特的技巧和方法。

8.3.1 进入现场

进入现场,即"到研究对象的世界中去,参与、体验研究对象的生活",这是与研究对象建立信任关系、实施观察、收集资料以及研究呈现的前提条件,也是参与观察过程中较为重要的组成部分。但这并不意味着参与观察法的过程是单线性的,事实上它是多维度、多层次的,在实践中,研究者根据自己的判断,有创造性地加以整合。

1. 决定研究场域

根据研究主题,决定采用参与观察法进行收集资料后,研究者要解决的首要问题就是选择研究场域(research settings)。以怀特的《街角社会》为例,当他决定研究贫民窟时,他立即从波士顿这个研究场域的大背景着手,根据他个人对贫民窟的印象,例如"断壁残垣""破烂的建筑""拥挤不堪"等概念,选择波士顿的北端地区(the north end)为实地观察的研究场域。当然,选择研究场域可以以研究主题为基础,也可以以研究焦点的概念为基础,例如研究某个产业的劳资关系,首先要决定的是哪个具体的产业,再从这个具体产业中决定是哪个或哪几个工厂。再比如,如果研究的产业属于高科技产业,就应该从高科技的产业中选择场域。研究场域可分为公共和公开的场域(public and open settings)以及封闭的场域(closed settings)。封闭和私有的场域需要取得同意方可进入。工厂就是封闭和私有的场域,都有守门人,守门人的允许或拒绝以及推脱是整个参与观察过程中非常重要的一环,如果处理不好,研究者往往"不得其门而入"。对此,以下内容将会详细介绍和讨论。

2.进入研究场域

进入场域的过程就像量化研究中运用问卷收集资料一样,研究者都要取得受访者或资料所有者的同意。参与观察也不例外,选定研究场域后,必须获得研究场域守门人的同意,才可能进行研究。取得同意进行研究,不仅在研究之初非常重要,在研究的整个过程中,"取得同意"都持续存在,它也是研究进行的关键。从多个层面来看,取得同意是一个"执行"的议题。但是,取得同意的过程涉及如何运用人际关系和策略,而如何运用人际关系和策略的本质就是人们每天必须面对事务磋商的过程(negotiation process)。因此,哈默斯利和阿特金森(Hammersley & Atkinson, 1989:54)主张,取得同意的过程不但需要对理论了解,而且多数靠其本身的智慧,所以不只是实践问题。他们主张,能够发现取得同意的障碍和有效克服障碍的方法,就已经获取了该社会组织环境的内部信息和观点,换言之,取得同意的过程就是研究的本质(胡幼慧,1996)。

在研究过程中,取得同意的磋商过程和资料收集是一体的两面,很难分离,有时候取得同意的障碍反而变成了资料,进一步成为最生动的分析素材。纽比(Newby, 1977:115)的农场工人研究就是个例子。他发现,接触农场工人必须通过农场主,这样的现象已经告诉研究者,工人在社会机构中是隐性的,农场主是他们生活的影响者。

(1)进入场域的事项。

尽管取得同意进入的过程是项挑战,却是研究必须经过的一个环节。所以,对于研究者来说应该注意以下两点:第一,记得,不论你的研究议题有多棒,你多有能力,都必须得到同意后才能开始你的研究。事先演练如何回答对方提出的问题是非常重要的,从回答中可以看出研究者对研究主题的认知程度,也能反映研究者的态度;研究者的态度是对方同意考虑的基础。在对方考虑的过程中,对方的问题多数会从他们的利益出发,例如:"这样的研究对我们有什么好处?""这样的研究会不会影响我们的工作?""像这样的要求很多,我们如果答应了你,就不能不答应其他人?"这个时候,研究者的回答就显得非常重要。如果研究的结果确实能够"立竿见影",帮助他们解决一些困难,就可以直接回答他们;如果研究属于纯研究,对他们或他们所在产业不具有立即的经济效益,被拒绝是司空见惯的。因此,研究者如何利用好人际关系网络,就显得更为重要。第二,利用好你的人际关系网络,在这里涉及关系,在研究之初和研究过程中,关系是同样重要的。如果没有关系,取得研究场域进入的许可就会困难重重,有时根本不可能进入;如果有了关系,不仅可以同意进入,而且非常有效。例如怀特在进入波士顿北区大街时,经历了好几次的失败,后来他得到一位社会工作者的帮助,这个社会工作者安排他与当地青年帮伙的一个头头多克会了面,经过坦率的交谈,多克同意给怀特做"担保人",即允许怀特作为"多克的朋友"去参与和观察社会的各种活动。

(2) 场域的"守门人"。

所谓的关系人,可以影响、说服场域的"守门人"同意你进入,关系人也可能是"守门人",也可能不是,多数的关系人与"守门人"有良好的关系,通过关系人可以说服和影响"守门人"。胡幼慧认为,有时候书信和公函作用不大,发挥重要作用的就是关系人,尤其是在中国这样的一个人情社会里。有时候,"守门人"并没有固定是哪个人,或者相关的"守门人"并不是那么明显,相关的"守门人"是指可以授权,也可以负责的人。组织内谁能授权、谁又愿意负责,不是那么容易划分的。由于"守门人",特别是相关的"守门人"不是那么明显,加上内部权力分割或权力派系,研究者如果找了两个"守门人"进行磋商,很容易出现问题。例如如果两个"守门人"等级不同,或者分属两个不同的派系,研究者刚好又找了这两个"守门人",研究便陷入了冲突困境,这也是研究场域的政治困境,非常不利于研究者,有许多研究就是因此而无法进行的。

值得注意的是,如果利用由上而下的等级关系进入研究场域,会产生另外一种困境。台湾学者胡幼慧在研究产业工人时,通过最高层管理者介绍进入,部分工作者则抱怀疑态度,虽然他们不乐意配合,但不能不配合。这种情形或多或少影响了研究进展和深度资料的获取。这种困境在研究过程中经常会碰到,不但不能回避,而且应该很有技巧地去解决,才能使研究顺利进行。所以,我们要讨论如何在研究场域中建立和维持良好关系。

袁方认为,获准进入研究场域需要的方法或途径很多,这要因人而异,因地制宜。获准进入现代社会的社区和群体则是更为现实和复杂的问题,一般都要经有关部门的允许或受其委托,如无这种正式关系,则通常是靠熟人关系。为了获准进入现场,可采取一些策略,如合作研究、为当地人解决某些困难,等等。还有一种是逐步扩大研究领域的策略,即开始只申请短期的或只在某一分支部门进行观察,随着研究的进展,再提出扩大研究范围或延长时间的要求,这时就比较容易得到批准。对于一些禁止外人进入的社区和群体,常常是采用完全参与的方式,但在选择这一方式前要慎重考虑,并注意职业道德的问题。

3. 建立良好关系

(1) 建立和维持关系。

观察者首先要确定自己担任哪种角色,然后根据这种角色的要求确定与被观察者的关系。在实地参与观察中,与被观察者建立良好关系是顺利开展研究的一个必要条件。观察者应当遵守当地的风俗习惯,学习他们的语言、参与他们的活动。要使被观察的群体或社区接受,建立相互信任的关系,可采取不同的策略:一种是表现出谦虚、谨慎的态度,使被观察者认为你不会妨碍他们的生活;另一种是借助上级机构和领导人的支持,显示出自己的重要地位,使当地人认识到你的研究的重要性;第三种是取得当地关键人物的支持,使他们意识到你的研究也与他们的某些利益相一致。当然,采取各种策略的目的是更好地建立友好互助关系。参与观察是一门艺术,它需要各种技巧。许多人类学和社会学的实地研究人员都有自己的一套调查技巧和个人经验,这是在长期实践中逐步积累的。

胡幼慧认为,建立关系注意五个诀窍:谨慎的(be unobtrusive);诚实的(be honest);不作预设(be unassuming);当一个反思的听众(be a reflective listener);愿意表露自己(be self-revealing)(胡幼慧,1996:208)。

(2) 处理研究者情绪。

建立和维持良好的研究场域关系时,除了和内部成员建立良好关系外,善待自己也很重要。如何处理情绪压力? 如何面对研究场域中不喜欢的人或事物? 如何处理受挫折的心情? 同情和帮助观察对象的程度应如何? 如何处理边缘人的感觉? ……这些都是研究者所要处理的问题。在研究过程中,由于研究者的身份是观察者,往往会处于一种尴尬状况,很容易引起情绪的紧张,也可能会出现心理的不适应。另外,研究者如果"融入"不好,或者是研究者选择了观察的角色为"观察参与者"或"参与观察者"(研究场域里的人都知道研究者的真实身份)时,往往会被排挤成为"边缘人"。这种没有归属感的"边缘人",也是产生不适应和不舒服的原因。面对这些问题,研究者应该如何解决才能减少压力? 洛夫兰(Lofland,1984:36)曾这样建议:一是随时和可以讨论这些问题的同事或朋友保持联络;二是学习马林诺夫斯基,每天写日记以抒发或释放情绪。

最后,如果研究对象或被观察者有困难和问题,作为研究者是否有义务提供帮助? 这个问题一直颇受争议,至今没有定论。费孝通先生在江村做调查时,也曾面临同样的问题。他采取的方法应该值得借鉴。他在江村做调查时,面对当地群众的困难或提出的要求,实际上并没有做过多的承诺,原因在于,对于研究者来说,为了研究顺利进行,适当的、力所能及的承诺是可以的,但是,如果承诺过多,而最后不能实现,将会影响整个研究过程。这是一个受过专业训练的研究者不可逾越的伦理道德问题。

(3)关系维持技巧。

随着时间的推移,研究者应该对建立的社会关系进行修正。刚开始态度冷漠的成员可能会变得充满热情,也可能一开始表现热情和友善的成员,其担心和疑虑将浮现出来,研究者将处于一个非常微妙的境地。所以,进入研究场域后,研究者对所建立的关系进行修正和维持就很重要。以下技巧可以作为参考(张雯勤,2001:73—77)。

第一,施些小恩小惠。在实际场域中研究,可以发展出交换关系,交换的东西包括了顺服与尊敬之类的小恩小惠。有时候,研究者通过提供很小的帮助,就可以换得成员的接受。当接近敏感性议题的渠道受到限制时,交换是颇为有用的策略。研究者可以提供一些不需要回报的小忙,让成员不至感到有所愧疚,当研究者享有共同经验,又再度碰面时,成员会想到那些小恩小惠,就会打开"方便之门",当作互惠。

第二,谨慎处理研究场域中的冲突。打架、冲突、意见不合都有可能在场域中发生,研究者也可能会被卷入对立团体的"争执旋涡"。在这种情况下,研究者会面临支持哪一方的压力,并且面临成员是否接受自己的考验。在这种场合里,研究者通常会保持中立,小心翼翼地处理与双方的关系。这是因为研究者一旦与某一方结合,就会失去接近另一方的渠道,如果是这样,研究者便会以某一方的观点来判断整个研究情势。但是,范·曼宁认为,保持中立是个理想状态,事实上,对于身在场域中的研究者来说,随着研究者与成员牵扯在一起,卷进关系和承诺所编织的网络中时,中立几乎变成不可能的事(转引自乔丹·L.乔金森,2009)。

第三,尽量避免出现社会崩溃。社会崩溃(social breakdown)造成尴尬是因为弄错文化意义会使人看起来像个傻瓜或无知之徒。例如你接到一张邀请函,你穿得很随意去赴宴,到达的时候,门开着,你就走进去了,结果大吃一惊,发现每个人都衣着正式地坐在餐桌前,而晚餐早在三十分钟之前就已经上桌,所有人都瞪着你,你觉得无地自容。你的文化期望(这是一个非正式的学生聚会,会有吵闹的音乐,有人跳舞、喝啤酒、穿着非正式服装)并不符合实际情况(这是个正式宴会,来这里的人准备进行晚餐,进行高雅谈话,表现出专业形象)。从这个例子可以看出,社会崩溃发生在两个文化传统或社会假定无法搭配的情况下,社会崩溃凸显社会意义,平时所隐藏的期望与假定变得清楚明白。一旦了解适用于这个情境的规则,就可以解决这个崩溃。

社会崩溃可能是没有预期的,也可能是可以制造出来的,以检视行动建设。就像民俗方法论的破坏实验,研究者可能以违反社会规则的方式彰显默认规则的存在和重要性。研究者观察为预期的社会崩溃,或是他们制造崩溃的情况,观察人们的反应,以便明确地指出其中隐含的社会期望。

8.3.2　参与观察

参与观察是在日常生活的参与中,研究者通过观察和体验获取"局内人"对周围世界意义的理解,即想要获取"局内人"如何理解自己生活和经历的资料,需要融入"局内人"所在的真实情境,在深刻了解他们文化和价值观的基础上,与其互动交流,鉴别他们语言修饰背后隐匿的真实态度,领悟他们对现实的真正认识,且在此过程中,不得妄加干涉"局内人"的生活。正如乔金森(Jorgensen,2015:6)所表述的,"无论所研究的问题最初来源于抽象的理论、实际的经验、偶然的机缘,还是其他任何事物,最终都必须参照人类日常生活的情境来确定什么是所要研究的问题以及怎样处置它们。同样,研究者必须参与到日常生活的情境中进行观察,要竭尽全力减少作为局外人或非参与者对研究环境的侵犯"。因此,参与观察可以遵循以下步骤:

第一,根据研究者个人的经历,有效整合资源,选择熟悉的情境或者便于进入的场景,减少观察过程中的阻力;

第二,研究者以"后来加入的局内人""土生土长的成员"或者是"旁观的局外人"的身份参与研究对象的生活,适时决定研究是全部公开、部分公开,还是尽量隐藏,但无论扮演何种角色,都要与研究对象和周围人建立和谐融洽的关系;

第三,对研究主题、研究问题以及研究思路保持开放的态度,依据现场观察结果逐步聚焦和澄清,而不是僵化、固执地执行研究计划;

第四,观察要全面,时刻注意研究对象的信仰、习惯、在日常生活中经历的事件、日常生活中的言行和互动方式,并提供详细的记录;

第五,以个案研究的形式,对个案进行分析,注重个案与社会背景相关的联系,反思研究中可能产生的偏见并摘取情节、片段、案例所具有的典型性,作为疑问解答重新投入观察中。

值得深思的是,参与的视角和位置直接影响观察的结果,在现实中,很难找到绝对完美的视角和位置,这是因为在选择上,研究者个人的知识框架和生活经历会束缚认知的范围;在过程中,研究者难以借助一定的观察技术和科技成果来跨越选择和观察阶段,跳至观察结果而倒推观察视角。此外,研究者的角色常常被部分学者界定为完全的观察者、参与的观察者、观察的参与者、完全的参与者,把参与和观察对立起来,并提倡研究者要减少参与来保证观察的质量。然而,在实践中可能会发现,上述观点过于界限分明,参与和观察是研究者运用参与观察法必须完成的任务,是可以而且应该兼顾的。研究者可以身体力行、真诚谦逊地参与研究对象的生活,以"局内人"的优势去获取相对有利的观察位置,以"局外人"的抽离做好观察的反思,并时刻保持充分的敏感性,降低因深入参与而导致观察出现较大误差。相较之下,对研究者来说,公开参与比较容易扮演好自身的角色,且心理上、伦理上受到的压力相对较小,但可能会遭受来自研究对象的好奇、怀疑、敌意,甚至包括为自我保护而进行的抵制。

8.3.3　资料收集

研究者在运用参与观察法进行资料收集时,首先要明确参与和观察的关系,即参与是观察的基础和必要准备,而观察是最直接、最主要的方法,研究者通过观察获取信息是资料获取的主要路径。参与观察法一般以个案研究的形式贯穿研究的始终,目的是获取对研究对象的深度剖析,因此资料收集应是全面的、客观的;同时,资料收集的过程是明确问题和寻求答案的过程,尽量避免因现场参与而陷于某一狭隘的偏见中。在资料收集过程中,参与观察者可以是一个人单独行动,可以依托因研究主题和研究兴趣共同偏好而建立的观察团队,也可以在调研过程中,慢慢挑选比较有想法、支持研究者研究、善于捕捉生活信息、有团队合作意识的人组建起来的团队。观察团队可能在身份隐匿方面出现困难,但可借助多个人的力量,从不同的角色参与局内人的生活,获取更加全面的信息。

在资料收集过程中,需要注意以下事项:

第一,多种方法的混合使用。除运用观察法外,常常需要通过正式或非正式的访谈、焦点小组、问卷调查、查阅文献等方法来收集信息,研究方法之间并不是割裂的,而是彼此辅助的;

第二,观察记录重点和形式的把握。观察过后,要立即完成调研中一项较为重要的工作——记录。研究者需要记录观察的事件、活动、经历、现场的琐碎片段以及研究者的个人认识等,并处理好现场的录音、影像等痕迹材料,做好备份和保存。如何撰写实地笔记,包括笔记内容、笔记形式及笔记撰写时间,是参与观察法的一个重要过程,因为实地笔记就是资料,记录笔记就是资料收集的过程。实地笔记和访谈记录的内容主要包括:空间(space)、行动者(actor)、活动(activity)、主题(object)、行为(act)、事件(event)、时间(time)、目标(goal)、感受(feeling)等。实地笔记的形式有四种:心灵笔记(mental notes)、摘要笔记(jotted notes)、时间表或实地日记(log or field diary)和实况笔记(full field notes)。关于这部分内容,将在下一节田野札记技术和处理方法中详细探讨。

第三,全面观察的实施。参与观察法适用于研究人类生活所体现的当时的社会文化背景,研究事件的发生过程、人们与事件的关系及组合、事件的时间连贯性等。在研究场域中,研究者做些什么? 即,参与观察者每天的工作是什么? 戈茨(Goetz)和勒孔特(Lecompte)以谁(who)、什么(what)、何时(when)、何地(where)、为什么(why)以及如何(how)六大要素,勾画出参与观察者每天的工作概要(胡幼慧,1996)。

谁:包括谁在场? 有什么特征? 他们扮演什么角色? 他们如何变成成员? 什么样的成员? 谁在负责这个团体?

什么:包括发生了什么? 他(她)做什么,说什么,如何表现? 这些互动和行动怎样开始? 哪些是日常生活的通则? 参与者用什么样的语调说话,有哪些肢体语言?

何时:包括这个行动什么时候发生? 行动和事件有什么关系? 行动持续多长时间? 什么时候发生较有利或不利?

何地:包括在哪儿发生? 为什么在这个地点发生? 这个地点的特征是什么? 是否发生在其他地方? 参与者是否可以辨别空间的不同?

为什么:包括为什么发生? 促使事件互动的原因是什么? 对于发生的事件有何不同的看法或观点?

如何:包括这个事件如何发生? 发生要素之间的相关性如何? 有什么明显的规范或规则? 这个事件是否不同于其他环境的事件?

上述实地参与观察的六大要素的工作概要,不可能每天都将其全部包括在内,只是给研究者提供一些思考的范围。虽然我们常无意识地用偏颇的眼光解释发生的事物,但是参与观察者则应有意识地详细记录发生的事情,以便从事件中了解这个团体意识是如何建构的。实地观察概要只是提供给研究者一些规则,仅供参考借鉴。

第四,时刻保持清醒的头脑,保持研究的热情和激情。在研究过程中,可能因为事情发展过于分散和缓慢,研究者越来越难以抓住自己关注的重点,在丧失目标之后可能会产生挫败感,迷茫不安,难以坚持,此时应该重新评估自己的研究问题,梳理已有资料和预期发展方向,通过检验成效鼓励自己重新起航,并以阐述出的新问题为观察的方向和重点。

8.3.4　资料分析和解释

从参与观察法的角度来看,资料分析和解释是研究过程中任务量较大的一部分工作。收集资料,尤其是以笔记和档案的形式收集资料时,已经进入了分析的循环圈。资料收集的过程中也涉及资料分析的内容,不过那时的重点是揭示特定研究主题或提炼研究问题。当研究主题和研究问题变得明朗时,资料分析的成分就大于资料收集。

资料分析就是将研究资料解剖、分割和拆散成片段、部分、要素或者单元,将日常生活的事实分解成易于处理的部分,研究者通过文献检索、现存理论和现场灵感等对其分类和筛选,寻找这些资料的模式和关系,从而将有意义的资料或以易于理解的方式对资料进行重新组合,进而对特定问题进行解释。紧接着,对这些资料和得出的结果进行评估和修正,且不断按照这个流程重复,验证和扩展资料的实用性。而对资料的理解就是将资料理论化——组织事实并建构有意义的模式,理论就是以一种解释或阐释的方式整理事实。参与观察法有几种资料分析的方法,具体如下。

1. 分析归纳法

兹纳尼茨基(Znaniecki,1934,1952,1965)提出通过对资料“分析归纳”建构理论的概念,讲求对资料进行一步步的抽象和概括,认为解释是通过对一个理论系统中几个部分的概括而形成的,且这些解释可能是因果式的、功能式的或者发生式的。具体步骤如下:(1)确定特定一类事实的基本特征;(2)概括这些特征,假设较为基础的特征更为普遍,并以更多的形式存在;(3)通过研究包括两种特征(较为基础和不太基础)的事实类别,检验上述假设;(4)在确定特定的形式时,以这些特征的功能为基础,将这些类别整理成一套系统。

2. 敏感化概念

布鲁默(Blumer,1954)提出了所谓的“敏感化概念”的理论观点。操作化的定义和测量虽然可能产生技术上的精确,但它们通常忽略经验世界,歪曲经验世界。敏感化概念是通过提供实际的经验性个案所表明的暗示和建议,让它的使用者意识到经验世界的一般特征。

乔金森(2009)认为敏感化概念需要研究者仔细地思考现象的独特性以及它在自然环境中与其他现象的联系。敏感性概念需要通过对经验个案的研究去不断加以检验、改进、修正、否定或者证实。

3. 扎根理论

格拉泽和斯特劳斯(Glazer & Strauss,1967)提出了"扎根理论",依靠参与观察法(Schatzman & Strauss,1973)和旨在通过归纳法建构理论的比较方法,其中包括四个阶段,且每个阶段研究者都有不同的工作重点。

第一个步骤是综合研究的问题和参与观察中产生的观点,梳理出概念和范畴,尽可能多地使用分析范畴或概念,比较适用于每一概念范畴的资料,给资料的每一个部分进行编码,并比较资料之间的异同之处,构成该范式的要素。

第二个步骤是整合这些范畴和特性,在使用可能的概要范畴分析、比较资料的同时,注意力要从注重事实和范畴转向考虑范畴的特性和进行范畴之间的比较。分析者应该开始认识这些范畴在较大结构框架中的相关情况。

第三个步骤是对新理论或者理论主张进行实际界定和具体说明,当分析者进行编码、比较、识别概念的特性以及观点之间的联系时,便获得了一个经过整合的基本的解释性框架或理论,紧接着,用资料来检验新的理论,这最有可能导致进一步界定和修正基本概念范畴以及它们之间的联系和关系。研究者一旦发现已有范畴能够处理多数或者全部相关的经验事实,就证明这些范畴拥有自己的用途和效力。

第四个步骤是用文字把理论表达出来。在文字呈现的过程中,把全部资料进行再一次审核、理顺、分析、描述和总结,推送出研究结果。

4. 存在主义

存在主义的理论强调研究者的位置是观察内容的关键,"常识"是创造性地发展那些旨在获得关于人类世界的实用性真理的方法、策略和程序的基础,通过直接的观察和经历所发现的真理成为解释性的概括,而不是完全的或形式化的理论。分析资料不必拘泥于程序和技术,研究者可以运用小组汇报和头脑风暴法(Johnson,1975;Douglas & Johnson,1977)。

5. 阐释学理论

研究者认为,一种信仰、习俗、文化或者生活方式,通过提问—解答的过程就可以得到阐明。人类世界包括与具体历史时期密切相关的特殊生活方式,将这些方式看作不同的文本或整体,用提问的方法形成理解性的概括。换言之,研究者对问题进行学术阐释时,把资料看作展现人类生活的形式,也通过提问加以考察。对特定研究对象的考察和研究可能会形成某种解答,更可能导致更深层的问题(Thomas,1983)。因此资料分析可以通过提问与解答的方式来实现对研究问题的解释和得出有效的研究结果,且这一解释过程不是绝对的或者单一的,解释是对理解和启蒙的无止境的追求。

8.3.5　资料呈现

参与观察过程结束,研究步入了写作阶段,此时要梳理研究资料,并把它呈现出来。研究的写作过程也是一个反复的过程。初稿按照研究者的想法、观点把观察到的现象按照一定的顺序如发生的时间、理论模型或者观察的视角书写出来,之后在初稿的基础上进一步针对研究问题进行提炼,把不相关的内容予以删减,改进表达的顺序和逻辑,不断润色和修正。在完善参与观察报告时,可使用一般的主题提纲来引导写作(乔金森,2009)。

第一,尽可能简明地陈述在报告中将要说明的基本问题。讨论与主题或问题相关的视角、模型、理论和文献。确定由核心观点和概念所界定的研究重点。

第二,讨论研究方法和策略。交代研究现场的特性,以及进入现场、建立和维持融洽关系的过程。描述参与角色、资料收集、资料分析和理论化相关的策略和过程。

第三,讨论主要的研究发现。该部分所涉及的内容依据将要说明的研究问题和主题,根据所收集到的资料而定。

第四,讨论研究发现的意义或代表性。该部分需要呈现出从你的参与观察研究中能够得出的结论。

同时,为了撰写简明有效的报告,需要遵循以下原则(Becker,1986)。

第一,尽可能使用主动语态,而不是被动语态。主动语态迫使你明确所要谈论的具体内容。

第二,如果一个词够用的话,避免使用两个以上的词。编辑的时候删除不必要的字词。

第三,常用词汇一般比不常用词汇甚至是专业的技术术语更具有沟通力,即使是针对专业同行,一小段行话读起来也要多费一番脑筋。

第四,避免重复。最好一开始简明而准确地表达文章的意思。

第五,尽量明确具体,不要抽象笼统。

第六,使用实例和图标阐明基本观点的含义。实例和图标在陈述参与观察者的研究成果时特别重要,在表达抽象的概念和原则时也极有帮助。

第七,慎用隐喻。严肃地使用,切忌草率。

8.4 田野札记的技术和处理札记的方法

大部分的参与观察资料以田野札记的形式出现。优良的田野札记是参与观察研究的基础。完整的田野札记包括地图、图表、照片、访谈记录、录音带、录影带、备忘录、从田野带回的物品、在田野中记下的重点,以及离开田野后所做的详细笔记。对于研究者来说,对研究场域进行"例行活动事件的观察"往往比撰写田野札记更有趣和更容易,从而可能会导致对"速记"(非现场记录)的轻视,然而,田野札记不能只靠记忆,因为在新的和意料外的现象发生时,会流失事件的丰富性和细节。在事件发生之后,尽可能保持"速记"和定期记录的习惯。

田野札记试图为田野场域中所发生的事情提供字面上的解释:社会化过程及其脉络。但显然不可能记录发生的每件事情,最后所记录的事件取决于研究者的风格、偏好、研究问题、目的、场域的特殊情况和记录资料的方法。所以,研究者应该考虑关于田野札记的三个基本问题(Hammersley & Atkinson,1983):记录的内容(what to record)、记录的方法(how to record it)、记录的时间(when to record it)。

8.4.1 田野札记的内容

1. 内容涉及层面

在参与观察过程中,特别是在初期,记录内容的普遍经验法则是"如有疑问,要立即写下来"。即使心里有特定的研究问题,研究者也无法确定哪些因素会有利于对研究现象的理解。描述必须包括活动周围足够的脉络,只有这样,才能在分析期间做出有意义的比较和对照。对水平中等的研究者来说,使用架构和名单来建构脉络也是有帮助的,除非完整地发展出明确的观察记录的习惯和技巧。关于这些,在上一节参与观察的实施步骤中已经提到过,即5W1H,根据斯普拉德利(Spradley，1980)的观点,做以下补充。

地点:自然的地点。

演员:参与的人。

活动:一组人所从事的相关活动。

对象:现场的自然事物。

行为:人们所做的单一行为。

事件:人们实践的相关活动。

时间:随着时间推移,事件发生的顺序。

目标:人们试着完成的事情。

感觉:感受及表达的感情。

这样的架构鼓励大量的描述,而丰富的田野札记本质上就是具有特殊性的描述。然而,高质量的田野札记除了拥有描述部分,还应有一个反省的部分。研究者是参与观察法主要的研究工具,因此田野札记应包含研究者个人的经历和感受,这是必要条件。

2. 反省层面

研究者都应该记录自己的感觉、预感、先入己见、假定,甚至是预期结果。一旦研究进行,田野札记的反省层面应分为以下几个范围(Bogdan & Biklen,1982)。

(1) 分析层面的反省。

在整个研究过程中,会出现新的研究主题,会浮现出新的预感和可能性,会发展出模式,会出现关联性,研究者会产生困惑……在整个研究过程中或分析形势时,对于现场研究经验的这些层面,研究者开始和自己对话。

(2) 方法层面的反省。

当发展参与观察法时,用来探索场域的不同层面的策略和过程也改变了。原因是要学习更多关于环境的知识,也提供新的观察和参与的机会。除此之外,并非每件你想知道的事情都会成功。研究者反省自己如何及为何选择新的策略或反省处理困境的方法,这些最后都能提供研究实际上需要的正确记录。

(3) 伦理两难的困惑。

参与观察让研究者和被观察者的生活有了密切接触,决定记录的内容、如何处理私密的信息、何种关系才是适当的以及如何处理价值冲突,这些都是平常会发生的事情。对这些问题的反省是"故事"的重要组成部分,也是一种使研究者能够开心工作的方式。

(4) 概念的澄清。

并不是所有的反省都需要深入思考,在你的札记里要包含能点出错误的句子或澄清某件你之前感到困惑的事情,并不需要针对细节加以深究。

(5) 观察者心智的反省。

研究者试图找出在进入田野之前的"先入己见",而不可避免的是田野的事实将会挑战研究者的假设。

(6) 感受层面的反省。

当研究者的想法、价值和反省受到挑战时,便会在情感上和理智上做出回应。研究者在田野中的经验不只是观察和记录,也包括感受,对感受的反省是重要的。只有通过这样的反省,研究者才能决定他(她)要如何影响所感受的事件。

8.4.2 方式:田野札记的形式

完整的田野札记有几种类型或等级,最好的做法是依次把观察期间内所做的笔记全部集中在一起,以独立的纸张来区别笔记的类型。有些研究者的笔记还包括直接观察后所做的推论,要用明显的符号标记出来。不同类型的笔记,其数量和形式都有所不同。例如,六个小时的田野观察,可能产生一页的速记小抄、四十页的直接记录、五页的研究推论,以及两页包括方法、理论以及私人性的笔记。

1. 速记小抄

在田野观察时,做好笔记几乎是不可能的事。即使是一位一眼就能看出来是进行观察的人,在公共场所奋笔疾书,也是很怪异的现象。更重要的是,低头写笔记时,研究者就无法看到与听到当时的状况,分散了参与观察的注意力。田野环境的特点决定了是否可在田野中做笔记。研究者或许能够记录,成员或许会料到研究者会做些记录,也有可能研究者必须要回避,例如到洗手间去记。速记小抄是在田野中记录下的,是简短的、暂时的记忆触动,是不经意地记下字、词、句和图画等,常常写在随手可得的东西上,例如餐巾纸或火柴盒,通常研究者会把这些速记小抄并入直接观察的笔记之中。

2. 直接观察笔记

田野资料最基本的来源是研究者在离开田野之后立刻写下的笔记,日后还可以慢慢增添。这些笔记应该按日期、时间以及每次进入的地点整理出先后的顺序,是研究者将其所见所闻用具体特定的字眼而做的详细描述。从某种程度上来说,它们是特殊的字、词等以及行动的精确记录。研究者的记忆能力可以通过训练而得到改善,初出茅庐的研究者能够很快想起实地中所听到用字、用词。逐字的陈述应该用双引号,将之与改写的话区别开来,对话的附属项目(非语言沟通、小道具、口气、速度、手势等)也应加以记录。研究者记录实际说过的话,不做任何整理修改;札记中也可以包括不合文法的谈话、俚语和错误的遣词用字,例如记下的是"我回家,莎",而不是"我回家了,莎莉"。

3. 研究者的推论笔记

研究者为了能够做到"设身处地"地去聆听被观察者的话语,一般会涉及三个基本的过程。首先,研究者只是倾听而不做任何分析性的判断;其次,研究者将其现在所听到的和其他人所说的进行比较;最后,研究者用自己的解释来推断或揣测这些话语的含义。日常互动中,研究者同时进行这三个步骤而且很快就得出推论。研究者将自己的记录附加于直接观察之后,成为独立的一部分。人们无法亲眼看到社会关系、情感或意义,他们只能看到特定的外在行动并且听到说出来的话语,然后再靠着文化背景知识、情境脉络所提供的线索,以及行动或言谈,赋予社会意义。例如,人无法看到爱和恨,只能看到与之相关的各项行为,如脸红、大声说话、粗野的动作等,然后根据这些动作做出推论。

4. 分析性笔记

研究者进入田野之后,对该如何进行研究要做许多的决定。有些行动是有计划的,例如进行访问、观察特殊的行动,而其他行动则是试探性的。田野研究者在分析性笔记中保留方法论的概念,对他们所做的计划、所用的技巧、关于伦理上与程序上的决定,以及对技巧所提出的自我批评,都加以记录。理论浮现于田野研究的资料过程之中,经研究者整理田野笔记而得以厘清,分析性笔记对于研究者赋予田野事件意义的尝试有持续性的记载,研究者通过建议想法与想法间的关联、创造假设、提出猜测、发展新概念等方式,仔细思考笔记内容。

5. 分析性备忘录

分析性备忘录是理论笔记的一部分,是有系统地"偏离主题"、切入理论,研究者利用备忘录深入阐释概念,虽然人在田野,但扩展概念,经由反复阅读、思索这些备忘录,研究者修正、完善使之成为更为复杂的理论。

6. 私人笔记

研究者的个人感觉与情绪反应也是资料的一部分,这些可以检视和补充研究者在田野中的所见所闻。研究者在笔记中保留一个像是个人日记的部分,记录个人的生活事件及其感觉,例如"我今天很紧张,我想可能是因为昨天的事故","这阴暗的天气使我头疼"。

私人笔记有三项功能:首先,它可以为研究者提供一个释放压力的渠道或方式;其次,使研究者日后有机会重读笔记时,评估自己所做的直接观察或推论;最后,它能够协助研究者检验自己可能产生的偏见,例如如果研究者在观察期间心情很好,也可能影响研究者的观察所见。

上述几种类型的观察笔记可以用下列图示呈现(详见图 8.2)。

直接观察	推论	分析	私人笔记
10 月 4 日星期日,下午 3 点,凯的咖啡屋。高大、年约四十、肥重的白人男子,进入。身着褐色套装,一个人坐在二号板凳。凯上前问:"要什么?"男子回答:"先来杯咖啡。"她走开。他点燃香烟,看菜单,3 点 15 分,凯打开收音机。	凯今天似乎很友善、一直哼哼唱唱。她变得有点严肃、提高警觉。我想她感到紧张的时候,就会打开收音机。	自从发生抢劫案,女人对独自进门的男人都很害怕。	是个下雨天,与凯在一起,我感觉很舒服,但是,今天很无聊。

资料来源:劳伦斯·纽曼,2002。

图 8.2　观察笔记示例

7. 地图和图表

研究者时常制作地图并且绘制田野地点的特征图,这满足两个目的:其一,帮助研究者组织田野事件;其二,帮助他人想象田野地点的状况。例如,研究者观察一家有 15 张凳子的酒吧时,可以划出 15 个圆圈表示,并且给每个圆圈标上编码,以简化记录。有三种类型的地图可供借鉴:空间地图(spatial map)、社交地图(social map)和时间地图(temporal map)。第一种有助于了解资料的位置,后两者构成了资料分析的初步形式。空间地图依据物体所在的地理空间，了解人物、设备和其他事物的位置。社交地图显示在场的人数与类型，以及他们之间的权力、友谊和分工等关系。时间地图显示人、物品、服务和沟通的动向或流程，如图 8.3、图 8.4、表 8.2 所示。

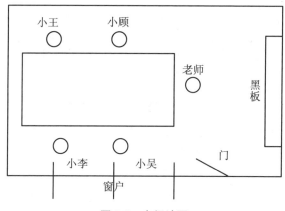

图 8.3　空间地图

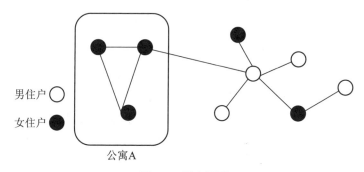

图 8.4　社交地图

表 8.2　时间地图

	周一	周二	周三	周四	周五	周六
早上 10:00 下午 5:00	老酒客	老酒客	老酒客	老酒客	晚班	钓鱼去了
凌晨 1:00	足球迷	邻居、街坊和牌友	全球队（男士之夜）	年轻一族	提早离开	单身客人

表 8.3　田野札记注意事项表

田野札记记录时应注意事项：

1. 在每个田野调查时期结束后尽快记录下笔记，在观察尚未被记录下来之前不要与他人交谈；
2. 每一次田野访问的笔记都从新的一页开始并记录下时间与日期；
3. 大概记下重点、配合关键字词或说过的第一件或最后一件事，只作为暂时帮助记忆之用；
4. 两边留下较宽的空白，以便随时添上新的重点，如果事后想起什么，随时记下；
5. 将笔记及时录入电脑，并且将不同层次的笔记分开，以便将来比较所用；
6. 依次将发生的事件记下，并记下持续的时间，例如"等了十五分钟""坐车一个小时"等；
7. 记下的重点尽可能具体、完整、详细；
8. 使用常用分段符号与引号，用到的成语用双引号圈出，用单引号代表改写后的用语；
9. 记下当时并不十分重要的、很琐碎的或例行性的谈话，可能以后会发现这些谈话很重要；
10. "跟着感觉走"并快速记下，不要担心"想法过于疯狂"，确保没有人会看到你的笔记，用假名或代号；
11. 绝对不要完全用录音带来代替田野笔记；
12. 包括图表或情境地图，并且叙述在观察期间，研究者与他人的移动线路；
13. 笔记中记录下研究者自己的话语与行为，另以单独篇幅记下个人的情绪反应和想法；
14. 避免使用评断性的概括用字；
15. 定期重新阅读笔记，记录复习时所得到的感想；
16. 尽量对资料进行备份，以防丢失。

8.5　抽样与资料品质

参与观察的抽样有别于量化研究的方法，它对于资料收集的科学性具有重要影响。同样，参与观察所获得的资料的信度与效度也会给研究结论的可靠性和科学性带来影响。

8.5.1　抽样

参与观察的抽样不同于问卷调查研究，尽管有的时候两者都使用滚雪球抽样。参与观察的抽样是从所有可能的观察值中取出一组数量少、具有选择性的观察值来集中研究的样本，这被称为理论抽样(theoretical sampling)。因为研究者是根据正在发展的理论而采取这种做法。从事参与观察的研究者针对时间、情境、事件类型、地点、人物类型或感兴趣的情境脉络进行抽样。例如，研究者在不同时间里，对某个情境事物进行观察，即时间抽样；研究者进行全天候的观察,一星期内的每一天,以及一年四季都进行观察,借此获得对研究场域变化与不变的整体感受。在进行时间抽样时,最好是选择重叠的时段,例如抽样的时间为早上 7 点到 9 点、8 点到 10 点或 9 点到 11 点等。

研究者之所以进行地点抽样,是因为完全集中在一个地点,可能有了深度,但得到的资料非常有限,形成的观点比较狭隘。坐在或站在不同的地点有助于研究者得到整个场域的感觉,例如学校教师的同事行为常发生在教师休息室里,但也可能发生在老师们聚集的酒吧,或在举行临时会议的教室里。另外,研究者会因追踪成员的路径而进入不同的场域地点。

人物抽样的做法是把他们的注意力集中在不同的人物上,或是与不同的人物进行互动。正因为研究者对人物的类型或持有对立观点的成员做出了界定,他就会试图与所有类型的人进行互动,并进行了解。例如,研究者抽样选出三种田野事件:例行性、特殊性和非预期性的事件。例行性事件每天都会发生,不应该因其例行性而认为它们不具重要性。特殊性事件是事先计划、公开发布的,这类事件集中了成员的注意力并且透露其他方式无法观察到的社会生活层面。非预期性事件是研究者在场时突然发生的,例如当管理者生病,一天无法监督店内的劳动,就出现了没有上司督导的劳工。在这些事件中,研究者看到了某些不寻常的、意料之外的、很少有机会看到的事。

8.5.2　资料的品质

资料的品质主要是指收集所得资料的信度和效度,高品质的资料就是信度和效度比较高的资料。所谓参与观察的资料信度,涉及一个问题:研究者对于成员或事件的观察具有内在与外在的一致性。内在一致性(internal consistency)是指除了常见的人类欺骗行为外,对某个人或事件已知的全部内容而言的资料的可靠性问题。换句话说,这些资料"拼凑"起来是否构成一个完整连贯的"图像",例如在不同的时间和社会情境下,某个成员的行动前后是否一致。外在一致性(external consistency)是通过其他不同资料来源的交叉检验而获得的。

参与观察中的信度取决于研究者的洞察力、意识、怀疑,以及提出的问题。研究者从不同的角度来观察成员与事件,并且在心中盘问:"这些钱从哪里来?""那些人整天做什么?"

研究者依赖成员告知的信息,这使成员的可信度及其陈述成为信度的一部分。为检查成员的可信度,研究者会问:这个人有理由说谎吗? 他知道这件事的目的是什么？这个人价值观如何？他的价值观如何塑造他说的话？有什么东西限制他的自发性呢？研究者评估信度时,会将主观性和情境脉络纳入考虑范围。他们知道个人的陈述和行为受到主观知觉的影响;陈述根据某个特定的议题,并且受到个人经验的影响。尽管每个陈述的真伪有别,但研究者认为陈述本身有其用处。从研究者的观点来看,即使不正确的陈述与行为也有可能透露某些信息。如前所述,行动与陈述会受到当时情境的影响,在某个情境下所说的话,遇上其他的情况,可能会有所不同。例如,当被问"你会跳舞吗?",在一个充满出色舞者的公共场所中,成员可能会回答"不会",但是在一个极少数人会跳舞的场合,该成员可能回答"会"。这不表示该成员在说谎,而是他的答案受到环境的影响。

影响可信度的障碍还有误导或误报(misinformation)、规避(evasions)、谎言(lies)和伪装(front)。误报是因生活上的不确定性和复杂性引起的非刻意的不实报道,例如一个护士可能说到像"院方政策"之类的东西,但事实上并没有任何这类的书面政策。规避是指刻意躲避或不想透露某些讯息的举动,常见的规避包括不回答问题、答非所问、转移话题或以刻意暧昧不明与模棱两可的话语做答。

效度是指研究者所收集的资料反映田野中的社会世界的准确性。有四种类型的效度或检验准确性的方法:生态效度(ecological validity)、自然历史(natural history)、成员确认(member validation)和胜任的局内人表现(competent insider performance)。生态效度是研究者描述的社会世界符合成员世界的程度,涉及研究所描述的自然状况是否不受研究者的存在与程序的干扰。如果没有研究者在场,事件仍然发生,证明这项研究就具有生态效度。自然历史是针对参与观察执行的整个过程所做的计划描述,公开交代研究者的行动、假定和程序,以方便他人进行评估。从自然历史的观点看,如果局外人能见到并且接受那个田野地点与研究者的行动,该研究计划就具有效度。成员确认是指,当研究者把资料带回来给成员看时,让他们来判断材料的真实性,如果研究对象认得并且理解研究者的描述,视这些资料能够反映他们的生活世界,就具有了成员效度。胜任的局内人表现是指非成员有能力像成员一样有效地进行互动。

8.6 参与观察法的反省

参与观察者亲自涉入他人的社会生活,引起了许多伦理道德上两难的问题。两难起因于研究者独自一人在田野上,没有时间去做道德决定的情况。虽然研究者在进入研究场域或田野之前,对一般性的论题都有所了解,但是这些议题都是不知不觉地出现在田野的观察和互动过程中。以下将讨论参与观察所涉及的五个伦理问题:欺骗、保密、牵涉偏差者、有权有势者和出版田野研究报告。

8.6.1　参与观察的伦理议题

1. 欺骗

实地参与观察中欺骗的出现有数种形式:研究者可能是暗中进行的,或可能用的是假名字、假角色或假身份,或是某些方面对成员有所误导。在欺骗的这几种形式中,最受学者们关注的就是"暗中研究"与"公开研究"的争议。有些学者支持欺骗,并且认为欺骗是进入田野、获得对社会生活许多层面充分了解的必要方法。有些学者反对使用欺骗这种方法,他们认为欺骗会摧毁研究者与社会间的信任关系。虽然欺骗手法的道德地位令人质疑,但是有一些研究场域或行动只能暗中研究。

2. 保密

研究者从田野调查中获得私人性的亲密信息,而这些信息往往是私下提供的,研究者在道德上有义务对资料进行保密,这包括了保守资料的秘密,不让田野上的其他成员知道,在田野笔记中,可以假名取代成员的真实姓名。

3. 牵涉偏差者

对从事非法行为的偏差者进行参与观察的研究者面对更多的两难。他们知道而且有时也涉入非法活动。费特曼(Fetterman, 1989)称这种知识为犯罪知识,不仅政府官员对这种知识深感兴趣,其他偏差分子同样也对此充满兴趣。研究者面对一种两难局面,一方面要与偏差者建立信任与熟悉的关系,另一方面得注意不要涉入太深以致违反做人的基本伦理道德标准。一般情况下,研究者与偏差者之间达成某种明确的协定。韦斯特(West, 1980)评论说:"我表示我不想积极参与相对有比较高风险、涉及被害人的犯罪活动,例如盗窃、抢劫、攻击等,并且对这些行为是如何不值得我去冒这个风险提出解释,或是表示个人非常厌恶这类行为;虽然我有少数几次出现在受害人的场合,但却给了我许多珍贵的资料,且我的意愿一般都会得到尊重。我明显流露出的不自在也促使成员在下次碰到类似的状况时,事先向我提出警告。"

4. 有权有势者

田野研究者倾向于研究社会上没有权势的人,例如街头游民、穷人、儿童、科层制度下的底层劳工等,而有权势的精英分子会雇用有效的"守门人"来截断研究者接触他们的通道。研究者常常受到忽略社会上这些有权势者的指责,也常常被权势人物批评为偏袒弱势者。贝克以信用层级(hierarchy of credibility)这个词来进行解释。信用层级指出,那些研究偏差者或组织内低层人士的研究者被认为是偏私的,而那些研究权势者的研究者则被认为是值得信赖的。在有层级结构的团体或组织中,大部分人假定位居顶端或接近顶端的人有权界定事物应该是什么样子,也假定高权重者有较广的眼界,可以有一番作为。因此,迎合官场作风的社会学家将可免受"心存偏见的指控"。当田野研究者沉浸在较无权无势者的世界,了解这些人的观点时,他们传达的是一个罕见而新鲜的观点;他们可能就此遭到心存偏见的指控,因为他们给了社会上某部分人以发言权,若非如此,这些人的声音在社会上根本不可能被听到。

5. 出版田野研究报告

研究者所得到的与报告出来的私密知识,制造了隐私权和知识权之间的两难问题。研究者不会公开宣传成员的秘密、违反隐私权或做出伤害他人名誉的事。可是,如果研究者不能出版任何会对某人造成冒犯或伤害的内容,对研究者所知所闻的某些事必须保密,如果这样导致关键细节都被删除,那么,研究者所发表的东西,必然很难取信于人。有些研究者提议成员阅读报告以确认其正确性,并取得他们的同意,才能出版或发表。但对于边缘团体,例如娼妓、精神病患者、吸毒者等,这是不可能做到的。有个妥协的方法,即只有在关系到研究者大部分的推理论证之时,才刊登那些真实无误的资料。

8.6.2 参与观察所涉及的政治议题

参与观察的伦理和政治议题与一般的研究伦理和政治议题类似。伦理的议题重点强调研究实施的方法,如资料是否以欺骗的方式取得,包括强迫研究对象或没有告知研究对象有关的研究目的,都是违反伦理的。此外,伤害研究对象、没有匿名、没有保障资料的隐秘性,也违反伦理;不实的分析报告和资料同样违反研究伦理。

政治议题和伦理议题常常纠缠不清。有的学者主张政治议题和研究的实质内容与其应用有关,不同于伦理的议题注重研究的实施方法。实质上,二者常是一体两面。例如,不可以伤害研究对象既是研究的伦理,也是保障个人的公民权利,这样的问题既是伦理也是社会研究者的政治规范,所以既是伦理议题也是政治议题。研究弱势群体,涉及意识形态,本质上就是政治议题。不同于一般的研究伦理和政治议题,在参与观察的研究过程中,研究者置身于研究场域,要面对伦理和政治议题的挑战。西尔弗曼(Silverman)和古布里厄姆(Gubrium)在《实地研究的政治》中指出,权力在社会中无处不在,实地研究更是充满政治。他们把实地研究的政治分为两大类:一是实地研究的概念本质就是政治,二是实地研究的分析和相关性也是政治。实地研究的目的,除了试图发现、了解意义外,还要重新建构意义,这就是政治。而实地研究的分析和相关性更具政治含义。例如到工厂实地参与观察劳资关系的研究,劳资关系的本质是一种权力关系,到工厂实地参与观察劳资关系不仅展现劳资之间的权力关系,实地研究的分析和相关性解释是重新建构劳资关系的关键,会涉及劳资关系定位的意识形态,劳资关系的定位也会影响政策的制定,因此实地研究的相关性也是政治议题。忠于"你看到的和所听到的"是参与观察的研究者如何避免涉及政治的原则,但是,社会研究不仅是为了兴趣,更重要的是为了变革,研究过程很难与政治议题分开。

至于实地研究的伦理,以工厂实地参与观察劳资关系为例,研究者一定要信守专业伦理,不可提供劳方和资方相关的研究信息;至于不伤害研究对象的权益,是研究者根本的研究伦理。

本 章 小 结

在实践中,参与观察法是一种比较矛盾的方法。原因在于如果你自己是整体中的一分子,怎么可能只在旁边观察而不参与呢?虽然起初困难重重,但事实上只是研究者日常处事的一个过程。正因为如此,有人认为它很简单,不能被视为一种研究方法。在本章最后,通过对以上参与观察的了解,我们将讨论并澄清两个问题:参与观察所涉及的参与和非参与,或者说局内人和局外人问题,以及个人和团体研究的区别。

质性研究中一个收集资料的主要方法是实地观察法。有学者进一步将实地观察法氛围参与观察法与非参与观察法。其实,参与观察与非参与观察法不一定是两个截然分开的类型,它们之间可以有很多结合的形态。这样,就可以将"参与"和"观察"两个概念暂时分开,然后在不同的参与程度和观察角色上将它们进行不同的两两结合。戈德所指出的观察的连续体就是按照这个思路,他将参与观察法分成四类:完全的观察者、作为参与者的观察者、作为观察者的参与者、完全的参与者。与此同时，他将活动分为"参与式"和"非参与式"。这两种形式区别非常明显，研究者应该做的是努力排除自己的"前设"，尽量获得"客观""真实"的事实。建构主义者认为，从某种意义上说，社会科学研究都是一种"参与观察"，研究者只有成为社会世界的一部分，才有可能理解这个世界，而真正意义上的"局外人"是不存在的。因此，随着近年来质性研究往建构的方向发展，戈德所指的四种观察者身份也开始发生变化，观察者的参与性在逐渐增大。有学者认为，现在的研究者在从事实地研究时大都采取如下三种身份：完全成员式研究者、积极成员式研究者和边缘成员式研究者。而这些身份的共同之处是他们都有"成员"的成分，强调观察的"参与性"，只有参与到被研究者的生活中，才可能真正理解他们（李晓凤、佘双好，2006）。

个人和团体研究区别如下：个人研究的重点在于让研究者进行现场研究并独立完成研究，从进入场地到资料收集，再到资料分析的整个过程，都要研究者独立完成；当然，在收集资料时，研究者也可以借助其他人的协助。团队研究的重点在于合作的方式，有时要雇用田野工作者收集资料。然而，要注意"适当地训练他们"；田野工作者要掌握一定的技术和方法，让他们了解研究目的和目标，也就是说，他们变成了研究者的眼睛和耳朵，但就整体而言，其想法必须一致。

推荐阅读文献

1. 威廉·富特·怀特：《街角社会》，黄育馥译，北京：商务印书馆2006年版。本书是参与观察方法运用的典范。

2. 张雯勤：《从旅行到田野研究：谈田野调查与参与观察》，载齐力、林本炫编：《质性研究方法与资料分析》，嘉义：南华大学教育社会学所2003年版。本文深入浅出地讨论了对田野调查和参与观察方法运用的心得。

第 9 章
访谈法

所有的质性研究方法具体操作的切入点都是借助于传统的访谈方法。以往访谈法主要是作为一种搭配、辅助的方法来使研究资料的获取更加全面,而现在人们越来越发现它是质性研究中可以独自运作的系统的研究方法,它有自己的技术、技巧和研究工具,是收集人们行为、态度方面的详细信息,描述社会现象的发生、发展和变化以及探索人们行为背后深层原因的较好的方法。

9.1 访谈法的含义和特点

作为一种研究与收集资料的方法,访谈法有其明确的含义,并且它与其他质性研究方法相比,更具有鲜明的特点。

9.1.1 访谈法的含义

访谈法是尽可能从受访者的观点了解世界、展现其经验的意义,以解释其所生活的世界,在研究者与受访者之间的互动中建构知识。访谈法是一种有结构和目的的会话,是具有说服力和有价值的研究方法,故事的展开和新的领悟可以使访谈互动的双方受益,阅读转录的访谈资料可以启发研究者对众所周知的现象作出新的解释,访谈报告可以为某个领域提供有价值的新知识。访谈法并不需要机械化地遵循一定的规则,而多数取决于访谈员在提问时所运用的技能和个人对情境的判断能力。

访谈法的功能和作用主要是:了解受访者的价值观念、情感感受、行为规范;了解受访者过去的生活经历以及他们所知道的事件和对事件意义的解释;给研究对象提供一个比较开阔、整体性的视野,多维地深入、细致地描述事件的过程;为研究提供指导,即事先了解哪些问题需要追问,哪些问题比较敏感,要特别小心;有利于研究对象与受访者建立熟悉、信任的人际关系;可以使受访者感到自信,从而有可能影响其对自身文化的理解和建构(陈向明,2000)。

9.1.2　访谈法的特点

访谈法作为一种研究方法,是将访谈贯穿于整个研究的过程,进行有目的的会话。它不是日常会话中自发的交流,而是一种以获得经验、需要谨慎提问和倾听的方法。访谈表面上看似两个人的互动,但是两者之间并不是在平等地对话,而是以研究者为主导的访谈方式。通过访谈法去搜集人们行为、态度方面详细、生动的信息,用来描述社会现象的发生、发展和变化过程,进而探索人们各种行为背后的原因,以增强其对社会世界的现象及其本质的理解。

斯丹纳·苟费尔(Steinar Kvale)和斯文·布林克曼(Svend Brinkmann)在《质性研究访谈》一书中认为访谈法有以下特点。

1. 访谈法是一种技术

访谈被看作一种熟练技术,需要访谈者具有完备的专业技能和个人判断能力,通过利用与访谈主题相关的知识在广阔的社会背景下对实践决定的结果作出情境性判断。访谈依赖于访谈者的实践技术和个人判断,而不是遵循由规则支配的明确方法步骤,访谈技术是在访谈实践过程中习得的,访谈的品质由所获得的知识的说服力和价值来研判,因此研究者要具备评价和应对特别情境的能力,能从个体的价值背景出发对事件进行观察和描述,并做出相应的研判。

在访谈过程中,访问者必须在倾听对方时,牢记自己的研究问题和研究目的,无论在停顿、重复还是在追问时,他(她)都在有意识地引导对方往自己感兴趣的路上走。在看似与日常社会生活中人们相互之间的口头交流没有差别的访谈过程中,研究者围绕心中的目标,提出各种问题,聆听受访者的述说,一步步加深对受访者的认识和了解。访谈过程中的方向引导、内容控制,都要在访谈者访谈技巧的帮助下,流畅地、不为受访者觉察地一步步深入和展开。除了用心听之外,研究者还需要在访谈时对受访者在情感上积极回应、在理智上深入追问,才可能形成对问题的认识,进而建构新的知识。

2. 访谈法是一种知识的社会形成过程

访谈是一个积极加工的过程,它通过访谈者与受访者的相互关系形成知识。访谈知识是在会话关系中形成的,因此它具有情境性、语言性、叙事性以及实用性的特点。有部分学者认为质性研究访谈实践是为了挖掘研究对象内心深处的既有意义,而另外一些认为这是一种自由创造的过程,研究者可以自由地建构吸引人的故事。但此知识形成的过程应是通过会话进行认知的过程,是互为主体和社会性的,是访谈者和受访者对知识的共同建构,而并非由研究对象来单独解释其意义和故事。此外,访谈这一实践不仅社会性地建构了我们的现实,同时也是社会现实的一部分。与受访者接触以及对其生活世界持续不断的新领悟会使研究者感到访谈过程变得很充实、有趣、引人入胜,引发其产生新的看待生活的视角。

3. 访谈法是一种社会实践

访谈法作为一种研究方法,根植于历史和社会背景中,访谈的话题是受访者的日常生活。要想得到公正无私的描述,就必须尽量还原受访者的真实世界,了解和描述具体的情境和事件,因此要深入到社会之中,与受访者进行接触,根据对情境和事件的综合解释,来解释受访者真实世界的中心主题的意义,并据此向社会大众展示研究中的问题,呼吁改变或者创造促成改变的条件。此外,访谈者与受访者之间的互动过程充斥着伦理问题,而访谈研究的出版也会导致社会和政治的关注。访谈后果共同塑造了我们对人类的理解,为人力资源管理和运用提供知识,并为民众的教化作出贡献。

需要重申的是,任何一种质性研究方法的使用都是为了获取新的知识,访谈法也不例外,但是它们产生知识的类型却不同。有学者把访谈者比作矿工和旅行者,所进行的工作是知识采集和知识建构。本书更倾向于用后现代的视角来看待访谈法,因而更赞同访谈者是一个旅行者:访谈者作为一名旅行者,在旅行的路途中与邂逅的人们一起漫步,边走边聊,知晓一个个有趣的故事,这些原始故事的潜在意义由旅行者进行诠释,不仅使讲故事的人们吸纳了新的知识,也使旅行者变得更加完善。而得出的访谈知识如斯丹纳·苛费尔和斯文·布林克曼(2013)所描述的一样,具有以下七个特征。

(1)产生的知识。

访谈研究是产生知识的场所。访谈知识是在访谈者和受访者的互动中社会性地建构起来的。知识不仅仅是被发现、被挖掘或者被给予的,更是通过问和答主动创建的,是由访谈双方共同创造产生的。这个产生过程还进一步包括转录、分析和报告原始访谈,且这些报告的知识与访谈中采用的程序和方法有一定关系。

(2)相关的知识。

观点互动形成的知识在主体之间是相互关联的。研究者可能会关注在访谈者或受访者的观点互动中所产生的知识,也可能会关注两个参与者之间的交互作用所产生的知识。研究者应该留意访谈过程中的人际互动,它产生的数据既不依赖于客观情境,也不依赖于主体,而是注重主体间的互动(转引自埃文·塞德曼,2009)。访谈研究的范式以形成关于人类情境的知识为目标,创建了一种新的问答式的人际关系网。

(3) 会话的知识。

对客观现实信仰的缺失是可以用科学的范式来反映和描绘的,关注的焦点就应该放在对现实世界意义的讨论和协商上。哲学话语和访谈研究依赖的都是能够产生知识的会话。当然,在苏格拉底的古典哲学立场上,会话是一种形成关于真善美的知识的首要途径。如果追随苏格拉底的观点,就可以认为质性访谈不仅能够在会话中形成正确合理的知识,同时也具有对日常经验进行描述和叙事的潜力。

(4) 情境的知识。

诠释学强调人类的生活与简介是情境性的,不仅是关注当下,而且具有时间维度。这就意味着某一具体情境下获得的知识是不可能自发迁移的,也不可能等同于其他情境下的知识。访谈形成于人际互动的基础之上,对访谈内容意义的理解也依赖于产生的情境。访谈能够敏锐地察觉到质的不同和意义的细微差别,而这些都必须经由情境和表达形式来量化。当涉及访谈程序中的道德判断和形成知识的质性分析时,深度的情境描写是必不可少的。鉴于情境的异质性,情境之间转译的问题就必须放在显著的位置上,例如关于访谈中产生的知识有效性的讨论。访谈者及其研究对象的交流和访谈者与其他访谈者之间的交流就是不同的,而对访谈中产生的知识进行公开讨论又属于另外一种情境。

(5) 语言的知识。

语言是访谈研究的媒介,同时语言也是访谈程序的工具,访谈成果也是以口语陈述的语言方式来呈现的,再转录为文本进行分析。而这种由一种语言形式转换为另一种语言形式,例如从口语转化成书面语,涉及的不仅仅是转录的技术问题,更是口语和书面语性质不同的问题。知识也正是由语言的相互作用、参与者的交流以及他们自身所感兴趣的意义所组成的。访谈分析方法多样化的存在也正是以语言的各种表现形式为基础的,例如言语、会话、叙事、演讲以及结构分析等。

(6) 叙事的知识。

故事是一种能够给社会现实以及我们的生活赋予意义的强有力的方法。访谈则是挖掘这些告知我们人类世界意义的故事的重要载体。在开放式访谈中,人们经常会以故事的方式来讲述他们的生活。所以访谈研究应该注意使这些经历在讲述中变得具体化,使它们最终能够以故事的形式讲出来。

(7) 实用的知识。

当人类现实被理解为一种会话或者行为时,知识就变为一种执行有效行动的能力。今天,合法性的问题指的不再是这项研究是不是科学的,指向的是不是真理,而是被更务实的观念所替代的,即该项研究能否提供有用的知识,且一项好的研究应该是有用的研究。

访谈知识不一定同时具备产生的、相关的、情境的、会话的、语言的、叙事的以及实用的特性,但是这些特性确实是访谈法的魅力所在,也是区别于其他方法的焦点所在。

9.2 访谈法的基本类型

目前在社会科学研究中,访谈法是最常用的方法之一。根据结构、实施方式等标准,访谈法可以划分为多种类型。

9.2.1 根据访谈的结构分类

按照访谈者对谈话结构的控制程度,可以把访谈分为结构式访谈、半结构式访谈和无结构式访谈。

1. 结构式访谈

结构式访谈又称标准化访谈,即由访谈者根据结构化、标准化的问卷提问,把被调查对象的回答填写在问卷上或者按照回答在问卷上选择合适的答案。结构式访谈的优点就是能够对调查过程加以控制,对访谈者的要求相对较低,获得的回答率很高,适合任何受访者。它的缺点是成本很高,需要聘用大量的访问者,对于比较敏感的问题或涉及个人隐私的问题不太适合,尤其是当面访谈。结构式访谈法的具体形式是面对面访谈(当面访谈法)和电话访谈法,即由经过训练的访谈者,与受访者针对问题进行面对面、一对一提问,访谈者在访谈过程中通过观察或运用访谈技巧对重要的资料加以验证。

运用结构式访谈进行访谈研究时,可以先设计出一套访谈大纲,一份是有关研究项目的主题性研究问题,另一份是将要提出的访谈问题,斯丹纳·苛费尔曾描述了在成绩研究中如何将主题性问题转化为访谈问题,而访谈问题可以提供主题知识并动态地协助自然谈话顺利进行的分解过程,如图9.1的例子。

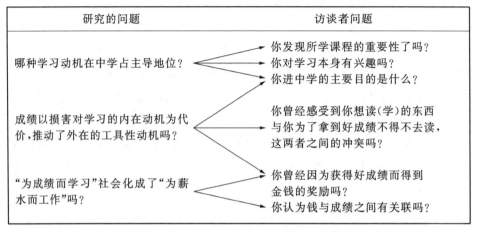

图 9.1　研究问题与访谈者问题

通常访谈提纲是较为涵化的问题,一个问题可以分解成几个不同的问题进行访谈,并且不同的访谈者站在不同的角度会提出不同的问题。把问题进行分解并加以固定,是结构式访谈的需要,也是出于获得全面的访谈信息的需要,依照受访者细致的陈述,访谈者才能发展出受访者诠释其世界的观点。

2. 半结构式访谈

半结构式访谈最初用于个案工作的调查,如对犯罪者、精神病患者、吸毒者等进行的调查。如同医生为病人看病一样,临床访谈的意义在于通过对病人的调查,做出"临床"的诊断,进而达到挽救罪犯、治疗精神病患者或心理偏态者,纠正偏差行为的目的。这类访谈希望获得对受访者生活世界的描述以及对这些描述现象的含义作出解释。但作为专业的访谈,它有自己的研究目的和具体的方法和技巧:它是半结构化的,既不是一段公开的日常会话,也不是一项封闭式的问卷。

斯丹纳·苛费尔曾在旧金山布鲁克学院进行了一个访谈工作坊,其中有一段访谈记录,给半结构式访谈提供了一个清晰的画面。具体如下:

苛费尔:现在我将尝试着操作演示在一项质性访谈中的理解模式,我需要一个志愿者。这是一个十分中性的话题,而不是精神分析的深度访谈。访谈将进行大约十分钟,然后我们将在此对其展开讨论。

苛费尔在三十多个志愿者中选择了一位女士。

苛费尔:谢谢你愿意参加并在此接受访谈。我对于成绩在欧洲的影响已经研究好多年了,现在我感兴趣的是成绩对美国学生的意义。我首先会问你一个可能比较难回答的问题。如果你试着回忆你上小学的时候,能够记起你第一次得到的成绩吗?

学生:我记得一次,但可能不是第一次。

苛费尔:那我们就说那一次,你能告诉我发生了什么吗?

学生:当然没有问题。我记得考试得了 100 分,得到一颗红星,因为太令人激动和有趣,以至于深深地印在我的脑海里。

苛费尔:是的,只有那颗红星让你印象深刻吗?或者还发生了什么关于它的事情?

学生:(笑)我记得颜色特别漂亮,闪闪发光。我记得我受到了各方面的奖励。记得同学、老师和父母都激动不已。有些小朋友没有做得那么好,所以反应没有那么强烈。那是一种复杂的情感,但是总体来说我记得的都是快乐的方面。

苛费尔:你说到复杂的情感,能不能描述一下?

学生:嗯,当时我是老师的宠儿,一些人就会说,"啊哈,或许她根本就不应该得到红星,可能仅仅是因为老师非常喜欢她"。可是某种分歧出现了,因为我不仅仅是老师的宠儿,而且或许我得到了更好的成绩,于是使我的同学对我产生了与以往不一致的社会体验。

苛费尔:你能描述一下那种不一致吗?

学生:好,我想在做得好的学生和做得不好的学生之间总有某种界限存在,它是由你在考卷上得到的分数来决定的,尤其是在小学。

苛费尔:这是在学校的早期吗?是一年级吗?

学生:三年级。

苛费尔:三年级。哦,那真是很久以前了。你还能记得他们说了什么吗?

学生:不,想不起来了。它更多的是一种感觉。

苛费尔:感觉。

学生:是,是一种感觉,我在同伴们和我之间设置了一段距离。

苛费尔:由于你的好成绩?

学生:是的。

苛费尔:对此你尝试过做点什么事情吗?

学生:在那之后,我就不再做得那么好了。在很大程度上它真的影响了我。我更想要跟他们在一起,而不是跟老师或者老师的好成绩名单在一起,所以那很重要。

苛费尔:那是一次重要的经历(学生说"是的")——对于你,并且陷入了老师和同伴之间的矛盾冲突,或者说你体验到一种矛盾冲突。(学生说"是的"。)你的父母考虑过这种情况吗?

学生:在我记忆中没有,因为它是,对我来说尤其改变了我对成绩的体验方式。对他们来说,意义可能就少一些。但是这种状况还是比较满意、可以接受的,我也因为做得很好没有不及格而得到奖励。所以二分法还是值得考虑的。

苛费尔:对老师表示忠诚和与同学之间的那种不一致,在其他时间是否有过同样的感受? 它是否提醒你想起其他事情?

学生:它不断在我生活中发生,是的。无论什么时候我忽视朋友或同伴,我就会听到某种声音说,啊哈,对我来说什么更重要呢? 对我来说更重要的是友谊。

苛费尔:嗯,那是基本问题。你提到好几次"得到奖励"——"得到奖励"是什么意思?

学生:哦,当我上三年级时,或许我可以看一晚上的电视,或者可以去一些地方,或者可以在外面待到很晚,或者只是得到一些冰激凌、一些好吃的。

……

苛费尔:好的。在我们结束访谈前,你还有其他想说的事情吗?

学生:没有了。

苛费尔:好的,非常感谢你的合作。

(接着在课程上对访谈进行讨论,摘录如下。)

苛费尔:刚刚对成绩进行的访谈,你有什么感受?

学生:我觉得,它对我来说是个进行探索的好机会。好久以来,我都不曾思考这个问题,但是通过治疗我才发现,与跟朋友亲近相比,跟老师的亲近在我生活中是一段多么快乐的时光,我必须面对很多事情。能够讨论这些事让我感到很开心,因为我很清楚都发生了什么事。

上述访谈记录是半结构式访谈一个很好的实例。在访谈过程中,一般要收集特定个人生活经历的资料,其中包括生活中某些重大事件的过程和影响,以及个人特定经验的过程和动机、个人情感的变化等。由于这种访问有明确的主题,研究者对访谈结构有一定的控制,具有一定导向性,并且会事先准备好大致的访谈提纲,研究者根据事先的访谈提纲向受访者提问。但是在访谈过程中,访谈提纲只是一种提示,访谈者在提出问题的时候,鼓励受访者积极参与交流,并根据谈话过程灵活调整访问的程序和谈话的内容,或者根据受访者的谈话作出合理的回应,提出进一步了解的问题。因此在访谈过程中,具体的问题以及提问的顺序还根据实际谈话的情境随机应变。半结构式访谈的关键是在访谈过程中要善于发现"事件",详细了解事件的细节和过程,使得这个事件成为一个"生动的故事"。

3. 无结构式访谈

无结构式访谈又称非引导式访谈或者客观陈述法。这种访谈表面上是一种无主题的交谈,访谈者和受访者之间就像"拉家常"一样,没有固定的话题。研究者鼓励受访者就他所观察到的或者自己经历的问题发表意见、感受或者判断,描述事件的过程。受访者的谈话可以客观地反映出他的外显或者潜在的信仰、价值观念、行为规范等,因此是一种比较隐蔽的收集资料的方法。因此无结构式访谈的目的是了解受访者自己认为重要的问题,以及他对问题的认识角度、对问题意义的解释及他使用的话语和概念、表述方式等。

罗伯特・波格丹(Robert C. Bogdan)曾作为访谈者对凯特・布里奇斯(Kate Bridges)做了一次访谈,访谈的主题是收集小学女教师对工作的观点,在两个人共进午餐的时候,开始话"家常"。为表现无结构式访谈的特点,谈话内容有少许改动,具体如下:

布里奇斯:下午还有课要上,所以就只能在这简单和你一起吃点。

波格丹:这里挺好的,你是在××小学教书吗?

布里奇斯:是的。

波格丹:你教书多久了?

布里奇斯:从1970年开始,我很喜欢之前20年的工作。现在的我正面临着一个关键转换期。

波格丹:关键转换期? 当初怎么会选择做老师呢?

布里奇斯:我以前觉得教学带有一种使命感。也就是说,它不只是我十分投入的一份工作,或对于扮演好一个母亲的角色比较容易的工作。大学三年级时,我有一次站在宿舍窗边,看着外面美丽的花园,突然间,当老师的念头就油然而生了。

波格丹:啊?

布里奇斯:我知道,我就是知道,我从来没有质疑过。我依然没有对做老师有所质疑。现在的问题是,有没有可能在目前公立学校的情况下,当一个老师?

波格丹:哦?

布里奇斯:我们学校是私立学校,公立学校教师算是更有保证吧。

波格丹:我懂了。

布里奇斯:当我想到除了教学之外可以有的各种选择及可能性,就很难以想象自己如果从事其他行业会怎样,我可以想到一百万件可以做的事情,比如家庭咨商。我有一些朋友在从事这个行业,我们也谈过也许可以一起做。如果20岁重来一次,我想到也许会做别的工作,我想象得到许多我喜欢的事情。但谈到真正想做的事,是教书,教小学生。我喜欢教小孩。我母亲从我在中学阶段开始,当了20年的五年级老师,最近刚退休,她总是觉得还不够好。

波格丹:教书不够好?

布里奇斯:在小学教书不够好,她认为应该去中学或者大学教书。地位的问题。

　　　……

布里奇斯:对,没错,最近她对我说:"你为何不去进修,成为一位大学教师?"我不想去大学教书,我一点兴趣也没有。我可能喜欢当实习教师的督导,提供一些协助,我过去没有做过。

波格丹:喔。

布里奇斯:想一想,我觉得我还是喜欢在小学教书,我认为初级教育对小学生的成长很重要,我希望自己能够为这些孩子引路导航。

在访谈过程中,运用无结构式访谈,一般只笼统地提出问题,由受访者自由回答,谈话气氛应该轻松、愉快。访谈者在访问过程中只做鼓励,不做任何引导性的话语或建议。当然也许不能完全像上述案例一样遇到一个很健谈的受访者,阐述过程思路很清晰又完整,不需要访谈者太多的话语。这样做可以避免因为访问者的引导问话而导致偏误的发生或资料的不真实。因此这类访谈既可以在一个偶然遇到的场合下进行，也可以在请客吃饭时进行，或者在咖啡馆小聚时进行。但是无结构访谈与日常生活谈话是有区别的，虽然表面上相似。日常谈话一般没有任何目的，谈话双方的地位是平等的，可以相互提问和相互交流感兴趣的事情，并且谈话期间随时可以跳到别的话题，谈话内容和形式较为自由。

半结构式和无结构式访谈可称为非结构式访谈。结构式访谈和非结构式访谈到底哪一种方式比较有效，我们倒不用对此过于争执。研究者使用结构式访谈可能会很有信心地从数位受访者中获得可比较的资料，使用非结构式访谈可以根据研究主题自由地了解受访者的故事。其实，研究者只要依照研究目标选择适合的一种使用。再者，在同一个研究的不同研究阶段，研究者也可以使用不同的研究方式：例如在研究一开始时，使用无结构式访谈较为自由的方式与探索式访谈比较适宜，因为这个阶段需要对研究问题做一个大概的了解；紧接着，研究者可以使用半结构式访谈，设定几个明确的问题，但对提问的顺序不做限定；之后，通过结构式访谈，使访谈的内容越来越聚焦。

9.2.2　根据访谈的实施方式分类

依据访谈实施方式的差异，可以将访谈法划分为重点集中法、客观陈述法和深度访谈法等。

1. 重点集中法

所谓重点集中法是把受访者安排到一种特殊的情境之中，如看一场电影、听一段广播，等等。而研究者已经事先分析过这些情境的重要因素、模式、过程与整体结构，并获得一些结果。经过这些步骤，研究者可以建立有关收集资料的访谈标准，而访谈重点最后则落在受访者主观的经验上，即个人对情境的解释。

重点集中法的基本假设在于通过某种刺激，使受访者产生情绪上的特殊反应，研究者从这些反应获得信息，再加以解释。当研究者把受访者带入一种情境后，自然会提出一些事先预备好的问题，让受访者回答，但这些问题通常是结构不严谨或完全无结构的，也即研究者会把问题集中在某些重点上，而受访者可以自由答复。

2. 客观陈述法

客观陈述法的最大特色是让受访者对自己和所处的社会先做一番观察，或者先下一番自我批评的工夫，然后客观地表述出来，也即研究者鼓励受访者对自已的信仰、价值观、行为和所生活的社会作客观的讨论。这等于强迫受访者站在第三者的立场来批评自己。如此不但可以获得资料,而且可以获得对资料的某些解释。但这些解释可能会受到受访者本身观念的影响,而非完全客观。

客观陈述法的优点是使受访者有机会叙述本身的看法,缺点是容易沦为主观,以偏概全。所以,使用此种方法的研究者,必须对受访者及其背景、价值观、态度等具有较为深刻的了解,否则对资料的真伪便难以判断,会严重影响研究结果。

3. 深度访谈法

深度访谈法是质性研究中的一种方法,也是一种独特的、经常令人沮丧的技术。深度访谈的核心是了解他人的鲜活的经历,理解他们对其经历生成的意义。有部分学者认为深度访谈可等同于半结构式的访谈。汤姆·文格拉夫提出了半结构式深度访谈的两个重要的特征:第一,它的部分问题是事先准备的(半结构的),访谈过程中通过访谈者进行大量、审慎的改进,整体的访谈资料是访谈者和受访者共同的产物;第二,访谈要深入事实内部,详细了解某事乃至要获得更多关于研究主题的细节性知识,了解那些表面简单直接但实际上却变得复杂的事情以及"表面事实"是如何极易误导人们对"深度事实"的认识的(Wengraf, 2001)。

在具体的访谈过程中,研究者不能试图去确定和提出每一个事先安排好的具体问题,甚至也不能够事先确定每一个具体的问题。因此在准备过程中,访谈者只需要确定主要的问题和框架,并根据访谈的情况随时改进问题,澄清或者扩展受访者的回答(转引自潘淑满,2003)。关于深度访谈如何展开,阿科瑟与奈特提出了与半结构式深度访谈相应的一种访谈方法,称之为"渐进式聚焦法":从一般化的兴趣领域入手,逐渐发现受访者的兴趣点,然后集中展开。所谓"渐进式聚焦法"中的一般兴趣领域,就是指受访者的日常生活领域,这要求从其日常生活中最细微、最普通的方面入手来展开访谈(杨善华、孙飞宇,2005)。研究者可以将话题更多地引入受访者的生活史。这不仅因为生活史一般都是受访者的兴趣所在,更重要的是,生活史的叙述有助于研究者达到对受访者行动的理解,达到深度访谈的"深度",因为生平阐释的一个优点就是它能够探寻个人意义的深度层次(齐力、林本炫,2003)。

关于深度访谈的"深度",有学者指出它至少有下列不同层面的含义(王仕图、吴慧敏,2003)。

(1)深度理解指的是真实生活的成员或参与者在每日的活动、事、地等所持有的理解和看法。访谈者也应寻求和成员或参与者有相同层次的知识与理解，如果访谈者当时不是或不曾是成员或参与者，应该以深度访谈的方式理解参与者行动的意义。

（2）深度理解的意义是要超越普通常识的解释及对其他文化形式的理解。对这些文化经验从普通常识的感受、解释和理解开始，但目标是探索潜藏在表层观点下的意义，以理解该经验的本质。

（3）深度理解可以揭示出个人普通常识的假设、做法和谈论方式，部分是出自自己的兴趣以及个人对其理解的方式。

（4）深度理解可以捕捉及表达对某些活动、事件、文化物件的多元观点。

除了上述三种类型外，还有团体访谈法、精英访谈法等，因篇幅所限，在此不再展开。

9.3　访谈法应用的技术

一个高品质的质性访谈需要访谈员具有相关的访谈技能、知识和合理的个人判断能力，而这些都需要大量的访谈训练来获得。灵活的、内容关联和背景关联的访谈技能都可以通过访谈实践而习得。

9.3.1　问题设置和提问技术

1. 访谈大纲的问题设置

访谈法主要是通过提问及回答的方式来收集资料，因而，根据研究目的和研究主题来设置问题就显得至关重要，而这项工作无疑是在访谈未开始之前的访谈大纲设计阶段就需要予以完成的。当然，访谈大纲还可以通过试访谈和正式访谈的具体情境继续完善。

通常情况下，访谈大纲需要包括以下六类问题（王仕图、吴慧敏，2003）：

（1）经验/行为问题：关于受访者会做或已做什么的问题，目的在于获得经验、行为、行动和活动的描述。

（2）意见/价值问题：目的是要了解和发现受访者对人、事、经验的认知和诠释历程，如想法、目标、期望及意图。

（3）感受问题：目的是要了解受访者对周围所发生的事或发生在他们身上的事情的情绪反应。

(4)知识问题:目的在于发现反应者所拥有的事实资讯,即对事实的了解,或发现他们所认为的事实是什么。

(5)感官问题:让受访者描述他们看到、听到、闻到、触到什么,目的是要抓到受访者的感官经验。

(6)背景/人口统计问题:有关受访者的基本资料,如年龄、教育、职业等,以了解受访者的特征并加以归类。这类问题可以在访谈即将结束时询问。

访谈大纲的主要目的在于发挥提醒作用,以免访谈者遗漏重要的内容。但是,访谈者一定要保持一种开放、灵活与弹性的态度,无需拘泥于形式,以为必须要按照大纲顺序提问,而事实上完全可以开放地接受受访者的不同反应,并依循对象的思路加以追问探讨。

此外,还有一个同样重要的问题是,由于研究可以划分为多种类型,如描述性研究、探索性研究、解释性研究,等等,所以,访谈大纲设计的内容除了上述六大类问题外,还需要根据研究的类型增设相应的研究问题。对此,这一方面的访谈大纲的设计类型大致可以划分为四种(Ritchie & Lewis,2008)。

(1)阐述性访谈大纲。

阐述性访谈大纲主要是用来鼓励受访者对某个议题有更详尽的表述或说明,其重要性在于可以促使受访者完整描述和提供事件或现象的经过。这类大纲的范例如下所示:

● 关于你所说求学遇到的困难,能不能再请你说明大概是哪些方面的困难呢?

● 你刚刚提到家庭教养模式对孩子成长很重要,可不可以谈谈你喜欢哪一种家庭教养模式?

● 你说青少年同辈群体对一个青少年的品格培养影响很大,那么大概会在哪些方面产生影响?

(2)探讨性访谈大纲。

探讨性访谈大纲主要是打算了解受访者的观点和感觉,但因这些观点与感觉潜藏在行为、事件或经验描述之中,所以访谈大纲的作用就是协助受访者陈述相关的感受与经验。具体的参考范例如下所示:

● 你认为你当时是如何去回应他的举动的呢?

● 班干部做了调整以后,对你造成了什么影响呢?

(3)解释性访谈大纲。

解释性访谈大纲的特点是研究者为了深入了解影响受访者的观点、感觉、行为、决定等,通过不断询问"为什么?"或是"是什么原因?",以反复的追问来了解受访者的观点和对研究问题的看法。具体范例如下所示:

- 为什么你觉得他的态度是对你有恶意的?
- 什么因素让你决定要支持这项措施的推行?
- 为何你认为他们这种关系从长远来看会带来负面影响?

（4）阐明性访谈大纲。

由于深入探讨议题需要有高度的准确性和清晰度,所以如果研究或访谈过程中出现理论与实务的差距,则可以列入阐明性访谈问题,小心验证受访者的看法,并鼓励进一步思考问题和进行说明。具体参考范例如下所示:

- 在这种情形下,有些人可能已经非常不满了,那你曾经有这种反应吗?
- 你之前说不喜欢他的做法,但后来又认为他的某些行为对专业有益,所以你还是认同他的做法吗?

从具体的操作层面而言,访谈提纲设计可以遵循以下步骤:第一,把访谈对象分类,有类别地设计出不同的访谈提纲;第二,先从单一类别的访谈对象入手,罗列出所有想要提的问题;第三,审视研究主题和研究对象,对问题进行有效删减,同时,把问题分模块进行整合,使得条理更加清晰;第四,重新通读整篇访谈提纲,保证问题和问题模块的连贯性和逻辑性。

在访谈提纲制作完成后,访谈者可以选择团队成员或者受访者进行试访谈,以促进访谈提纲的完善。在试访谈的过程中,如果发现问题设置不够连贯,可及时调整问题设置的顺序;如果发现有些问题设置多余,也可及时完善。同时,在访谈时,对每一个访谈对象予以单独记录;在试访谈结束后,把所有的记录进行整合,依据记录清单进一步优化访谈提纲。

2. 访谈法的提问技术

在访谈过程中,访谈员针对不同的访谈情境有多种询问问题的技巧和方式。针对不同的受访者,所询问问题的类型也各有不同。另外,为了使同样的问题对于不同的人具备相同的意义,访谈员就必须在访谈过程中修改问题的形式以适合不同教育背景和理解能力的受访者。下面针对常用的问题类型作简单的介绍。

（1）导入性问题。

利用开放式的话语引导受访者进入访谈情境中。"你能不能告诉我关于……?""你还记得有一次你……?""你能详细地介绍下你在家的场景吗?"访谈法重在挖掘受访者的生活经历，访谈者可利用这些问题引发其自然而丰富的描述。

（2）追踪性问题。

当受访者在阐述问题时，出现了与研究主题相关的或者令访谈者欣喜的内容，但是受访者可能在提及之后未能完整表述而收尾，此时，访谈者应秉持着寻根问底的态度，通过停顿、眼神的鼓励或者直接询问受访者可否对刚才阐述的内容作进一步的扩展和描述，例如："嗯，我对您刚才讲的……很感兴趣，您能再给我详细说说吗？"

（3）探索性问题。

访谈者通过追问，探索除表象之外，其中蕴含的内容。询问的问题如："你能不能回想起当时还发生了什么？""关于这个内容还有没有其他的例子？"

（4）具体性问题。

访谈者可能会询问一些具体的操作化的问题，比如说："当你感到焦虑不断加剧时，你做了些什么？""你的身体反应是什么？"在一个有着许多笼统陈述的访谈中，访谈员可以尝试通过"你自己也有过这种体验吗？"这类询问来获取更加详细的描述。

（5）直接性问题。

访谈者通过直接的问题引入主题或者通过直接的问题来协助受访者澄清回答的内容。例如"你是否因为拿了好成绩而得到奖励？""当你提到竞争的时候，你是否想到一场正大光明的竞争或破坏性的竞争呢？"这类问题让受访者没有回避的机会和可能，但最好是在访谈的最后阶段提出，在受访者已经做出自然描述之后，借此揭示事件中对受访者来说最重要的部分。

（6）间接性问题。

对于涉及隐私的话题或者对于受访者来说太过于敏感的话题，访谈者可以通过投射性的问题来获取答案。例如："你认为你的朋友如何看待婚前性行为？""你觉得你的朋友们如何看待以成功为目的的竞争？"这类问题看似在通过询问受访者其他人对待事件的态度，其实是在征集受访者本人态度的间接陈述。

（7）结构性问题。

访谈者要掌控整个访谈过程，当一个主题已经讨论完毕时应该清楚指明。访谈者可以直接而又礼貌地打断受访者讲述的与研究无关的话题，直接告知："非常感谢，我还想咨询您另外一个话题。"

（8）解释性问题。

解释的程度可以只是对回答进行改述，比如："那你的意思是……?"或者尝试着澄清，比如："你感觉……是吗?"或"……，这是你刚才想要表达的意思吗?"通过这些让受访者能够直接、准确地对研究问题进行回应。

米奇耶罗（Minichiello）认为在访谈中提问的方式可以归纳为三类：一是"描述性提问"。这类问题让受访者描述某人、事件、地点、人物或经验，常常用于访谈开始的时候。二是"结构性问题"。这类问题的提问目的在于发现受访者如何架构或组织他们的知识。三是"对比式提问"。它是让受访者能够从自己的世界出发，进行情境的比较并讨论其意义（转引自王仕图、吴慧敏，2003）。

上述三类是在访谈过程中通常使用的问题类型，但是并不代表研究者只能通过提问才能将问题问清楚。有时候，适当的沉默也是一种难能可贵的方法。与其不断发问使访谈成为盘问，不如通过谈话中的停顿让受访者有足够的时间来想象和思考，之后让受访者来打破沉默，但这需要访谈者具备一定的访问技巧和对受访者的回答保持充分的敏感。

9.3.2 访谈对象选择的技术

在正式访谈之前，最为重要和最具挑战性的工作之一是如何锁定访谈对象和确定访谈对象的数量。对此，访谈者需要掌握一定的技术和理论知识。

1. 接触可能的受访者和关联者

当访谈者确定了访谈所在的研究区域后，可深入该地区进一步了解情况，接触与研究主题相关的人员，他们可能是潜在的受访者，也可能是受访者的关联者。通常情况下，最先接触的是后者，利用与后者的正式、非正式关系与受访者建立关联。受访者的"关联者"有时被部分学者认为是"守门人"，如访谈者想要访问学龄儿童，首先需要对接的是其父母或老师；当访谈者想要访谈违法越轨人员时，首先需要对接的是监狱看守人员或社区管理人员；等等。

对于普通大众的访谈，最好是通过同级、同辈、同伴的关系接触到受访者，访谈者以一种间接的平等身份出现。但在现实中，不论接触的人是何种角色，他们对于初次陌生的接触都会产生一定的抵触心理，按照研究伦理，访谈者在适当的情况下，可以对研究的课题加以解释，减轻他们心中的负担和猜忌。在寻得受访者后，访谈者争取由自己亲自对受访者解释研究的内容和宗旨，而不是依靠别人进行转述。由于研究成本的限制和基于研究便捷性的考虑，常常以"滚雪球"的方式拓展受访者,虽然前一个受访者在交流之后,对于研究的课题有一定的认识,但并不能保证其理解的全面性和复述的准确性,如果其对下一个受访者讲述有所偏差,形成的刻板印象会对访谈质量造成影响。

如果访谈者在实地了解后,对研究主题和研究问题有了全面掌握,便可以明确研究对象的大致轮廓和访问范围,此时,身边的人群可能分为潜在受访者、"候补"受访者以及受访者的关联者,访谈者对收集的资料进行整合,从中筛选出受访者,研究也可进入下一个阶段。

2. 制定标准和筛选出受访者

根据实地初探确定后的研究主题,制定出筛选受访者的标准,这也是把研究主题进行指标化的过程,主题的分解能使访谈过程中的研究思路更加清晰,进而确定受访者需要具备的特点。研究主题的指标化可遵循以下步骤:第一,根据研究主题中的核心概念提炼出一级指标,并对一级指标围绕性质、特点、量度等进行分解形成二级指标,或者对二级指标进行再次分解,形成三级指标;第二,综合一级指标、二级指标、三级指标的文字,细致描绘受访者的特点;第三,明确研究对象的层级或者区域范围,例如研究对象为"枢纽型社会组织",根据研究确定是否需要把街道、区级、市级等不同区域范围的"枢纽型社会组织"纳入受访范围。而在具体操作中,需要将枢纽型社会组织中的"具体人"作为受访者,即研究要访问哪些人、在什么样岗位上的人,这些都要在受访者名录中出现。

上述操作完成后,访谈者基本能够绘制出受访者的"模样",再结合对实地情况的了解,罗列出具体的受访者,且这些受访者集结了指标描述的典型性。受访者的筛选可遵循以下原则:第一,针对以组织为单位的访谈,访问"位高者"较好,因为他们对组织的了解更加全面;第二,以个人为单位的访谈,了解事件发生的过程以及对某一事件的看法、态度,可以增加受访者的数量,以便整合和纠正;第三,从研究成本分析,尽可能把善谈的人作为受访者,减少研究的时间和薪酬的浪费;第四,不要屏蔽持不同观点的人,也许他们的观点更能促进研究成果的出现;第五,知晓自己链接资源的能力,着眼实际情况来确定受访者。

3. 受访者数量和"信息饱和度"

由于项目成本、项目周期的限制以及访谈本身的需要,受访者的数量应该在研究设计时就明确。此外,如果后续想要进行同级别、同体系的受访者对比分析,也要对不同序列的访问对象数量予以安排。访谈者不可能永远在做访谈,更多的时间和精力应放在资料分析和成果体现上,因此,访谈需要有限度,这个限度最好借助受访者数量完成。当然,受访者的数量并不是随意捏造的数值,在上述基础上,最终将根据访谈需要和"信息饱和度"来确定,具体可参照如下两个标准(埃文·塞德曼,2009)。

判断标准一:充分性。"已经获得的访谈资料是否能够充分反应受访者所在地点和人群范围情况,使得受访者以外的人员也有可能与受访者的经历建立联系?"即访谈资料是否涉及不同维度,能够呈现一定的系统性,充分反映研究主题的情况。

判断标准二:信息饱和性。"访谈过程中,访谈者是否听到了相同的信息?"这同样需要全面掌握访谈资料,并对访谈过程进行评估,当访谈者确定自己得不到决定性的新内容了,访谈也便到了该结束的时候。

不论是访谈者自己寻觅受访者,还是通过"滚雪球"的方式拓展受访者,都可以按照以上两个判断标准来决定访谈的截止时间。受访者的数量是不同访谈信息交互反映的结果,访问的过程也是动态演变的,需要在调研中不断积累经验来提升研判的精确性。

9.3.3　访谈过程的技术

访谈是一种双向的互动,受访者讲述的是研究者没有参与的、重构的事件、经历或者体验,研究者可以去理解受访者的生活、工作、所处的情境,并希望借助他们的经验让更多的人去理解社会、处理自己面临的问题。同时,通过提问,受访者也可以借此重新思考自己的生命历程,领悟其中的意义。但也有学者表示,访谈是对受访者的掠夺,研究者从他们身上获取信息,且这些信息的获取可能会给他们带来二次伤害,让其不得不面临痛苦的过去,重新回味受伤的经历。因此,掌握访谈过程的技术很重要。

1. 倾听、跟随和追问

(1) 投入倾听和有效回应。

在访谈中,聆听是最重要的一门技术。对很多受访者来说,最难的工作是保持安静并积极地聆听。在访谈过程中,访谈者至少进行三个层面上的聆听。

第一,访谈者必须认真聆听受访者讲述了什么。在此过程中,需要访谈者集中心智,以确保听得全面和对其进行充分的理解,同时对他们听到的话题进行评估,看是否与其所想的一样详细和完整。随后,针对受访者所说的内容,能够提出自己的问题,并及时把问题记录下来。

第二,访谈者必须留心与外部的公众声音相对的"内部声音"。作为外部的或公众的声音,总是能体现听众的意识。这并不是不真实的,但它是有防御性的。访谈者要听到的是内部声音的深入阐述。

第三,访谈者必须在聆听谈话内容的同时,用充分的理性来注意访谈的过程。因为访谈者必须掌握时间,要清楚地明白自己已经做了多少内容,以及还有多少未访谈的内容;也必须把握受访者的精力水平,并对他(她)提供的任何非语言信号保持警觉。访谈者一定要努力聆听以便对访谈进度进行评估,并对如何根据需要推动访谈向前发展的线索保持敏感。

投入倾听之前,访谈者需要在对研究主题具有充分的背景知识和浓厚的兴趣基础上,与受访者建立良好的互动关系;同时,还要熟悉访谈大纲,以便在访谈过程中能够专心致志地将注意力放在受访者和访谈话题上。对受访者回答的问题积极聆听,并对其回答的具体含义进行解读和诠释。在聆听的过程中,要控制自己喜欢讲话的本能,尽量不要打断受访者。研究者可以先做好记录,例如通过记下受访者所说的关键词。聆听过程中出现疑问的地方,可以先在手稿旁边标明,将产生的问题和受访者的回答分开,以便在时机成熟时,及时回到这些问题上去,对访谈内容进行回馈。但访谈者也要相信自己的直觉,当受访者讲述内容与主题毫不相关时,应该打断受访者的话语,不能一味盲目地去倾听。

(2) 紧跟受访者思维和追问。

访谈提纲中问题的设置和访谈过程中的提问都遵循层层递进的原则,前一个问题为下一个问题提供知识铺垫,它们彼此之间是相互联系的,因此,受访者的表达也是前后呼应的,如果不能紧紧跟随受访者的表达,就会漏掉其他相关的问题。如果后续再对其中的内容进行提问,可能会导致受访者滋生抵触情绪,他(她)会认为在第一次述说时,没有得到足够的重视。而且在访谈过程中,需要保持交流顺畅,这也决定了访谈者要紧跟受访者的思维,尽量减少停顿和空白间隙的出现,以免让受访者对访谈者的专业性和访谈态度产生质疑,影响访谈的质量。通常情况下,研究者是根据受访者的表达,以提问的方式来引导谈话,问题紧密联系研究主题和受访者当下的表达,每一次的提问都是对已有阐述内容的总结,也是对话题进行更深入的探索。

访谈者因不了解讲述的背景、本地的用语、内容十分模糊,或者受访者因过于熟悉自己的经历而讲述得比较简略时,虽然访谈者可能一直在全神贯注地聆听,但仍旧无法领悟全部的内容,如果不及时提问,就会影响访谈的质量和进程。

例如,受访者表达说:"那件事让我很受伤,之后,我经历了人生中最为黑暗的时刻,现在想想,真的太遗憾了。"从这样论述中想要听到"那件事是什么事?""为什么是其人生最为深刻的时刻?""什么使其遗憾?",等等,就需要跟随受访者的表达,及时进行提问,给其讲述自己故事的机会,并表达出尊重和共鸣。

(3) 敏感性问题的提问。

日常生活中,无论语言是善意的还是伤害性的,有时候他人的语言总能激起听者敏感的神经。访谈过程更是一种特殊的互动,面对陌生的访谈者和从未思考过的问题,总会给受访者一种"挑战",特别是敏感的问题因回忆往事或者访谈者的质问而带来一种被"刺伤"的感觉。因此,询问可能是受访者敏感的、会对其造成二次伤害的事件,如果不是从他者经历的角度询问,那么让受访者直面问题时,应避免让受访者长时间停留在该段记忆中,而是可以用一种解构的方式,让其与受访者的经历分开,先让其复述"经历的事件是怎样的",再在条件允许的情况下,让其与经历的事件建立关联,询问其本人的真实体验和对经历的看法。

敏感问题访谈过程中,要时刻注意受访者的情绪,格外关注受访者情绪起伏的情况。除了个人一对一访谈外,还可以采取群体访谈的方式,在一个小组内,相同的经历可以让受访者进入一个感觉舒适的氛围并进行交流,在分享的同时,创造条件让他们互相疗愈。访谈者也可以适时在提问的时候披露自己,以坦白的方式与受访者进行分享,鼓励受访者用更加真实的话语表达更内在的声音,但不要强化受访者的负面情绪,以免扭曲访谈。此外,访谈者要相信自己的直觉,当感知受访者实在不能坚持对某个话题的阐述时,要及时终止,不能固执地执行访谈提纲,为了获得研究资料而丧失对受访者最重要的保护。

(4) 成功或失败访谈的判断方法。

在访谈(尤其是深度访谈)过程中,研究者是否具有丰富的想象力、敏锐的观察力和高度的亲和力,是访谈成功的关键。丰富的想象力能让访谈者马上进入受访者描述的情境,感同身受。敏锐的观察力是指访谈者要不时地观察受访者是否有不快的表现,或是情绪激动、闪烁其词,而能适时地回应。同时也要判断受访者是否在规避回答或是无法回答。如果是前者,要判断是什么原因让他(她)不愿意真实回答;如果是后者,就得判断是访谈的题目不适合回答,还是受访者没有足够的知识来回答。高度的亲和力则是指要让受访者愿意与你聊天,愿意说出他(她)内心的思考和看法。

而判断每一次访谈是否成功,最直观的标准就是,在访谈后,访谈者自觉收获良多(无论是在资料的收集还是人生的经验上),而受访者也觉得意犹未尽,还期望有更多的机会表达。同样,直观判定失败的访谈的标准是,当逐字稿中只有访谈者声音的呈现,而受访者只是以"是"或"否"作答,便可以判断受访者并没有对你敞开心扉。此时有三种处理方式:第一种是取消访谈;第二种是去了解为什么受访者会产生如此行为(这也是一种研究);第三种是当个案来源有限时,只得重建熟悉而友好的关系后再访谈。

2. 访谈历程的控制

一旦访谈顺利展开,访谈者常常会遇到的问题是:受访者侃侃而谈时,要如何回归主题?要让受访者回答到什么程度?等等。对此,米奇耶罗提出了三种非结构式的访谈技巧(转引自王仕图、吴慧敏,2003)。

(1) 循环模式(recursive model)。

这是一种提问的形式,比较像一般的会话模式,把人和情境都视为独特的,因此绘画进行的方向会随着每次访谈的互动而调整。在这个历程中,访谈者必须做选择,以决定前次访谈的互动在这次要延伸到什么程度,或前次访谈经验在本次访谈的内容中被允许的程度。这种模式被认为是最无结构的深度访谈,其潜在的危险是容易偏离研究的主题。如果发现偏离主题,研究者可以使用转换的方式使受访者将注意力重新放在主题或所谈论的议题上,即使它们有些牵强,也要找个方式重新回到主题。

(2) 漏斗式(funneling)。

这种发问的历程是从一般性或较广性质的方式开始,先让受访者参与对话,再慢慢减缩到较核心或特定的问题。这是一种逐渐聚焦的访谈方式,通过彼此的对话,将问题焦点逐渐转移到访谈者的主要目的或目标问题上。

(3) 说故事式(story telling)。

这种方式是把开始点和结束点设定好,然后受访者对在这两个时间点某事件发生的细节做更详细的描述。基本上有两种情况会使用这种方式:一是对一个活动的特性或感觉的描述性问题;二是要让受访者归纳、分类、摘要、量化或解释的问题。但并非所有这样的问题都会导出故事,所以要让受访者说出故事,即请受访者在他们会话中就所做的归纳给出一些例子,访谈者要表现出愿意聆听的样子。这种方法的危险之处在于可能扭曲故事的真实性,而其优点是可以让受访者更自由地提供信息。

9.3.4　访谈记录和录音转换的技术

1. 访谈记录

受访者讲述的每个词语都能反映他（她）的认识（转引自埃文·塞德曼，2009）。为了使访谈内容文档化及方便以后的分析工作，就需要对访谈进行记录，而记录访谈的方法包括录音、录像、笔记以及记忆。记忆是最短暂的，也最为主观，因此记录访谈最好的方法是通过录音录像设备来保留或者还原访谈现场，这样也可以让访谈者能够完全将注意力放在访谈的主题以及访谈的动态上。通过录音设备把受访者的措辞、音调、停顿等都以持久的方式记录下来，还可以导入电脑进行保存，以最方便的方式随时随地进行倾听和查阅。如若有人质疑研究者的结论，他们也可以回到原始资料，证明自己对材料是负责的，研究者后期也可以通过反复倾听自己的访谈录音来研究自己的访谈技巧，从而提升访谈水平。但有众多学者曾痛苦地表示，由于技术缺陷或人员的失误，某些特殊的访谈没有被记录下来，有的是由于录音环境太嘈杂，录音的内容很难听清楚，各种背景音都被吸纳了进来，只好沉浸在嘈杂的声音中徘徊，大大耗损了自己的研究热情，提高了研究成本。这也提示研究者要注意研究现场，通过一些措施来保证录音的质量。

即便有录音或录像器械，也不能忽视文字记录。更何况在有些情况下无法使用录音或录像，有些受访者不让使用录音或录像，此时，更需要依仗文字记录访谈内容。陈向明指出，根据记录所关注的焦点，访谈记录可以分为下列四种类型（陈向明，2000）：

（1）内容型记录：完整记录受访者陈述的所有内容。

（2）观察型记录：研究者对于访谈过程中场地、环境，甚至是受访者的表情举止等一切外在事物做出记录。

（3）方法型记录：记录研究者使用的访谈方法，包括记录通过该方法如何与受访者进行互动，甚至可以延伸记录该研究方法对于研究结果会产生何种影响。

（4）内省型记录：记录研究者进行访谈时，其年龄、性别、学历甚至访谈态度等个人因素是否会对研究过程产生影响。

2. 录音转录

为了确保受访者讲述的可靠性，研究者必须将用录音记录下来的口头语言转录成书面语言后再进行研究。受访者的思想通过语言体系表现出来，用研究者对受访者语言的解释和总结来替代他们的实际语言,在一定程度上就是用研究者的思想代替受访者的思想。从录音到文本的转录涉及一系列有关技术和释义方面的问题,尤其涉及逐字的口头风格和相对应的文本风格,这并没有许多标准化规则,而是要作出一系列的抉择。转录过程中有一个基本原则:在报告中要明确说明转录是怎样进行的,并且转录过程中最好由访谈者亲自进行指导,且如果在一项研究的转录过程中有几个转录员,那么研究者一定要注意其在转录过程中是否采用了相同的打字程序,减少访谈内容的偏差。

9.3.5 资料分析环节的技术

运用访谈法收集资料,需要为访谈资料的处理以及分析留下充分的时间。访谈过程中产生的丰富的文字资料被简化、提炼成一些研究者感兴趣的、符合研究主题的文本,是一项极其艰巨的工程。

特施(Tesch)提出了质性资料的十项处理原则,它们对访谈资料的分析同样适用(转引自谢卧龙,2004)。具体是:(1)在质性研究中,分析并非研究过程的最后阶段,而是随着资料收集过程不断在进展的工作;(2)分析的过程是有系统且容易被理解的,但绝非固定的形式;(3)在资料收集的过程中,摘要手记有助于资料的分析;(4)将资料片段化,区分成相关且有意义的单元;(5)资料分析的体系是根据资料的特性建立的;(6)比较是分析过程中最主要的方法;(7)资料分析的方式是暂时性的,虽然是发生在资料收集的开始阶段,但可以随时予以更改;(8)在分析过程中对资料的操作没有既定规则,也即没有绝对的"正确"方法;(9)分析的程序没有绝对的规则可寻,但也不能无限制地创造,仍需要高度的方法论和专业的知识;(10)资料分析的结果最终应拥有某种程度的整合。尽管在分析的过程中不断地分类,将其单元化,但结果的呈现还是应该提供一个总体的面貌。

针对访谈文本分析,斯丹纳·苟费尔和斯文·布林克曼提出了分析六步骤。

第一步,受访者在访谈中描述他们的生活世界。他们会自然地讲述他们对某一相关话题的体验、感受和行为。访谈者或受访者几乎没有对内容的诠释和解释。

第二步,受访者自己解释访谈过程中新的关系,基于其自然的描述而发现他们的体验和行为的新意义,而不是来自访谈者的解释。

第三步,在访谈过程中,访谈者凝缩和诠释受访者所描述内容的意义,并且将意思"反馈"给受访者。这样,受访者才有回应的可能性。

第四步,记录的访谈由访谈者独自或与共同研究者一起进行分析。所建构的访谈通常通过转录和借助用于文本分析的计算机程序进行分析。恰当的分析涉及探讨访谈的意义,不仅使受访者自己的解释明朗化,同时也可以得出来自研究者的新观点。很多分析工具都关注文本的意义或语言形式。

第五步,再访谈。对访谈文本进行分析之后,研究者可能将阐释的内容反馈给受访者。在不断"自我矫正"的访谈中,被试者有机会以"成员验证"的形式评论访谈者的诠释并说明自己的最初观点。

第六步,将统一的描述和解释扩展为行动,通过受访者在访谈中所获得的新见解来开始行动。在这种情况下,研究性访谈近似于治疗性访谈的形式。在较大的社会情境中(如行为研究),集体行动也可能带来改变,在这种情境中,研究者和受访者基于他们的访谈一起行动。

上述呈现了由描述到解释再到行为的连续的六步骤,但每个步骤并不是必须都要做出预先假定的,其将意义分析和语言文本分析方法交织在一起。研究者运用上述文本分析方法的同时,也要结合自己的研究内容和研究目的、想要达到的分析程度来选择适合自己的分析工具,来加以辅助。

本 章 小 结

本章通过三节的篇幅阐述了访谈法的含义、特点、基本类型以及访谈法所运用的技术等相关知识,带领读者认识访谈法不仅仅是一种技术、一种知识的社会形成过程,而且还是一种社会实践。人与人之间的互动建构了生活的现实,因此需要注意会话的情境和社会背景,尽可能从受访者的观点了解世界,揭示其生活的世界面貌,展现其经验的意义。访谈并不是一项简单的工作,从确定研究主题、设计访谈大纲、进入访谈场所、选择访谈对象及数量、与访谈对象建立关系、正式开始访谈和收集相关资料,到整理与分析整理资料,等等,无疑是一项艰巨的工程,每一个阶段都不可忽视,想要真正做好并非易事。研究者在整个过程中需要充分掌握和熟练运用研究设计、建立关系、提问、倾听、记录、资料分析等多种技巧,并熟练调换访谈法的方式并在具体的研究场景中灵活运用,以便获取更多内容。

推荐阅读文献

1. 斯丹纳·苛费尔、斯文·布林克曼:《质性研究访谈》,范丽恒译,北京:世界图书出版公司 2013 年版。

本书对访谈法进行了简约而又完整的介绍,是学习访谈法的重要书籍。

2. 赫伯特·J.鲁宾、艾琳·S.鲁宾:《质性访谈方法:聆听与提问的艺术》,卢晖临等译,重庆:重庆大学出版社 2010 年版。

本书明确了研究各个阶段的工作内容,并以具体的案例来讲述访谈法的技巧,全面而细致。

第 10 章

焦点小组法

焦点小组法起源于社会学,发展于传播学,兴盛于营销学,从心理学和精神病学的临床研究到人类学的人种研究,再到营销和管理领域,焦点小组在很多学科、很多领域都有不同层次的发展。这种方法的主要目的在于了解和理解人们对于某一"主体"的看法以及影响这种看法的原因。正因为如此,焦点小组方法被用来进行各种动态关系的调查分析,包括态度、观点、动机、关注点,以及问题关注趋势和人类行为研究,其应用的一个重要前提假设就是群体动力论,即在群体讨论中,受访者可以更加愉快地思考,提出更多观点。另外,在社会科学领域里,运用焦点小组法可以在较短的时间内,观察并收集到目标对象大量的互动资料,弥补传统问卷调查法的不足,因此,焦点小组法是非常有潜力的一种研究方法。本章比较系统地介绍了焦点小组法的起源、发展、定义、基本特点、类型和新形式等,以及如何实施一个有效的焦点小组。

10.1 焦点小组法的基本特征

焦点小组法与其他质性研究方法相比,具有独特的和鲜明的特定,这也是这种研究方法能够从社会学、传播学较快地延展到商业科学和管理科学等领域的原因之一。

10.1.1 焦点小组法的定义

1. "焦点小组法"称谓的由来

焦点小组方法是个舶来品,其英文形式主要有三种:focused interview,group depth interview, focus groups 或 focus group。对于 focused interview,由于这一称呼是焦点小组的发明人默顿所使用的,所以后来不乏追随者。focused interview 强调两个要素:其一,focused,即访谈中必须有明确的需要讨论的话题;其二,interview,着重指出主持人在焦点小组中的重要作用,强调访问的重要性。对于 group depth interview 这一名称,目的是区别焦点小组方法与个人深度访谈,强调了焦点小组的群体性,即 group。但是,焦点小组并不是深度访谈的简单累加,群体之间的互动所产生的巨大推动力才是焦点小组的本质所在。在搜索关于 focus group 的资料当中,focus group 是不经常出现的,经常出现的是复数形式 focus groups。这是由于,单独一组的焦点小组几乎是不存在的,久而久之,focus groups 这一复数形式就成了焦点小组的确切说法,即使是在表示抽象概念或者方法的时候也是这样使用的(臧晔,2006)。

既然是舶来品,那么对应的中文版本也有很多:焦点团体法、焦点访谈法、焦点小组法、小组访谈法、聚焦的访谈等。然而,"焦点小组"是对于 focus group 的直接翻译。由于它的实用性,这一称呼慢慢得到业内人士的广泛认同。也正是出于这方面原因,本文采用"焦点小组法"的称谓。

2. 焦点小组法的定义

(1) 国外学者的观点。

截至目前,学者们对焦点小组方法概念的理解大致可以分为两类,即狭义和广义之分。狭义的焦点小组尤其用在市场研究领域,以格林堡和麦奎尔为代表,他们认为,焦点小组方法只有而且必须达到某种标准,主要包括:6—10 个陌生人、在正式的场合、在主持人主持下的严格结构式讨论。广义的定义,主要代表学者有弗雷(Frey)和凡达纳(Fontana),他们为一系列的团体访问做了细致的划分,焦点小组方法属于这些方法中的一类;他们从反面对焦点小组方法进行界定,如果某一种方法具有以下特征,那么就不是焦点小组而是其他方法:在非正式场合举行;采用非直接提问的访谈方式;非结构性提问方式。然而,实用人口统计学家比如诺德尔(Knodel)认为焦点小组应该有更加广泛的场合和文化背景(臧晔,2006)。相似地,克鲁格和摩根认为,焦点小组的指导性访谈,以及问题的结构化程度,都应该根据具体实施项目的不同而有所差异。因此,在实际操作中,弗雷和凡达纳所划分的类型是很难实现的。

(2) 国内学者的观点。

国内学者如何理解焦点小组法? 以下将重点介绍长期从事质性研究的臧晔、李晓凤和胡幼慧等学者对焦点小组法的诠释。

国内学者普遍认为,给焦点小组法一个普适的定义并不容易。臧晔认为,焦点小组法作为一种由研究人员确定的议题,通过小组互动的方式收集数据的研究方法,这个定义包括三个主要组成部分:第一,焦点小组是搜集数据的一种研究方法;第二,小组成员之间互动性的讨论是数据的来源;第三,为了数据搜集的目的,研究人员主动创造小组讨论是必需的。

　　尽管这三方面的定义非常宽泛,但它还是很明显地将其他方法排除在"焦点小组"这一称呼之外。首先,那些不是以研究为首要目的的小组就不能被称为焦点小组,其他的目的包括:治疗、决策、教育、组织,或者行为改变(尽管焦点小组作为数据搜集的方法,也可能产生上面的结果)。其次,焦点小组区别于那些群体讨论的形式但是不允许互动讨论的方法,例如德尔菲会议法(Delphi);也区别于那些允许讨论但是不允许批评的方法,比如结构式头脑风暴法(臧晖,2006)。

　　李晓凤认为,焦点小组法比深度访谈多了团体成员之间的互动和讨论,研究者在此方法中往往扮演了中介者的角色,所收集的资料便是以团体之间的互动讨论的言辞内容为核心,她把焦点小组法核心要素归纳如下:第一,参加的群体是目标对象中的非正式组合,研究者要求参与者对既定主题陈述个人的观点;第二,群体成员的背景相似或相近,而且小组的性质相同;第三,群体应为小群体,一般在 6—12 人之间;第四,由一位受过训练的主持人负责引导讨论和回应;第五,主要目标在于刺激观点、感觉、态度与想法的出现,以获得参与者的主观经验;第六,此种讨论并不能产生量化的信息,或推论到更大的母群体(李晓凤、佘双好,2006:153)。

　　胡幼慧认为,焦点小组法能够在短时间内针对研究主题,观察到大量互动和对话,研究者可以从此对话和互动中取得资料和进行洞察,对于探索性的研究来讲,是一种有利的方法。就焦点小组法本身而言,其最适合用来探索某一特殊群体中个别成员对某一现象的想法或说法,或者想要借着群体互动产生新的想法,以及产生诊断性的信息等。可以说,焦点小组法是一种严谨并且科学的探询方法。它比较适合以下情况:第一,探索一项较新的研究领域或方向;第二,评量不同地点、不同人口群体的差异特质;第三,可以根据对受访者的经验洞察来发现具体的研究假设;第四,对以往的研究结果,寻求参与者的解释;第五,厘清某一种观点或发现机会,例如,了解目标群体对于某一社会议题的看法;第六,针对调查或实验研究所得到的量化资料,加以深入探究或解释;第七,诊断一项新的方案、服务或产品潜在的问题。

　　由于这种方法在探索上的特点,一个有效的焦点小组法使研究者可在研究过程中扩大探讨范围和具体层面,能够深入受访者的情感、认知和价值意义系统,并引发出以往经验和现实意义之间关联。

由于受访者之间的互动能引发"即兴的"反应,这为"洞察"提供了机会,这种洞察特性有助于认知和态度的研究。各组之间因为这种探索特质,议题可能有崭新的变化和发展,使得原始设计的讨论内容结构和各组设计方向比较有弹性,而非固定的假设验证(胡幼慧,1996:224—225)。

10.1.2 焦点小组法的渊源

焦点小组法的兴衰与质性研究方法有着密切关系。1890 年到 1930 年属于早期阶段,这是芝加哥学派占统治地位的时期,也是质性研究方法的时代;1930 年到 1960 年属于中期阶段,这是拉扎斯菲尔德的时期,实证研究的量化方法占据主导;从 1960 年直到现在,社会研究"后期"的标志就是把人吸纳进了研究框架(臧晔,2006)。人就是人,而不是作为变量的人,挖掘人的深层的、内在的洞察和思想的质性研究方法又重新走上历史舞台。焦点小组访谈法起源于量化研究方法占统治地位的 20 世纪 40 年代,此后不断得到完善和发展,20 世纪 90 年代焦点小组法在一定程度上成为质性研究的代名词。

1. 焦点小组法的萌芽期

焦点小组法研究的资料表明,在 20 世纪 30 年代中期,或者更准确地说是在 1926 年,社会学家博加德斯(Bogardus)出版的《城市男孩和他的问题》(*The City Boy and His Problems*),报告中第一次使用了"团体访问"(group interview)这一方法,访问了洛杉矶和南加利福尼亚州社区的男孩,这一次社会学研究被视为焦点小组研究方法的萌芽。当初采用团体访问并不是刻意设计,而是由于在做一对一访问的时候,考虑到经费不足的问题而采取的应急措施。但是,他的小组访谈和真正意义上的焦点小组法并不一样,虽然他也意识到了小组动力学的作用,然而,他收集的资料实际上还是个人的数据,所以,社会学家博加德斯使用的并不是真正意义上的焦点小组法,最多只能算是对质性研究访问法在当时的情况下的一种适应形势的改进和补充(臧晔,2006)。

2. 焦点小组法的形成期

(1)扎斯菲尔德的贡献。

由于二战的影响,拉扎斯菲尔德逃亡到美国,并幸运地得到洛克菲勒基金会的资助,在普林斯顿大学建立了一个广播研究中心。他以一种偶然的方式介入大众传播研究,并开始了他真正的传播研究学术生涯。"广播研究项目"的全名是"广播对于所有类型听众的基本价值",他利用了调查研究、广播节目的内容分析、收听率和其他种类的二手资料,并且进行了广播听众和印刷媒体读者之间的比较,促使广播研究朝着精确的、量化的经验方向发展。拉扎斯菲尔德运用了特殊的工具和分析方法,即"拉扎斯菲尔德-斯坦顿节目分析仪",这是一种资料收集仪器,从本质上说是媒体效果的测度仪器,它记录实验对象喜欢和不喜欢的东西,从而能使研究者们将广播节目或广告内容与其对受众个人的情感影响连接起来。

拉扎斯菲尔德后来在哥伦比亚大学建立了应用社会研究局,20 世纪 40 年代末期至 60 年代中期是其鼎盛期,研究局项目的一般风格是选择有代表性的共同体,从其调查对象的样本(或人口调查)中收集资料,这种以调查为主而后结合统计数据进行分析的研究风格沿袭了拉扎斯菲尔德的经验主义研究传统,并且就形成量化的研究方法而言,它是当时最有影响的研究机构(臧晔,2006)。

(2)默顿的发现。

焦点小组方法的发明人非默顿莫属。默顿作为理论学派的代表,与拉扎斯菲尔德有着密切的合作。在默顿《聚焦的访谈》(*The Focused Interview*)中开篇的几页中,有对这一方法早期发展的简要描述:聚焦的访谈最初是为了解决在传播研究和宣传分析中涌现出来的问题。通过赫塔·赫尔佐格(Herta Herzog)关于听众对不同种类广播节目满意度的详尽个案研究,这个问题的轮廓显现了出来。随着目的变得清晰,研究的兴趣集中于分析受众对特定的宣传小册子、对广播节目和对电影的反应。在战争期间,赫尔佐格博士和这本小册子的第一作者受到若干战争机构的委托,要求对"为促进士气所作的"特定努力的社会和心理效果进行研究。在这一研究过程中,聚焦的访谈逐渐发展成为一个相对标准化的形式。1946 年,默顿和帕特里夏·肯德尔评论了应用社会研究局若干年来所组织的个人和小组访谈,把他们作为广播、印刷品和电影领域"大众传播的社会和心理效果"研究的一部分(臧晔,2006)。他们指出,有一种独特的访谈诞生了。至此,焦点小组法才在真正意义上产生。

(3)阿多诺的批判。

拉扎斯菲尔德的"广播研究项目"的前提和目标带有明显的适应性,新时期的广播研究也极为迎合美国媒介产业的商业特性,经验主义媒介研究者是将自己置于现行的体制之中,总体上接受它的价值和目标,并为最佳效果的发挥和改良做出论证和分析。批判学派最著名的代表人物阿多诺便无法接受这种与批判思想相悖的立场。

由于拉扎斯菲尔德兼容并包的个性，尽管与阿多诺在很多观念上存在分歧，他还是让阿多诺参与了他的流行音乐研究项目。但是，让阿多诺震惊的是"广播研究项目"类似于工厂一样的气氛和操作过程，阿多诺反对用听众的喜好来指导广播节目的制定。其次，阿多诺认为"广播研究项目"的效果、内容分析和受众层次等范畴与市场研究的关联过于密切。在他看来，广播研究的进行应该开拓知识的新领域，而不是为媒介巨头提供服务。最使阿多诺不能容忍的是以量化的方法从事文化研究，即将文化现象转变成量化的数据、要求以数学的精确性对其加以分析的做法。在他看来，用各种各样的调查表格来度量文化，将文化和可以测量的数据等同起来，正是大众文化物化特性的典型体现。而焦点小组作为一种研究技术，它的发展就针对理解文本的接收的"死胡同"，这个"死胡同"是，文本中的东西锁定在那里，或者局限于将文化重现意识方面的作用理论化。因而，可以说焦点小组的发展也是针对阿多诺的。一个文本或者纯粹理论的方法不能抓住文本在人们生活中占据的意义，不能理解它们在具体内容上和符号上是怎样通过个人自身与周围世界的交互作用"传输"的（臧晔，2006）。这不是说要把个人的反应作为社会学知识的首要来源，而是把对信息自身的理解与对个人的理解结合起来。

3. 焦点小组法在学术上的落寂期

20世纪50—70年代是焦点小组法发展比较"戏剧化"的年代。在学术界，随着实证理论和量化研究达到顶峰，质性研究最多也只能被看成"真正的科学"奠定基础的预备性步骤，因此作为质性研究的焦点小组法在这一时期也受到学者们的冷落。然而，在市场研究领域，焦点小组法却逐渐受到相关人士的青睐。由于市场研究从业者对焦点小组的热衷，使其名誉（像拉扎斯菲尔德一样）由于和商业界的亲密关系而"遭到侵害"。学术界对市场研究一直以来都持怀疑态度。这一怀疑态度是以缺乏了解为基础的。这只是解释了当市场研究涉足焦点小组法之后，学术界对此方法的摒弃。在寻找为什么市场调查领域更积极地接受了焦点小组法的原因时，摩根说："我发现了这样一个因素，那就是焦点小组最初的大多数应用都是在传播研究领域进行的，而且严重依赖电影和戏剧故事作为'刺激物'。"默顿和他的同事们认为"刺激物"是必要的，因为正是对这些资料的讨论"聚焦了"小组的讨论。社会学家想要跳出这样的刺激物是非常困难的，而市场研究者就没有这样的烦恼，他们使用一系列准备好的材料，来评估消费者对市场营销策略中的各种不同"概念"是如何反应的（臧晔，2006）。

　　在学术界,焦点小组法不太可能被用作单独的方法,人文传统的研究可能会把焦点小组法和应用社会研究联系起来运用。如果学术界要使用焦点小组法,就必须严格按照默顿所规范的操作程序来进行。然而,默顿规范的严格性,使得焦点小组法在质性研究领域也缺乏吸引力。

　　4. 焦点小组法的鼎盛期

　　1987 年是焦点小组法发展的一个重要的分界线,一些营销专家出版了一系列的相关著作。有戈德曼(Goldman)、麦克唐纳(McDonald)、格林堡(Greenbaum)以及谭普利顿(Templeten)。1988 年,克鲁格(Krueger)出版了作为社会科学研究与评估方法论的相关专著。质性研究,尤其是焦点小组法在理论上和学术界得到了前所未有的发展。随着一系列专著的出版以及专业期刊论文的发表,焦点小组法在 20 世纪 90 年代逐渐成为收集质性资料的出名的方法,并成为质性研究的代名词。

　　20 世纪 90 年代是焦点小组法在社会科学领域回归的时期,在此之前的几十年,焦点小组法一直为学术界所不齿,认为它是“市场研究粗俗世界”中的一部分。而此时巴伯(Barbour)和基青格(Kitzinger)强调,在社会科学领域,焦点小组正逐渐成为“确定的方法工具组合的一部分”。

　　5. 焦点小组法的未来

　　20 世纪 90 年代末,焦点小组法再次成为社会科学的热门方法,而且成长快速,主要因为焦点小组法已不再只是研究产品促销、市场开发的低价且快速的捷径,而是在知识的建构体系中,此方法能清楚地发现受访者的反应和他们对情境或传播刺激的理解。对研究者而言,这些反应可提供“超乎学者预期的反应”,并提供发展新假说的机会,以供未来更系统和更严谨的探讨。换句话说,社会大众对情境的主观定义,使研究者得以探索其思考逻辑和符号意义以及不同层次的紧张关系。此外,受访者提供的绝非初步的原始资料,而是根据其以往经验和情境分析后得出的解释。焦点小组法对知识建构的这种突破,使得此法可被社会科学家在不同的研究领域中运用,其中包括扎根理论的探索和应用方案的规划评估研究(胡幼慧,1996:228)。

　　进入 21 世纪后,越来越多的学者和应用研究者认为它是一种很有价值的技术,能够提供关于人类行为动机的深入观察。比如,焦点小组法中的集体讨论方式不仅可以为研究者提供每一位参与者个人的意见,而且可以提供在特定情境下社会公众对特定事物的集体性解释。此法中的“刺激-反应”的焦点探索,可对统计上显著的研究结果进行进一步的意义解释。

10.1.3 焦点小组法的特点

1. 焦点小组法与相关研究方法的比较

(1)与其他团体性访谈类型的比较。

由于团体性访谈的类型很多,要深入理解焦点小组法的特点,就有必要把这些团体访谈的形式区分开来。下表是从场景的设置、研究者的角色、提问的方式以及研究的目的等方面,比较各种团体访谈的异同。

表 10.1 团体访谈的类型比较

类 型	场 景	访问者角色	提问方式	目 的
焦点小组	正规的/预设的	指导性	系统性提问	探索性的/预先调查
头脑风暴法	正规的/非正规的	非指导性	非系统性提问	探索性
德尔菲法	正规的	指导性	系统性提问	探索性的/预先调查
自然田野法	非正规的/即兴的/现场的	非指导性	非系统性提问	探索性的/现象学的
正规田野法	正规的,但是现场进行	半指导性	半系统性提问	探索性的/现象学的

资料来源:Frey & Fontana,1994:365。

(2)与个人访谈的比较。

比起个人访谈,焦点小组法的优点是可以观察到互动,这也是"市场"研究者偏爱此法的原因之一。焦点小组法所引导出的互动,让团体成员有相当程度的参与,并能有所谓"即兴反应"的效果,使他们用"自然习惯"的语言去表达、挑战,并反映各成员的经验和解释。这种形式的互动可以为研究者提供多方面洞察的机会,这是"一对一访谈"所缺乏的。

然而"即兴式""互动式"的特点也可能是此方法的缺点,由于团体动态走向不能像"深入访谈"那样由研究者来主导对话,因此资料本身混乱得多。因团体的讨论方向不能完全控制,所以各组团体资料的相互对照比较性也就相对地打了折扣。费恩(Fern)曾比较了相同人数的深入访谈法和焦点小组法所收集到的

"想法",他发现,焦点小组法可引导出大约 70%个人访谈法所引出的想法,但是节省了大量的时间。

受访者在团体中的说辞和私下的说法不见得完全相同。团体的情境可能会阻止某些议题讨论,也可能创造出某些集体式的想法;同样地,有些对话比较容易在同质性团体中激发出来,却难以对不同背景(年龄、教育、性别、种族、教育)的研究者开放其经验,因此,预先检视不同方法的结果,才能产生较佳的方法选择(李晓凤,2006:159)。

(3)与参与观察法的比较。

焦点小组法的最大优点是,这种方法在短时间内能针对焦点问题提供观察大量语言互动的机会。这个优点主要来自研究者有能力在团体讨论过程中主导控制讨论的方向,特别是针对态度、认知议题的探索研究时,此法尤佳。但是这个优点也成为了此法的缺点,因为与参与观察法相比,此法所谓的控制,也就代表了"非自然"的社会情境。因此,一项研究旨在了解"自然社会情境"(组织中的情境或角色研究)的影响时,则仍应采用观察。如果一项研究旨在探索"团体行为"层面,则应该以参与观察法为主。因为焦点小组法的互动往往限制在"语言"层次,许多非语言的互动行为便无法在观察之列。不过,有许多"情境"是突发的或不容易取得观察的机会,这时候,焦点小组法便以"方便性"优点来补"非自然性"缺点,而成为可行的方法(Morgan,1988;李晓凤,2006:159)。

(4)与问卷调查法的比较。

焦点小组法可以弥补传统问卷调查法所不能覆盖的问题(这些问题无法真正问出来),特别是对一个新的研究领域,比较适合选择焦点小组法进行探索性研究。现把焦点小组法与问卷调查的具体差异归纳整理如下(参见表 10.2)。

表 10.2   焦点小组与问卷调查的比较

	焦点小组与问卷调查的差异	具 体 描 述
目的	洞察而不是规则	焦点小组是自然的,不限定参试的讨论能够产生更多丰富的思想和观点
	社会的而不是个人的	焦点小组参试之间存在交互性,参试之间可以互相激发观点和想法

续表

	焦点小组与问卷调查的差异	具 体 描 述
程序	同质的而不是多样的	焦点小组的参试需要尽量保证在相关特征上的相似性,参试的异质性会降低焦点小组结果的质量
	灵活的而不是标准的	焦点小组的主试需要保证小组讨论是自由开放的,同时也要保证讨论不偏离主题,需要灵活应对讨论场景
	温暖的而不是热烈的	焦点小组需要参试之间感觉到互相亲近,但这并不意味着焦点小组的主题可以涉及隐私内容,容易引起强烈感情的话题通常不会产生可靠的数据
报告	语言而不是数字	焦点小组是质性研究方法,既不适合收集量化数据,也不适合用量化方法表示数据

2. 焦点小组法的载体

默顿发明焦点小组的时候,还完全是单纯的、介入式的现场观察法。当时唯一比较高科技的仪器是拉扎斯菲尔德设计发明的记录仪。随着科学技术的进步,焦点小组法的实施载体也逐渐发生变化。

从单边镜室的使用,到录音设备和录像设备,如今,众多调查公司都拥有了非常先进的技术设备,如视频会议设备、室内手动匿名投票装置、访谈专用电脑记录软件等。事实上,正是这些设施的广泛应用直接导致了调查业的高速发展。录像报告或录像剪辑报告的形式日益流行:它们可以让那些没有参加座谈会的管理者们观看座谈会的全过程,包括受访者对广告的反映、他们的表情、体态语言,等等。国际上一些大的市场研究公司拥有可以监测受访者情绪波动以及心理变化的仪器。与互联网突飞猛进的发展相对应,利用互联网进行市场调研自20世纪90年代以来尤为热门,网上调研是现有调研方法中增长最快的一种方式,网络焦点小组主要针对的人群首先是青少年群体,部分成员愿意在网络世界倾诉自己的真实想法和感受。还有一些大型的视频仪器或网络聊天工具等,都为传统焦点小组访谈提供了一个更广阔的空间。

3. 焦点小组法的优缺点

任何一种方法都不是"完美无瑕"的,焦点小组法也不例外。虽然现在它被应用到很多领域,但其自身有着优势和不足,也一样受到挑战。现把焦点小组法的具体优势和不足归纳如下。

(1) 焦点小组法的优点。

第一,在短时间内可以观察到大量的互动,节省时间,容易操作,从而收集到非常逼真而且贴近实际情况的资料。第二,对于具有争议的话题或议题,容易激发受访者不同的反应,以便进一步探讨,例如对于文化层次相对较高的人士(公职人员、律师、医生、建筑师、教师、社会工作者等),因为有自己的所属圈子的文化和语言,以这些人为目标群体,如果采用焦点小组法,不但可以直接接触研究对象,而且可以收集到目标群体的想法。第三,焦点小组法对于人们复杂的行为和动机的了解很有帮助,能够探索较为宽广的议题,引导出新的研究假设;同时,对于研究者有兴趣的议题,也较容易激发各种团体的讨论和互动。第四,焦点小组法借着社会互动过程,不只是在形成个人意见,而且容易产生"滚雪球"效应,不同意见或想法经由群体互动的方式所产生的资料和母群体的意见通常也有同质性,因此,焦点小组法具有外在的效度(李晓凤,2006:160)。

(2) 焦点小组法的不足。

第一,团体的互动情境和"自然社会情境"间仍有差距。第二,针对讨论的方向和内容,研究者仍有控制,因而限制了本身的讨论自由度。第三,各组的资料不一,弹性大,无法进行较严谨的对照和比较分析。第四,由于对话言辞内容的可信度,团体的情境仍有其不确定性。除了以上缺点外,焦点小组法可能还存在着以下限制:合格且适应的主持人不容易找到,也没有专业培训的机构或场所,且主持人个人的偏见不容易控制;个人的想法会受到群体互动过程的影响,因而,参与讨论人数的多寡未必代表研究可能获得观点的多寡;此外,研究者不容易知道讨论过程中所获得的资料是否为受访者个人真正的想法;对于隐私性问题、争议性议题以及参与者的同质性过低等问题,对焦点小组法提出挑战;对于一次成功而且完整的焦点小组,其金钱和时间成本都比较高;访谈问题设计过于结构化,限制资料收集的效度和广度(李晓凤,2006:160)。

10.2　焦点小组的样本选择

焦点小组法以团体为访谈对象,所以在选择参与者时,必须考虑以下几个问题:成员个体的类型、团体规模、团体个数、团体性质(同质的或异质的)、参与者彼此之间的熟悉度以及参与者之间的相容性。

10.2.1　样本选择的几个议题

1. 如何抽样

焦点小组法的取样,应该遵循质性研究目的性取样的标准,即按照研究的目的,抽取能够为研究问题提供最大信息的样本。按照布鲁默(Blumer,1969:41)的观点:"寻找的受访者应该是敏锐的观察者和深入的知情人……当这些人聚集在一起,展开讨论和提供信息,其价值数倍于任何有代表性的样本。"简言之,抽取的样本应当是掌握丰富信息的事件的当事人、知情人。例如,如果我们要研究大学某专业课程设置的合理性问题,那么,我们可以选择的对象包括:在校学生、任课教师、已毕业学生以及潜在的或者已有的雇主。许多时候,人们会凭借直觉,只是以前两者为访问对象或访问重点,把后两者放在从属地位甚至对他们完全视而不见。其实,后两者才是最重要的、不可或缺的。毕业学生既学习了全部的大学课程,又了解了职业的要求。雇主对于自己企业内各工作的具体职责和素质要求,以及所雇用的大学生的素质和胜任情况,也都有直接的了解。所以,毕业学生和雇主都可以视为大学课程和工作职业的主要当事人和知情者。而在校学生、大学教师知晓大学课程的设置和内容,却不知道工作职业的要求和大学生的适应情况,在整个事件中,他们充其量算作半个当事人。显然,越是事件的当事人,就越拥有更丰富、更可靠的信息,也就越适合作为研究对象。另外,好的焦点小组成员的要求是什么? 参与者需要对讨论的主题有某种程度的个人的专业投入:不论是消费者、提供者或政策制定者,他们需要具体清楚的口语表达能力,即能表达意见,并能在团体情境中自在地谈话。

抽样还要考虑的一个问题是,我们应该是选择熟人还是陌生人作为参与者? 这个问题至少涉及两个方面的内容:(1)参与者对研究者来说是熟人还是陌生人? (2)参与者彼此之间是熟人还是陌生人? 除非有特殊的要求,最好选择对研究者和参与者而言都是陌生人的参与者。因为陌生人彼此不熟悉,对研究更加有新奇感,可能比较积极地投入到讨论中。另外,陌生人之间不必像熟人之间那样讲究交情和面子,可以比较坦率地发表自己的意见和看法。从研究者的角度来看,我们对陌生人的情况不了解,他们提供的信息应该更加有价值。当然,如果讨论只适合在参与者相互之间是熟人的情况下进行,我们就必须只选择熟人,例如某商店内部营业员对该商店经营管理的看法。但是应该特别注意的是,不要把对研究者来说是熟人和陌生人的参与者混合在一个团体内。因为如果把这两种人混合在一个团体内,研究者可能有意或无意地对他们表露出亲疏之分,如对熟人面对微笑,直呼其名,而对陌生人则采用比较生疏的称谓。研究者这种区别对待的态度可能使参与者产生不平等感,特别是对那些对研究者来说是陌生人的参与者而言(胡幼慧,2000)。

2. 小组成员的特征

关于焦点小组该由同质还是异质的参与者组成,长久以来就是争论不断的话题。笔者认为应该根据研究问题来决定团体的成员。同质的群体因为有相似的背景或经验,能产生共同分享的机会,成员之间有共同语言,有利于促进沟通、交流意见与经验,相似的情境脉络使成员在表达冲突或关心时才会感觉到有"安全感",但是,这样可能会产生"团体式思考"的危险。相比之下,异质团体可以为参与者带来更多样的情境,参与者的不同经验与观点可以刺激并丰富讨论内容,借此陈述新的意见或潜在的冲突的观点,谈论者可以激起其他成员从不同角度思考讨论的主题。然而,伴随着多样性而来的是权利的不平衡以及缺乏不同方面意见的危机,一位非常有意见且具有支配力的参与者可能会破坏整个团体的进程,另外,异质性过高,成员之间可能会产生戒备心理,不愿意主动发言,这种情况对社会经济地位较低的人来说尤为明显,因此在决定使用同质或异质团体时,必须考虑这些因素。所谓同质性和异质性,前者指的是参与者有相同或相似的社会地位、教育背景、职业、性别、种族和年龄等,后者是指参与者的个人背景和生活经验方面的不同,而不是态度和看法上的不同。其中态度和看法上的差异正是焦点小组法希望发现的。

从经验来看,最好的团体成员是由陌生人组成的,这样可以避免预先存有的假设,也可以避免情绪性的或高责任性的主题有"加工"过的痕迹,避免受限的团体式思考,对维持团体的机密性起到一定作用。但是,在某些特定的情境中,无法产生以陌生人为样本的团体,原因在于当参与者有比较"优势"的关系时,团体的动态会有所改变,需要主持人有更多的干涉,来限制"偏向一边的对话"和相关知识、经验与意见的假设。

在这里,不得不提到一个重要问题——小组成员的相容性议题。相较以上所讨论的事项,参与者的相容性尤为重要,但是强调相容性并不必然暗示着同质性。团体的相容性可以促进团体的沟通交流、团体组员的满足、团体的团结和团体效率,团体相容性程度的高低也影响了主持人对团体的"控制"。

3. 讨论议题

在选择样本时,还要考虑参与者对研究问题是否感兴趣,是否有话可说,是否愿意在一个群体环境里说话,是否对同一问题有不同的看法等。例如,卡瓦尼罗-贝尔索萨(Cabanero-Verzosa)等人在几内亚一个村子里对一群正在哺乳的妇女进行两次焦点小组访谈,询问她们对当地从西方引进的一种新型哺乳食品的看法。访谈采取的是实验型设计,一次在使用该食品之前,一次在使用之后。由于参与者都是正在哺乳的母亲,而且都正在试用这种新型的食品,因此她们相互之间有话可说。这种食品可以帮助她们缓解哺乳中遇到的一些困难,因此她们都愿意就食品的准备和质量等问题提出自己的看法。由于食品是从西方国家引进的,当地妇女对其有一个适应的过程,她们对此也有自己不同的做法。另外,在使用食品的前后对哺乳期妇女各进行一次访谈,这种方式还为研究者提供了丰富的对比资料(陈向明,2000)。

10.2.2 小组成员的选择

一般而言,焦点小组在选择团体成员时,同质性小组比较多,成员的社会人口背景同质性越高则越好,理由是同质成员的对话效果较佳。而不同社会地位、教育背景、不同辈分者一起访谈,容易妨碍讨论进程,造成偏颇、不安甚至出现拒绝发言的现象,这种情况对社会经济地位较低的成员来说,尤为明显。

在选择参与者时,要注意"样本偏差"(sample bias)问题,而非代表性、推论性(generalizability)问题。焦点小组的成员绝对无法代表一个大人口群体,选择他们也非为此推论目的,因为质性研究不是以检验假设为目的,而是学习去了解受访者的经验和视角。因此,"抽样-统计-推论"的量化研究标准并不适合用在质性研究上,所以样本选择乃是以集中在最能提供有意义资料的那种为标准(Axelrod,1975),而研究者也必须十分清楚他(她)的选择系统以及被排除群体的特质,这种选择又称"高度专门化的次团体"(highly specialized subgroups)的选择。至于这些样本之间是否选择为熟人、朋友,则与研究目的和议题有关。如果讨论的议题只适合在熟人当中表达,则应全部以熟人为团体成员,否则仍应以不相识者为佳。

如果研究的目的是了解具有不同背景的人聚在一起时如何互动,则可以有意识地把他们放到一起进行访谈。例如,研究者希望了解父亲和母亲对孩子的教育有什么不同的看法,就应该将父亲和母亲召集到一起进行讨论。虽然焦点小组法的长处是通过成员互动将问题引向纵深,而不是停留在表面的争执上,但是将不同的人聚集在一起也可以揭示一些我们希望了解的事情。例如,当父母聚集在一起对孩子的教育进行讨论时,研究者不仅可以了解父亲和母亲在态度和认知上存在的差异,而且可以观察到他们相互之间的互动关系。因此,样本是同质或异质的问题,主要取决于研究目的和研究问题(陈向明,2000)。

10.2.3　团体的选择

1. 团体规模

焦点小组是属于面对面(face-to-face group)的团体。太大的团体会成为参与者发言的障碍,即所谓的"社会惰化"(social loafing);团体太小又会影响资料的"广度"和"变异性",实施起来成本比较高。因此在充分参与、广度和深度之间平衡,是研究者选择样本大小的关键因素。一般而言,团体规模大小最好维持在6—10 人之间,以往的市场研究偏向 8—10 人,近年则多以 6—8 人为多。如果研究目的仅仅是初步探索,较大的团体可以获得快捷答案(Morgan,1988)。

2. 团体数目

要组多少团体才足够进行一个完整的研究呢? 通常应该根据研究的目的和经济效益来确定团体的数量。在大多数焦点小组中,访谈的团体以 6—8 个为佳,这也是为了保持学术性和经济性的平衡。团体个数过多,访谈所花费的时间、经费都会增加,不符合经济性原则;团体个数太少,又可能收集不到足够丰富和深入的资料,研究的学术性就会受到影响。保持平衡的基本策略是,如果多实施一个焦点小组并不见得能够增加新的观点,则以"不多增加团体"为原则(Calder,1977)。换言之,此时已经有足够的理论观点了,处于理论饱和(theory saturation)的状态,自然不必画蛇添足了。所以,虽然我们在研究设计阶段会根据以往别人或者自己的经验来确定团体的个数,但是在实际的访谈中,会根据理论饱和的原则,随时作出调整。如果研究的目的是收集尽可能多地对有关议题的不同看法,需要对资料进行细致的内容分析,那么也可以适当增加团体的个数;团体成员在个人背景和看问题角度方面的同质性越大,需要的团体数量就越少。

3. 访谈时间

焦点小组需要持续一到两个小时。假如焦点小组少于一个小时,有可能产生无法收集完整的资料和无法完全深入探究所研究主题的风险。然而,假如焦点小组访谈的时间超过两个小时,对于参与者和主持人而言可能会产生疲惫的情形,例如在我们对老年人的焦点小组访谈期间,认识到时间因素和疲惫的可能性。另外,在同一个研究中,我们需要尊重忙碌的所有相关人员所付出的时间,包括参与者、主持人和研究者等。

10.3 焦点小组的访谈实施

在实施焦点小组访谈之前,研究者应该做好充分的准备工作,其中包括弄懂成功焦点小组法的成功标准、明白主持人的作用及注意事项、访谈设计、物理空间的安排、探究自己的角色、小组成员的抽样、一些相关器材以及辅助工具等问题。

10.3.1 焦点小组访谈的成功标准

默顿(Merton, 1987)认为,焦点小组访谈的成功标准,至少有下列四点:第一,范围,能够使受访者针对某"刺激"或"议题"作出最大范围的反应;第二,反应具体性,能使受访者在说辞上呈现具体性,而非抽象系统上的说辞;第三,具有深度,能够协助受访者描述他们对刺激或议题的各种情感、认知以及评价上的意义;第四,反映个人的情景脉络,能够引发受访者说出他们以往的经验特质,以及此特质与现在的反应和意义解释之间的关联。

为了达到以上标准,实施焦点小组访谈要掌握以下"要诀":其一,不要有固定的访谈次序。为了激发较多较深的反应,讨论过程就不能像问卷调查法那样固定化、标准化。访谈过程应以鼓励"即兴式""意料之外"的反应,让参与者有机会去互动、表达、诠释和发表意见;不过,不固定的访谈也可能引发无关的、无效的讨论,因此主持讨论的研究者应该有效地导入相关议题。其二,非结构式(开放式)和半结构式(半开放)问题。访谈大纲或指引包含的非结构式或半结构式的问题设计,将引导参与者讨论。因此,研究者要对讨论的内容有部分程度的控制。一般而言,在访谈初期,多以非结构式问题来控制场面,以确保研究者的兴趣获得重视。其三,主持讨论的艺术。

有效的访谈应该保持"自然顺畅""非强制性"的原则:(1)为了达到访谈的"深度",最好不要急于探索不同层面的议题,应先从一些(容易深入并且与主题相关的)重要议题出发,深入探索比较特别的经验,注意各种线索,以重述的方式让参与者回顾一些经验上的细节,以避免一般表面的说辞,这是访谈的大忌。(2)为了达到访谈的广度,应该在访谈之前先检视各种可能的反应和各个反应层次间的关系,把考察的结构及时地纳入访谈大纲或指导意见中,以便在访谈中检查这些角度,避免遗漏。但是,切忌将访谈仅限定在原有的范围中,或者太早转移一些"被认为无关"的对话,继而失去了"意外发现"的机会。因此,"转移话题"要自然,避免强制或过早进行,应尽量由参与者来转移或采用"线索性转移"。(3)为了达到具体化效果,讨论的内容应尽量朝向实际生活情境,探索情境的特有反应。具体地说,研究者需要技巧性地深探以下方面:不同部分特定的刺激或情境、特定的反应、其间的关系、参与者在连接刺激—反应时自觉地解释意义层面,这种探索是一个过程,即进阶式的具体化。(4)一个有效的访谈不应只在认知、评价层面上深入,还要深入情感、情绪和行为层面,例如焦虑、害怕、悲伤、幸福、满足等。这样,参与者的参与就不是情感分离的、表面的和旁观的。因此,研究者必须相当敏锐地去观察参与者对哪些议题的反应较强烈,以及不同情绪反应的变异特质;在必要时,研究者可以重述情境来引发情感的反应,并比较不同情感反应的情境和意义特质。(5)为了更进一步了解个人反应,其先前的态度、价值和经验等个人情境脉络的探索是相当重要的。这种情境因素可能仅限于个人特有的因素,也可能是群体性的角色情境,而了解与区分这两者均有其重要性。研究者除了应用"事前分析"来协助认定这些情境因素外,对即兴的反应保持敏感以及控制式的投射法也均有帮助,控制式的投射法是指以"其他人""有些人"为例引发参与者对情境、情感性和价值观的反应。另外,以比较类同的情境与经验来引发进一步的情境资料也是一种探索的方法(胡幼慧,1996)。

10.3.2　主持人的作用和编制主持人指南

主持人是焦点小组访谈顺利进行的关键因素之一。主持人在焦点小组访谈中的重要作用是管理访谈进程,包括访谈准备、实施、总结和分析。主持人一般是在团体动力和访谈技能方面受过良好训练的专家。根据研究目的,主持人在访谈过程中可适当进行引导,但一般情况下较少引导,只要访谈没有偏离主题,就应顺其自然。主持人通过提问题引导访谈进程,引导的多少可影响访谈获得的数据类型和质量。引导的多少或访谈的结构化程度由研究的目的即所要收集的资料的类型、特点及使用方式决定。

主持人要想主持好一个焦点小组访谈,应该注意以下事项:第一,团体会压制私密性的话题,特别是在讨论开始的阶段,研究者须有技巧地促使讨论进行,例如对少数愿意谈论者给予鼓励,转化为团体的支持和赞许的力量。第二,团体成员的不同个性和地位容易造成"领导效果"(leader effect),使得某些人霸占了发言机会,而其他人成了听众,主持人必须在不伤"领导者"尊严的情况下,促使团体所有成员来表达意见。第三,敦促一些未说话的参与者发言,应多观察其语言和行为上的线索,才不至于造成勉强和尴尬的场面。第四,会场上出现冷场或无声时,主持人不应该太紧张,急切地想打破寂静,而应把这种情境当作"具有意义的情感表示",同时以自在、自信和非威胁性的态度来转变场面。第五,参与者往往会倒转角色去问主持人问题,如果这些问题旨在澄清研究目的,研究者可直接回答解决疑惑;但如果这些问题是一种避免表达自身感受的"转移注意力策略",则研究者应以一些技巧来引导讨论,例如重述或澄清参与者的感受,或反问其他在座者,来重新引导讨论。

另外,在主持焦点访谈的过程中,研究者和主持人①还应该尽量克服团体的负面效应。团体是一把双刃剑。一方面,由于团体成员思想的相互激励和启迪,它可以促进受访者的思维;另一方面,个人为了遵循团体的规范,也可能压抑自己的想法。团体对个人的负面影响至少包括三个效应:第一是领导效应。由于性格、能力、社会地位、知识背景、表达能力等原因,有些人在访谈中倾向于侃侃而谈,强烈表达和捍卫自己的观点,充当访谈的领导者、强势人物,而有些人可能不敢、不愿表达。第二是从众效应。由于真实的或预期的团体的舆论压力,团体成员倾向于在认识或行动上不由自主地认同大多数人的看法和做法。第三是公开效应。相比个别访谈,在团体访谈中,每个人的回答都是公开的,面对着若干位其他成员。此时,人们倾向于启动自己的过滤机制,从"应然"的角度回答问题,掩饰"实然"的、隐私的、不够冠冕堂皇的观点。上述三个效应的最终结果都导致了一种集体性的思维,或趋同于"领导者",或趋同于大多数,或趋同于"应然",从而扼杀了一个人的独特观点。所以,在焦点访谈中,应该创造一个畅所欲言的、安全的交流环境,尊重和鼓励"弱势者"、少数人、异想天开者的观点和看法。最后,在访谈主持中,研究者和主持人还应该注意运用一些访问的技巧,如利用各种线索,尤其是各成员的言语、非言语和表情,来转换话题、促进沉默者的发言等,切忌勉强、生硬,造成紧张和尴尬。当整个小组陷入"冷场"之时,可能是具有意义的情感表示,也可能是集体性的沉思,所以不必过于紧张,应该以自然的方式加以转移和转化。总之,焦点小组访谈的主持技巧既是科学的,又是艺术的,需要研究者灵活把握、随机应变。

---

① 有时候主持人和研究者是一个人或一组人。如果人力有限,一般雇用普通人员,经过训练后作为主持人,此时研究者和主持人是分离的。但大多数情况下,研究者本人就是主持人。

从以上论述中可以知道主持人在一次焦点小组访谈中的重要作用,为了使访谈能够顺利进行,主持人必须做到"心中有数",因此,提前编制主持手册成为必不可少的一项重要工作。该手册能指导主持人的访谈,起到访谈大纲的作用。正因为这个原因,有的人把这本手册称为主持人指南。编制主持人指南是焦点小组法的重要组成部分,主持人指南是焦点小组访谈中将要进行的讨论提纲,一般包括以下部分:介绍、预备性提问、详细讨论、关键问题讨论和总结。主持人指南由要讨论的一系列开放性问题组成,问题通常不超过 12 个,按较一般、开放到较具体、封闭的顺序排列。主要应是非结构化(有时为了深入讨论某一问题也可是结构化的),而又含有"什么""如何""为什么""在什么条件下"的问题,如"你是如何看某人的""你第一次看到某人时想到了什么"等。问题的表述应简洁易懂,尽量避免使回答者产生窘迫、焦虑或自我保护的内容。主持人指南规定了焦点小组访谈的日程安排,并为参与者相互作用和表达思想、情感提供了一个框架。

10.3.3　焦点小组访谈的设计

1. 焦点小组访谈的策略

由于焦点小组访谈注重了解参与者相互之间的即兴互动行为,其设计相对个别访谈来说应该更加开放一些。一般来说,访谈的结构应该视研究的目的而定。如果研究的目的是对同一团体中的不同成员进行对比,看他们对研究问题的看法存在什么差异,可以采取如下几种策略:(1)在同一团体中使用相同的访谈问题,看不同参与者的回答是否存在异同;(2)在同一团体中就同一研究问题使用不同的访谈问题进行提问,看这些不同的访谈问题是否会导致参与者提供不同的回答;(3)对同一团体系统地变换提问题的程序和语言表达,看成员之间的反应有什么区别。

如果研究的目的是对一个社会现象进行追踪调查,了解同一团体在一段时间内就该社会现象的看法或态度所发生的变化,研究者可以在不同时段对这一团体进行访谈。如果访谈的目的是对不同团体之间的异同进行比较,研究者可以对这些团体询问同样的访谈问题,看他们的反应是否存在差异。如果研究的目的是对数个团体在时间上的变化进行对比研究,研究者可以同时对数个团体进行多次追踪访谈,在考察每一个团体是否发生变化的同时,对比数个团体所发生变化之间的异同。在进行追踪访谈时,如果第二次访谈的内容比第一次集中,为了节省人力和时间,可以考虑将原有各团体的部分成员混合在一起,组成一个新的群体进行访谈。为了检验"研究效应",研究者也可以将以前参加过团体访谈的成员与新加入的成员混合在一起,看他们的反应有什么不同。如果研究者在进行集体访谈之前不能肯定这个方法是否适合自己的研究,还可以先进行一个"预研究"。预研究时使用的访谈问题和抽样人群应该与正式访谈时的基本一致,以便对方法和结果进行类推。如果参与者反应热烈,积极参加讨论,能够满足焦点小组访谈的基本要求,研究者便可以确认这个方法适合本研究项目,具有一定的可行性。与个别访谈相比,焦点小组访谈的访谈提纲应该更加灵活机动,研究者只需将自己希望探讨的问题范围罗列出来,写在一张纸上作为提示。在具体进行访谈时,可以随进程的变化适当进行提问和引导(陈向明,2000)。

2. 焦点小组访谈的问题设计

在问题设计上,研究者首先要处理好焦点小组访谈的广度和深度。焦点小组访谈的主要问题在访谈之前就已经拟定了,这些问题涉及的范围比较广,而且是开放性的,一般都是"是什么""怎么样""为什么"之类的问题,而不是对受访者的回答内容和问答方式都有较为严格限制的选择题、判断题等封闭性提问。例如,在有关大学课程改进的研究中,雇主的访谈大纲可以设计为以下一些问题:您期望新的雇员具有什么样的素质? 与其他雇员相比,这所大学毕业的学生具有什么长处和短处? 您发现新的雇员最难去理解、去适应的问题或领域是什么? 您认为本系的课程可以有什么样的改进? 等等。

上述主要问题的设计与实施,已经从总的框架上保证了访谈的深度和广度。为了保持研究的深度,在主持焦点小组讨论的过程中,研究者和主持人还应该进一步创造条件,让各成员深入讨论某个议题,不要匆忙转移话题。为了保持研究的广度,在每个问题之下,研究者还应该事先设想到各种可能性或者事物的各个方面,在访谈中注意不要遗漏;也不要轻易压制、转移受访者的对话,以免失去意外发现其他观点的机会。

10.3.4 小组空间安排

空间安排基本上有两个层次:地点的安排及座位的安排。地点的安排应平衡考虑参与者与研究者的需要。至于座位空间安排,有两种方式比较理想,一是"圆坐式",主持人坐在圆圈之中,这种安排方式最大的特点在于每个人都可以与其他成员互动,不分地位等级。第二种是"半圆式"(semicircular)或"U 形"安排,主持人在"头"的部位,这种安排有利于主持人观察和控制全局,并有利于录

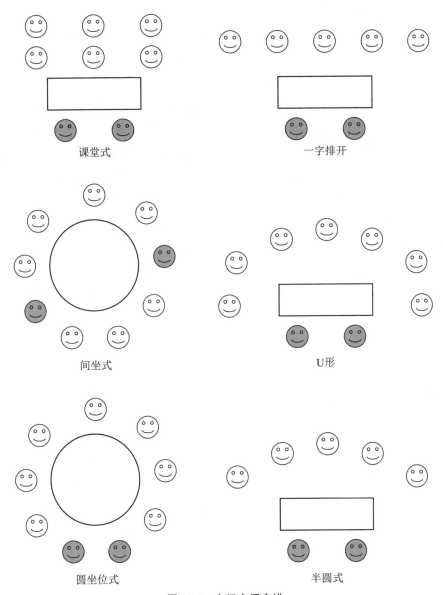

图 10.1 小组空间安排

音。虽然录音机的存在一开始可能会造成某些不安,但是一旦进入讨论,录音的影响就会被忽略或遗忘。在安排座位时,应最大限度避免以下两种情形:其一,主持人在前、参与者排成一排的"课堂授课式"安排;其二,防止研究者分散于圈内的坐法,用意在于避免形成多个小团体,各自在团体内交流。

10.3.5　研究者的角色

焦点小组访谈中的研究者主要不是一个提问者,而是一个中介者、辅助者或协调者。研究者的主要职责是促使参与者积极参加讨论,密切注意群体的动力结构和成员之间的互动模式,在需要的时候适当地对群体进行干预。首先,研究者应该想办法将谈话的主动权交给参与者,鼓励他们即兴发言、相互对话、积极参加讨论,不要依靠研究者这个"权威"。而研究者要达到这个"去权威"的目的,自己必须有意识地保持一种低调姿态,既不要轻易发表意见,也不要随便打断群体的讨论。如果访谈的目的主要是对一个尚未定型的研究问题进行探索,研究者应该严格采取"不干预"的策略,让参与者自由地对这个问题进行探讨。如果访谈的目的主要是检验研究早期的初步结论,或者对从其他渠道获得的资料进行相关检验,研究者的参与可以稍微积极一些。但总的原则是,让参与者们自己相互交流,研究者尽量在旁边观察和倾听。其次,如果在访谈的过程中,有的参与者出于平时的习惯,只面对研究者一个人说话,或者使用的言语中表现出研究者是唯一的听众,研究者应该及时提醒大家,将所有在场的人都作为自己对话的伙伴。

为了达到让参与者相互交谈的目的,研究者还要设法使所有在场的人感到轻松、安全,可以自由地表现自己。要做到这一点,研究者自己首先要放轻松。不论是在情绪上还是在行为举止上,研究者都应该表现出自然、随和。一般来说,在一个集体场合,如果主持活动的人态度民主、开放,其他人也会相应地感到轻松、愉快,没有精神上的压抑。无论是为了哪一种目的,研究者在访谈期间都要认真记笔记,与个别访谈相比,团体访谈的人数比较多,交叉发言的情况时有发生,即使用录音机或录像机也很难准确地判断讲话内容与发言者之间的关系。因此,研究者应该保持记笔记的习惯。笔录的内容不仅可以日后与录音、录像等其他类型的资料进行相关检验,而且可以为访谈后期进行追问提供线索(陈向明,2000)。

10.4　焦点小组的文本诠释

焦点小组文本诠释建立在对收集的资料进行深入、完整分析的基础上,因此,首先需要讨论与焦点小组资料分析相关的议题。

10.4.1　焦点小组的资料分析技术

对焦点小组访谈所得资料进行分析的方法的选择,取决于研究目的、研究设计的复杂性以及根据分析所能做出的结论。比如,当必须迅速做出决定和研究结论非常明显时,进行简要总结即可。对焦点小组访谈结果的分析通常包括对访谈录音进行文字整理和讨论所能做出的结论(时雨,2003)。

1. 文字整理方法

虽然分析焦点小组访谈结果的技术是多样的,但多数方法的第一步都是对访谈进行文字整理。录音整理后的文字材料并不总是完整的,但此时不要试图进行补充和修改,应尽可能保持原貌,因为其中不完整的句子、不清楚的思想、奇特的短语等都能表达一定的意义,都能说明受访者在访谈过程中的所思、所想及对所谈论的问题的态度。另外,访谈记录中记载的受访者的非言语沟通、手势、行为反应等也是非常有用的,可以作为录音的重要补充。

2. 剪贴分类技术

剪贴分类技术(cut and sort technique)是一种分析焦点小组访谈结果的快速、简捷的方法。其实施步骤是:(1)通读整理好的文字材料并确定与研究问题有关的部分;(2)在此基础上形成主要论题的分类系统,并找出与每一论题有关的内容;(3)对材料中说明不同论题的内容进行编码;(4)将编码后的部分剪掉并按编码进行归类,这些分类后的材料是进行分析和撰写总结报告的基础。

3. 内容分析方法

内容分析(content analysis)是一系列分析团体焦点小组访谈内容,并发现其意义和独特内涵的方法与技术的总称。克里彭多夫(Krippendorff, 1980)给内容分析下的定义是:"根据数据对有关内容做出可重复和有效推论的研究技术。"杰尼斯(Janis, 1965)则认为内容分析是"一种对符号-工具(sign-vehicle)(有意义的标示,如单词、手势、面部表情等)进行分类的技术。这种分类以一个或一组分析者的判断为基础,并假设分析者的判断是科学观察者的报告"。

杰尼斯(Janis, 1965)根据调查目的划分出三种内容分析:(1)实用内容分析(pragmatical content analysis),根据可能原因和结果对材料内容进行分类;(2)语义内容分析(semantical content analysis),根据含义对材料内容进行分类;(3)符号-工具内容分析(sign-vehicle content analysis),根据心理物理特征对材料内容进行分类。

克里彭多夫认为,进行内容分析的步骤是:资料收集,数据简化,推断,分析,证实,检验与其他方法的一致性,检验与其他数据有关的假设。

(1) 资料整理。

内容分析中所用的资料包括谈话、行为观察和各种形式的非言语沟通,它们都是非结构化的。在进行正式内容分析之前,必须将这些资料转换成信息单元,具体包括三步:定单元(unitizing)、取样(sampling)和记录(recording)。定单元指确定合适的分析单元或水平。定单元可以是有关主题的单词、句子、句群或完整的对话。克里彭多夫给出了内容分析中的三种分析单元:取样单元(sampling units)、记录单元(recording units) 和背景单元(context units)。取样单元指较大整体中相互独立的部分,为谈话中信息的组织提供了一个大的框架结构,比如,一个人所使用的单词、一个人所说的话或两个人所进行的交流等。记录单元指特定的陈述,是取样单元的子单元,比如,带有感情色彩(友好、支持或敌意)的单词就是所使用的全部单词的子单元。背景单元指记录单元产生的环境或背景,它是解释记录单元的基础,比如,在销售调查中,描述特定产品或服务是背景单元,相关的评价性单词为记录单元。取样是指根据分析目的从全部谈话内容中选取有代表性的部分,比如,分析者可以先确定重要的主题,然后抽取与主题相关的陈述。取样的目的是减少定单元的工作量。记录指利用已确定的单元将谈话内容归类,即对访谈内容的编码。记录要严格按照单词、短语、句子、手势等的归类规则进行。

(2) 资料分析。

对访谈内容单元进行记录或编码以后,就进入了内容分析阶段。资料分析可以采用任何一种分析方法,包括简单的描述统计和多元分析技术,但对焦点小组访谈资料进行的内容分析大都是描述性的。近几年,利用计算机辅助分析焦点小组访谈研究结果的方法引起了人们的关注。人们先按照上面所讲的资料整理规则给计算机编程,计算机就可以根据程序自动对分析单元(如单词)进行归类和计算,这在资料整理过程中是非常有用的。背景中的关键词(key word in context,KWIC)技术是一种既可搜寻文章中的单词,又可搜寻其背景信息的方法,该方法搜寻关键词并将每个单词及其背景信息一起列出来。通用查询者(General Inquirer)是最早为KWIC编写的程序之一,该程序根据基于理论编写的词典给单词分类,至今仍在使用。其他经常用来进行内容分析的程序是:牛津重要语词索引程序(Oxford Concordance Program)(Hockey & Marriott,1982)

和背景中的关键词目录索引程序(Key Word in Context Bibliographic Indexing Program)(Popko,1980)。

不同的学者对于资料分析的方法会有所差异。台湾学者胡幼慧认为,资料的分析可以作质性结语式(summary)直接分析和按系统登录(coding)后进行内容分析。内容分析部分可以直接引用受访者的言辞。分析的策略往往是先详细检视一两个团体的转录资料,然后据此发展出假设和分类架构。再从冗长的转录资料中根据分类架构进行分类,以便选取合适的引用句来表达内容。由于互动的动态是讨论的重要层面,因此在选取"引用句"时,最好挑选能够呈现出对话动态的句子。研究者在反复检视资料中,可以进一步发展"比较架构",以及挑选出最终的论点。在发展假设、分类和归类,挑选引用句表达,进行比较分析和导出质性结论时,原有的假设和访谈指导架构均有助于文本的撰写。

10.4.2　文本诠释的注意事项

焦点小组资料的诠释是项严谨的过程,建议研究者使用以下原则指导整个过程。首先,以每一个焦点小组为分析单位,而非个别的参与者;其次,团体的分析是绝对必要的,借此可确保可信度与可靠性,以及减少研究偏见的发生;再次,诠释过程是随着资料收集而存在的,质性研究是反复的过程,因此访谈指引必须在诠释进行中加以修正,而为了探究在更重要的团体中呈现的关注或问题,必须有新的问题或加入新的探索;最后,必须包括个人的及团队的分析。对此,还有以下四方面的进一步阐述。

第一,每一位研究者需要独立地检视转录稿,寻找关键字与词句,当主题出现时,研究者通常需要强调相关的部分,并在右栏中做笔记;接下来,研究团队共同讨论是否听到以及检验到相同的事情,假如没有,他们需要检视为何无法在最终目标中产生一致的舆论。在第一个焦点小组后,要确保访谈指引和研究团队在过程中的看法是否涉及。在开始分析时,澄清焦点小组的过程与研究问题的适合度也同等重要。

第二,在分析的初始阶段,会出现众多的范畴或意见,当分析的周期继续进行时,将由一群主要的主题开始,直到没有新的主题出现为止,由此而呈现出饱和状态,贯穿整个分析过程,寻找小组内和小组间的异同处。

假如你的研究员身处不同的地理位置,研究团队的会议可以是与所有研究员面对面的会议,或是视频会议的方式,后者虽然相当麻烦,却仍是有效且必要的方式。为了最后分析的过程及撰写报告的准备,笔者发现面对面的会议有其重要性。

第三,在问题撰写的结语部分,焦点小组讨论的中心主题将会浮现出来。这些主题必须以相关引言为例证,然而,这种做法通常会形成挑战,因为将会有许多丰富与深思熟虑的意见,但是最后报告的空间与可读性却限制了可以纳入的引言例证,解决这个问题的关键是撰写研究发现。

第四,诠释焦点小组文本时,研究者还要注意三点建议。首先,近年来,许多电脑软件可以帮助质性分析,假如你有大量资料,例如八个或更多的焦点小组时,这些软件特别有助于组织资料,不过重点在于电脑软件有助于组织资料,却无法提供思考和诠释。其次,焦点小组的讨论便是资料,假如分析开始转变或你开始质疑主题的可信度时,必须回到原始资料并仔细地倾听参与者的故事。最后,你在什么时候、以什么方式来实现资料的品质控制?这是相当困难的问题,并且需要注意潜在的研究偏见:什么对参与者而言是有意义的,而对团队来说是无意义的?反之亦然。在团队分析期间,需要决定某些资料成为无关的"噪音"或可开启新的研究远景,只有从诠释过程中才可以决定是否纳入或删除资料(Crabtree & Miller,2003)。

本 章 小 结

焦点小组法是一种侧重收集信息的质性研究方法,它能够针对某一个议题在短时间内收集大量的信息,但它不像个案深入访谈法一样,对于一些非常隐私的问题无法准确收集资料。因此,作为一个采用焦点小组法的研究者,在做研究之前应该思考自己的研究议题是侧重信息收集还是深层问题的探讨。如果是前者,采用焦点小组法能够节约大量的人力和物力。但是,对于某些议题不宜采用该法,如夫妻性健康问题、同性恋性传播问题以及个人犯罪研究等议题。经过多年发展,焦点小组法已经具备了许多收集整理和开展研究的方法和技术,如样本的选择、小组的规模、组员的性质、主持人要求和指南编制,以及小组讨论的空间安排,等等。另外,对于焦点小组法来说,所收集来的资料的文本诠释也是一个非常具有挑战性的工作,对研究者来说,如何保持客观,如何避免"先入之见",这些是非常关键的。同时,在收集资料时,主持人或研究者如何做到在保持客观与刺激访谈对象互动之间保持平衡非常重要。

推荐阅读文献

理查德·A.克鲁杰、玛丽·安妮·凯西:《焦点团体:应用研究实践指南》,林小英译,重庆:重庆大学出版社 2007 年版。

这是一本指导如何从事焦点访谈法开展的书籍,包括研究计划的制订、提问设计、研究对象寻找、资料分析和报告撰写等许多方面。

第 11 章
个案研究

长期以来,个案研究方法被认为是社会科学研究方法中最不具科学性、客观性的方法,或者说是一种不可靠的研究方法。然而,事实证明,个案研究方法被广泛应用到了社会科学领域,如心理学、社会学、政治学、人类学、历史学、经济学等,尤其在实践性和应用性比较强的学科中也开始崭露头角,如社会工作、公共管理、管理科学等相关领域。读者可能会有一个疑问:既然个案研究方法被认为是不具有科学性、客观性、可靠性的方法,为什么会被运用到那么多的学科领域呢? 为了让读者对这个问题有全面的认识,本章将对个案研究进行系统的介绍,从个案研究的定义、特点到个案研究的类型,再到个案研究的进行步骤,最后到如何利用个案研究方法收集的资料撰写报告。

11.1 个案研究定义和特点

作为质性研究方法的一种,个案研究自有不同于其他质性研究方法的含义和特征,对此的把握和理解对于开展相关的研究大有裨益。

11.1.1 何谓个案

作为研究者,应该对个案的含义有初步的认识和了解。其实,每个人对个案都耳熟能详,不过,要为它下一个比较明确的定义并非易事。斯特克(Stake)认为个案是一个有界限的系统(a bounded system),是一个对象而非过程。例如,教师可以是一个个案,但他的教学不能称之为个案,因为教学缺乏特殊性,且它的界限不够明确。再如,一个革新方案是一个个案,学校也可以是一个个案,但学校变革的关系并不能称为个案,因为这些主题太宽泛而不具有独特性(转引自林佩璇,2003)。当然,个案可能是一个整体,也可能是一个群体,如家庭或团体,一个机构,如学校、工厂或医院等,或一个社区,如城镇、社群(Gillham,2000;潘淑满,2003)。研究者如何确定研究的对象是一个个案呢?

　　要了解一个个案,可以从两个具体的因素来判断:第一,它是一个有界限的系统;第二,系统中存在某种行为形态,研究者可以借此行为或活动性质来了解系统的复杂性和过程特征(林佩璇,2003:242)。

　　由此,什么是个案研究呢? 根据《社会工作词典》(2000 年版)的定义,个案社会工作是指某一个社会单元作为一个整体所从事的研究,而从事研究的单元是一个人、一个家庭、一个团体、一个机构、一个社区、一个地区或一个国家。不过,个案研究的对象并非只能是一个,研究者视研究问题和目的为单一案例(single-case)或者多重案例(multiple-case)选择的参考数据(罗伯特·K.殷,2004)。梅里亚姆(Merriam,1998)对于个案研究的定义则是采取比较开放的态度,认为只要是对一个有界限的系统,如方案、机构、个体、家庭、社区或者村落等,做全貌式的描述和分析,就是所谓的个案研究。罗伯特·K.殷所提出的个案研究观点,可以视为对梅里亚姆的回应。殷认为,只要研究者运用多元资料来源,深入探讨真实生活情境的社会现象,就是所谓的个案研究。他在《案例研究:设计与方法》(Case Study Research: Design and Methods)一书中将个案研究定义为:研究者通过多重资料来源,对当前真实生活脉络的各种现象、行为和事件所做的一件探究式的研究。综合上述几位学者的观点,不难发现,个案研究具有归纳整合、经验理解、独特性、深描、启发作用和自然类推的特性(潘淑满,2003)。

　　林佩璇认为,个案研究的主要目的是探讨一个个案在特定的情境脉络下的活动性质,以了解它的独特性和复杂性。对个案研究者而言,研究的兴趣在于了解过程,而不在于结果;在于了解脉络,而非一个特定项目(林佩璇,2003)。费根(Feagin)、奥鲁姆(Orum)和肖伯格(Sjoberg)则强调,“个案研究”一词必须以质性研究的观点来理解方能掌握其精髓。他们三个是运用质性研究的方法,针对单一社会现象进行深度及全面的探讨(潘淑满,2003:245)。

　　个案研究是一种个别的、深度的、描述的且偏向质的研究方法,期望通过对个案的深入了解来探究其与全体的相同与不同之处。个案研究是一种探索及分析社会单位生活过程的方法,以收集事实、精密诊断、适当处理、正确记录为研究步骤。这里所指的单位,不一定以个人为限,可以扩展到家庭、机构、文化团体甚至整个社区。其研究范围则自形成背景、发展过程到组织内容,可以做全面、详尽、深入的研究(潘淑满,2003:246)。

11.1.2 个案研究特点

潘淑满结合国外学者的看法,归纳了个案研究的四个特点。林佩璇也结合相关研究,提出了个案研究的六个特点。

1. 潘淑满关于个案研究特点的归纳

(1) 在自然情境下探讨问题。

个案研究法与其他研究方法最大的不同,在于研究者能够进入研究对象的生活场域,在不干涉研究对象的自然情境的前提下,进行有关研究现象或行动的观察,并通过收集资料的逐渐丰富,对研究现象进行概念建构的过程。

(2) 深入式的研究。

个案研究运用全方位的研究策略,针对单一研究对象,通过多重方式来了解研究现象及其行动的意义。所以,在整个研究过程中,研究者不仅要深入探究研究对象的生活复杂面,同时也要进一步了解其内在信念和行为的互动关系。

(3) 重视脉络的观点。

个案研究法的运用主要是能够让研究者对某一特定现象的发展历程和生活模式进行长时间的检视,研究者可以从历史发展脉络的观点,深入了解观察的现象与政治、经济、社会文化等的关联。

(4) 建构理论。

个案研究法主要是运用逻辑思维来进行研究,针对在研究过程中收集到的丰富资料,研究者将会运用归纳、比较、对照的方式进行资料分析,最后发展出新的理论或逻辑,并作为建构理论的基础。

2. 林佩璇关于个案研究特点的归纳

(1) 整体性。

个案研究反对化约主义(reductionism)或元素主义(elementalism),希望能在一个完整的情境下掌握研究对象,因此,它的目的不在于与其他的例子作比较,而是对研究对象进行全面深入的了解(转引自林佩璇,2003)。

(2) 经验理解。

个案研究要了解现有现象中的复杂关系,它注意到行动者的意向,也试图了解行动者的参照架构和价值观,建立一种具有同理心的理解,将研究资讯传递给读者。

(3) 独特性。

个案研究着重于一个特殊的情境、事件、方案和现象。我们并不期待一个人能扩展个案研究的发现,去了解其他情境、时间或其他人员。相反,我们要问:"这个个案所呈现的是什么?"个案研究虽然同时寻找个案的共通性,但最终要表现的是它的独特性。

(4) 丰富描述。

个案研究的兴趣在于探讨现象的过程、意义的诠释以及理解的追求,而非传达一些统计数据,因此研究是描述的(Merriam,1998)。"深描"(thick description)一词来自人类学,本意为对研究的事件做全面和本质的文字描述,同时也是指对文化常模和社区价值做诠释(Merriam,1998)。

(5) 启发作用。

个案研究可以向读者提供新的发现,对已知的事物或事件赋予新的意义,同时还有助于读者对研究对象的再认识,探索先前不知道的关系和内容。

(6) 自然类推。

个案研究强调自然类推。所谓自然类推,并不在于产生新的通则,而是对原来已经认识到的通则加以修正。自然类推是基于心照不宣的知识,将个人的经验融入个案发现之中而产生一种新的理解。

总而言之,个案研究所要了解的是参与事件的人类经验,而非因果关系,所关心的是个案的独特性。由个案研究所获取的知识具有以下几个特色:第一,它能和个人经验结合,因此更生动、更具体,不只是抽象概念;第二,因经验根植于情境中,因此更能掌握研究对象或现象在情境脉络下的互动及关系;第三,提供更多的空间由读者自行发展他们的诠释,从而将个人的理解和经验融入个案研究中而产生通则概念(Merriam,1998;林佩璇,2003)。

11.2　个案研究理论背景

个案研究的渊源大约可以追溯至 19 世纪中期,法国社会学家勒普累(Le Play)对工人阶级的家庭状况进行研究,以及后来人类学家马林诺夫斯基在特罗布里恩德群岛所进行的田野调查。到 20 世纪初,美国社会学芝加哥学派才进一步将个案研究运用于对工业化和都市移民相关问题的探讨中,主张研究者应该进入研究问题的现场领域,运用个案研究对问题进行主观与全面的理解(潘淑满,2003:247)。

无论是发展历程还是理论哲学思维,个案研究都与人类学和社会学有着密不可分的关系。

11.2.1 人类学民族志

一般而言,人们习惯于把民族志称为田野研究(field research)。所谓民族志,是指研究者从研究对象的观点来了解研究对象的文化、生活、价值观和世界观(Feagin et al.,1991:4;刘仲冬,1996:174)。人类学民族志主要源于人类学家马林诺夫斯基在特罗布里恩德群岛的研究。对马林诺夫斯基来说,文化是一种由日常生活中的行为模式、信念和仪式建构出来的对当地社会生活状况的反应。马林诺夫斯基是波兰裔的澳大利亚人,在第一次世界大战期间,他逃到澳洲东北部南太平洋岛屿中的美拉尼西亚,在岛上居住了三年,迫使他对当地奇怪的异国风俗进行观察。秉承人类学的思维方式,马林诺夫斯基将研究的每个细节做了分类。对他而言,文化意味着社会生活中行为、信念和仪式的共同形态(林佩璇,2003)。

马林诺夫斯基的观点与社会学民俗方法论(ethnomethodology)的主张可谓不谋而合(廖立文,1988;林佩璇,2000)。就传统社会学理论观点而言,民俗方法论主张社会建构是从不同团体的经验中建立而成的,由于文化是日常生活知识建构的产物,所以知识本身是不稳定的。许多社会学家将民俗方法论的主张视为社会学的异类思想。一般而言,民俗方法论所关注的是,人类经由什么来构成其对社会问题的认知。就民俗方法论而言,人类是经日常生活的互动过程,试图建构对社会结构的知觉。通常,对社会结构的认知主要经由两个层次:一是表面(surface)规则,被视为理所当然的社会生活规则;二是诠释性(interpretive)或深层规则,对普遍被视为理所当然的生活规则重新加以诠释。

11.2.2 社会学芝加哥学派

在美国,社会学应用个案研究可追溯到19世纪末20世纪初社会工作者的研究,以及社会学家运用个案研究探讨美国都市市郊中移民社区的失业、贫穷和犯罪现象。然而,他们很少直接处理这些问题,主要是通过官方的健康服务计划以及其他二手资料,很少面对面地去解决问题。

1916年,芝加哥大学社会学系的威廉·托马斯(William Thomas)和罗伯特·帕克(Robert Park)首创田野研究方案,倡导个案研究。他们鼓励学生对社会现象进行了解,应超越官方文件、档案资料,直接拿着地图走入田野,通过走街的方式,直接接触研究对象。这种研究方式不仅可以了解社区的生活空间,同时也可以通过访谈方式,深入了解社区中贫穷与犯罪现象(Hamel,1993)。

在 20 世纪初期,芝加哥就成为美国个案研究的重镇。芝加哥学派所关心的是都市化与移民的社会问题。芝加哥学派社会学家将都市化与工业化的变迁过程视为都市社会学的重塑过程。研究者想要了解都市变迁过程中各种社会问题的意义,就必须将其置于生活脉络中加以了解,才能还原其意义。米德就主张研究者应通过观察和访谈,深入了解社会生活现状,并通过综合归纳的方式,对社会问题给予深入解释(Hamel,1993)。

11.2.3　其他相关学科领域

历史研究以一手资料的运用为主,研究强调这些历史素材的系统性,并且要严格区分一手和二手资料。历史个案研究主张对一个现象从事长期研究,并且必须从整体的观点来描述和分析特殊现象(个案)。

心理学个案研究将焦点放在一个整体上。心理学家的研究对教育的影响通常比较直接,例如,皮亚杰研究自己的小孩而发展出认知结构的阶层理念,为课程和教学带来新的看法和主张。

人类学民族志、社会学、历史研究和心理学等应用个案研究,促使研究更能注意到文化及社会脉络,直接收集发现的资料,以便对研究现象做一个完整的知识生产和解释。这些研究不仅影响了研究的理论取向,也影响了资料收集和分析技术。

11.3　个案研究类型

并非所有情境或场景都适合开展个案研究,所以,研究者在决定采用何种研究方法或者在拟订研究计划时,需要对研究情境、研究目的和研究问题等因素有仔细的考量。

11.3.1　个案研究的使用情境

社会科学的研究方法相当多元,除了个案研究外,还包括实验法、社会调查、历史分析和文献档案法等。每一种研究方法又有其优势和不足。对于具有丰富经验的研究者来说,要为某项研究选择一个适当的方法并不算难事。但是,对于一个新手来说,到底选择哪一种研究方法才适合研究问题呢? 这本身也许就是一种挑战(潘淑满,2003)。对此,罗伯特·K.殷(2004)认为,选择何种研究方法至少应该考虑三个条件:(1)研究需要解决的问题类型;(2)研究者对研究对象的控制能力;(3)关注的中心是过去的事情或是当前正在发生的事件。

具体到个案研究来说,它适用于以下三种情境:当需要问答"怎么样""为什么"等问题时,当研究者几乎无法控制研究对象时,或者关注的焦点是当前现实生活中的实际问题时(Yin,1989;潘淑满,2003:252—254)。

1. 判断指标一:研究问题的类型

一般来说,我们可以将研究问题分为以下几类:谁(who)、什么(what)、地点(where)、什么时候(when)、如何(how)和为什么(why)等。首先,研究者必须认真辨识研究问题,判断其属于哪一种研究类型。"为什么"的问题比较适合探索性研究策略,而"如何"和"为什么"的问题,确实比较适合运用解释性或描述性的研究策略。

2. 判断指标二:对行为或事件的控制力

研究者必须思考自己对研究现象或行为的控制程度如何。虽然历史、个案或实验研究方法都适用于"如何"和"为什么"的研究问题,但是,三者对研究对象的控制力不同,在运用上有相当大的差异。通常,历史研究法运用在非控制性的过去事件上的研究;个案研究则比较偏重对当前事件的研究,但是,它强调研究者不能对研究现象和行为有任何的操控性;实验法不仅强调对当前行为和事件进行研究,同时研究者也必须对研究想象进行操控,并通过精确、系统化的研究过程,来了解研究的成效。

3. 判断指标三:着重于现在或过去发生的事件

研究者可以进一步将研究现象或行为是当前或过去事件,作为选择研究方法的基础。通常,个案研究法是运用于对目前正在发生的事件或行为的研究。如果研究的现象或行为是过去的事件或行为,就不适合运用个案研究法来进行资料的收集。

如果进一步将这三项指标与各种研究方法进行系统分析,那么可以归纳出哪些情境比较适合运用个案研究方法来进行资料的收集工作(请参考表11.1)。从表11.1中可以看出,当研究者探讨的问题是比较着重在自然情境下探讨研究的现象、行为或事件,在当下或实际上是"如何"或"为什么"发生时,就比较适合运用个案研究法收集资料。当然,并非所有的"如何"或"为什么"的问题,都适合运用个案研究法。举例来说,同样是"如何"或"为什么"的问题,但是如果研究目的着重于对过去时间或现象的研究,那么,历史研究法可能比个案研究更适合。

表 11.1　研究策略选择参考指标表

研究策略	研究问题类型	对研究行为的控制	着重于现在发生
实验法	如何 为什么	是	是
社会调查	谁 什么 地点 多少	否	是
文献档案	谁 什么 地点 多少	否	是、否
历史研究	如何 为什么	否	是
个案研究	如何 为什么	否	是

资料来源:潘淑满,2003。

11.3.2　个案研究分类

1. 以研究对象的数量来划分

许多从事质性研究的工作者都会依据研究个案的数量,将个案研究法进一步划分为单一个案研究和多重个案研究两种类型。

(1) 单一个案研究。

所谓单一个案研究,是指在整个研究过程中,研究者主要是针对一个个体、家庭、团体或社区,进行与研究相关的资料收集工作。研究者在进行资料收集之前,就必须思考究竟要进行单一还是多重个案研究。当研究目的是着重于单一个案,且研究者针对单一个案进行研究时,就称为单一个案研究。在进行单一个案研究时,研究者应该尽量降低可能的错误诠释,并让个案相关资料的收集饱和度能达到最大程度。因此,研究者在选择个案时,有三项原则应该考虑(Yin,1989:40—41):第一,关键个案(critical case)。这个个案满足所有的条件,并且能够支持理论的前提假设。第二，独特性个案（unique case）。这个个案呈现出一些独特特点，可以让研究者详细完整地了解个案的本质内容。第三，启发性个案（revelatory case）。这个个案可以提供许多信息，并且这些信息可供研究者深入观察和分析。

（2）多重个案研究。

所谓多重个案研究，是指在整个研究过程中，研究者同时针对几个个体、家庭、团体或社区，进行与研究相关的资料收集工作。当研究者同时针对两个或两个以上的个案进行研究时，就成为多重个案研究。相较于单一个案研究，多重个案研究有其优势和不足。单一个案研究对于研究对象的选择，主要是建立在独特性、关键性和启发性等原则上。然而，研究者进行多重个案研究时，往往需要耗费更多的时间和精力，收集更广泛的资料。多重个案研究对研究对象的选择是建立在可替代性的原则上，但是，千万不可以将可替代性原则视为一种抽样逻辑（sampling logic）。

研究者到底应该运用单一还是多重个案研究方法来收集研究资料呢？这主要还是取决于研究问题和研究目的。如果研究目的是针对单一个案进行深入的了解，那么，就以单一研究对象为主。如果研究目的是着重于个案之间的比较，那么，研究者就必须选择多重个案进行资料收集工作（潘淑满，2003:256）。

2. 以研究目的来划分

根据研究的目的，可以将个案研究方法划分为三种类型：本质型（intrinsic）、工具型（instrumental）和集体型（collective）（Stake, 1994）。

（1）本质型个案研究。

当研究者想要对特定的研究对象进行比较深入和全面的了解时，比较适合运用本质个案研究方法来收集资料。本质型个案研究就研究目的而言，焦点不在于发现理论或概念，而是深入了解研究现象的本质。因此，不适用于对一般社会现象的探讨，反而比较适合运用于对特定社会现象或特殊事件的了解。

（2）工具型个案研究。

对于工具型个案研究而言，研究者主要是通过特定案例的研究过程，深入了解议题或现象本身的意义。也就是说，个案本身往往不是研究本身兴趣所在，案例常常扮演支持性的角色，在研究过程中促使研究者进一步了解现象，所以个案选择的决定标准在于其必须有助于研究者进一步深入了解现象本质。

（3）集体型个案研究。

集体型个案研究强调研究者必须运用多重个案研究,通过对多重个案的比较分析过程,深入了解研究现象本身的异同,从而还原研究想象的本质。

3. 以研究目的和个案数量交叉划分

罗伯特·K.殷把研究目的和个案研究数量交叉进行分类,包括探索型个案研究、描述型个案研究和解释型个案研究(Yin, 2004)。

（1）探索型个案研究。

研究的目的着重强调对问题的界定,或者决定研究设计或步骤的可行性。探索型个案研究往往将研究对象用来作为预研究(pilot study)。

（2）描述型个案研究。

研究目的主要是对研究现象或行为的脉络进行详细、完整、全面的探讨。

（3）解释型个案研究。

研究目的着重强调对研究资料进行因果关系的确认、分析和解释。

如果我们以个案研究数量和研究问题类型进行交叉分类,作为研究者选择个案研究方法的依据,那么,可以进一步将个案研究方法分为六种模型(潘淑满,2003:258),详见表 11.2。

表 11.2　个案研究方法的类型

	探索型	描述型	解释型
单一案例	探索型单一个案研究	描述型单一案例研究	解释型单一案例研究
多重案例	探索型多重个案研究	描述型多重个案研究	解释型多重个案研究

资料来源:潘淑满,2005:258。

11.4　个案研究方案设计和实施

研究方案是连接要收集的资料或得出的结论与准备研究的问题之间的逻辑纽带。每个实证研究都应该有研究方案。分析与研究问题相关的理论,可以帮助研究者合理设计个案研究方案,并使其更为具体化。除此之外,设计案例研究方案还要最大程度地完成与方案质量有关的四个条件:建构效度、内在效度、外在效度和信度问题(Yin, 1989)。

研究设计是用实证资料把需要研究的问题和最终的结论连接起来的逻辑顺

序。简单地说,研究设计是从"这里"到"那里"的逻辑步骤,"这里"是指需要回答的问题,"那里"是指得出的结论,在"这里"到"那里"之间还应该有必要的步骤(Yin, 1989)。这就是个案研究设计方案的简单概括。通过简单概括,研究者可以将个案研究设计方案分为以下几个步骤:研究问题的设计、理论假设(研究假设)、资料收集、分析单位、资料的逻辑与诠释以及报告的撰写等步骤(潘淑满,2005:259—261)。

11.4.1 研究问题设计

研究者在开始进行研究方案设计之前,应该考虑的是其研究问题属于何种类型。通过这次研究,研究者试图回答的是"怎么样"(如何)、"为什么"还是"是什么"的问题。在个案研究特点部分,笔者已经探讨过,有关"怎么样"(如何)和"为什么"的研究问题比较适合用个案研究方法。对许多研究者而言,研究过程最困难的部分,莫过于如何将研究主题逐步发展成明确、具体、可行的问题。一个好的研究问题是研究成功与否的关键。因为好的、明确的、可行的问题将提供给研究者一个明确的研究方向,引导整个研究设计顺利进行。

研究者可以将从研究主题到研究问题的发展过程视为一个聚焦的过程,但是,研究者又如何从粗略的研究概念,逐步发展成数个不等的研究问题呢?研究者可以通过相关研究报告和文献的阅读,进一步帮助自己厘清研究的焦点,也可以通过接触研究对象的方式,进一步帮助自己对研究主题产生比较清晰的轮廓。当然,研究者还可以通过与相关领域人士的交流,进一步厘清研究问题的重点。

11.4.2 理论假设(研究假设)

如果说把研究问题的设计称为方案第一个要素,那么,理论假设可以称为个案研究方案设计的第二个元素。理论假设可以引导研究者关注研究问题,不会把经历导向与研究无关的东西。例如,假设你要研究组织之间的关系,那么,你首先要提出问题:为什么几个组织会联合起来?是为了共同提供该产品的售后服务吗?它们是怎样联合起来共同提供服务的?这属于"为什么"和"怎么样"的问题。你首先应该分析的是,它是否适合采用案例研究方法,是否揭示了你所研究的、也是你所感兴趣的问题。但是,仅此还不足以指导你进行研究。只有明确提出某种具体的假设后,你的研究才会有正确的方向。例如,你可能会想象,几个组织、企业之所以联合起来,可能是因为它们可以通过联合达到互惠互利的目的。这一假设除了反映出重要的理论问题(如导致合作、联合的其他动机并不存在)之外,还能告诉你哪里可以找到相关的资料或数据,去证明各个组织所获得的特定利益(Yin,1989)。虽然理论假设与研究主体范围相关,但是并非所有的研究都需要理论假设。一般来说,探索型的个案研究只需要描述研究目的,不需要进一步针对研究问题提出理论假设。另外,部分长期从事个案研究的研究者会用研究议题来替代理论假设。他们认为,个案研究关注个案的独特性和复杂性,如果提出理论假设,往往会大大减少对个案所处情境脉络的了解和认知。

11.4.3　资料收集

对个案研究的资料收集而言,经验丰富的研究者和研究新手的要求是不一样的。对于研究新手来说,所有与研究有关的资料收集工作,都必须是在研究问题提出之后,才能够着手进行,这种方式常常可以帮助新的研究者避免在研究过程中过度失焦。相反,对于经验丰富的研究者来说,这种方式并不一定适合。一位有丰富经验的研究者,往往会用先前已经掌握的知识,来帮助自己规划研究设计和资料收集工作,同时,在研究过程中,都会以比较开放的态度,来面对研究现象和接受研究过程中各种可能发生的状况。

1. 个案资料收集的原则

在一项个案研究中,为提高研究的建构效度和信度,个案研究的资料收集应该把握下列原则(林淑馨,2013)。

(1) 多途径或多重资料收集的原则。

有些个案研究的资料过于单一,很容易因为资料来源途径过于单调,影响研究者对个案的整体了解,也导致后续观察分析的偏颇。所以,研究者在进行个案研究时,如果能够采取多种途径或选择多重资料,将可以提高个案研究的品质。

(2) 创建个案研究资料库的原则。

为了强化个案研究的完整性,一般在进行具体研究时,需要各式各样的资料。例如,文件记录至少包含原始文件,以及以原始文件为基础所完成的专著、期刊或汇编资料,等等。为了便于个案资料的累积,如果能够建立正式的资料档案库,有系统地收录个案相关资料,不但有助于档案资料分类、比较分析及复核对照之用,而且也将加速个案研究的推行。

(3) 建立或维持长期或系列的研究证例的原则。

个案研究是连续性和长期性的研究,所以各种原始资料均需妥善保存。例如,有一项关于农村土地承包责任制的政策成效个案研究,作者已经收集了十年内的资料,但十年的分析基础并不算长,该研究只能视为短期评估,尚不能看出这项政策的具体成效。倘若能持续收集资料,到了第二十年时再做中期评估分析,更能看出政策的重要成效。由此,为提高个案研究的意义和价值,对个案进行长期和系列的观察与资料收集,无疑是一项重要的工作。

2. 个案资料收集的来源

关于个案研究的资料来源,大体可分为六项:文件、档案记录、访谈、直接观察、参与观察和实体的人造物。这些资料的优缺点详见表 11.3。

表 11.3　个案研究法的资料来源及优缺点

资料来源	优　点	缺　点
文件	● 稳定:可重复检视 ● 非涉入:非研究创造出来的结果 ● 确切:包含事务确切的名称、相关资讯与事件细节 ● 范围广泛:如果保存良好,可以收集到长时间、许多事件和情境状况的资料	● 可检索的可能性低 ● 如果收集得不完整,可能产生偏见 ● 文件上的记录可能反映出原始作者的(或未知的)偏见 ● 使用的权力可能会受到限制
档案记录	● 同"文件"部分所述 ● 精确的与可量化的	● 同"文件"部分所述 ● 由于个人隐私或保密的原因,部分档案不易接触
访谈	● 有目标的:直接访谈、回答与研究主题相关的问题 ● 见解深刻的:提供部分对因果关系的解释	● 可能因为问题建构不佳而造成偏见 ● 受访者的回答可能会有偏见 ● 因受访者无法回忆而产生不确切性 ● 受访者所回答的是访谈者所要的答案
直接观察	● 真实:包含即时事件 ● 脉络:包含事件发生的情境	● 耗时:时间成本过高 ● 观察到的是研究者筛选过的 ● 可能产生"被观察者效应"
参与观察	● 同"直接观察"部分所述 ● 对于人际间的行为与动机能有深刻的认识	● 同"直接观察"部分所述 ● 由于研究者操弄事件而造成偏见
实体的人造物	● 对于文化特征能有深刻的了解 ● 对于技术操作能有深刻的了解	● 这些实体物是经过筛选的 ● 只能收集到可取得的实体物

资料来源:转引自林淑馨,2004。

3. 个案资料收集的技巧

一个优秀的个案研究者在资料收集的过程中,还应该掌握几项技巧。

(1) 问问题:好的个案研究者必须能问好的问题,同时,也要能对这些问题做适度的回应。

(2) 倾听:好的个案研究者除了会问问题外,也要是一个很好的听众。所谓好的听众,就是在倾听的过程中,不会将自己的思想或价值观强加给回答问题的人。

(3) 适应力和弹性:好的个案研究者不仅要能问、能倾听,同时也必须具有高度的环境适应力,在访问过程中,要以极为开放的态度,与研究对象或研究情境互动,将新的情境或刺激视为机会而不是潜在的威胁。

(4) 议题掌握:好的个案研究者虽然必须具备弹性、开放的态度和胸襟,但是也必须能时时刻刻掌握研究议题,并能将收集到的资料与研究议题相互连接。

(5) 降低偏见:好的个案研究者在整个个案资料收集过程中,会尽量避免因个人偏见而影响研究资料的收集或对研究结果的诠释,同时,在资料收集过程中,应对研究问题保持高度敏感性。

个案研究者必须在整个研究过程中放下身段,不断地重新调整自己的脚步,而不是死板地根据一些严格的要求或规定进行资料的收集工作。

11.4.4　资料分析

1. 分析单位

在资料收集之后,研究者如何进行相关资料的分析工作? 首先,研究者必须界定所要分析的资料的单位是什么,这是资料分析的前提。这个问题与研究者如何理解研究中的"个案"有着密切的关系。例如,个案可能是一个单独的人,詹尼弗·普拉特曾经分析过,为什么社会学芝加哥学派早期进行的案例研究对象都是问题少年或无家可归者。当然,你也可以想象,案例研究的对象是临床病人、政治领袖或优秀学生等。在这些案例中,研究对象是单个的个人,单个的个人就是分析的基本单位。如果把相关的多个个人的资料都收集起来,就形成了多重案例研究。个案分析单位也可以比个人、个体更难界定的事件或实体,如决策、实施过程、组织变化等。

界定分析单位的一般指导原则是,研究者对分析单位的尝试性界定是与其对所要研究问题的类型的界定联系在一起的。例如,假设你要研究美国在世界经济中的角色,你进行案例研究时的分析单位可以是一个国家的经济,也可以是世界经济市场中某一个产业,或某一个产业政策,或某两国之间的货物或资本流动。对分析单位的不同界定,会导致采用不同的研究方法或者不同的资料收集方法。当你准备对要研究的原始问题进行更精确的分析时,你就面临选择合适的分析单位的问题。如果此时你无法决定何种分析单位优于其他分析单位,那就表明你要研究的问题要么太模糊,要么数量太多,这必然会给你的研究增加麻烦。但是,如果你已经决定采取某种分析单位,那你也不要一成不变。随着资料收集过程中出现新问题和新发现,你的分析单位应该不分段地进行修改完善(Yin,1989;周海涛,2004)。

2. 资料的逻辑思考与诠释

对于从事个案研究的工作人员而言,面对着经由访谈、观察或文献档案等方式收集的庞杂资料,如何把它们有效地整合起来,成为研究者必须考虑的问题,也是非常关键的一环。一般来讲,目前研究者们最常用的个案研究资料分析方式是美国学者唐纳德·坎贝尔(Donald Campbell)在相关论文中所介绍的模式匹配(pattern-matching),其中最核心的就是时间序列模式(time-series pattern)。什么是时间序列模式的资料分析? 在研究者进行个案资料与诠释的过程中,可先对研究对象的特点进行描述性说明。其次,研究者再针对研究过程、自我反省与检讨进行反复分析。最后,研究者根据配对结果对研究资料进行诠释。研究者在对研究资料进行诠释的过程中,应尽量做好对照式的分析,将资料的差异性作为区分类型的基础,并尽量找出足够资料,作为辅助诠释的参考(潘淑满,2003)。

3. 资料分析工具

个案研究是一个强调整体性的方法,因此,在运用个案研究方法的过程中,资料收集和分析都强调整体性、系统性的操作。如果访谈提纲设计的逻辑性较差,质性资料转录后呈现的文本看起来将十分散乱,会使研究者一时很难分清"主干"和"枝丫"。经验丰富的学者们常常利用分类、排序、归纳、综合等分析技巧简化资料,找出研究的主线。对此,加里·托马斯(2021)总结了个案分析与思考的工具箱,具体内容如下:

第一,持续比较法。针对特定事件,研究者在对资料进行编码和分析后,经过对比分析、提炼概念以及探讨概念之间的关系,形成解释性模型。

第二,绘制主题图。在持续比较法的基础上,建立主题,并把主题写在图片上,以此绘制出主题的关系。

第三,深描。研究者在解释意义的时候,要阐述行为背后的真实情境和社会背景,而不仅仅是一个"密码员"。

第四,社会关系图。研究者用社会关系图来映射人与人之间的关系,进而反观资源网络。

第五,系统思维。研究者从一个现实世界的问题开始,研究同时包含了这个问题的系统。

第六,理论作为工具。将自己的发现与他人的发现联系起来,通过理论联系外界,批判性地思考自己和他人的想法,并审视文本中想法之间的联系,从中抽取思想并提供解释。

第七,使用叙事。个案研究讲究整体性,使用叙事正与此相符。故事本身具有连贯性、完整性和推进性等特征,在资料分析过程中,需要将整个故事的元素串联起来,如背景、人物、时间、地点、角色、动机、意义、意图以及其他关联的东西。

在进行上述操作时,研究者也会主动思考资料中不同主体、不同部分之间的内在联系以及可能关联的理论,慢慢地会发现,分析是一个非常愉快、充实的研究过程:将所有的资料予以整合,在繁杂的信息中挖掘重点,论据一点点地涌现,观点得以佐证,理论也获得了更多的资料支撑,并在新资料中得到拓展,所研究的成果即将呈现,以往的努力和付出终于有了收获。

11.5　报告撰写与研究品质

个案研究到达了撰写报告阶段,意味着研究即将到达尾声,但是,千万不可松懈和轻视,因为呈现报告、揭示和解释个案的种种状态并接受别人的意见和批评,同样是个案研究不可或缺的组成部分。

11.5.1　个案研究报告撰写

个案研究报告的撰写,首先必须界定读者对象。林佩璇整理斯特克(Stake,1995)的观点,提出了一个研究报告的组织方式,可作为撰写研究报告的参考(见表 11.4)。

表 11.4　个案研究报告的组织方式

章头语、导语或前言	使读者能立即感受不同的经验， 了解研究所在的地点和时间
界定议题、研究目的和方法	告知读者研究的概要、研究者的背景以及有助于了解这一个案的研究议题
以故事描述方式进一步界定个案和情境脉络	借此呈现描述一些一致或冲突的资料，让读者产生兴趣
继续发展研究议题	在研究过程中，研究者会继续发展一些关键的议题，以便了解个案的复杂特性；研究者也可以将其他研究或其他个案的了解在此做一个描述
详述细节、文件、引文，并核证资料	有些议题有更进一步探究的必要，研究不惜借此观察及各种方法寻找一些资料加以确认，同时也要找一些反证的资料
提出研究主张	摘述研究重点，供读者重新思考由此个案所获得的知识，修正原来已知的原则
章尾语或结束语	研究者做最后的说明，分享研究的经验心得

资料来源:林佩璇,2003:123。

　　当然,以上只是一般格式,完全可在具体撰写中有所增减或变化。此外,在撰写报告的时候,始终需要思考以下一些问题:(1)报告是否易于阅读？(2)研究报告是否前后一致、系统完整？(3)报告是否有概念结构(如主题或议题)？(4)发展出来的研究议题是否严谨？(5)研究的个案是否做了适当的界定？(6)报告的方式是否以故事方式呈现？(7)能否提供给读者不同的经验或知识？(8)能否有效和规范地使用引文？(9)能否有效地使用标题、图标、附录和索引？(10)作者能否做一个完整的概括,而不是过度的诠释？(11)能否注意到不同的情境脉络？(12)原始资料的呈现足够吗？(13)资料来源选择是否恰当、充足？(14)观察和诠释是否经得住核证？(15)研究者的角色和观点能否做完善的表达？(16)是否危害到个人？

11.5.2　个案研究的品质

　　在评定实证性社会科学的质量时,常常要用到四种检验。由于个案研究是实证性社会科学的一种,所以这四种检验适用于个案研究(Yin, 1989;周海涛,2004),详见表 11.5。

表 11.5　适用于四种检验的各种研究策略

检　验	个案研究策略	策略使用的阶段
建构效度	采用多元的证据来源	资料收集
	形成证据链	资料收集
	要求证据的主要提供者对案例研究	撰写报告
	报告草案进行检查或核实	
内在效度	进行模式匹配	证据分析
	尝试进行某种解释	证据分析
	分析与之相对应的竞争性解释	证据分析
	使用逻辑模型	证据分析
外在效度	用理论指导单个案例研究	研究设计
	通过重复、复制的方法进行多案例研究	研究设计
信　度	采用案例研究草案	资料收集
	建立案例研究数据库	资料收集

资料来源:罗伯特·K.殷,2004。

在表 11.5 中,一些主要概念解释如下。

建构效度(construct validity):对所要研究的概念形成一套正确的、可操作的测量。

内在效度(internal validity):仅适用于解释型或因果型案例研究,不能用于描述型或探索型案例研究;从各种纷乱的假象中找出因果联系,即证明某一特定的条件将引起另一特定的结果。

外在效度(external validity):建立一个范畴,把研究结果归纳于该类型之下。

信度(reliability validity):表明案例研究的每一步骤,例如资料收集过程,都具有可重复性,并且如果重复这一研究,还能得到相同的结果。

特别要强调的是,从事案例研究的工作人员,不仅需要在研究的最初阶段关注上述概念,而且还需在整个研究过程中都小心谨慎地处理以上问题。

本 章 小 结

运用个案研究方法进行学术探索,对于大多数社会科学领域的研究者来说,也许是一项高难度的挑战。不管你是资深的社会科学领域研究专家,还是初出茅庐的新手,通过本章系统的介绍,你会对个案研究有比较深刻的印象,包括个案研究的特点、类型、作用,以及涵盖了研究设计、理论假设、资料收集、资料分析和报告撰写等环节。个案研究的目的至关重要,浅层次的研究目的就是设计周密的研究方案,客观地收集、整理、分析和呈现数据资料的意义,更深层次的目的就是在完成研究之后撰写出有说服力的报告、论文或著作。其实,对于个案的分析可以使我们对个人与组织、政治与经济、社会与文化领域有更深入的了解。这种了解更为生动和丰富。当然,在个案研究过程中,研究者也会遇到一些比较棘手的伦理问题,考量研究者的道德价值。

推荐阅读文献

Liebow, E., 1967. *Tally's Corner*: *A Study of Negro Streetcorner Men*. Boston: Little, Brown.

这是一本运用个案研究方法研究城市贫民区失业者的力作。

第 12 章
质性研究的资料分析和电脑软件运用

质性研究方法有很多种,前面已经介绍了行动研究、扎根法、参与观察法、焦点小组法以及口述史法等,这些方法涉及资料收集和资料分析两个方面,根据各自的理论基础不同而对这两个方面的侧重也有所差异。针对质性研究资料分析的问题,本章将重点介绍两种方法,这两种方法更侧重分析资料,即三角测量和叙事分析。前者是学术界议论较少但饱受争议的一种方法,它倡导质的研究和量的研究相结合;然而,部分学者认为,由于质和量的研究方法论的根本对立,所以,二者的结合也只能停留在形式上。我们将这两种看法呈现给读者,以便共同讨论分析。

本章最后将介绍资料分析中电脑软件的运用,主要介绍了几种质性资料整理软件,即 WinMAX/Folio Views/NUD * IST 的使用方法。

12.1 三角测量

目前三角测量越来越多地被运用到质性研究资料的分析中,这种态势意味着质性研究者同样高度重视研究的效度与信度。

12.1.1 三角测量的含义

"triangulation"一词来源于中古拉丁语的"triangulare",原意是"做三角"。在航海和土地测量等领域中,它是一种以三角形原理为基础的测量定位方法,在国内一般译为"三角测量"。这一概念被引入社会科学研究领域中讨论之后,它的含义发生了变化。在量化研究领域,"triangulation"被用来表示采用不同测量方法来测量同一研究对象,以检验测量工具的效度。然而,这个概念被引入质的研究领域之后,把"triangulation"继续视为消除检测方法的论点受到了学者们的质疑(孙进,2006)。德国学者弗利克(Flick)认为,在质的研究领域,"triangulation"不再适合作为检验效度的工具,其更主要的作用在于通过多元的研究手段来拓宽研究者的观察视野,提高研究与分析的广度、深度和维度等。这样一来,三角测量法便不再只是一种辅助性的研究工具,而被视为一种新型的多元研究策略。

三角测量法首先在美国社会科学研究领域发展起来,并在国际社会研究者的共同参与下逐步得到完善。作为多元方法研究策略,"三角测量法"受到了众多研究者的关注。按照邓津和林肯的定义,三角测量法指的是一种结合使用不同的研究资料、研究人员、研究理论和研究方法来对同一个研究问题进行分析的研究策略。目前,三角测量法不仅越来越多地被质性研究者和量化研究者用于各自的研究范式之内,同时也被视为把二者结合起来的一种理想的综合性研究模式(孙进,2006)。三角测量法是一种多层面、多方法、多角度的研究途径,目的在于结合各种理论基础、研究方法、研究人员、资料来源以研究同一现象,长久以来社会科学领域存在两种非常不同的典范:自然科学取向和人文社会科学取向,也可以说是量化和质性研究的取向。三角测量实际上就是起源于这两种不同的学术取向。前者强调实验控制变量,客观量化,以建立可以预测人类行为的规则,后者强调应该从自然的情境中去了解整个现象,分析现象的脉络与意义。不同的研究者的学术取向不一样,所采用的方法也就有很大差异。然而,每种取向下的研究方法都各有长处和不足,仅仅用一种方法去评估或研究,就如同盲人摸象一样,只能得到现象的某一方面。为了解决这个问题,弥补自然取向和人文取向方法的不足,有的学者提出了"三角测量法",把两种取向的研究方法结合起来研究社会现象。

综上所述,三角测量法具体是指在研究过程中,运用多种收集资料的方法来审视所收集的资料,交叉比较各项资料的可信度,使得研究结果更具效度与信度。具体是讲,不同方法搜集的资料能互相比较,某一方法搜集的资料能澄清证实另一方法的资料以检视结果的一致性,如此一来,社会研究的发现能得到证实,显示其效度,研究会也会更加完整、精致、详细;假使不同方法得到的资料有分歧,研究者可以从此分歧出发引发新的研究层面以加深了解。

值得注意的是,三角测量法涵盖四个层面:理论层面旨在运用各种不同理论作为研究基础;方法层面旨在运用各种方法进行研究;人员层面旨在由许多不同专长的研究人员进行分析;资料层面旨在从时间、空间、层次三个角度进行资料分析。

12.1.2　三角测量的形式

1970 年,从事质性研究多年的著名学者邓津在质性研究领域引入了三角测量法。邓津指出,三角测量法有四种不同的形式,包括研究资料、研究者、研究理论和研究方法的多元结合。在他之后的著作中,邓津对这四种形式又作出了进一步的系统阐述(孙进,2006)。具体如下。

1. 研究资料的多元结合

研究资料的多元结合(data triangulation)是指结合使用来自不同渠道,在不同的时间、空间和调查对象处所收集的资料。这类似于扎根理论的奠基者格拉泽和斯特劳斯所提出的"理论抽样";两者都强调要有目的地在不同时间、地点和调查对象处收集尽可能丰富的研究资料。因此,邓津认为,理论抽样可以被视为研究资料多元结合的一个典范。

2. 研究者的多元结合

研究者的多元结合(investigator triangulation)是指结合使用多个研究者(如观察者)来观察和分析同一个或同一组研究对象。邓津认为,使用多个研究人员,可以避免单个研究者对研究的单方面观察和理解,从而保证研究取得更高的信度。

3. 研究理论的多元结合

研究理论的多元结合(theory triangulation)是指从不同的研究假设、观察角度和分析理论出发来观察和解释所研究的社会现象。邓津建议可采用以下六个步骤来结合多元的研究理论:第一步,收集各种有可能用来解释所研究现象的理论(如互动主义、现象学、马克思主义、文化研究等);第二步,开始自己的实证调查,收集所需的数据和资料;第三步,用上述相关理论来解释调查资料;第四步,将不能用来解释所获得资料的研究理论剔除;第五步,将能用来解释所获得资料的各种理论组成一个解释理论框架;第六步,针对所研究和解释的现象,将上述解释理论框架融合为一个系统性解释理论。

4. 研究方法的多元结合

研究方法的多元结合(methodological triangulation)是指结合使用不同的研究方法。这里又可以分为两种子类型:(1)方法内的结合(within-method triangulation)。这一方法结合主要适用于多维度(multidimensional)的研究对象,是指采用同一类研究方法的不同测量量度来测量同一个问题,比如同一个调查问卷中采用不同的测量量度。不过,邓津认为,使用同一种方法的不同测量方案并不能有效地避免单一方法本身固有的缺陷。因而,他更主张采用方法间的结合。(2)方法间的结合(between-method or across-method triangulation),指结合不同的研究方法来研究同一个问题。这种方法间的结合可以有多种不同的形式。从邓津的分析中可以看出,它既包括质性研究和量化研究在其研究范式之内的方法结合,如质性研究领域的参与式观察和访谈相结合,也包括质的研究方法和量的研究方法跨研究范式的相互结合,例如开放式访谈和标准化调查问卷相结合。邓津认为,每种单一的研究方法都有其特定的优点和缺点,结合使用不同的研究方法,可以均衡它们之间的优缺点。邓津在最初提出三角测量法时,强调的是它作为效度检验方法的功能。总而言之,三角测量是一个复杂的过程,在这一过程中,可以通过以一个方法对抗另一种方法来取得研究结果的效度最大化。

12.1.3 三角测量法优势

作为一种多元的研究策略,三角测量法不拘泥于某一种单一的研究方法或研究范式,而是主张结合利用各种研究方法的认知优势,以取得对社会现象的多角度多层次的深入诠释。因此,与单一的研究方法相比,三角测量法具有明显的认知优势。这一认知优势主要表现为以下五个方面:第一,可以综合平衡单一研究方法的优缺点,因而有可能减少测量中的误差或观察中的扭曲;第二,结合多元的理论和资料,因而可以取得对研究问题更加详尽的认识;第三,主张从多角度观察问题,因而更有可能获得对研究问题的整体性了解;第四,有助于解决量的研究和质的研究分别在发展研究假设和验证研究假设方面的不足,实现整体性的社会科学研究;第五,对处于不断变革中的现代社会,三角测量法更能满足社会现象复杂多面性对社会研究方法所提出的要求(孙进,2006)。

12.1.4 三角测量实例

以社区需求评估研究为例,其中运用三角测量法与行动相结合。社区问题和社区发展受经济、文化、政治和科学技术等影响。以前的都市发展计划介入仅仅是以狭隘的科技影响为评估设计,忽略了地域、时间、人物等多个层面,其结果往往是投入成本过高而收效甚微。社区需求评估(community needs assessment)研究的产生,成为整合多种研究方法的成功实例。社区是一个社会系统,其中的结构、相互关联、环境脉络、决策控制、权力关系和互动网络等形成了一个复杂体。从政策方面考虑,社区需求评估利用多种方法来提供信息,提供决策者咨询,最终达到资源有效合理配置。以下是社区需求评估利用三角测量法进行社区研究。

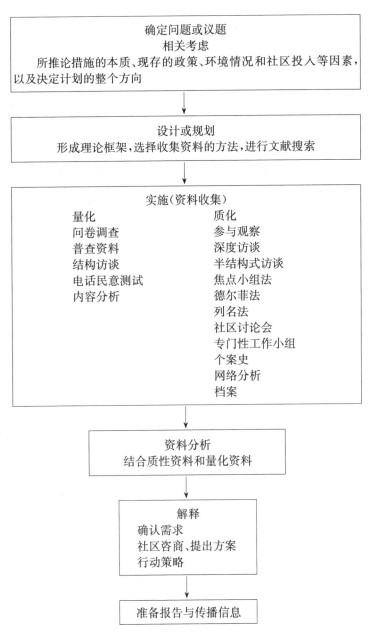

图 12.1　社区需求评估利用三角测量表进行社区研究

12.2 叙事分析

叙事研究作为一种方法被重视起来是在 20 世纪 60 年代,随后在建构主义和现象学的影响下获得长足发展。

12.2.1 叙事分析的含义

1. 何谓叙事

叙事是一种质性研究的方法,有人认为它是受建构主义的启迪,也有人认为是受现象学的影响或者是对经验主义本质的质疑。虽然一时很难把这几种影响分开,但本书更倾向于建构主义的看法。它所秉承的研究的基本假设是:人类并没有直接的途径进入一个单一的且可获得全部的"真的真实"(real reality),尽管它客观存在,但人类尽全力去探索他所能理解的世界,这个"世界"仅仅是由许多人类所建构或感知的"建构真实"(constructed realities)所组成的。

人类所面对的开放性论题并非真实地存在,而是我们如何理解它(真实),于是,个人所经历的社会或行为真实,均被视为个人心理上所建构的"多元真实"(multiple realities)(转引自吴芝仪,2003)。人类用自己在特殊的自然、社会、心理和文化脉络中所建立的独特概念,主动去理解自己所经历的情景。在意义理解的过程中,人类依据层出不穷的崭新经验,不断地尝试并修正或建构。叙事正是在这样的基础上所产生,它具体是指应用故事以描述人类经验和行动的探究行动(Polkinghorne, 1995)。由于人们通过其所叙说的故事来赋予生活以意义,因此要研究人们如何建构其生活经验的意义,叙事研究应该是最恰当的研究方式。

叙事包括故事(story)和情节(plot),二者都包含事件,但在情节中,事件依据有秩序的序列来加以安排和连接,例如多种认同角色怎么排列,在这里还涉及角色丛、情节、场域、情景等概念。叙事主体可以是个人,可以是组织,也可以是一个国家。不同叙事主体所采用的方式不同,但叙事总带有他们的"影子",无论叙事主体是有意还是无意,它都不能做到完全"真实",换句话说,它可能是对经验的建构或再建构,尤其是文学和电影。第三世界的文学和电影强调"身份认同",在作品中故意描述个人生平、成长挫折,乃至政治事件,表现出认同和身份在第三世界历史、社会的变迁中所经历的种种变化,以此来讲述自己的故事,也就是"认同的叙事"。

2. 何谓叙事研究

明白了何谓叙事,那么,何谓叙事研究? 社会学家弗兰佐西(Franzosi,1998)在对叙事分析的文献探讨中,认为现代叙事研究的先驱是 20 世纪初期苏俄形式主义者(formalists)(转引自吴芝仪,2003),后者在亚里士多德对神话迷思或情节结构的概念的基础上,开始区分故事和情节。叙事研究作为一种方法开始被重视是在 20 世纪 60 年代,在结构主义大背景下,同时受形式主义影响才得以正式确立。它研究所有形式叙事中的共同叙事特征和个体差异特征,旨在描述控制叙事(及叙事过程)中与叙事相关的规则系统。

范式是叙事研究所涉及比较重要的因素。有两种叙事范式:以故事为对象的研究层面和以话语为对象的研究层面。(1)以故事为对象的研究层面,形式主义区分了叙事作品中的"情节"和"故事",大致相当于叙事学中区分的话语和故事。早期叙事学家在结构主义的影响下,选择"故事"作为叙事学的研究对象。为了发现结构或描写结构,叙事学研究者将叙事现象分解成组件,然后努力确定它们的功能和相互关系。很明显,这一定义带有浓厚的结构功能主义色彩,其重心在于确定叙事中的行为,然后描写行为的功能和序列关系,以便从中找到支配叙事的结构。(2)在以话语为对象的研究层面,以故事为对象的范式只能在故事层面进行叙事研究,存在很多缺陷,尤其不能解释"同样一组行动可以用不同方法来叙述"这一事实。于是,叙事学家开始关注叙事的话语层面,即故事的表述方式,主要包括叙事时态、时间、语态、语式、人物描写、人物话语表达方式等。

语态和语式也是从语言学中借用的概念,分别解决叙事中谁说和谁看的问题。语态研究中的关键术语是叙述者,指叙事话语的发出者(或"声音")。叙述者可以在叙事中表明身份,也可以隐藏身份;叙述者若出现在叙事行动中,则该叙事为"同故事叙事"(如很多第一人称叙事),若没有出现在叙事行动中,则该叙事为"异故事叙事"(如很多第三人称叙事)。在第一人称叙事中,通常出现两个"自我":叙事自我和经验自我,两者往往交互作用以完成叙事功能。"声音"本指叙述者的声音,但在巴赫金的影响下,叙事学者将这个概念扩大至包括叙事文本产生的所有声音,包括文本内声音(叙述者声音及人物声音)和文本外声音(指作者的声音),并进一步探讨各种声音的辨认及产生的复调效果。苏珊·兰瑟(Susan Lanser)将声音作为"意识形态的表达形式",探讨叙述声音和女性作家写作的关系;詹姆斯·费伦(James Phelan)则将声音看成叙事"为达到特殊效果而采取的(修辞)手段",探讨声音在叙事交流中所起的作用。这些研究都继承并突破了经典叙事学中"声音"的范畴。

12.2.2 叙事的构成

叙事的构成主要包括四个方面:场域(settings)或情境脉络(context)、人物(characters)、事件(events)和情节(plots),以下进行分类介绍(吴芝仪,2003:155—156)。

1. 场域

场域也叫情境脉络,是指叙事或行动发生的地方,包括物理环境(physical)、社会文化情境(socio-cultural context)和时间位置(temporal location)等。社会文化情景是指人物属性(种族、社会阶级、性别等)、环境、社会规范、价值理念和宗教信仰等。对时间位置的描述则是叙事的历史脉络,涉及叙事者如何理解事件中的人、事、物的意义,并且包含研究者和参与者之间的关系。这些场域对于了解人物的行动、观点和感受有相当重要的意义。

2. 人物

人物是指与叙事事件有关的人们,这些人的故事和行动常被用于建构故事。叙事中的主要人物(main characters)是叙事者本身,而"支持人物"(supporting characters)则是那些可能影响主要人物的思考、感受和行动的重要他人;二者之间的关系也是研究者分析的重点。

3. 事件

事件是指过去的特定时空所发生的事,常常具有时间的序列性,随着时间的推移而开展或终结,有其前因后果、开始结束、主要事件以及影响。

4 情节

情节是指人类生活经验中许多事件和行动构成的整体性结构;在叙事中,许多过去发生的事件与现在的行动相关联,重新组织成为具有内部一致性的整体故事,借以解释事件中的各个元素,并赋予整体叙事以意义。人们可以根据情节和叙事结构来理解、解释事件和生活经验之间的关系。

12.2.3 叙事分析如何进行

里斯曼(Riessman,1993)提供了一个由叙事来研究人类经验的程序,包括专注于经验(attending to experience)、述说经验(telling experience)、誊写经验

（transcribing）、分析经验（analyzing experience）和阅读经验（reading experience）（齐力、林本炫，2003），详见图 12.2。

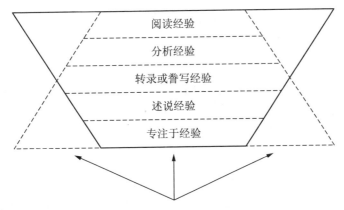

资料来源：Riessman，C.K.，1993。

图 12.2　研究过程中的表达层次

1. 专注于经验

在叙事访谈中，受访者需有意识地反思、记忆、观察、找出经验的特殊意象或片段，而专注于经验的经历依赖叙事者从经验的整体内涵中加以选择。

2. 述说经验

在会话式的叙事访谈中，受访者以所有可能的表达形式，再现过去所发生的、具有时间序列的事件；受访者描述事件发生的场域、有关的人物、开展的情节，并以聆听者可理解的方式来组织事件。在述说经验时，实际生活过的经验和沟通之间会产生差异，因为故事是向着特定对象述说的，因聆听者的不同而采用不同的叙述方式。叙述者会以其想要被听到的方式来述说其经验故事，因此，在叙述中难免有重新"创造"自己的嫌疑。

3. 转录或誊写经验

当访谈录音转录成文本时，以文本作为经验的再现是不完整的、部分的、选择性的，因为由录音转换成文字的过程本身就是一个诠释的历程，不同的转录方式和不同的人转录出的结果不完全一样，其中转录的文本里可能会隐含研究者的意识形态和立场。

4. 分析经验

分析者面对大量的文本资料，必须决定究竟要将分析重点放在叙事的形式、情节组织、表征风格、生活片段或主要事件上,而不同的分析重点也会创造出对访谈叙事文本的不同诠释。

5. 阅读经验

当经验被撰写成报告,尤其是在发表以后,就会面对不同读者的评论,接受读者的不同观点,以建构对其意义的完整诠释;研究表明,从研究主题到采用方法,再到报告的形式,都是特定时空下权力关系的运作。正如里斯曼认为的那样:"我们对其他人的叙事的叙事是我们所创造出来的世界。"

12.2.4 资料如何处理

在叙事分析中,研究者组织事件和行动,以显示其如何投入一个情节的进展和演变;情节则是叙事结构的主要线索,揭示不同事件在叙事中的位置和角色。因此,叙事分析的结果可让原本复杂无章的叙事资料显现出秩序和重要意义。

对于叙事资料的分析,不同学者的观点也不同。有的人认为,叙事分析的目的是应用故事来检视受访者如何理解其生活中的事件和行动;有的人还认为,叙事资料分析重点在于人们述说其经验的方式,而不只是检视他们所使用的语言内容。不同学者提出的叙事分析分析框架并不一样,以下分别介绍部分学者对叙事资料分析的做法,以供参考。

米什勒(Mishler, 1995)把叙事分析分为三种类型:关注叙事内容、叙事结构和叙事功能。关注叙事内容的分析方式强调叙述论述中的真实事件和述说顺序,以及它们之间的关系。另外,这种叙事分析方式把故事看作一系列具有时间先后顺序的事件的组合。关注叙事结构的分析方式强调文本的内聚性和结构,关注语言在叙事中的使用和语言的文法结构,以便了解故事的整个结构。关注叙事功能的分析方式强调的是故事所发挥的功能和所能达成的目的,另外,还关注故事发生的场域和故事所产生的效果。

利布利希(Lieblich)、图沃-玛沙奇(Tuval-Mashiach)和齐尔伯(Zilber)提出了一个格局宏大、整合内容和形式,并分别以整体和类别的观点来进行分析的叙事分析模式。(1)内容和形式:叙事的内容是指从叙事者的立场来探究"发生了什么事""为何发生""谁参与此事"等,其目的是探问故事的意义,某个部分所传达的个人特质或动机、叙事者所用的象征和背后所隐藏的内容等;叙事的形式是指情节结构、事件的顺序、与时间轴的相关性、故事的复杂性及连贯性、经由故事所引发的思考、述说方式和文字选择等。(2)整体和类别:整体的观点是指将个人生命故事或叙事视为整体,在内容部分可以以数个主要主题来掌握其整体印象;在形式部分则以其叙事的类型(喜剧、悲剧、嘲讽剧等)、进展(稳定、退化等)和内聚性来表现个人叙事的脉络。类别的观点在内容部分类似于传统的内容分析或主题分析,将故事段落依据其意义概念或主题加以分类和归纳,在形式部分则检验其认知功能和情绪表达。

12.2.5　叙事分析注意事项

1. 理论上要注意的事项

叙事分析除了强调经验的呈现和解释的过程外,研究者在进行叙事分析时,也应注意叙说的结构、叙说的形式、叙说的真实性、分析时的诀窍以及叙事分析的效度与限制等要点。

第一,叙说结构。根据拉博夫(Labov,1982)的分类,完整的言辞结构应包括六个部分:(1)摘要,摘要叙说的内容或关于什么事情;(2)场景,包括时间、地点、情况、参与者;(3)事件或行动,即接续的事情,接下来如何;(4)评估,是指行动的意义和重要性,及叙说者的态度;(5)解决方式,即最后发生什么事情;(6)终结,就是回到现在的观点。

第二,叙述的形式:意义及情境。说话者在叙说时,不只陈述一些过去的事情,而且包括表达对这些事情或行动的了解情况或解释其中的意义。另外,其言辞也常融入情绪性的声调或选择性的遗漏。霍利迪(Holiday,1973)将语言表达功能分为理念表达功能(沟通的信息内容)、人际功能(角色、社会考量)及文本功能(连结各部分结构)。叙事分析可针对此三个层面来进行。

第三,叙说的真实性。"叙说的真实性"一直是实证主义者对质性研究提出的质疑,然而叙事分析者对"真实性"则有不同的看法。因为叙事分析所探索的不只是描述是否为事实或外部效度,而且是以叙说者的"事实建构"来看问题,即他们如何捕捉、呈现和解释经验。

第四,分析时的诀窍。分析"叙说"除了分类结构、转录之技巧外,最重要的是研究者要不断地、重复地聆听,在阅读转录的资料过程中,逐渐发现、澄清和洞察人们语言中到底在"说"什么,并从叙说者本身的观点、社会、文化、制度等角度洞察和导出新的问题。当然,在分析过程中,研究者自身的诠释会明显地介入。因此研究者应有自觉,不但应指出自己的诠释,也应开放给他人或读者。

第五,叙事分析的效度与限制。叙事分析的主旨不在于故事正确与否、虚假真实,因此对叙事分析的评价标准,必须在不同于效度与真实性的概念下重新决定。里斯曼认为,应以研究者的分析或解释的"值得信与否"(trustworthiness)为标准:(1)说服力,包括理论上的宣称和资料本身的问题是否具说服力。(2)资料和解释能被接受和照应。(3)一致性或相互呼应,包括普遍的、内在的和主题本身。(4)实用性,一个研究能被研究群体采用,成为一种思考和解决问题的方式,则具有实用价值。另外,若能将分析的原始资料及步骤过程公开化,让他人评价,也是值得信赖的标准。(5)没有规范,在评价诠释研究的领域,基本上是没有一定的"公式"或"规范"可依循的(Riessman,1993b;胡幼慧,1996)。

2. 技术上的注意事项

采取叙说研究来做分析时,需要注意以下事项:(1)如何让受访者真实且组织化地将事情原委表达出来,这有赖研究者和受访者之间良好的互动。对研究者而言,自己的仪表、态度等影响很大,因为对于对方叙述的经验故事,研究者所呈现的反应、表达出对叙述的兴趣、真实度与经验价值等,都会影响研究结果。(2)研究者个人的价值观、经验背景将融入其中,但不该因太强调个人意见及判断而失去受访者所传达的信息。(3)叙述是一种线性的表达方式,而思考、经验在脑海中,除了有线性的资料外(像故事、小说等),还有关联与判断是跳跃式的,更有整体的感觉模式,所以受访者通过线性的叙述,能让研究者取得最好的答案。访谈开始后,研究者就受访者的背景资料与叙述方式迅速地作判断整理,调整访谈技巧。(4)叙述的过程不仅是经验的整理,受访者的情绪起伏、语气轻重,甚至肢体表情等,都是对此经验的感受结果,研究者应细心观察,并做记录,才能更清楚事件原貌与结论。

对于访问者来说,如何提问也是非常重要的事。以下是提问时要注意的事项:(1)在问问题时,应采用一些日常的惯用语,而不要用社会性的用语(social linguistics);(2)问一些有关参与者的经验、想法和感受;(3)避免使问题抽象化,且与受访者建立良好的合作关系;(4)提供一个自在(discursive)的情境,鼓励、激发叙说者的兴趣来说他(她)的故事;(5)尽量让叙说者用自己的语言和方式述说,尽可能地不要打断或作太多的引导;但若需要引导时,应避免将问题格式化,而是要直接、简单地朝向生活经验的问题,例如问:你如何从工作中学习?工作对你的意义是什么(Chase,1995)?

12.3　电脑软件的运用和操作

对大量的质性材料的整理与分析，一直是质性研究者的一项棘手的工作。令人欣慰的是，最近十几年不断有针对质性资料的分析软件面市，从而在一定程度上减轻了研究者劳动的艰苦。

12.3.1　质性资料处理软件简述

质性资料的诠释是一项具有意义且富有挑战性的工作，无论采用何种组织材料的方式或因兴趣而衍生出来的文本，资料的诠释都是一项很"个人化"的经验。目前，仍有部分质性研究者对把电脑作为资料分析和诠释的工具存有疑问。究其原因，不外乎以下两种：其一，利用电脑软件对资料进行分析和诠释的反复过程使得研究者在处理资料时对研究结果的认同"大打折扣"；其二，采用电脑软件对质性资料进行分析，类似于量化资料的"点选式"分析，造成资料理解的片面性，以及失去资料本身的生动性和丰富性。

特施利用电脑软件处理质性资料已经有二十年了，他认为，使用电脑协助资料分析，可节省时间，减少冗长而沉闷的工作，使得实施程序更系统化和精简化，确保资料分析的完整度和精确度，并且提供资料分析过程的弹性，包括不断修正的可能性（转引自潘淑满，2003）。在特施提出利用电脑辅助质性研究的优势以后，质性资料分析软件日益受到重视，并成为一个高度开放的领域。截至目前，与之相关的软件有二十多种，它们在文字处理、文字搜索、文件管理、编码、理论建构、概念网络建构和资料文本诠释等方面发挥着独特的优势。其中最常见的有 WinMAX、Folio Views、Ask Sam、Zyindex 和 NUD * IST 等。在分析资料时，不同软件的优点也不同。对于研究者来说，根据对资料处理程度和方式的要求，应该采用不同的要求。按处理资料深浅程度标准，这些软件分为五类：文字处理软件、文件管理软件、编码软件、理论建构软件和概念网络建构软件（现实中，每种软件都具有其他功能，在这里谈的只是与质性资料分析有关的功能）。

文字处理软件主要对文件进行制作和搜寻，因此，它在访谈、田野札记的转录、研究进行现况的记录和文本的制作等方面的优势突出，Microsoft Word 和 Word Perfect 是最为常见的软件。文字的撷取通常是用来寻找文字、词组、文字或词组出现的频次，以及对资料进行内容分析，Metamorph、SonarProfessional、

WordCruncher 等软件比较合适。文件管理软件可以展现资料处理的基本功能，这些软件将内部和外部存储的资料组织起来，以便对资料进行搜索，Folio Views、Ask Sam 和 ZyIndex 等是文件管理软件的典范，这些软件组织起来的资料包含个案资料记录、将数值化的资料或是个别案例文本组织成田野记录，并且搜寻并获取资料的备忘录、编码及文字和词组。编码搜寻软件协助资料的编码和分组，它们的特点是将编码资料依据编码群组分类和组合成列，比如 Hyper-Qual、NUD * IST、QUALPRO 等软件。理论建构软件则超越编码搜寻功能，通过程序设计可以对资料进行"提问"，并能够连接题目和主题等分析过程，在这方面具有优势的软件有 NUD * IST、ATLASTM、HYPERRESEARCH、QCA、AQUAD 等。概念网络建构软件帮助理论建构、绘制概念网络图和语意网络等，常用的是 Inspiration、Decision Maker 等软件。这些电脑软件运用的规则和逻辑关系不同，控制的变量也不同，用于检视编码资料的关系、群组和接近程度等。要强调的是，虽然这些软件可以使质性研究的资料易于处理，但它们不能代替研究者对资料的分析工作(Crabtree & Miller，2003：220)。

对于研究者来说，采用哪种软件对质性资料进行分析才算合适，应该根据研究小组成员电脑运用能力、研究性质、研究投入人力、物力、地域性或网络支援便利性、文本资料性质等因素决定。

12.3.2　软件 WinMAX 的运用

WinMAX 是一套由德国人研发、撰写的质性资料分析电脑辅助软件，它的新版本改名为 MAXQDA，QDA 是 Qualitative Data Analysis 的缩写。WinMAX 可以说是针对扎根理论研究法而设计的，这可以从它撰写笔记的功能看出来，然而，它并非只能用在以扎根理论研究法进行的研究中。凡是有文本的质性研究都可以用 WinMAX 进行分析，例如观察笔记、深度访谈稿、田野札记以及其他文本资料等。WinMAX 具有 Code 功能，相当于扎根理论研究法所说的"译码"或"登录"，如果将 Code 看成"主题"的意思，WinMAX 的 Code 指令也可以看成帮助我们将文件的文字整理出若干主题，再将这些不同主题所对应的文字段落搜寻出来加以分析(林本炫，2003：203—244)。以下是对 WinMAX 基本功能的介绍：第一步，将文件载入 WinMAX，包括建立新的计划案、建立新的文件群组、载入新的文件和开放文件；第二步，将特定的段落加以译码，包括单一段落的译码、译码的"建立、删除、复制和移动与合并"、译码的选取、已经被特定概念所译码的段落的列出和阅读、从译码的段落反推回原文、批次译码、加权译码、将特定概念所译码的段落转贴到 Word 文件,转出为文本档;第三步,撰写笔记,包括在特定段落处撰写笔记、为笔记加上译码和搜寻撰写过的笔记;第四步,工作成果的存储与读取,包括将资料储存成 WinMAX 格式的档案和读入 WinMAX 格式的档案;第五步,输入变量,包括文件变量的用处、定义和利用变量找出符合条件的文件;第六步,资料分析,包括 or 和 and 等逻辑关系的运用和逻辑条件的分析策略;最后,得出结论。

与 WinMAX 相比,新版本 MAXQDA 是真正为 Windows 设计的软件,对于已经习惯使用视窗作业环境的用户,许多操作设置都非常容易。除此之外,针对WinMAX 的缺陷,MAXQDA 做了改进。第一,WinMAX 中译码清单分割视窗中的搬动译码功能全部改成鼠标直接拖动,也可以直接将译码升降等级,对于主轴译码比较方便;第二,载入文件的格式不必再转换成纯文本格式,但是要转换成 RTF 格式;第三,文件载入并启动时,MAXQDA 可以提供修正功能。

12.3.3　软件 Folio Views 的运用

Folio Views 是一种资料库管理系统,即一种兼具文字和图表管理、资料搜集功能,同时提供综合索引目录,以及一个可根据该索引目录或编码手册进行资料搜集的强大系统。Folio Views 软件具有适于视窗平台的文档处理器,这个处理器能进行格式化动作,例如字形的选择、字段编辑以及其他功能。视窗环境提供了一般常见的功能:标题栏、选单栏、编辑图样、尺寸规模等。Folio Views 原本是为大型商业机构发展的软件系统,用于管理来自多种人群和地点取得的资料。它得以高度发展的原因在于:它能使得处于同一个网络的使用者轻易地进入档案夹,并且个人将电子文档复制到自己的工作平台上之后,也能独立编码和处理。以防治需求研究为例,其研究重点在于直接治疗过程中预防措施的提供,其中进行研究的护士记录田野札记并且进行访谈,将所获得资料转录到 Word类型的文件档案;再由一名研究成员将这些 Word 文档直接引入 Folio Views 资料库里。

Folio Views 最受欢迎的一个优点,就是可以直接引入 Word 和 WordPerfect 文档。这个资料库的功能好比医院里医疗记录资料的储藏室,包括执业情形的田野札记、病人急诊的记录、病人经验的描述、关于病历和图表描述、访谈录音带、图像资料和资料表格等。Folio Views 主要有以下功能:提供资料库的架构、层次功能、登录和组织资料、安全系统、将资料库个人化、分析和进阶等功能。Folio Views 的层次功能为资料建立大纲以及层级次序,类似于书本中的章节结构。在防治个案研究中,资料库的层次为:(1)医疗实施;(2)资料类型(田野札记、病人急诊和访谈等);(3)日期(田野札记和访谈记录的日期);(4)个人(每天的个别病人及其访谈)。除此之外,还存在着隐藏层次。资料的机密性和利用团体分析自然应该考虑资料的安全性问题。这个软件的安全系统允许三种人有操作权限:所有者、管理者和访客或特定的个别使用者。管理者可以设置路径限制及资料库使用功能,以及增加其他使用者。文件的加密和密码设置都是保护资料的安全机制。Folio Views 有一组功能强大的索引系统,所有资料库能够独立存在的文本单元都列入索引。这个索引设计在很快的时间内,搜寻所有文本。使用者可以搜寻资料库中所有与已建立或是休整的概念或主题相关的语句或段落,还能利用查询工具来搜寻相关记录,也可以是先前搜索成功的结果。使用者输入词语搜索之后,会显示一个查询结果图,以表格呈现搜寻结果。Folio Views 有四种不同的查询类型,分别为简单查询、联结查询、相似查询和模式或意义查询。

新版本的 Folio Views 增添了许多新功能,其中尤以视觉搜寻和缩小检索范围的功能较受欢迎。此外,还增加了两种新的连接:网络连接(Web Link)和指令连接(Command Link),前者可以通过 URL 连接网络,后者可以建立资料库的内部连接,同时也可以连接另一个资料库的数据。初学者能轻松上手,同时有具有执行复杂查询、搜索及多种连接的功能,让 Folio Views 成为质性资料管理和分析的最佳软件之一。虽然新用户的训练和对软件熟练掌握是耗费时间的,但是,这个软件能够让研究者把重点放到对质性资料的分析和诠释上,而不是把时间和精力耗费在资料的编排和管理上。

12.3.4　软件 NUD＊IST 的运用

NUD＊IST 是非数据化(non-numerical)、非结构化(unstructured)的资料索引(indexing)、搜寻(searching)、理论化(theorizing)的系统缩写。NUD＊IST 给我们提供制作资料索引、编码、检视编码结果,并运用编码结果来产生假设或测验假设。NUD＊IST 编码和搜寻系统采取使用者指定资料分割方式,即字、词、句、行和段落的分割,作为研究计划分析单位。资料分割是资料在特定研究计划中的最小分析单位,在资料分析过程中作为电脑软件可辨识与运用意义单元。在 NUD＊IST 情境中的文本单元,类似于量化研究中的分析单元。在分析过程中,NUD＊IST 运用这些文本单位进行编码、搜寻、记事和提问等。文本单位可以是一个字、一行文字、一整句、一个段落,甚至是一整份文件。文件系统和索引系统是 NUD＊IST 软件中比较核心的部分,对整个质性资料的处理起着非常关键的作用。

本 章 小 结

三角测量和叙事分析是质性研究方法保证质量和分析资料的重要方法。三角测量一直在学术界备受争议,事实上即质性和量化的研究是否能够结合的争论。不同的学者对此观点不一。由于方法论上的分歧,这种争论到现在甚至在将来的一段时间内将仍然存在。对于叙事分析,要严格区分叙事和叙事研究;在涉及具体技术时,深度描述和深度诠释非常重要,应该引起采取这种方法的研究者的注意。对于质性研究电脑软件的应用,值得注意的是,虽然这些软件能给研究者整理数据带来方便,但是,它们无法替代研究者在资料分析中的地位。

推 荐 阅 读 文 献

孙进:《作为质的研究与量的研究相结合的"三角测量法"》,《教育学研究》2006 年第 10 期。

本文对三角测量有比较详细的讨论。

第 13 章

质性研究报告撰写

质性研究方法有很多种,如行动研究、焦点小组访谈、扎根理论、个案研究等。这些研究方法的运用和拓展,不仅满足了社会科学研究领域对研究工作多元化的要求,而且可以帮助研究者拓宽视野,从不同的角度呈现研究结果。也许有人会问:质性研究的方法既然有那么多种,在研究过程中,研究者可以利用不同的质性研究方法搜集、整理和分析资料,那么,呈现研究结果的形式应该有哪些差异? 或者说,基于不同的研究方法撰写的学术论文或报告的模式应该一样或不一样吗? 对于这些问题,本章将从质性研究报告的写作策略、过程、通用模式以及报告撰写过程中的注意事项等方面一一进行介绍,希望能够对读者撰写质性研究报告有所帮助。

13.1 质性研究报告的内容

根据学术规范的要求,学术研究文本应该具有最基本的科学的和规范的格式,当然,在此前提下,文字撰写包含的因素有所增减,也是在所难免的。

13.1.1 学术报告的通用模式

虽然运用不同的研究方法和手段进行研究,但是最终的研究结果呈现形式并不像研究方法有那么多的不同。不同的研究方法确实会在报告风格上有所差异,如扎根理论研究方法的写作逻辑和个案研究方法的写作逻辑不同,前者是从错综复杂的材料中发现概念与概念之间的逻辑关系,再上升到理论或范畴或假设;而个案研究则体现在"先设定立场",然后根据研究焦点议题的需要,进行资料的分析与整理。两者在写作上刚好相反。但是,它们都属于质性研究的范畴,都是采用质性研究的方法进行资料的收集与整理,写作逻辑虽不同,但是总体呈现的研究结果形式却没有本质的不同。它们的撰写都应该包含研究问题、研究目的、研究意义、实证研究状况、理论视角、研究方法、研究发现、研究结论以及对自己研究的反思等问题。

另外,质性研究论文报告的撰写,往往还受研究者本身的写作风格和写作策略的影响。而研究问题的类型、目的、理论观点与资料收集方式等因素,也都会影响研究报告撰写的内涵。潘淑满认为,无论研究者采取哪一种写作风格或策略,任何一份质性研究报告的内容,都应该至少包含以下六个方面(潘淑满,2003):(1)提出研究的问题;(2)说明研究的目的和动机;(3)国内外研究状况与理论背景;(4)说明研究方法的选择与运用;(5)研究结果和结论;(6)对研究结果的监视和研究伦理议题的思考。

13.1.2　学术报告的撰写策略

如何呈现质性研究结果?陈向明结合多年的经验给出了三种撰写策略,即类属型、情境型和混合型。

1. 类属型

研究者可以运用分类的方法,将研究结果依据主题逐步划分。在此基础上,再针对这些分类依次说明。在以下情况下,研究者运用类属型报告来呈现质性研究结果比较合适:(1)当研究对象较多,而研究者无法运用个案方式来呈现研究结果;(2)研究结果发现主轴概念相当明确,可以发展成几个主题议题深入探讨时;(3)研究者在收集资料的过程中就是运用分类方式来收集资料。

类属型研究结果的撰写优势在于:(1)可以重点呈现研究结果;(2)概念之间的逻辑较为清晰,同时层次比较分明;(3)比较符合一般人将事物进行分类的习惯。

例如,在一项教育行政机构委托的研究计划书中,共访问了因中途辍学、适应不良、从事性交易而安置在"中途之家",或因触犯法律而被判辅育院管束等73位未满18岁的少年。访谈内容共有六个主轴,包括家庭、社会生活、学校生活、民主法治、自我认知和权威的价值观。在撰写研究报告的过程中,由于访问样本太多,因此,研究者采用了类属型方式来呈现研究结果。首先以不同属性的青少年为分类基础,然后,再依据上述六个主轴逐一讨论。

2. 情境型

情境型研究结果撰写方式,非常重视研究情境与研究过程,主张研究者应该依照事件发生的序列或时间之间的逻辑关联作为研究报告撰写的依据。也就是说,这种类型研究报告的撰写风格非常强调故事的铺陈是以时间先后顺序为主轴。由于这类报告的撰写方式过度重视研究情境,在他们的研究报告中,以个案方式呈现研究结果比较常见。

情境型研究结果撰写方式的优势如下:第一,比较主动,并且可以详细说明发生的场景;第二,可以表现研究对象的内在情感和思考;第三,可以说明事件之间的关联;第四,可以将研究者个人的反思融合在研究报告中。

例如,在一项研究"女同性恋的性别认同与出轨经验"的研究中,研究对象只是少数几位,而研究者也希望通过访谈过程,深入了解女同性恋的性别认同与出柜过程,那么时间的推进对研究结果的呈现就显得相当重要,所以研究者可以运用情境型研究结果的呈现方法来撰写研究报告。

3. 混合型

混合型又称结合型。它是由类属型和情境型两种方式结合而成。事实上,研究者要在分类法与情境法两者之间保持平衡,并不是容易的事。研究者如果选择混合型撰写研究报告,最好的方法是先选择某一种形式作为研究结果呈现的主轴,然后,再以另一种方式辅以补充。

到底哪一种形式比较适合研究结果的呈现呢? 在现实中,并没有一定的规定,要综合研究情况和研究者个人特长来决定,但是对研究者来说,应该注意的是,千万不要因为太着重于某一种结果呈现类型而让研究结论失真。

13.1.3　经验报告的撰写

质性研究报告以经验型研究报告居多,因此,我们以经验性研究报告撰写为例,进行进一步介绍。经验性研究论文多以行为为主要研究对象。这里的行为可以分为两种:行为的外在因素和行为的内在因素。行为的外在因素包括政治、文化、制度、宗教、社会关系、组织、社会阶层等。行为的内在因素包括心理、知觉、人格、智力等因素,当然,个体行为还可以扩展到周围的环境、文化和社会心理等方面。

经验性研究报告的撰写不应该带着价值色彩进行批判。也就是说,研究者在撰写论文或报告时,不应该对研究对象或行为进行好坏、美丑的讨论,而应该用科学方法来研究行为的成因以及行为背后的逻辑关系。就目前国内的质性研究来说,许多研究成果就是采用经验型论文来呈现的。

有学者把经验型论文撰写分为四部分:第一章绪论,第二章研究方法,第三章主题的研究与分析,第四章结论与讨论(吕秋文,2007)。

　　1. 质性研究论文的起首部分

　　第一章为绪论。一般学术论文正文的第一部分,会使用"绪论""序""绪言""引言""问题的提出与研究意义"等不同的标题,但是,它们的内容是大致相同的。吕秋文建议研究报告统一使用"绪论"作为该部分的标题比较好。在绪论中,研究者说明研究问题的性质、研究问题的重要性、研究价值、研究背景、研究动机、研究目的、研究主题的实际含义等内容。

　　(1) 研究的性质及其重要性。

　　说明研究问题的重要性,做这项研究的意义和价值。研究问题的来源包括:众所关心而迄今未解决的问题;已有理论而待验证的问题;隐藏在日常生活中的众所周知但没有引起重视的问题。

　　从问题的来源说明研究问题的性质,比较容易让读者了解问题的重要性和研究价值。

　　在这里应该注意的是,对于一项研究的出发点问题,应以提出此研究问题的重要性为起始。一般研究者最常犯错误是"此问题因过去没有人探索,故研究者要进行研究"。本书认为,一个值得做探究的研究主题,主要理由不在于过去是否有人研究过,而在于此研究过程是否具有重要性。过去没有人研究的原因可能就是此问题不值得研究。

　　(2) 已有研究评述。

　　一般学术论文的正文第二部分,会使用"文献综述""文献回顾""文献探讨""以往研究评述"等不同的标题,但是,它们的内容大致相同。

　　进行学术研究前,为了了解国内外与研究主题有关的研究现状和研究成果,应搜集相关学术文献资料,并将其重要贡献、研究发现、研究方法或结论、专有学术名词的定义利用文字图标进行综合系统性的归纳描述。应该注意的是,以往研究者研究此类问题的想法或切入点是什么、他们采取何种研究方法、得到何种研究结果、解决了哪些问题、留下哪些未解决的问题。

　　学术性研究不能凭空创作和陈述,必须根据已有的学术研究成果为基础,进行点滴的增加和推进。因此,当研究者暂定了研究主题或研究方向之后,需对以往学者所做的同类型研究成果进行阅读分析和批评,并进行整合汇集,期望以系统的方式呈现。

　　在文献综述方面特别要提醒报告撰写新手们:切忌将"无关紧要"的、"与研究主题无直接关系"的大量资料堆积在一起。这种方式不是文献回顾的本意。

（3）研究目的与解释。

研究目的主要是对某一类现象进行描述、解释或预测。对于一个合格的研究者来说，如果没有既存的理论或理论系统作为研究背景，就无法从事有效的描述。至于解释和预测同样不例外，它们都要依照一定的原理和理论作为前提，来联系现象之间的逻辑关系。解释是先知道结果，然后探究原因；预测是先知道原因，再去推断结果。比较常见的研究目的论述法有理论的验证、澄清过去研究的矛盾、探索问题的真相或提出解决问题的方法等。

研究者必须有一个清楚的研究目的，不过，研究者能够了解目的能否达到和如何达到将是更重要的事情。一项独立的学术研究，原则上不能与已发表的研究重复。它必须在目的与假设上显示出与以往研究者不同的地方，即使不能超越，至少不能重复。还有，改进原有研究的假设，可以形成新的假设。此外，从既有的事实中也可以找到假设。

（4）重要概念界定。

为了让读者更清楚地了解，应将研究中的重要概念专门提出来，予以界定，说明其在本研究中的确切含义。如研究社会排斥视角下的廉租房评估制度问题，就必须界定出"廉租房""评估制度"和"社会排斥"等概念；再如研究继续社会化视角下的大学生价值嬗变问题，就必须在研究中界定出何谓"继续社会化""价值观"等概念的确切内涵。

第二章为研究方法与步骤。对研究论文的评价，最重要的指标之一就是研究者如何运用研究方法。研究方法通常包括三个维度：研究对象、研究工具和研究步骤。

第一，研究对象。在研究方法中，研究者应该说明研究对象是什么人，样本是从什么群体中抽取的，是用什么方法选取的，有多少人，其年龄、性别、经验如何。对象如果是大学生，研究者就应该交代大学生的年级和专业等背景；对象如果是一般家庭主妇，研究者就应该交代其教育程度、经济状况。当然，研究者如果从事的是实验研究，就应该交代如何分组、分组原则等问题。

第二，研究工具。研究工具是指研究者收集资料采取的手段。换句话说，是研究者收集资料时所采取的仪器、量表、测验、问卷等工具。工具如果是众所周知的，只需简单交代即可。如果工具是研究者自己新创作或设计出来的，或是比较陌生的，应该详细介绍。

第三，研究设计。研究设计主要是研究的程序或逻辑，研究是怎样进行的，资料是经什么程序收集的。如果作者所用的是观察法,应该说明观察是怎样展开的,还得探究时间取样问题。如果采用焦点小组访谈法,就应该说明整个小组成员的样本选择和问题逻辑。

2. 质性研究论文的中间部分

第三章是主题的研究与分析。这部分是论文的核心,其中包括结果与解释的讨论。属于研究结果的部分,通常由作者将琐碎的原始资料,按照某种标准分类、整理、统计分析之后,纳入系统分明的统计表内,使读者对研究发现的事实很快获得概括性的知识。材料所呈现的表面现象需要进一步的解释。在资料分析的基础上,得出相应的行为和现象的逻辑关系,以回应之前的研究目的或假设。

3. 质性研究论文的结尾部分

第四章是结论和讨论。这部分是文章的结尾,主要是说明研究结论或研究结果,并对它进行讨论。这部分要求文字务必简明扼要,而且不能遗漏观点。所述各个章节应该前后一致,避免自相矛盾。得出的结论或结果应该与本研究目的或假设进行对照和回应。另外,在结论部分进行两个事项:一是说明意外的发现,二是提出进一步研究的建议或为今后的研究指明方向。在这里要特别提醒报告撰写者的是,如果你在最后对自己的研究成果不是很确信(由于研究手段、工具、水平、条件等限制)并且认为欠妥,不妨坦白指出。这样有两个好处:一方面可以维护对学术研究的忠诚,另一方面可以避免其他研究者的批评。

除了以上几个章节外,其实,无论是质性研究的学术论文,还是量化研究的学术论文,都离不开摘要和关键词两部分内容,这也是不同研究方法所共有的。

"摘要"的撰写说明如下。

第一,在撰写摘要时,研究者应该特别注意的是:摘要是对整篇学术论文内容的简要概括,尤其是对研究结果或发现、研究方法与研究目的、研究的创新与难点等内容的简明扼要的说明。

第二,报告撰写者还应该注意:无论是中文摘要还是英文摘要,都不需要引用学术文献撰写,而应该是原创的。

第三,关于摘要的分段原则,学术界并没有严格规定。本书建议摘要内容一般以一到两段为宜,最多不要超过三段。

"关键词"撰写说明如下。

第一,报告撰写者在制作关键词时,最好采用与研究主题有直接关系的名词,一般选择研究框架或结构中所要探讨的主要议题、研究项目或所要解释的相关现象等。

第二,制作关键词时,为符合上述目的,应以学术性名词为优先选择,并维持整篇论文使用类似语意时的一致性。

第三,在制作关键词时,最好参考学术文献资料中习惯使用的字词,尽量不要使用"含义相同但是一般文献中很少见或很少用的生僻字词",即,应尽量使用通用的字词。

第四,究竟关键词以多少个为宜,学界也没有严格的定义。本书建议一篇质性研究的学术报告,关键词数量最好应该在三到五个之间。

13.2 质性研究报告撰写步骤

一般而言,对于长期从事质性研究和研究报告撰写的行家来说,如何进入状态、如何高效地撰写,等等,已经是一件了然于胸的事情。

13.2.1 质性研究报告撰写步骤

当研究者在面对庞杂的资料时,如何从琐碎庞杂的资料中发掘出有意义的理论?潘淑满根据沃尔科特(Wolcott,1990)和陈向明(2002)对撰写质性研究报告步骤的观点,归纳如下。

步骤一:进入状态。

所谓"万事开头难",研究者应通过自我训练帮助自己克服困难,训练自己进入撰写报告的状态。有一些策略可供参考:反复阅读所收集的资料和分析大纲;充分运用想象力和凭借直觉对资料进行脑力激发;尝试运用不同概念将资料串联起来;将各种概念以图形表示;设想运用不同的写作方式;换到读者角度,思考不同读者对报告的反应。总之,研究者应该帮助自己进入最佳状态,沉浸在最佳氛围中,着手撰写报告。

步骤二:开始写作。

质性研究报告的写作过程就是研究者的思考历程,但是,要将思考转化为写作的行动则是困难的。到底研究者应该如何开始进行研究报告的撰写呢?诀窍是不一定要从第一章开始写作,而是要从研究者本身认为最容易或最擅长的部分开始写起,再由浅入深,逐步推进。一般来说,研究者应该尽快将草稿写出来,然后再对内容进行修改,至于写作风格和修辞,可以到最后阶段再做定论。

步骤三：继续写作。

在开头之后，研究者必须要让自己保持写作的热忱与兴趣，通过不断写作与反复阅读，甚至是与朋友、老师分享，增进对写作的持续力。研究者在撰写报告过程中难免会迷失焦点，此时不妨自问："我最希望通过这份报告向读者传达什么信息？"研究者在面对众多资料却又不知道如何取舍时，要适度提醒自己："资料的选择就像是一个漏斗，在聚焦过程中哪些是我可以抛弃的部分？"

步骤四：整理初稿。

在完成初稿之后，研究者必须对初稿进行整理和修改工作。在整理初稿之前，研究者不妨让自己休息一阵子，让自己与作品分开，直到思路较为清晰时，再回头进行初稿修改工作。在整理初稿时，研究者可以注意自己的写作风格是否清晰、质朴或简洁？是否做到了对研究对象的深度描述？是否有不同的角度可以帮助研究者呈现报告内容？这样的描述方式有何优势和不足？

步骤五：收尾。

初稿经过适当的整理与修改之后，研究者就可以考虑结束报告的撰写工作了。在结束报告撰写之前，不妨自问："我到底想在这篇报告中说什么？我说了吗？我用了什么样的形式去说呢？"在一般情况下，在研究报告的结尾处，研究者都会做出一些结论性的陈述。虽然一般学术论文都会要求研究在结论部分提出政策性或学术性建议，不过，质性研究确实较重视研究结果的意义和作用。

13.2.2　质性研究报告的开头和结尾

胡幼慧根据沃尔科特所著的《质性研究的撰写》一书，结合自己多年从事质性研究的经验，重点阐述了质性研究报告的起头问题和收尾问题。

第一，起头难。

开始写作时，研究者会面临如何组织章节、如何挑选和安排资料等问题，这些考虑以及写作计划的提出都是研究者必经环节之一。等到研究者真正能坐下来"动笔写作"，还需要适当的时间和地点来配合。这要根据每个写作者的习惯而定，要保持足够的时间和安静的环境。

写作计划：前面已经提到过，写作计划是必要的。它包括三方面内容：研究目的的陈述、详细的写作大纲、采用何种写作风格。研究目的的陈述对发展详细的写作大纲有利，对研究者而言，开头一般采取平铺直叙，至于创新的写作方式和思路，可以放到"修正"时来做。计划写作大纲时，最好能考虑出目录，这种提前思考可以帮助研究者决定选择哪些资料,做到胸有成竹,不至于在后来写作中丢三落四。至于写作的风格,根据范·曼宁大致可以分为三类:写实派、自由派和印象派。无论采用哪种写作风格,对研究者来说都要尽可能排除"先入之见",做到客观地再现和呈现述说者的故事。另外,研究者应该明白自己的角色是"叙事人",应以第一人称来描述情况,例如"我认为……""我想……"等。

何时开始写作:实际上,质性研究者撰写报告的过程在早期阶段就开始了,甚至在进行田野之前就做到"心中有数",这样可以使研究者尽快融入研究当中,可以看到、听到以及思考更多的信息,这种撰写所带来的收获是只跑图书馆的研究者无法领会到的。撰写也是思考,撰写过程便是在思考上的挖掘和澄清,换句话说,撰写是随时的、自由的。每个研究都是由很多片段思考汇集整理而来。在撰写叙事分析部分,如何组织"描述"和"述说"部分有不同的做法:有混杂交叉写法,也有分开章节写法,这要根据个人风格。总的来说,无论采取哪种方式,都是对人、事、地、时和物等的选择和镜头的聚焦。所谓的描述部分,事实上并非纯粹的描述,只能把它看作"隐藏性描述"(subtle analysis),以对应诠释部分的"介入性描述"(intrusive analysis)。

资料如何组织:质性研究的特点是收集一大堆访谈笔记和记录,将资料分门别类,以便后续的研究中可以根据研究目的选择符合的归类方式,如可以按议题、对象、情境脉络等归类。然而,资料的处理不在于"累积"资料,而在于"去粗存精",发现哪类资料为"粗",哪类资料为"精",研究者要学会得当地取舍。

第二,收尾难。

长时间的持续写作过程中,作者往往会不自觉地离开研究目的与核心问题,而被丰富的内容分散了焦点。因此,在检视资料时,作者要不断地提醒自己"我到底要说什么,如何去说""我要采取什么样的写作风格呢""贯穿全文的核心线索是什么""描述性资料和诠释性资料是否清晰""资料是否支持论点"……以下是沃尔科特对于写作收尾的两项建议:(1)重新修订和编辑工作。在检视全文时,由于重新"捕捉"研究核心,可能会对许多原本觉得有意义但无关紧要的资料和重复冗长的言辞进行修正。从这种检视角度来看,撰写后期工作往往是"重新修正",而非"编辑"。(2)在收尾时,应避免经由质性探索及分析而断然下了超出其范围的"结论";质性研究者可能会把个人价值强加于现象本身。虽然质性研究具有评估和批判部分可以加入个人的意见、感受,但是在提出时应明确指出这些是作者自己的思考,而不应该太强调个人意见和判断,得出"应该如此""必须如此"这类结论。然而,这类结论往往是部分读者很快获得"解决"问题的方法,使问题或疑问迅速得到"戏剧化"的解决。如何避免这种"戏剧化",研究者必须对结论部分进行适当处理,克制这种不良倾向,这也是诠释分析阶段要重点训练的部分。因此,对于成熟的研究者来说,以取代性的"总结""建议""引申意义""个人反思"为可行的收尾是比较恰当的。

13.3　质性研究报告撰写的深度和立场

质性研究报告的深度和所表达的立场,是报告引人注目的两个方面。追求"深度",意味着不能仅仅停留在对经验现象的浅层描述,而是要求研究者根植于丰富的经验资料进行深入的思考、分析。而一份能够引起共鸣的质性研究报告,通常不会是对所研究的社会现象予以一味的颂扬,相反,更多的是基于批判和反思层面的深入阐释。

13.3.1　深度描述和深度诠释

质性研究报告非常强调对研究现象进行整体性、情境化、动态的深度描述,这是整个报告的关键部分。因为质性研究者认为,研究结果应该扎根于足够的资料中,也就是说,得出的每一个结论都要有充足的资料作为支撑。从原始资料中截取合适的素材,并在写作过程中"原汁原味"地呈现,以此来说明作者要表达的观点和意图。因此,对于研究者来说,理解并掌握深描是非常重要的。深度描述的对立面就是表面描述。

格尔茨在解释人类学中提出了"深度描述"的概念,指出深度描述能够活生生呈现出具体时空情境下的民俗生活。它讲求对研究者亲身经历的民俗生活场景进行详细的描述和叙述。深度描述不仅要记录民俗生活中"民"的所作所为,也要详细描述情境、情感以及人际交往的社会关系网络。在深度描述的民俗志中,无论是俗之"民"的还是记录俗之"研究者"的声音、情感、行动不仅能够被"听"到,而且能够被"看"见(程安霞,2011)。

为了达到这种程度的细致、深度和集中,访谈者需要设计出各种问题类型。"完整的深度描述是历史性的、传记性的,又是情境性的、关系性的。"(诺曼·K.邓津,2004)根据描述对象侧重点的差异,深度描述可以分为历史性的深度描述、传记性的深度描述、情境性的深度描述、关系性的深度描述这四种类型。程安霞

(2011)对这四个类型做出解释,具体如下。

历史性的深度描述是生动展示某一过去发生的民俗事件是由哪些重要的任务、关键的行为、典型的场景构成的,如:

> 新老社首的传承仪式是在 2006 年 6 月 20 日举行的,当天,南北两社的执事们身穿白衣齐聚在尧王寝宫殿前。殿前空间铺着红地毯,四周插着彩旗。殿前台阶下,置一黄绸缎包裹的供桌和一尊香炉。供桌上摆水果贡品五样,前放两把交椅……

传记性的深度描述是以民俗事件情境中的个体或者个人的人际关系为描述的重点,并力图把任务及其经历、思想、声音与感想刻画出来,如:

> 反正是锣鼓一响啊,这眼睛里,啊呀,那眼泪就要出来,这股劲啊就涌上来了,如果你不给我说话,这股劲啊可难受了,就给你说,就给你受了多大委屈似的,哇啊,要是别人在我身边,这股劲就下去了,要不,这心里这个堵啊……

情境性的深度描述是以民俗活动的特定场景的记录和描述为重点,如:

> 将军庙是一间形制简单的小殿,殿内中间有一个供桌,前围着黄穗边红幔布,上放一个香炉,香炉后摆放黄色塑料鲜花,上面没有供奉神像,只是在墙上贴着一张黄表纸上写着"供奉火龙将军神位",用红布覆盖。红布上方挂着两个红灯笼。

关系性的深度描述是再现人际关系交往的场景,在这个场景中至少存在两个任务甚至更多,两者之间或者多者之间或发生了直接的肢体接触行为,或发生了某种对话活动,毫无疑问,这是个"故事"发生的时刻,如:

> 两村锣鼓队在驾楼一旁的空旷地带开始斗锣对打。男鼓手惠东手臂虎气生生,北马驹女巾帼不让须眉挥洒从容。顿时,两队齐奏,锣鼓震天。敲打擂滑,声响有高有低,有急有缓;骑马蹲立,臂舞腕旋;紧锣密鼓,红缨倏忽……

但值得注意的是,深度描述的四个类型并不是独立存在的。有时候深度描述可能是多元的,既是情境性的,又是历史性和交往性的,只要它能够生动再现特定民俗生活情境中的个人或者群体的经验、意义;而且为了得到深度,访谈者可能不只满足与受访者按照现有的行动和想法继续他们的话题,还想要知道其他可能的解释和视角。但无论如何,唯有进入行动者的意义世界中,也就是进入具有社会共享的生活世界中,我们才能真正深度描述行动者的意义。

描述和诠释的过程相辅相成,二者不能分开。深描诠释就等于深度描述加上深度诠释。用公式表示为:深描诠释=深度描述+深度诠释。深度描述是深度诠释的基础,没有深度描述就没有深度诠释;同理,若缺乏深度诠释,深度描述也无法达到深刻共鸣的地步,按照步骤先后顺序来讲,深度描述应该在深度诠释之前。深度描述把焦点放到行动者行动(如动作、言语、表情等)本身的主观意义描述上,深度诠释则是把诠释焦点放在行动者所立基的社会生活世界的意义的解释之上。前者注重情节、事件、心理意义的把握;后者重视意义系统于行动惯习的理解。前者强调行动特殊性细节的描绘,后者则强调这个行动背后共享的意义结构的阐明(邹川雄,2003:24—25)。

13.3.2 研究者的态度和语言形式

质性研究者在撰写报告时,一般不习惯给予明确的政策性建议,如果一定要对某些现实性问题提出改进的意见,他们通常采取比较弱化的方式,如提出本研究结果可能产生的引申意义,分享自己对某些问题的看法。有时候,研究者对研究现象只停留在感觉或印象上,并没有原始资料作为依据,此时,在分享自己的看法时,一定要加以说明,并解释为什么会有这种感觉。报告的语言一般分为两种:描述性语言和分析性语言。前者是一种"隐蔽性分析",后者是一种直接的"介入性分析"。无论使用描述性语言还是分析性语言,研究者都应该避免对访谈者或调查对象本身进行评价。在撰写过程中,研究者一方面要不断反思自己的研究过程,不断追问自己资料的获得方式、理论假设、资料的可靠性、研究检验等问题;另一方面还可以借用前人研究的理论、研究结果或假设来做比较或补充(陈向明,2000)。

13.3.3 研究者的立场

成功的质性报告应以平实的风格来撰写。在撰写过程中,研究者会面临两难的处境,即如何在批判的立场和受访者的尊严中保持平衡。我们认为,最好应该建立在坚固的经验基础上,并且我们也比较倾向于社会科学怀疑论的立场与批判性的思考方式。同时,我们也认为,研究者必须要有开放的心胸,避免走向"绝对论",并且主张一些不被支持的诠释与论点。当然,要突破"帮派分子对高层绝对忠实的信仰",要进行批判性的思考。另外,研究者无论多么同情受访者,都应该与其保持适当的距离,让研究的结果接受大众的批评。其中可能会伤害到受访者以及对受访者的忠诚,这就对研究者提出了挑战。因此,具有丰厚的经验和理论是非常重要的(李晓凤、佘双好,2006:242—243)。相反,一些学者认为,研究者应该尽最大努力做到"客观"与"真实",避免臆断;当然,毫无"主观涉入"也是不可能,但作为一名研究者,应该清醒明白这一点的重要性并在实际过程中遵守。

本 章 小 结

对于质性研究报告或论文的撰写要求,国内外文献对其专门进行介绍的并不多见。大部分文献也仅仅把作为论文或报告写作的原则性要求提出来,而且在介绍的篇幅上比较少且只起到补充的作用。本书却用一个章节的内容进行介绍,只要认真阅读相关要求,相信应该对如何撰写质性研究报告有一定的印象,不至于进入大脑空空、不知如何下笔的状态。

虽然部分学者对质性研究方法还抱有怀疑的态度,认为利用质性研究方法做出的报告或论文不够客观。对于这个问题,就如本书前几章方法论中所提到的一样,基于不同哲学方法论基础的研究方法对社会现象的解释和描述的目的并不一样,但这只是方法的差异,并不是优劣的对比。而在现实中,采用质性研究方法做出的研究成果往往受到很多人的青睐,相当一部分学者都会采用质性研究方法来呈现研究成果,这与质性研究方法的优势是分不开的。可以说,质性研究方法会在怀疑中不断壮大起来,质性研究的报告或论文将会受到更多人的关注。

推荐阅读文献

Maria Piantanida & Noreen B. Garman:《质性研究论文撰写——一本适用于学习者与教学者的入门书》,郭俊伟译,台北:五南图书出版公司 2008 年版。

本书从质性研究方法着眼,仔细讨论了从研究计划开始到答辩结束整个论文生产的各个环节。

参 考 文 献

艾尔·巴比:《社会研究方法》,邱泽奇译,北京:华夏出版社 2005 年版。

埃文·塞德曼:《质性研究中的访谈:教育与社会科学研究者指南(第 3 版)》,重庆:重庆大学出版社 2009 年版。

傲东:《参与观察、类型比较和文化变迁的经验基础:评费孝通和利奇之间的理论分歧》,《青海民族研究(社会科学版)》2002 年第 13 卷第 1 期。

毕恒达:《诠释学与质性研究》,载胡幼慧编《质性研究》,台北:巨流图书公司 2001 年版。

布莱恩·麦基:《思想家:当代哲学的创造者们》,周穗明译,北京:生活·读书·新知三联书店 1987 年版。

布罗尼斯拉夫·马林诺夫斯基:《西太平洋上的航海者》,张云江译,北京:中国社会科学出版社 2009 年版。

蔡清田:《教育行动研究》,台北:五南图书出版股份有限公司 2000 年版。

陈伯璋:《质的研究方法》,高雄:丽文文化事业股份有限公司 2000 年版。

陈树强:《增权:社会工作理论和实践的新视角》,《社会学研究》2003 年第 5 期。

陈向明:《社会科学中的定性研究方法》,《中国社会科学》1996 年第 6 期。

陈向明:《什么是质性研究?》,《教育研究与实践》1999 年第 2 期。

陈向明:《质的研究方法与社会科学研究》,北京:教育科学出版社 2000 年版。

陈振明:《论法兰克福学派社会批判理论的形成及其特征》,《社会学研究》1990 年第 6 期。

程安霞:《关于民俗志书写的几点思考》,《中央民族大学学报(哲学社会科学版)》2011 年第 2 期。

丹尼·L.乔金森:《参与观察法》,龙筱红、张小山译,重庆:重庆大学出版社 2009 年版。

范德拉·梅斯曼：《比较教育中的批判民族志》，载赵中建、顾建民主编《比较教育的理论与方法——国外比较教育文选》，北京：人民教育出版社 1994 年版。

方永泉：《当代思潮与比较教育研究》，台北：师大书苑有限公司 2002 年版。

风笑天：《社会学研究方法》，北京：中国人民大学出版社 2001 年版。

傅永军：《哈贝马斯交往行为合理化理论述评》，《山东大学学报（哲学社会科学版）》2003 年第 3 期。

嘎日达：《论科学研究中质与量的两种取向和方法》，《北京大学学报（哲学社会科学版）》2004 年第 1 期。

高敬文：《质化研究方法论》，台北：师大书苑有限公司 1996 年版。

何世鲁：《参与观察法的一个成功范例：介评怀特的〈街角社会〉》，《国外社会科学》1995 年第 3 期。

洪雯柔：《批判俗民志——比较教育方法论》，台北：五南图书出版股份有限公司 2008 年版。

胡幼慧主编：《质性研究：理论、方法及本土女性研究实例》，台北：巨流图书公司 1996 年版。

加里·托马斯：《如何进行个案研究》，方纲译，北京：中国人民大学出版社 2021 年版。

简春安、邹平仪：《社会工作研究法》，台北：巨流图书公司 1998 年版。

卡尔·马克思、弗里德里希·恩格斯：《马克思恩格斯选集（第 1 卷）》，北京：人民出版社 2012 年版。

凯瑟琳·马歇尔、格雷琴·B.罗斯曼：《有效研究计划的全程指导（第 5 版）》，何江穗译，重庆：重庆大学出版社 2014 年版。

柯晓玲：《论批判民族志研究的困境及对策》，《湛江师范学院学报》2012 年第 33 卷第 2 期。

克利福德·格尔茨：《文化的解释》，韩莉译，南京：译林出版社 2014 年版。

克洛德·列维-斯特劳斯：《结构人类学》，张祖建译，北京：中国人民大学出版社 2006 年版。

澜清：《深描与人类学田野调查》，《苏州大学学报（哲学社会科学版）》2005 年第 1 期。

劳伦斯·纽曼：《社会研究方法：定性和定量的取向》，郝大海译，北京：中国人民大学出版社 2007 年版。

劳伦斯·纽曼:《社会研究方法》,朱柔若译,台北:扬智文化出版公司 2000 年版。

李嘉龄:《批判民俗志与比较教育研究》,《国立台北师范学院学报》2002 年第 5 期。

李晓凤、佘双好:《质性研究方法》,武汉:武汉大学出版社 2006 年版。

李志刚、刘银龙:《"连次创业"现象的扎根方法研究》,《内蒙古大学学报(哲学社会科学版)》2006 年第 3 期。

梁景和:《关于口述史的思考》,载周新国主编《中国口述史的理论与实践》,北京:中国社会科学出版社 2005 年版。

林佩璇:《个案研究及其在教育研究上的应用》,载中正大学教育学研究所主编《质的研究方法》,高雄:丽文文化事业股份有限公司 2003 年版。

林淑馨:《质性研究:理论与实务》,台北:巨流图书公司 2013 年版。

刘萍:《对口述历史实践的一点体会——以抗日战争口述历史为例》,载周新国主编《中国口述史的理论与实践》,北京:中国社会科学出版社 2005 年版。

刘小萌:《关于知青口述史》,《广西民族学院学报(哲学社会科学版)》2003 年第 3 期。

罗伯特·K.殷:《案例研究设计与方法》,周海涛、李永贤、张蘅译,重庆:重庆大学出版社 2004 年版。

吕俊甫:《源自美国的"行动研究方法"》,《美国学刊》1993 年第 8 卷第 2 期。

吕秋文:《如何撰写学术论文》,台北:商务印书馆 2007 年版。

马克思·霍克海默:《批判理论》,李小兵等译,重庆:重庆出版社 1989 年版。

马克斯·霍克海默:《霍克海默集:文明批判》,曹卫东译,上海:上海远东出版社 2004 年版。

麦克·怀特、大卫·艾普斯顿:《故事、知识、权力:叙事治疗的力量》,廖世德译,台北:心灵工作坊 2001 年版。

诺曼·K.邓津、伊冯娜·S.林肯:《定性研究(第 1 卷):方法论基础》,风笑天等译,重庆:重庆大学出版社 2007 年版。

诺曼·K.邓津、伊冯娜·S.林肯:《定性研究(第 2 卷):策略与艺术》,风笑天等译,重庆:重庆大学出版社 2007 年版。

欧田生:《开放与卓越——台湾师资培养的改革和发展》,《初等教育学报》1996 年第 61 卷第 2 期。

潘淑满:《质性研究:理论与应用》,台北:心理出版社 2003 年版。

齐力、林本炫:《质性研究方法与资料分析》,高雄:复文图书出版社 2003 年版。

乔纳森·H.特纳:《社会学概念与应用》,张君玫译,台北:心理出版社 1986 年版。

乔纳森·H.特纳:《社会学理论的结构》,吴曲辉等译,杭州:浙江人民出版社 1987 年版。

阮新邦:《批判诠释与知识重建:哈伯玛斯视野下的社会研究》,北京:社会科学文献出版社 1999 年版。

沈丽萍:《教育人种志:概念与历史》,华东师范大学硕士学位论文 2004 年。

时雨、仲理峰、时勘:《团体焦点访谈法简介》,《中国人力资源开发》2003 年第 1 期。

孙进:《作为质的研究与量的研究相结合的"三角测量法"——国际研究回顾与综述》,《南京社会科学》2006 年第 10 期。

唐纳德·里奇:《大家来做口述历史》,王芝芝、姚力译,当代中国出版社 2006 年版。

托马斯·赫尔佐格:《社会科学研究方法与资料分析》,朱柔若译,台北:扬智文化出版公司 1996 年版。

王秋绒:《批判的成人对话教育家》,载刘焜辉主编《人类航路的灯塔:当代教育思想家》,台北:正中书局 1992 年版。

王仕图、吴慧敏:《深度访谈与案例演练》,载齐力、林本炫主编《质性研究方法与资料分析》,嘉义:南华大学教育社会学研究所 2003 年版。

王艳勤:《中国口述史学的历史、现状与未来》,《史林》2004 年增刊。

卫沈丽:《试论比较教育学研究中的批判民族志方法论》,东北师范大学硕士论文 2009 年。

温彭年、贾国英:《建构主义理论与教学改革——建构主义学习理论综述》,《教育理论与实践》2002 年第 22 卷第 5 期。

吴芝仪:《叙事研究的方法论探讨》,载齐力、林本炫主编《质性研究方法与资料分析》,嘉义:南华大学教育社会学研究所 2003 年版。

伍威·弗里克:《质性研究导引》,孙进译,重庆:重庆大学出版社 2011 年版。

夏林清、郑村棋:《行动科学:实践中的探究》,台北:张老师出版社 1996

年版。

谢卧龙:《质性研究》,台北:心理出版社 2004 年版。

熊卫民:《口述史的特点、功能和局限性》,载周新国主编《中国口述史的理论与实践》,北京:中国社会科学出版社 2005 年版。

徐宗国:《扎根理论研究法》,载胡幼慧主编《质性研究:理论、方法与本土女性研究实例》,台北:巨流图书公司 1996 年版。

徐宗国:《扎根理论研究法——渊源、原则、技术与涵义》,《香港科学学报》1994 年第 4 期。

严祥鸾:《参与观察法》,载胡幼慧主编《质性研究:理论、方法与本土女性研究实例》,台北:巨流图书公司 1996 年版。

杨善华、孙飞宇:《作为意义探究的深度访谈》,《社会学研究》2005 年第 5 期。

杨祥银:《当代美国口述史学》,北京:中国社会科学出版社 2003 年版。

杨祥银:《与历史对话:口述史学的理论与实践》,北京:中国社会科学出版社 2004 年版。

姚力:《我国口述史学发展的困境与前景》,《当代口述史研究》2005 年第 1 期。

尤尔根·哈贝马斯:《认识与兴趣》,郭官义、李黎译,上海:学林出版社 1999 年版。

约瑟夫·马克斯威尔:《质化研究设计:一种互动取向的方向》,高熏芳、林盈助、王向葵译,台北:心理出版社 2001 年版。

臧晖:《定性研究焦点小组方法发展历程追溯与探究》,《广告研究》2006 年第 3 期。

张鼎国:《诠释学、诠释论、诠释哲学》,《台湾政治大学哲学学报》1997 年第 4 期。

张绍勋:《研究方法》,台中:沧海书局 2000 年版。

张文慧:《批判民族志及其对比较教育研究的启示》,《外国教育研究》2005 年第 10 期。

张雯琴:《从旅行到田野研究:谈田野调查与参与观察》,载齐力、林本炫主编《质性研究方法与资料分析》,嘉义:南华大学教育社会学研究所 2003 年版。

周新国:《中国口述史的理论与实践》,北京:中国社会科学出版社 2005

年版。

朱丽叶·M.科宾、安塞尔姆·L.施特劳斯:《质性研究的基础:形成扎根理论的程序与方法》,朱光明译,重庆:重庆大学出版社2015年版。

邹川雄:《生活世界与默会知识:诠释学观点的质性研究》,载齐力、林本炫主编《质性研究方法与资料分析》,嘉义:南华大学教育社会学研究所2003年版。

Anselm Strauss & Juliet Corbin:《质性研究概论》,徐宗国译,台北:巨流图书公司1998年版。

Benjamin F. Crabtree & William L. Miller:《最新质性方法与研究》,黄惠雯、董琬芬等译,台北:韦博文化国际出版有限公司2003年版。

C. Marshal & G.B. Rossman:《质性研究设计与计划撰写》,李政贤译,台北:五南图书出版有限公司2006年版。

Enid O. Cox & Ruth J. Parsons:《老人社会工作:权能激发取向》,赵善如、赵仁爱译,台北:扬智文化出版公司2001年版。

J. Amos Hatch:《如何做质性研究》,朱光明等译,北京:中国轻工业出版社2007年版。

J. Duarand & R. Weil:《当代社会学》,台北:远流出版事业股份有限公司1996年版。

Jane Ritchie & Jane Lewis:《质性研究方法》,蓝毓仁译,台北:巨流图书公司2008年版。

Ken Howarth:《口述历史》,陈瑛译,台北:播种者文化有限公司2003年版。

Phil Francis Carspecken:《教育研究的批判民俗志:理论与实务指南》,钟启泉、赵中建译,上海:华东师范大学出版社2005年版。

T.E.詹森:《"口述史的力量:回忆、愈合、发展"——记第12届国际口述史大会》,刘霓译,《国外社会科学》2002年第6期。

И.C.科恩:《十九世纪至二十世纪初资产阶级社会学史》,梁逸译,上海:上海译文出版社1982年版。

Argyris, C., R. Putman, & D.M. Smith. 1985. *Action Science*. San Francisco, CA: Jossey-Bass.

Barnard, A. & J. Spencer. 2010. *The Routledge Encyclopedia of Social and Cultural Athropology*. Arbingdon, Oxford: Routledge.

Anderson, G.L. 1989. "Critical Ethnography in Education: Origins, Current Status, and New Direction." *Review of Educational Research*, 59(3): 249—270.

Barker, R. G. 1963. *The Stream of Behavior*. New York: Appleton-Century-Crofts.

Bauer, M.W. & G. Gaskell. 2000. *Qualitative Researching: With Text, Image and Sound*. London: SAGE Publications.

Benbow, J. T. 1994. "Coming to Know: A Phenomenological Study of Individuals Actively Committed to Radical Social Change." Unpublished doctoral dissertation, University of Massachusetts at Amherst.

Benson, J.K.A. 1983. "Dialectical Method for the Study of Organization." In G. Morgran(ed.), *Beyond Method: Strategies for Social Research*. Beverly Hills, CA: SAGE.

Berg, B.L. 1998. *Qualitative Research Methods for the Social Sciences*. Boston: Allyn & Bacon.

Blumer, H. 1969. *Symbolic Interactionism: Perspective and Method*. Englewood Cliffs, NJ: Prentice-Hall.

Bogdan, R. & S. Biklen. 1982. *Qualitative Research for Education: An Introduction to Theory and Methods*. Boston, MA: Allyn & Bacon.

Dezin, N.K. & Y.S. Lincoln(eds). 1994. *Handbook of Qualitative Research*. Thousand Oaks, CA: Sage.

Douglas, J. D. 1979. *Investigative Social Searck*. Beverly Hills, CA: SAGE.

Douglas, J.D. & J. M. Johnson. 1977. Existential Sociology. Cambridge: Cambridge University Press.

Fowler, F. J., Jr. & T.W. Mangione. 1990. *Standardized Survey Interview: Minimizing Interviewer-Related Error*. Newbury Park, CA: SAGE.

Feagin, J.R., A.M. Orum, & G. Sjoberg (eds.). 1991. *A Case for the Case Study*. Chapel Hill, NC: The University of North Carolina Press.

Fontana, A. & J.Frey. 1994. "Interviewing: The Art of Science."In N. Denzin & Y. Lincoln (eds.), *Handbook of Qualitative Research*. Thousand Oaks, CA: SAGE Publications, Inc.

Gadamer, H. 1989. *Truth and Method* (2nd). New York: Crossroad.

Giddens, A. 1984. *The Constitution of Society*. Cambridge: Polity.

Gans, H. J. 1962. *The Urban Villagers: Group and Class in the Life of A New Suburban Community*. London: Allen Lane.

Goffman, E. 1974. *Frame Analysis*. New York: Harper & Row.

Guba, E.G. & Y.S. Lincoln. 1994. "Competing Paradigms in Qualitative Research." In N. K. Denzin & Y. S. Lincoln (eds.), *Handbook of Qualitative Research*. Thousand Oaks: SAGE Publications.

Harding, S. 1986. *The Science Question in Feminism*. Ithaca, NY: Cornell University Press.

Honneth, A. 1991. *The Critique of Power: Reflective Stages in a Critical Social Theory*, translated by Kenneth Baynes. Cambridge, MA: The MIT Press.

Holter, I.M. & D. Schwartz-Barcott. 1993. "Action Research: What Is It? How Has It Been Used and How Can It Be Used in Nursing?" *Journal of Advanced Nursing*, 18:298—304.

Hamel, J., S. Duforu, & D. Fortin. 1993. *Case Study Methods*. London: SAGE Publications.

Horkheimer, M. 1938. Montaigne und die Funktion der Skepsis, in ders., Gesammelte Schriften Band 4, Frankfurt/M:S. Fischer, S, 293.

Jaworski, A., 1993. *The Power of Science: Social and Pragmatic Perspectives*. Newbury Park, CA: SAGE.

Jorgensen, D.L. 2015. "Participant Observation." In R.A. Scott & S.M. Kosslyn (eds.), *Emerging Trends in the Social and Behavioral Sciences*. Maitland, FL: Wiley.

King, J.A. & M. Peg Lonnquist. 1993. "A Review of Writing on Action Research (1944—Present)." Center for Applied Research and Educational Improvement, University of Minnesota.

Krippendorff, K. 1980. *Content Analysis: An Introduction to Its Methodology*. Thousand Oaks, CA: SAGE Publications.

Masemann, V. 1982. "Anthropological Approaches to Comparative Education." *Comparative Education Review*, 20(10):21—30.

McKernan, J. 1996. *Curriculum Action Research: A Handbook of Methods and Resources for the Reflective Practitioner*. London: Kogan Page Limited.

Mishler, E. G. 1986. *Research Interviewing: Context and Narrative*. Cambridge, MA: Harvard University Press.

Merriam, S.B. 1998. *Case Study Research in Education*. San Francisco: Jossey-Bass.

Noblit, G.W. 2004. "Re-inscribing Critique in Educational Ethnography: Critical and Post-critical Ethnography." In K. de Marrais & S.D. Lapan(eds.), *Foundations for Research: Methods of Inquiry in Education and the Social Sciences*. Mahwah, NJ: Lawrence Erlbaum.

Patton, M.Q. 1990. *Qualitative Evaluation and Research Methods*. London: SAGE Publications.

Perkins, D.D. & M.A. Zimmerman. 1995. "Empowerment Theory, Research and Application." *American Journal of Community Psychology*, 23(5):569—579.

Prus, R. C. 1987. "Generic Social Processes: Maximizing Conceptual Development in Ethnographic Research." *Journal of Contemporary Ethnography*, 16:250—293.

Rapoport, R.N. 1970, "Three Dilemmas in Action Research." *Human Relations*, 23(6):499—513.

Reinharz, S. 1992. *Feminist Methods in Social Research*. NY: Oxford University Press.

Rist, R.C. 1980. "Blitzkrieg Ethnography: On the Transformation of a Method into a Movement." *Educational Researcher*, 9(2):8—10.

Riessman, C.K. 1993. *Narrative Analysis*. Newbury Park: SAGE.

Ritter, H. 1986. *Dictionary of Concepts in History*. Westport, Conn: Greenwood Press.

Sieber, S.D. 1973. "The Integration of Fieldwork and Survey Methods." *American Journal of Sociology*, 78(6):1335—1359.

Segall, A. 2001. "Critical Ethnography and the Invocation of Voice: From the Field/in the Field—Single Exposure, Double Standard?" *International Journal of Qualitative Studies in Education*, 14(4):579—592.

Simon, R.I. & D. Dippo. 1986. "On Critical Ethnographic Work." *Anthropology & Education Quarterly*, 17(4):195—202.

Schwandt, T.A. 1998. "Constructivist, Interpretivist Approaches to Human Inquiry." In N.K. Denzin & Y. Lincoln (eds.), *The Landscapes of Qualitative Research: Theories and Issues*. London: SAGE publications.

Spradley, J. 1980. *Participant Observation*. New York: Holt, Rinehart & Winston.

Thomas, E.P. 1995. *Doing Critical Ethnography*. Newbury Park, CA: SAGE Publications.

Ulichny, P. 1997. "When Critical Ethnography and Action Collide." *Qualitative Inquiry*, 3(2):139—168.

Warnke, G. 1987. *Gadamer: Hermeneutic, Tradition, and Reason*. Stanford, CA: Stanford University Press.

Webb, C. 1990. "Partners in Research." *Nursing Times*, 86(32):40—44.

Yin, R. 1989. *Case Study Research: Design and Methods*. London: Sage Publications.

Yin, R. 2004. *The Case Study Anthology*. Thousand Oaks, CA: Sage.

图书在版编目(CIP)数据

质性研究方法/范明林,吴军,马丹丹编著.—3
版.—上海:格致出版社:上海人民出版社,2024.1
(格致方法.社会科学研究方法系列)
ISBN 978 - 7 - 5432 - 3457 - 4

Ⅰ.①质… Ⅱ.①范…②吴…③马… Ⅲ.①社会科
学-研究方法 Ⅳ.①C3

中国国家版本馆 CIP 数据核字(2023)第 075793 号

责任编辑   顾   悦
装帧设计   路   静

格致方法·社会科学研究方法系列
质性研究方法(第三版)
范明林   吴军   马丹丹 编著

出   版   格致出版社
          上海人民出版社
          (201101 上海市闵行区号景路 159 弄 C 座)
发   行   上海人民出版社发行中心
印   刷   上海商务联西印刷有限公司
开   本   720×1000   1/16
印   张   23
插   页   1
字   数   382,000
版   次   2024 年 1 月第 1 版
印   次   2024 年 1 月第 1 次印刷
ISBN 978 - 7 - 5432 - 3457 - 4/C·293
定   价   95.00 元

格致方法·社会科学研究方法系列

质性研究方法(第三版)

范明林 吴 军 马丹丹 编著

社会科学研究方法概论

王 凯 著

整体网分析(第三版)——UCINET 软件实用指南

刘 军 著

管理研究方法(第三版)

孙国强 编著